U0519838

中亚五国史研究
乌兹别克斯坦卷

蓝琪 著

商务印书馆
The Commercial Press

图书在版编目（CIP）数据

中亚五国史研究. 乌兹别克斯坦卷 / 蓝琪著. — 北京：商务印书馆，2024
ISBN 978-7-100-21143-7

Ⅰ.①中… Ⅱ.①蓝… Ⅲ.①乌兹别克－历史－研究 Ⅳ.①K360.7

中国版本图书馆CIP数据核字（2022）第077879号

权利保留，侵权必究。

责任编辑：徐鹤
版式设计：智善天下
封面设计：武守友

中亚五国史研究
乌兹别克斯坦卷
蓝琪 著

商务印书馆出版
（北京王府井大街36号 邮政编码 100710）
商务印书馆发行
三河市尚艺印装有限公司印刷
ISBN 978-7-100-21143-7

2024年5月第1版　　开本 880×1240　1/32
2024年5月第1次印刷　　印张 12　1/8

定价：78.00元

前　言[*]

近四十年来，笔者一直致力于中亚通史的构建。2012年，在完成了六卷本《中亚史》（始于石器时代，终于苏联解体）的撰写后，笔者的研究目标自然转向了独立以后的中亚五国史的研究。

本书主要论述乌兹别克斯坦独立后二十七年（1991—2017）的历史，为了让读者有全面的了解，本书上编对乌兹别克斯坦的地理，以及1991年以前的历史文化做了一个概述。与六卷本《中亚史》致力于中亚地区共性的研究不同，在概述中，笔者强调了乌兹别克斯坦地理、历史和文化的个性：介绍了乌兹别克斯坦的地势、地貌和交通特征；梳理了乌兹别克斯坦历史文化发展的基本线索，论述了印欧种人、突厥人、蒙古人、乌兹别克人、俄罗斯人在其上的统治；追溯了乌兹别克族和乌兹别克斯坦国土形成的历史过程。

在上编中，本书提出了一些重要观点。如在"悠久的农耕文明"一节中，笔者指出：乌兹别克斯坦境内发现的最早文化处于旧石器时代中期，到新石器时代，境内的一些原始居民开始从采集和狩猎的征用型经济向原始农业的生产型经济过渡，过着一种与北方草原牧民不一样的生活；乌兹别克斯坦原始文化呈现多样性，多样性的形成不仅反映了乌兹别克斯坦所在地与外界的交流，同时也彰显了境内绿洲在古代丝绸之路中道和南道的作用。在民族形成的研

---

[*] 本书为国家社科基金西部项目"中亚五国史研究"（批准号：14XSS001）最终成果。

究中，本编梳理了有关学者对乌兹别克族形成的各种观点，对一些观点进行了纠驳，如针对视喀喇汗王朝（10—11世纪）为乌兹别克族形成时期的观点，笔者认为：从人类学的视角考察，说乌兹别克族形成于11世纪，甚至形成于6世纪都没有错；但从民族学的视角来看，作为现代民族的乌兹别克族是16世纪才开始形成的，因为只有在固定的区域内，欧罗巴人种和蒙古利亚人种的融合才具有民族的意义。

在论述独立的乌兹别克斯坦历史时，本书以2003年为界将其分为两个阶段：第一阶段（中编）论述了独立国家的创建历程。在此时期（1991—2003），乌兹别克斯坦政府对内侧重于国家政权的建设和社会稳定，对外寻求国际社会认同和保证国家的安全；第二阶段（下编）论述了乌兹别克斯坦走向巩固和发展的历程。在此时期（2003—2017），乌兹别克斯坦经历了"颜色革命"，并在此政治动荡中巩固和成熟起来，对内继续政治、经济和社会改革，对外寻求国际社会的经济支持是这一阶段的主要任务。

在中编中，笔者阐述了乌兹别克斯坦政治体制、市场经济体系的构建和意识形态的重构，探讨了乌兹别克斯坦在转型过程中出现的民族、宗教和社会问题。

本编是以独立以后颁布的宪法和宪法修正案为基础阐述乌兹别克斯坦政治体制的。1992年乌兹别克斯坦颁布了独立后的第一部宪法，依据此部宪法，乌兹别克斯坦建立了三权分立的民主政治体制。笔者指出：本部宪法赋予总统的权力很大。从行政权看，总统既是国家元首，又是本国最高行政机关首脑，政府向总统负责；从立法权看，总统有制约议会甚至解散议会的权力；从司法权看，总检察长、各级法院法官的提名权和任免权都握在总统手中。笔者认为：宪法的这些规定保证了议会与总统之间的协调一致，使乌兹别克斯坦成为中亚地区政局最稳定的国家；然而，总统权力过大，也使乌兹别克斯坦形成了以总统集权为特征的威权政治制度。

在独立国家的创建过程中，乌兹别克斯坦确立了以多党制为基础的宪政民主制度。本编在梳理有关法律的基础上指出：从形式上看，乌兹别克斯坦成立了多个党派，合法注册的政党起码有四个；而实际上，执政的人民民主党在议会中占据了优势，其他政党尽管声称有不同的政治主张，但他们都是当局的积极支持者，因此，在乌议会中没有真正意义上的反对派。

在经济转型中，乌兹别克斯坦政府确立了建立适合市场经济的多种所有制、调整不合理的经济结构和实行外向型经济的三大任务。笔者指出：乌兹别克斯坦的经济转型没有采取放开物价、紧缩财政、急速私有化的"休克疗法"，而是采取由国家主导实施分阶段逐步深入的经济改革模式，因此，政府在相当大的程度上保持了行政干预，国家对私有化和非国有化的过程进行了严格监控，坚持公正原则，反对无秩序的私有化。笔者认为：乌兹别克斯坦在独立国家创建时期的经济改革基本上是成功的，如分阶段地逐步实现非国有化的国策收到了成效，到1999年，非国有制企业的数量占企业总数的88.8%。

独立初期，乌兹别克斯坦经济结构调整的目标是争取尽快实现粮食自给，以及促进加工业的发展，其中棉花加工和石油加工成为工业调整的优先方向。笔者在考察了乌政府的种种措施后指出：经过几年的调整，到2002年粮食基本上实现了自给自足；1995年以后，纺织业落后的状况也有所改变，石油和天然气的加工能力增强。

在独立国家创建时期，国家意识形态和新文化的建设也是乌兹别克斯坦社会转型中所面临的重要任务。本编论述了乌兹别克斯坦在彻底转变苏联时期的国家意识形态之后，民族主义、泛伊斯兰主义、伊斯兰原教旨主义等思潮泛滥的情况,以及乌政府面临的铸造新的意识形态以扭转意识形态多元化的任务。笔者指出:乌兹别克斯坦最初以伊斯兰教信仰凝聚国民的意识形态,随着伊斯兰教的复兴,一些伊斯兰教组织表现出强烈的参政意识,挑战新兴的世俗政权。乌兹别克斯坦转而构建以爱国主义为核心的国家意识形态,并以本国国情和本国人民的生活方式、传统和精神为基础构建了新的文化。

本编论述了乌兹别克斯坦出现的民族问题。乌兹别克斯坦是一个多民族国家,其中乌兹别克族在总人口数中占第一位,人口数居第二、三位的分别是俄罗斯族和塔吉克族。独立以后,乌兹别克斯坦立法和政策都表现出主体民族化倾向,导致了非乌兹别克族人的不满,激化了乌兹别克族与俄罗斯族、塔吉克族之间的矛盾。笔者指出:在解决这些民族矛盾中,乌兹别克斯坦强化了人权和公民权,淡化了民族观念。乌宪法规定:"将人权和人的自由和权利确立为优先原则,国家视人和人的生命、人的尊严、人的自由和权利为最高价值,国家政权是人民政权,人民是国家政权的唯一源泉。"总统卡里莫夫提出:"国家的民族政策应当首先保护人权。"在干部政策方面,政府实行民族分权政策,提出了"民族文化自治"理论,允许非主体民族组织政党,参与议会选举。笔者认为:乌政府在处理民族关系上是比较成功的,尽管各民族之间的矛盾仍然存在,但民族矛盾始终未演变成民族冲突。

本编论述了乌兹别克斯坦出现的社会问题。在经济转型中,乌政府曾提出:"不允许无根据地拉大居民的收入与生活水平的差距。"然而事与愿违,大多数人很快滑向社会下层,两极分化和贫困问题成为乌兹别克斯坦的社会问题。笔者指出:私有化是两极分化的根本原因。在私有化过程中,一些国有企业以拍卖或股份的形式转给了私人,私有制造成的剥削使劳动者的收入大幅减少,而私营企业主的收益大幅增加。私有化在初次分配的安排中普遍存在着制度不公正的问题。乌兹别克斯坦《非国有化与私有化法》第3条规定:"在实行非国有化和私有化时,将财产的有偿转让与无偿转让相结合;公民获取无偿和有偿私有化财产份额的权利平等。"然而,这一原则并未得到很好的贯彻执行,有些企业领导人故意低价折股、低价出售企业资产,从中获利。《非国有化与私有化法》还规定,在出售企业财产时,在其他条件相同情况下,本企业职工创办的生产公司和合伙公司比其他公民和法人享有优先购买权,本单位的领导者利用这种优惠,获得了无力购买的本单位职工的优先权。政府主要采取增收个人所得税的形式以应对两极分化。笔者认为:税收调节起到的作用不大,对社会下层来说,社会福利和社会保障更具有实际意义。

在下编中,笔者论述了2003年以后乌兹别克斯坦的政治、经济、社会改革,以及对外关系和国际地位。在政治改革中,乌兹别克斯坦致力于推进民主化进程,由单一的"总统制"向"总统-议会制"过渡;在经济改革中强调了产业结构的调整,开始了多元化经济的实质性构建;在社会改革中注意改善民生,开始了社会保障体系的构建。

乌兹别克斯坦在推进民主化进程中,对宪法进行了多次修改。本编梳理了2003年以来出台的一系列有关法律:2005年的总统令确立了包括人身保护权在内的司法民主原则;2006年的宪法修正案规定了政党在议会和地方代表团中的地位,增强政党对当局的监督;2007年通过的《关于加强政党在国家改革、民主化和现代化进程中作用的宪法性法律》,规定总统不再兼任内阁总理,加强了政党在国家民主化进程中的作用,该部修正案还提高了司法机关和法律系统的独立性，拘捕权转交由法院执行；2008年的宪法修正案对2007年宪法第77条进行了修订，将议会下院的席位由120个增至150个，扩大了立法院的作用，本年出台的新选举法对总理的任免程序做出以下规定："总统对总理候选人的提名必须与立法院各政党和独立代表们协商，提名要经议会立法院和参议院的审议，若得不到议会多数通过，则总统必须再与立法院政党和独立代表协商提出新的人选。"

特别要指出的是2011年的宪法修正案，该部宪法将总统的一些权力移交给内阁总理："以往由总统提名的总理人选，现改为由议会多数党推举，并且赋予议会对总理的批准权；以往由总统任命的内阁成员，改由总理提名，总统根据总理的提请才可解除上述人员的职务。"此外，将总统的任期从7年缩短为5年。2014年对宪法又进行了修订，此次修订加强了议会的监督职能："在审议和批准新政府总理人选时，候选人必须向议会提交政府今后近期和长期行动规划；政府每年除向总统报告工作外，还要向议会提交关于社会经济发展的年度工作报告，地方的州长、市长、区长都要向同级议会报告工作。"笔者认为：历次宪法修正案已经将总统的部分权力移交给了议会和内阁首脑，乌兹别克斯坦的民主化进程在历次宪法的修正案中不断得到完善。

在经济转型中，乌兹别克斯坦独立初期的所有制改造是在中小国有企业中进行的，可以说这一任务在2003年以前已经完成，2003年以后，所有制改造的主要任务是对大型国有企业的改造，并且取得了成效；在产业结构调整中，2003年以后出台的中长期目标是逐步加大工业在国民经济中的比重，使之从农业国向工农并重国转变。笔者指出：在粮食自足的前提下，乌兹别克斯坦重新将棉花生产作为农业的优先方向，提出要发展棉花业、果蔬业和畜牧业；

在工业方面，政府强调了油气生产、机械制造、基础设施建设；在服务业方面，信息通信和旅游业呈现出快速发展的态势。

在改革计划经济体制之时，乌兹别克斯坦确立了国家改革的五大原则，其中重要的一项是强化社会保障机制，创造就业机会，提高国民福利，保持社会安定。乌兹别克斯坦社会保障制度的立足点是为国民提供养老、就业、住房、卫生、教育保障。笔者指出：独立初期，政府对全民提供的保障措施是以政策的形式出现，法制化的保障制度没有确立；1996年以后，乌兹别克斯坦通过立法逐步建立起符合本国国情的社会保障制度。新的社会保障制度改变了以往社会保障完全依赖国家预算和国家管理的做法，采取了由国家、企业和个人共同承担社会保险金的办法。在新的社会保障体系中，养老保险、医疗保险、工伤保险、生育保险等方面的社会保险占有重要地位，占次要地位的是社会补贴制度（社会救济或社会救助）和社会抚恤制度。

本编阐述了乌兹别克斯坦的外交政策。为保障领土完整、国家安全，乌兹别克斯坦自独立初期开始推行全方位、多层次的外交政策，其中发展与中亚邻国的关系成为乌的优先方向；在与大国关系中，乌兹别克斯坦将俄罗斯视为经济和安全领域的重要合作者，将以美国为首的西方国家视为盟友，与中国建立起互利友好平稳关系。为了获得国际社会的承认和扩大本国在国际上的影响，乌兹别克斯坦积极加入到国际或区域性组织之中。乌兹别克斯坦积极配合了联合国、欧安会的行动，积极参与了上合组织的活动，而与独联体的关系时好时坏，始终对其怀有戒心。

蓝 琪

2019年1月18日

目 录

上编 悠久的历史文化

第一章 自然地理与原始文化 ... 3
第一节 反差明显的地形 ... 3
第二节 悠久的农耕文明 ... 7
第三节 丝绸之路中道的必经之地 ... 13

第二章 乌兹别克斯坦古代史 ... 20
第一节 印欧种人的政权 ... 20
第二节 突厥人的政权 ... 28
第三节 蒙古人的政权 ... 33
第四节 乌兹别克人的政权——布哈拉汗国 ... 42
第五节 乌兹别克人的政权——希瓦和浩罕汗国 ... 49

第三章 乌兹别克族的形成 ... 56
第一节 乌兹别克族的族源 ... 56
第二节 乌兹别克族的形成过程 ... 63
第三节 汗国在乌兹别克族形成中的作用 ... 68

第四章 乌兹别克斯坦近现代史 ... 73
第一节 沙俄政府的殖民统治 ... 73
第二节 前赴后继的抗俄斗争 ... 78
第三节 现代民族国家的组建 ... 82

第四节　迅速腾飞的经济 87
　　第五节　功过是非的历史评说 93

第五章　国土的形成 99
　　第一节　至关重要的三个汗国 99
　　第二节　人为划定的国界 105

中编　独立建国之路

第六章　走向独立 113
　　第一节　走向独立的历史条件 113
　　第二节　独立的脚步 118

第七章　独立国家的创建 124
　　第一节　彰显民族文化的国家标志 124
　　第二节　政权机构的建设 129
　　第三节　平稳的政治体制改革 135
　　第四节　支持总统的执政党 140
　　第五节　防御战略下的军队建设 144

第八章　经济体制改革 149
　　第一节　稳步推进的市场经济 149
　　第二节　产业结构的调整 157
　　第三节　对外开放的经济政策 163

第九章　意识形态与宗教、文化 168
　　第一节　意识形态的构建 168
　　第二节　以伊斯兰教为主的多元宗教 177
　　第三节　复兴中的乌兹别克斯坦文化和教育 183

第十章　民族问题和民族政策 190
第一节　乌俄两族的矛盾 190
第二节　与其他中亚民族的关系 195

第十一章　社会问题 201
第一节　市场经济改革中的两极分化 201
第二节　逐步改善中的贫困问题 207
第三节　治理中的失业问题 211
第四节　权钱交易的腐败问题 217
第五节　屡禁不止的毒品问题 221

下编　乌兹别克斯坦模式的建设

第十二章　深化宪政改革 229
第一节　对"安集延事件"的果断处理 229
第二节　民主化的实质性推进 233

第十三章　深化经济改革 240
第一节　卓有成效的经济改革 240
第二节　加大力度的私有化改造 245
第三节　粮食自足下的农业多样化 249
第四节　与国际接轨的现代化工业特区 255
第五节　原料不足的油气加工业 261
第六节　领跑中亚的机械制造业 266
第七节　立足长远的基础设施建设 271
第八节　快速发展的信息业、旅游业和保险业 278
第九节　平稳增长的对外经济 283

第十四章　社会改革与社会保障 290
第一节　保障体系的初步形成 290

第二节　覆盖全民的养老保障制度 295
　　第三节　不断完善的就业和劳动保障 298
　　第四节　有待改进的医疗保障 302
　　第五节　确保基础教育的教育保障 306

第十五章　外交与国际关系 311
　　第一节　以对话为主的中亚国家关系 311
　　第二节　与中亚邻国的经济关系 320
　　第三节　忽冷忽热的乌俄关系 323
　　第四节　实用主义的乌美关系 331
　　第五节　不温不火的乌欧关系 338

第十六章　国际组织与国际地位 345
　　第一节　积极配合联合国和欧安会的活动 345
　　第二节　怀有戒心的独联体关系 350
　　第三节　积极参与上合组织的活动 357

参考书目 364

后　记 369

上编
悠久的历史文化

  乌兹别克斯坦地处中亚腹地。费尔干纳盆地的西部构成了它的东界；阿姆河北岸，被称为铁门的帖尔穆兹是它的南界；乌斯秋尔特高原东部是它的西界和西北界；咸海西岸是它的东北界。考古发现，从旧石器时代中期起，原始人类就已经在这片土地上繁衍生息；新石器时代的原始居民逐渐从采集和狩猎的征用型经济向原始农业的生产型经济过渡，开始了与北方草原牧民不一样的生活；随着灌溉农业的发展，青铜时代的大居民区已经形成；到早期铁器时代，这片地区出现了文明古国，其中留下名字的有花剌子模古国、粟特国、大宛国等等。在这片土地上，印欧种东伊朗人建立了贵霜帝国、嚈哒汗国和萨曼王朝；蒙古利亚人种建立了西突厥汗国、喀喇汗王朝、西辽国、察合台汗国和帖木儿帝国；不过，最终给予这片土地名称的是印欧种与蒙古利亚种融合形成的乌兹别克人。乌兹别克人建立的政权有布哈拉汗国、希瓦汗国和浩罕汗国；19世纪，三个汗国先后被沙皇俄国征服；十月革命以后，苏联中央政府在原汗国土地上组建了乌兹别克苏维埃社会主义共和国（以下简称"乌兹别克共和国"），乌兹别克人步入了现代民族国家的行列。

第一章
自然地理与原始文化

乌兹别克斯坦地势多样,平原、盆地、山脉和丘陵星罗棋布;其中四分之三是平原和盆地,四分之一是山区。原始人类很早就在今乌兹别克斯坦的山间盆地、沙漠绿洲和大河流域繁衍生息。在此,他们创造了以捷希克塔什遗址为代表的旧石器时代中期文化、以撒马尔罕遗址为代表的旧石器时代晚期文化、以扎尔帕克为代表的新石器文化、以扎曼巴巴和萨帕利遗址为代表的青铜文化、以楚斯特遗址为代表的早期铁器时代文化。乌兹别克斯坦地处中亚腹地,它的绿洲成为古代东西南北的交通要冲,多种文化在此碰撞和融合。

第一节 反差明显的地形

乌兹别克斯坦地势区分明显。中亚的两条大河——锡尔河和阿姆河——分别流经它的东北部和西部,乌兹别克斯坦国土的绝大部分处于这两大河之间。两河之间的土地被克孜勒库姆沙漠拦腰截为南北两部。南部以山区和盆地为主,东南是绵延千里的天山山系和吉萨尔-阿赖山系西缘,西南是泽拉夫善河流域;北部以沙漠和平原为主,克孜勒库姆沙漠从中部一直延伸到北部,注入咸海的阿姆河形成的三角洲是北部领土的重要组成部分。

乌兹别克斯坦地势呈东高西低，平原和盆地大约占国土面积的四分之三；东部山脉大约有9.6万平方千米，占国土总面积的21.3%。主要山脉有：乌加姆山、普斯克姆山、库拉马山、恰特卡尔山、突厥斯坦山、泽拉夫善山、吉萨尔山。

东北部的乌加姆山位于塔什干北部，在乌兹别克斯坦与哈萨克斯坦的边界上；东部的普斯克姆山在乌兹别克斯坦和吉尔吉斯斯坦边界上；东南部的库拉马山在乌兹别克斯坦和塔吉克斯坦边界上，处在乌兹别克斯坦东南缘的还有突厥斯坦山和吉萨尔山。

突厥斯坦山东西绵亘320千米，横跨吉尔吉斯斯坦、塔吉克斯坦和乌兹别克斯坦三国。帕米尔高原北缘的阿赖山[1]从吉西南部延伸到塔北部地区，阿赖山的支脉突厥斯坦山沿塔北部延伸进入乌境，成为塔乌两国的界山。泽拉夫善山也是阿赖山的支脉，与突厥斯坦山平行，泽拉夫善山由东向西倾斜，最终消失在撒马尔罕绿洲附近的荒漠中。

吉萨尔-阿赖山系的西缘过乌兹别克斯坦，海拔4643米的吉萨尔峰位于乌兹别克斯坦和塔吉克斯坦边界，终年积雪。帕米尔高原南缘的吉萨尔山进入乌兹别克斯坦后，地形平坦，以平原低地为主。

乌兹别克斯坦境内山间盆地密布，最大的是费尔干纳盆地。费尔干纳盆地东西长300千米，南北宽170千米，形如一只巨大的椭圆形碟子，由东向西倾斜，面积2.2万平方千米。盆地三面环山，东北有费尔干纳山，西有恰特卡尔和库拉马山，南临阿赖山。盆地周边是光秃的低丘陵地带，山涧溪流穿过丘陵流入盆地，乌兹别克斯坦淡水资源主要集中在费尔干纳盆地，占有率达34.5%，因此，

---

[1] 阿赖山因地处天山山脉南部，并与天山的关系密切，有人将其纳入天山山系；然而，更多的情况是将它纳入帕米尔山系，以帕米尔-阿赖山称之。

这一地区自古已经开始了发达的灌溉农业，盆地上的肥沃绿洲连绵不断。1924年以后，费尔干纳盆地在苏联民族划界的战略中划归乌、塔、吉三国，其中大部分在乌兹别克斯坦境内。苏联时期修建的大费尔干纳灌溉渠、南费尔干纳灌溉渠和凯拉库姆水库形成了灌溉网络，使费尔干纳盆地成为棉花、水果、生丝的主要产区。费尔干纳盆地自然资源极其丰富，已开采的矿产有煤、汞、锑和地蜡；目前已发现了46个油气田，其中多数在乌兹别克斯坦境内。费尔干纳盆地人口稠密，费尔干纳、安集延和纳曼干等城是乌兹别克斯坦人口密集地区。

地处阿姆河与锡尔河之间的泽拉夫善河流域又被称为河中地区。泽拉夫善河发源于塔吉克斯坦境内的帕米尔-阿赖山系，从东南向西北流经乌兹别克斯坦南部地区，最终消失在克孜勒库姆沙漠中。"泽拉夫善"意为"含金子的"，它灌溉了撒马尔罕绿洲和布哈拉绿洲。

较大的盆地还有地处泽拉夫善山和吉萨尔山西部支脉之间的卡什卡达里亚盆地，盆地北部与西北部为广阔的沙漠平原，南部为草原，东南部是吉萨尔山脉的支脉。卡什卡达里亚盆地地下资源丰富，主要有天然气、钾盐、大理石、花岗石、石墨、铜和油页岩。在卡什卡达里亚盆地东面的基塔布-沙赫里萨布兹小盆地是乌兹别克斯坦最大的产棉区，年降水量约240毫米。

一望无际的克孜勒库姆是中亚最大的沙漠，面积约30万平方千米；此名在突厥语中意为"红沙漠"。克孜勒库姆大部分是平原，海拔在53—300米之间，是乌兹别克斯坦平原低地的主要组成部分；克孜勒库姆中还有丘陵、内陆盆地、碱滩和小绿洲，小绿洲居民以畜牧业为生。克孜勒库姆极度干旱，年降水量100—200毫米，沙漠贫瘠、缺少植被，其东南部被称为"饥饿草原"。

位于乌兹别克斯坦北部的咸海是镶嵌在克孜勒库姆沙漠中的一颗晶莹的蓝宝石，它被乌兹别克斯坦和哈萨克斯坦瓜分。属于哈萨克斯坦的北部和东部湖区，湖岸曲折，分布有许多小湖湾和沿岸岛屿；属于乌兹别克斯坦的西岸陡峭，南岸是肥沃的阿姆河三角洲。咸海曾是世界第四大湖，水源主要来自阿姆河和锡尔河。20世纪60年代后，由于两大水系沿途大量引水灌溉，咸海水位下降，快速萎缩。1987年，咸海因湖面萎缩自然分为南北两片水域；2003年，南咸海又分为东西水域。由于流入咸海的水减少，咸海盐度提高，不仅渔业受到影响，而且大量干盐在其附近地区堆积，破坏了植被。2000年后，乌哈两国采取一系列措施挽救咸海的命运。目前，咸海萎缩的状况仍未得到根本扭转。

乌兹别克斯坦西部国土的五分之四是平原，主要是阿姆河流域。源于帕米尔高原的阿姆河在阿富汗境内的上游称瓦赫基尔河，与帕米尔河汇合后改称瓦罕河，从右岸接纳了来自塔吉克斯坦的瓦赫什河后称阿姆河。阿姆河上游落差大，拥有丰富的水力资源；阿姆河沿岸平原广布绿洲，形成发达的灌溉农业区；阿姆河在流经克孜勒库姆后分数支流入咸海，在此形成了面积达4.52万平方千米的三角洲冲积平原，沿咸海南岸延伸的花剌子模绿洲是乌兹别克斯坦发达的农业区。

乌兹别克斯坦西北部为乌斯秋尔特高原，平均海拔约150米。乌斯秋尔特高原东临咸海和阿姆河三角洲，西接曼格什拉克半岛和卡拉博加兹戈尔湾，面积约20万平方千米，今分属于乌兹别克斯坦和哈萨克斯坦。高原多荒漠，少牧草。

乌兹别克斯坦境内的人口分布极不平衡。大部分人口集中在绿洲或城市周围，其中，费尔干纳盆地的人口最密集，达到了300—400人／平方千米；山区每平方千米只有1—2人；克孜勒库姆的大部分地区几乎渺无人烟。考古发现，今乌兹别克斯坦境内从旧石器时代中期起成为原始人类生活的地方，原始人类在此创造的文化从未中断。

第二节 悠久的农耕文明

目前，在今乌兹别克斯坦境内发现的最早文化属旧石器时代中期（30/20万年—5/4万年前）[1]，其中具有代表性的是泽拉夫善河南岸班森山崖中的捷希克塔什遗址。该遗址是一个深21米的洞穴，在洞穴中出土了修整过的石片和碎片2520件；从质地上看，石器的石料是当地产的岩石，从器形上看，主要有对工作边缘做过修整的刮削器、典型莫斯特特征的尖状器，以及数量不多的雕刻器。这些石器几乎毫无变化地存在于几个文化层中，可以判断捷希克塔什洞穴是原始人类长期居住的地方。

在捷希克塔什遗址上发现的动物化石有野马、猪、鹿、豹、棕熊、鬣狗、西伯利亚山地羊（Capra sibirica）及禽鸟的骨骸。从如今已经灭绝的鬣狗判断，当时这一地区的气候比现在湿润；从动物骨骸推断，当时人们获取食物的主要方式是狩猎，山羊是主要的捕捉对象，有83.79%的骨骸是山羊的。[2]

在捷希克塔什遗址的最上层发现了一个大约七八岁的尼安德特人化石，他身边放置着六对西伯利亚山地羊的角。羊角摆放的位置使人们推测，它们可能象征着某种宗教仪式。捷希克塔什人可能是

---

[1] 此处及以下所标年代仅限于中亚地区。
[2] 〔巴基斯坦〕A. H. 丹尼、〔俄〕V. M. 马松主编：《中亚文明史》第1卷，芮传明译，中国对外翻译出版公司，2002年，第51页。在显然供食用的动物的骨头中，西伯利亚山地羊占绝大多数，为总量的83.79%。

迄今为止在中亚发现的最早人类化石。

此外，在班森山崖中还发现了阿米尔特米尔洞穴，洞穴里的出土物显示人类在此只是短暂或偶然地居住。有学者推测，旧石器时代中期的洞穴可能是居民季节性的栖息地，狩猎者在班森山脚下的丘陵地带可能还有露天的居住地。

旧石器时代中期以后，在今乌兹别克斯坦境内发现不间断的各个时期的文化遗址。与旧石器时代中期相比，旧石器时代晚期（1.25万年前—1.2万年前）的遗址较少，可以认定的大约只有50处，其中撒马尔罕遗址和霍贾伊果尔遗址比较典型。

撒马尔罕遗址地处今撒马尔罕市共青团湖附近。该遗址可以分为三个文化层，出土器物有7000余件；器物有修整过的石叶和石片、尖状器、砍砸器、雕刻器，它们反映了莫斯特文化和细砾石石器的特征。撒马尔罕遗址上发现了人类的下颚骨和两颗牙齿，它们对研究乌兹别克斯坦的原始人类具有重大意义。据推断，遗址上的原始人归属于欧罗巴人种地中海类型。

霍贾伊果尔遗址在费尔干纳盆地的伊斯法拉河右岸，它是旧石器时代晚期遗址的代表。遗址中发现了刮削器，包括圆边和双边两种类型；还有钝边的小型尖状器，这类器型在同时期的西亚遗址中也有发现，说明该遗址可能与西亚存在着某种联系。

在乌兹别克斯坦的咸海沿岸发现了新石器时代（1.2万年前—公元前6000年）的遗址，它们是扎尔帕克（Zhalpak）、科斯莫拉（Kosmola）和撒克绍斯卡亚（Saksaul'skaya）遗址。其中，在扎尔帕克遗址中出土了陶器，器型是颈部清晰可辨的大型陶器和底部或平或圆的半圆形杯子，陶器的表面用锯齿形模子或雕刻法进行装饰。科斯莫拉遗址的四号和五号属新石器时代文化，在此发现了混有砂子的泥坯烧制的陶器，器壁很薄，以线纹、痘纹、苇纹和划纹装饰，图案单调，通常排列成行。在撒克绍斯卡亚遗址的较晚地层中发现了陶器，器型是平底或圆底小容器，容器口沿相当美观，以锯齿形、平直或波状的划线、三痘纹勾出的各种几何图形装饰。新石器时代遗址上的陶器反映了当地原始居民已经从渔猎和采集的征用型经济开始向原始农业的生产型经济转变。

青铜文化（前 3000—前 1000）遗址在今乌兹别克斯坦北部、中部和南部都有发现。阿姆河下游东岸的塔扎巴格雅布文化遗址是乌兹别克斯坦北部青铜文化的代表，时间大致在公元前 1500 年至公元前 1000 年间。在该遗址中出土了一个浇铸十字形金属矛头的石模，由此推断此地存在过金属铸造；此外还发现了引阿姆河灌溉农田的水渠和大约 50 个小规模的农业聚落遗址，聚落中的房屋为半穴居式，浇铸十字形金属矛头的石模就是在其中的一个房间里发现的。从房屋判断，每一聚落居民平均在 100 人左右。[1] 以上发现可以推断原始农业的情况。

乌兹别克斯坦中部青铜文化的代表是位于泽拉夫善河下游三角洲的一些小溪流和小湖泊之间的扎曼巴巴遗址，时间大致在公元前 2000 年至公元前 1800 年。扎曼巴巴遗址上出土的大部分金属器物是没有加砷化锡[2]的青铜制品，器型有小刀、镜子、鱼钩。扎曼巴巴遗址出土的陶器多数为手制，种类有赤陶像、四方形隔离陶容器，后者是养鸟器，容器的一半装有谷物，另一半可以盛水。

在扎曼巴巴遗址上发现了小麦和大麦的遗迹和居住遗址。居住地由黏土砌成的围墙环绕，围墙内建有狭长的大型居室；居住地附

---

1 〔巴基斯坦〕A. H. 丹尼、〔俄〕V. M. 马松主编：《中亚文明史》第 1 卷，芮传明译，第 260 页。

2 Denis Sinor, *The Cambridge History of Early Inner Asia*, Cambridge University Press, 1990, p. 80.

近有一块墓地，墓穴不大，大多数墓为单人葬，少数是男女合葬。

从考古材料来看，扎曼巴巴文化是在本地石器文化的基础之上发展起来的，在发展过程中，受到了北方草原文化和南方农业文化的影响。以李特文斯基为首的一些学者推测，公元前2000年后，草原青铜文化的部落向阿姆河中游一带迁徙，此地发生过草原部落侵袭定居农业部落的活动。

乌兹别克斯坦南部的青铜文化遗址集中在阿姆河及其支流苏尔汉河附近，最有代表性的有萨帕利（Sapalli）和贾尔库坦（Jarkutan）遗址。

萨帕利遗址距阿姆河仅数千米，聚落沿着苏尔汉河流域逐步扩展，个别聚落甚至深入到塔吉克斯坦的瓦赫什河谷。萨帕利是一个定居农业聚落，居地中心是边长82米的正方形城堡，周围绕以土坯墙，城墙四周是若干小房间建筑。该居地中的居民数量大约有230至250人。[1] 与城堡毗邻的土墩上也有各种各样的建筑。在萨帕利居地中发现了墓地遗迹，有的墓室建在地下，有的建在建筑物墙脚下。有一些是衣冠冢，在其中一个衣冠冢中发现了一把青铜斧和一把青铜矛，表明此墓是为了纪念一个武士。萨帕利遗址上发现了很多印章，其上或刻着骆驼，或刻着展开双翼的鹰，在一枚呈锯齿状十字形印章上的图案是几条相互缠绕的蛇将山羊、野猪、狮子等动物包裹在内。萨帕利文化中发现最了不起的器物是一面镜子，镜面是一人头，镜柄为一女人身躯，其姿态为双手叉腰。萨帕利早期文化与穆尔加布河三角洲的马尔吉亚那早期文化非常相似，这一类似性表明它们之间有着亲缘关系，有学者认为，它们都是科佩特山

1　〔巴基斯坦〕A. H. 丹尼、〔俄〕V. M. 马松主编：《中亚文明史》第1卷，芮传明译，第253页。

地带居民迁徙的结果。

贾尔库坦遗址在萨帕利遗址的北部，它是阿姆河北岸最大的居地，居民居住时间也比萨帕利长久。贾尔库坦遗址上有一个方形城堡建筑，城堡面积约为4公顷，城堡之外是生产和生活的综合区；遗址上也发现了一块大墓地，发掘出大约900座墓穴[1]，与萨帕利一样，墓地中也有衣冠冢，一些衣冠冢的随葬品非常丰富。

公元前1000年，今乌兹别克斯坦地区进入了早期铁器时代（前1000—前700），这一时期的文化遗址有以下一些特征：大型灌溉系统，城堡，文字迹象。在花剌子模绿洲上，小城镇和一些村落都建筑了设防设施，如居兹利克尔（Jutsliker）古城建有保护城内居民的围墙。从城堡遗址推断，最早的国家政权可能是以绿洲为中心的地区性政权，它的管辖范围仅仅是一片绿洲及其上的一个城镇，城堡建筑在城镇中心。

费尔干纳盆地早期铁器时代文化的代表是楚斯特文化遗址。楚斯特文化遗址于1950年在乌兹别克斯坦楚斯特镇附近发现，时间大致在公元前12世纪至公元前7世纪前后，在迄今所发现的80多处遗址中，有一部分在乌境内，其中地处达尔维津特佩（Dalverzin-tepe）的最具代表性。

达尔维津特佩遗址在塔什干州白克阿瓦德境内的达尔维津村附近。该遗址面积有25公顷，在聚落周围发现了设防的围墙，中心城镇，可能还有城堡。楚斯特文化的彩陶含量不少，均为红衣黑彩，主要纹饰为倒三角形。

在楚斯特文化遗址中没有发现铁器，将它确定为早期铁器时代文化是依据以下事实：在楚斯特文化遗址上发现了大小不等的聚

---

1 〔巴基斯坦〕A. H. 丹尼、〔俄〕V. M. 马松主编：《中亚文明史》第1卷，芮传明译，第255页。

落,楚斯特聚落遗址的面积有4公顷,聚落周围建有设防的围墙,有中心城镇;这些遗迹反映了早期铁器时代的特征。此外,在楚斯特文化遗址中发现了三孔笼头和颊片等马具,说明马已经被用来骑乘。在青铜时代,马还未被驯化到骑乘的程度,只能拉车。由于马的骨骸和马具遗物多发现于时间较晚的地层,有学者认为擅长于骑马打猎的居民可能是在楚斯特文化后期来到这里的,他们显然是来自北方草原。

在楚斯特文化的早期遗址中,居住的房屋遗迹为坑穴式,室内外都筑有贮藏谷物的坑;在较晚的地层中,房屋建在地面,采用未经焙烧的矩形砖砌成。苏联学者扎德尼普罗夫斯基对该文化遗址进行了考察,在遗址中发现了一些反映楚斯特文化生活特征的遗迹,如谷类、纺梭等,纺梭的发现说明其上的居民已经开始纺织生产。

考古资料表明,在石器、铜器和铁器三个连续不断的发展阶段中,今乌兹别克斯坦境内的原始文化都受到了外界的影响。旧石器时代中期,河中地区采用了在制备的石核上打制石片的勒瓦娄哇技术,这一技术是当时西亚、非洲和欧洲普遍使用的石器制作技术;旧石器时代晚期,除了勒瓦娄哇-莫斯特文化传统以外,与世界其他地区一样,河中地区开始了石叶石器的制作;据考古研究,河中地区的青铜文化主要是在本地文化的基础上发展起来的,但在漫长的发展过程中,接触到两河流域的苏美尔文明、伊朗的古埃兰文明和南亚哈拉帕文明。其中,萨帕利文化出土的人形手柄镜子明显展示了俾路支的影响;印章的制作展示了印度哈拉帕文化的影响;一些大型农业聚落在向早期城市发展时也受到了印度河文明的影响。乌兹别克斯坦的原始文化不仅受到西方文化的影响,而且还是原始文化东传的中转地。旧石器时代中期,西伯利亚和蒙古利亚的勒瓦娄哇石器技术与撒马尔罕出土的石器有共同的来源,学者们认为这一技术是经河中地区传播的。[1]

乌兹别克斯坦原始文化的多样性不仅反映了今乌所在地与外界的交流,同时也反映了乌境内绿洲在古代东西交通中的作用。

第三节 丝绸之路中道的必经之地

乌兹别克斯坦成为古代东西交通要道是很早的事,其中,波斯帝国和中国汉王朝的贡献最大。公元前一千纪中叶,南下到伊朗高原的波斯人在波斯湾北岸建立了大帝国。大帝国修筑了四通八达的御道。御道以波斯湾北面的苏萨城为起点,向西越过底格里斯河,最终抵达爱琴海沿岸的以弗所,沿途设置了111个驿站,驿站备马;御道向东南可直接通往印度,其间有很多岔道,其中的一条向北越兴都库什山到达巴里黑(今巴尔赫),这条道渡阿姆河可以抵达今乌兹别克斯坦。

从乌兹别克斯坦境向东北行,顺锡尔河而下进入哈萨克草原,在此可与北方草原之路相接,这条路在古代被称为"黄金之路",南方商人从这条道路上可以获得阿尔泰山产的黄金。公元前4至前3世纪,黄金之路被匈奴垄断,输入巴克特里亚的黄金渐少,导致希腊-巴克特里亚国王不得不以白银或铅取代黄金铸币。

中国汉代人张骞出使西域,开通了以后被称为丝绸之路的交通路线,汉代时期丝绸之路的北道穿越乌兹别克斯坦。据《汉书·西域传》记:"自车师前王廷随北山,波河西行至疏勒,为北道;北道西逾葱岭则出大宛、康居、奄蔡焉。"张骞出使大月氏国走的路

---

[1] C. S. Coon, *Cave Explorations in Iran 1949*, University Museum, University of Pennsylvania, 1951; D. A. Garrod and D. M. Bate, *The Stone Age of Mount Carmel*, Vol. l, Clarendon Press, 1937.

线：费尔干纳盆地（大宛）—锡尔河中游康居—泽拉夫善河流域的康国，然后渡阿姆河进入巴克特里亚。

几百年后，中国隋唐王朝再次发起经略西域，成功地在天山北麓开拓了新的通道，被称为丝绸之路北道；此后，《汉书》所记的丝绸之路北道变成了丝绸之路的"中道"。隋唐人裴矩（547—627）所著的《西域图记》记录："其中道从高昌、焉耆、龟兹、疏勒，度葱岭，又经钹汗，苏对沙那国，康国，曹国，何国，大、小安国，穆国，至波斯，达于西海。其南道从鄯善，于阗，朱俱波，喝盘陀，度葱岭，又经护密，吐火罗，挹怛，忛延，漕国，至北婆罗门，达于西海。"[1] 丝绸之路中道上的钹汗，康国，曹国，何国，大、小安国都在今乌兹别克斯坦境内。钹汗位于费尔干纳盆地，丝绸之路中道由此可进入泽拉夫善河流域的康国和大安国。康国在唐代文献中又名为飒秣建（《大唐西域记》）、萨末鞬（杜环《经行记》）；康国所在地撒马尔罕是丝绸之路中道的枢纽。曹国分东曹、中曹和西曹三国，除东曹外，中曹和西曹都在今撒马尔罕城西北，何国地处撒马尔罕城西北约75千米，居曹国和安国之间，它们都处在丝绸之路中道的交通线上。

要特别谈一下位于泽拉夫善河下游绿洲地区的安国。《西域图记》中提到的大安国指的就是布哈拉，小安国在布哈拉城东北，又名东安国。实际上，布哈拉城并不在古代丝绸之路的主干道上。西来东往的商队经沙赫里渴石（夏勃兹城）—撒马尔罕城，便可东去盛产丝绸的中国、西经波斯至罗马、南经阿富汗抵达佛教圣地印度。如果去布哈拉城，必须离开主干道向西绕行200多千米，企图建立大帝国的马其顿王亚历山大和开辟了伟大丝绸之路东段和中段

---

[1]《隋书·裴矩传》，中华书局，1973年，第1579页。

的中国使臣张骞都没有到过布哈拉城。

张骞出使西域时没到过布哈拉。首先，据张骞所述："骞身所至者，大宛、大月氏、大夏、康居，而传闻其旁大国五六，具为天子言之。"[1] 根据《史记》的记载，张骞抵大宛（地在今费尔干纳）后，在大宛向导的带领下来到康居（大宛邻国，公元前2世纪游牧于锡尔河中下游），之后到了在妫水（今阿姆河）北岸游牧的大月氏人中，再之后，进入妫水以南的大夏国。[2] 在此路线中，大宛、大月氏、大夏的所在地很清楚，不存在歧义，此处需要说明的是康居。张骞第一次出访之时（前138—前126），康居国已经形成（大约在公元前130年），以卑阗城为都。学界对卑阗城所在地的认定不同，尽管如此，大多数意见集中在流出费尔干纳盆地之后的锡尔河畔。[3] 当时的康居国弱小，包括布哈拉城在内的河中地区还不是它的属地。河中地区纳入康居版图应该在康居国发展起来的公元前后，这时候，以今布哈拉（附墨城）为首府的附墨[4] 才成为康居的附

1　《史记·大宛列传》，中华书局，1959年，第3160页。

2　《史记》记张骞出使西域的往返路线：宛王"为发导绎，抵康居，康居传致大月氏……骞从月氏至大夏……留岁余，还，并南山，欲从羌中归"。

3　关于卑阗城的所在地有以下几说：日本学者藤田丰八认为在今塔什干；白鸟库吉认为在今奇姆肯特至土尔克斯坦一带；丁谦认为在今塔拉斯河畔；岑仲勉认为丁谦的看法是正确的。

4　岑仲勉：《汉书西域传地理校释》上册，中华书局，1981年，第252页。岑仲勉认为："附墨当今何地，余旧稿亦无能置辞。继因今本《汉书》之山国，《水经注》二作墨山国，《释迦方志》一及《寰宇记》一八一则作黑山国，假使附墨为'附黑'之讹，《切韵》音 b'iuxk，恰与 Bokhara（《阙特勤碑》作 Buqaraq）相对，即唐之捕喝，今之布哈尔也。"而据《新唐书·西域传》记："安者，一曰布豁，又曰捕喝，元魏所谓忸蜜者。"余太山先生也认为：康居属臣翳王之翳城在今布哈拉一带，原因是 Numijkath 中的 Numij 是翳的对音（见《两汉魏晋南北朝正史西域传要注》，中华书局，2005年，第133页注373和注374）。本文采用岑仲勉之说，理由是以 Numijkath 一名称呼布哈拉是张骞出使西域之后几百年的事，第一次将布哈拉记为忸蜜的史籍是成书于公元6世纪50年代的《魏书》。据德国学者马迦特研究，布哈拉来源于粟特语 Numijkath，意为新住地（Narshakhī: *The History of Bukhara*, p. 120. no. 103）。

属国。因此，张骞出使时没有到过布哈拉城。

有理由认为，给布哈拉国留下记载的中国高僧玄奘也没有亲历布哈拉。玄奘西行时先走丝绸之路北道，从阿克苏（位于塔克拉玛干大沙漠）出发，越凌山，至大清池，"清池西北行五百余里，至素叶水城"。经学者周连宽考证，凌山是天山北部的汗腾格里峰[1]，大清池即今伊塞克湖（热海），素叶水城即碎叶城，然后溯锡尔河南下抵达赭时（唐代石国，今乌兹别克斯坦首都塔什干）。古代赭时是中亚交通的三岔路口，从此北上连草原之路，向西连接泽拉夫善河流域，向东连接费尔干纳盆地。

玄奘在他的《大唐西域记》中将布哈拉记为捕喝国。周连宽先生认为，玄奘在离开飒秣建国（今撒马尔罕）后所记的六国是玄奘"得自传闻，均非亲历"[2]。周文的这一推断是合理的。玄奘对他亲历的飒秣建国记载十分详细，而离开飒秣建国后对弭秣贺国（米国）、布呾那国（曹国）、屈霜尔迦国（何国）、喝捍国（东安国）、捕喝国（安国）、伐地国（西安国）的记载十分简略。由此可以相信，玄奘对飒秣建国与羯霜那国之间六国的情况来自传闻。

从路线上判断，玄奘的目标是印度，从飒秣建国直接向西南行到羯霜那国（撒马尔罕城—沙赫里夏勃兹）是最近的路线。飒秣建国与羯霜那国之间的六国或在撒马尔罕城以西，或在其西北，它们与玄奘前往的目的地背道而驰。因此，周连宽先生"玄奘直接从撒马尔罕起行，向西南进三百余里，至羯霜那国"[3]的判断也是合理的。玄奘抵达中亚是7世纪上半叶，泽拉夫善河流域诸城的佛教已经衰弱，波斯的拜火教盛行，可能这也是佛僧玄奘没有抵达布哈拉

---

1 周连宽：《大唐西域记史地研究丛稿》，中华书局，1984年，第87页。
2 同上书，第121页。
3 同上。

城的原因之一。

布哈拉城不在丝绸之路中道的主干道上,从布哈拉渡阿姆河西行也有道路,但十分艰难。可以确定经过布哈拉城的旅行者有摩洛哥人伊本·白图泰和西班牙使臣克拉维约。

1333年至1334年间,伊本·白图泰从阿姆河下游的花剌子模绿洲前往布哈拉城。他记道:"我从花剌子模出发时,雇了骆驼,购置了驼轿……另一部分马匹,都披上了马衣以御寒。我们走进花剌子模和布哈拉之间的荒原,全程为十八日,一路沙土,除一镇外,绝无人烟。"[1] "在此沙漠中,行程六日无水。后至一斡布克奈镇(Vabkent),这里去布哈拉为一日程。"[2] 阿姆河下游花剌子模绿洲与布哈拉之间的道路艰难,不见往来于道的商旅。

15世纪的西班牙使臣克拉维约对从布哈拉西行的道路记载更加详细。克拉维约是从渴石(今沙赫里夏勃兹)去撒马尔罕城的:"星期四留于开石(渴石)城,星期五午后动身,夜半在道旁一村住宿。星期六(8月30日)行抵帖木儿建于河岸上之华丽行宫……候到9月8日,帖木儿来命入撒马尔罕城。"[3] 1404年,克拉维约在返国途中绕道访问了布哈拉:"11月27日至名布哈拉之大城。城位于广袤之平川上,墙垣系砖所垒。"[4] 克拉维约一行在此停留七天,他们不想沿原路返回,决定从布哈拉城往西渡阿姆河去呼罗珊,结果吃尽了苦头。"沿阿母河两岸,到处村落相望。我们曾在一村内稍息,作穿行一段沙漠地带之准备。沙漠地带之长,须行6日,方

---

1 〔摩洛哥〕伊本·白图泰:《伊本·白图泰游记》,马金鹏译,宁夏人民出版社,1985年,第293页。
2 同上书,第297页。
3 〔西班牙〕罗·哥泽来滋·克拉维约:《克拉维约东使记》,杨兆钧译,商务印书馆,1957年,第117—119页。
4 同上书,第171页。

能穿过。在村中作 20 日休息之后，即于 12 月 10 日动身，渡过河，河之两岸沙滩甚宽，经风力昼夜吹煽，滩上细沙，作海浪形。阳光映照其上，所反射之强光，明耀夺目。在沙漠上往来，或寻觅路径，极为困难；只有善追人踪者，方能寻出途径而行。……即使向导，亦不免有时迷失途径。沙漠中，只于每日路程之尽处，设有一口井；井上建有高亭，以便寻识。12 月 14 日，停息在一座村内。星期一及星期二未行，星期三起，五日之中，又继续穿行另一片沙漠，而至有充畅水源之处。过沙漠时，见其中有沙山一座，其炽热之程度，虽在 12 月之中，尚有难于忍受之势。沙漠间行走数日，其辛苦迥异乎寻常。"[1] 不难看出，从布哈拉城渡阿姆河西行的道路非常艰辛。19 世纪 80 年代，沙俄政府为了与英国争夺中亚市场，开始在土库曼斯坦修建外里海铁路。1886 年，外里海铁路从阿姆河西岸的查尔周修到了阿姆河东岸的布哈拉，在阿姆河上架起了铁路桥。[2]

丝绸之路南道西逾葱岭（帕米尔）后可沿帕米尔高原南缘或瓦罕走廊进入巴克特里亚，在此渡阿姆河抵达乌兹别克斯坦境，然后从此北上可与丝绸之路北道和草原之路相接。

作为丝绸之路中道的必经之地，乌兹别克斯坦起到了东西方交通的桥梁作用。造纸术是经乌兹别克斯坦境内的撒马尔罕城西传的。造纸术是中国东汉时期蔡伦总结西汉以来的经验，改进工艺的结果。8 世纪，造纸术传到中亚，撒马尔罕城出现造纸作坊。一个半世纪以后（10 世纪），撒马尔罕的造纸业已经闻名遐迩，10 世纪后期，撒马尔罕生产的纸输出到世界各地，其美观、合用、价廉取

---

1 〔西班牙〕罗·哥泽来滋·克拉维约：《克拉维约东使记》，杨兆钧译，第 172 页。
2 外里海铁路于 1880 年在距今土库曼巴什市不远的米哈伊洛夫湾附近动工，1886 年横跨阿姆河抵达布哈拉，1888 年通到撒马尔罕城，1898 年通塔什干，又被称为中亚铁路。

代了以前用以书写的埃及纸草和羊皮纸。

绘画也经乌兹别克斯坦传播。旭烈兀西征之时,随行的中国人将中国绘画艺术带到了波斯地区,在中国绘画的影响下,波斯一改以往的线条性的画风,出现了一种新的、优雅的人物风景画,色彩也从过去的单调、沉闷发展为绚丽多彩,于是,具有独特画风的细密画形成。波斯细密画背景蕴涵着深刻的内容,天空五彩缤纷,人物栩栩如生,动物惟妙惟肖,植物枝茂叶盛。细密画广泛用于装饰,最流行的是给波斯叙事诗插画,其中,突出的范例有《史集》的插图。随着细密画的发展,赫拉特、设拉子等流派逐渐形成。细密画在波斯形成以后,迅速向东西方向传播,影响到河中地区,经过河中地区传播到突厥斯坦和北印度,影响了当地的画风。

以上考古发现充分说明,乌兹别克斯坦境内的绿洲在古代构成了东西经贸交流和宗教、文化传播的交通要道。

第二章
乌兹别克斯坦古代史

今乌兹别克斯坦国土主要由花剌子模绿洲、泽拉夫善河流域和费尔干纳盆地组成，这三大块地域在古代和近代都是分裂的，由不同的政权统治着。在这三大块地域上，公元前一千纪初出现了花剌子模、粟特和大宛等文明古国；公元6世纪，出现了以昭武九姓著称的城邦小国；公元9世纪后期，出现了几乎将以上板块统一的萨曼王朝。这些政权都是欧罗巴人种印欧种的东伊朗人创建的。除以上政权外，10世纪以前在今乌兹别克斯坦地域内实施过统治的印欧种人政权还有贵霜帝国、嚈哒汗国和阿拉伯帝国。10世纪末，突厥人推翻了萨曼王朝，在此先后建立了喀喇汗王朝和花剌子模帝国；13世纪，蒙古人征服中亚，在此建立了察合台汗国和帖木儿帝国；16世纪，被称为乌兹别克人的部落南下，在以上三大块地域上建立了布哈拉、希瓦和浩罕三个汗国；19世纪下半叶，三个汗国被沙皇俄国征服，布哈拉汗国和希瓦汗国成为沙皇俄国的保护国，浩罕汗国成了沙皇俄国的一个省。

第一节　印欧种人的政权

古代粟特地区大致在阿姆河以北、锡尔河以南、费尔干纳以西、花剌子模以东。从考古发掘来看，公元前7世纪这一地区出现了带防御措施的城堡,如在苏对沙那城遗址上发现了城堡建筑。由此推断,粟特地区在公元前7世纪出现了某种形式的政权,这一政权被史书记为花剌子模古国、粟特国和大宛国。公元前6世纪以后,这些古国先后接受了波斯帝国、亚历山大帝国、塞琉古王朝和希腊-巴克特里亚王国的统治。

粟特国是在公元前545年至前539年间接受波斯帝国统治的,大流士一世时期(前521—前486),粟特与花剌子模绿洲一起被纳入波斯帝国的第16区,每年向波斯帝国缴纳300塔兰特银币的贡税。[1]公元前480年,粟特人参与了波斯对希腊城邦的第三次战争。

公元前332年,波斯帝国被希腊人灭亡。公元前329年,希腊军队攻占了粟特国夏宫马拉坎达城(今撒马尔罕),粟特人在首领斯皮塔米尼斯的率领下顽强抵抗希腊军队。粟特人曾经与游牧的塞克人联盟,攻打希腊人的后方巴克特里亚,占领了一个边防站,伏击希腊军队,击毙了希腊雇佣兵60余人。[2]公元前328年冬,斯皮塔米尼斯率领3000马萨革泰骑兵与希腊军队激战,在损兵800余人后,斯皮塔米尼斯退往沙漠地区。[3]此役之后,粟特人开始疏远斯皮塔米尼斯,军中的马萨革泰人杀死了他,并把他的头砍下来送给了亚历山大。[4]斯皮塔米尼斯被杀后,粟特的抵抗力量分散在一些易守难攻的山地岩寨,继续战斗。公元前327年,亚历山大陆续攻下这些岩寨,完成了对粟特的征服。

---

1 〔古希腊〕希罗多德:《历史》(上),王以铸译,商务印书馆,1959年,第238页。
2 〔古希腊〕阿里安:《亚历山大远征记》,李活译,商务印书馆,1979年,第140页。
3 同上书,第141页。
4 另有一说:斯皮塔米尼斯的妻子曾劝其夫投降亚历山大,在遭到拒绝后杀夫,并亲自将其首级送给亚历山大。

亚历山大"装出大王的姿态,并以东部的风俗礼仪装饰自己,在东方民众面前强作谦卑,采纳君王具有神性的教谕。他成了大流士的继承人"。[1]正是通过这些手段,粟特贵族对希腊人的态度发生了转变,他们中的许多人转到了希腊人一边,使这些地区的抵抗运动平息下来。

亚历山大病逝后,他建立的大帝国瓦解。公元前3世纪中期,希腊-巴克特里亚王国建立,粟特成为该国的一部分。以后,粟特太守攸提德谟斯夺取了希腊-巴克特里亚王位,他与其子德米特里统治希腊-巴克特里亚王朝近70年(前225—前160),在公元前2世纪中叶以前,粟特地区一直是希腊-巴克特里亚王国的属地。

粟特国统治时期,河中地区居民以农业为生,"其土水美,出蒲(葡)萄众果,蒲萄酒特有名焉"[2];山区粟特人经营畜牧业。据文献记载,粟特人在公元前3世纪前后拥有了自己的文字,粟特文是以阿拉米文为基础创造的,希腊人统治时期,粟特文化受到了希腊文化的影响。粟特人信奉琐罗亚斯德教。

费尔干纳盆地于公元前10世纪至前8世纪就开始了较大规模的灌溉农业,公元前7世纪出现了一批城镇,在此时期,波斯人和希腊人都未能进入费尔干纳盆地。公元前4世纪,具有坚固设防的古代城市出现,如今在明特佩、阿赫斯克特等遗址上可以看到。公元前3世纪,巴克特里亚的希腊-巴克特里亚王国统治了费尔干纳盆地,并在此修建了一些希腊式城堡。公元前2世纪,原居伊犁河和楚河流域的塞克人迁到费尔干纳盆地,推翻了希腊-巴克特里亚王国的统治,与当地土著居民共建大宛国。公元前2世纪中叶,大

---

[1]〔匈〕雅诺什·哈尔马塔主编:《中亚文明史》第2卷,徐文堪、芮传明译,中国对外翻译出版公司,2002年,第45页。

[2]《后汉书·西域传》,中华书局,1965年,第2923页。

宛国兴盛，统治范围包括了塔什干附近地区。

大宛国经济以农业为主，农作物主要有水稻和麦子，经济作物有葡萄，大量种植马饲料苜蓿；大宛国在山区发展畜牧业，牲畜种类有马、牛、羊等，其中以汗血马闻名于世；大宛国中的手工业，以酿葡萄酒最为有名，酿出的酒几十年都不会变质。

大宛国的强盛并不长久，公元前 2 世纪末，大宛国接受了中国西汉王朝、中国西域的莎车国、大月氏人的贵霜帝国，以及北方游牧民的嚈哒汗国的统治。4 世纪末或 5 世纪初，大宛国被北方游牧民嚈哒灭亡。

公元前 2 世纪中叶以后，粟特和大宛陆续接受了贵霜帝国（公元前 125—公元 4 世纪末）的统治。贵霜帝国是中国北方游牧民大月氏人建立的政权。公元前 1 世纪，贵霜帝国的统治将花剌子模绿洲、泽拉夫善河流域和费尔干纳盆地统一在一个政权之下。贵霜帝国在阿姆河沿岸、泽拉夫善河流域和费尔干纳盆地修复、扩建和新建了许多灌溉工程，大片绿洲在以上地区形成，农业进入快速发展时期。

统一政权的建立使中亚各地的经济和文化联系加强了。随着丝绸之路的开通，东西方贸易极大发展起来，乌兹别克斯坦境内出现了铸币。撒马尔罕在公元一二世纪开始制造银币，最初银币上的铭文是粟特文和希腊文，以后，希腊文逐渐少见，最终被粟特文取代；公元 3 世纪后期，花剌子模古国发行自己的铜币，铜币正面是一位骑在马上、全副武装的半身骑士像，反面是一组花剌子模文铭文。

贵霜帝国时期，以城堡、内城和郊区三部分组成的城市模式逐渐定型。如今在花剌子模绿洲和费尔干纳盆地发现了以上三部分组成的城市。其中，位于阿姆河下游右岸、建于 2—3 世纪的托普拉克卡拉城呈矩形，南北长，面积 2.5 平方千米，东北角建有城堡，在城堡内的王宫还有围墙环绕,城堡围墙外是内城,它被高达10米的城墙环绕,城墙上建有塔楼,内城墙外是郊区;此外,费尔干纳盆地中的达尔弗尔津城也是如此布局的。

5世纪30年代,从北部草原南下的嚈哒人来到河中地区,贵霜帝国在河中地区和费尔干纳的统治结束。嚈哒人最初在阿尔泰山以游牧为生,366年至376年间,南下到河中地区。5世纪初,嚈哒人在河中地区建立了自己的政权,史称嚈哒汗国(5世纪初—562)。5世纪30年代,嚈哒人南下征服了巴克特里亚,以后将统治中心南移到阿姆河以南,阿姆河以北成为嚈哒汗国的属地。

嚈哒人保留了归顺于他们的地方政权,地方行政基本上委托给本地贵族。于是,在嚈哒汗国统治范围内形成了众多小国。其中有以撒马尔罕城为中心的康国、以布哈拉城为中心的安国、以费尔干纳盆地西鞬城(今纳曼干)为中心的拔汗那。这些小国被称为昭武九姓国,其实数目不止九个。

在诸小国中,康国具有宗主地位,其王尊号为"粟特王萨末鞬主"。在康国,与国王共掌国事的是三位大臣,国内兵马强盛,军队强大,赭羯(战士)之人其性勇烈,视死如归,战无敌。据安国国王诃陵迦说,国王一姓相承了二十二世。[1] 安国国王与康国国王同族,其妻是康国国王之女。国王朝政之时,"坐金驼座,高七八尺。每听政,与妻相对,大臣三人评理国事"。[2] 安国国王布克哈拉曾铸造银币。

在费尔干纳盆地西北端,地处今塔什干一带的石国是昭武九姓中的大国。以后,在锡尔河北岸建立政权的西突厥人曾在石国境内的千泉建立汗庭。阿姆河下游绿洲有火㕞国,中国文献中的花剌子

---

1 《新唐书·诃陵迦传》,中华书局,1975年,第6244页。
2 《隋书·安国传》,第1849页。

模古国。

6世纪中叶，西方的萨珊王朝与锡尔河北岸的突厥人联盟，推翻了统治一个多世纪的嚈哒汗国。此后，锡尔河北岸的突厥人成了河中地区的宗主国。突厥人最初居叶尼塞河上游，6世纪初迁到阿尔泰山西南坡，在此发展壮大起来，于552年建立了自己的汗国。581年，突厥汗国分裂为东西两部分，西突厥汗国统治了锡尔河以北草原、阿姆河以北以南地区。7世纪，昭武九姓国处于突厥人的统治之下。

7世纪中叶，阿拉伯人来到了河中地区。哈里发在河中地区和费尔干纳盆地实施总督统治，反阿拉伯统治的起义在河中地区此起彼伏，哈里发不断派军队镇压。9世纪初，巴里黑城贵族萨曼家族曾参与了镇压河中地区的反阿起义，萨曼家族成员分别出任撒马尔罕、石国、拔汗那（费尔干纳）地方长官。

842年，费尔干纳长官阿赫麦德承袭萨曼家族族长地位，他的长子纳斯尔被派任撒马尔罕长官；855年，阿赫麦德又将石国纳入自己的版图。至此，萨曼家族以撒马尔罕为中心基本上统一了河中地区和费尔干纳盆地。872年，哈里发穆尔台米德（870—892年在位）给纳斯尔颁发委任令，任命他为"从阿姆河到最远的东方"之地的总督，纳斯尔以撒马尔罕为中心开始发展势力。886年，纳斯尔在撒马尔罕铸造银币迪尔汗，他发行的银币保留下来，今存于乌兹别克斯坦国家历史博物馆。

874年，纳斯尔之弟伊斯迈伊尔接管布哈拉，成了布哈拉城的统治者。他答应每年向纳斯尔缴纳50万迪尔汗的年税，这一数字比过去增加了1.5倍。[1]885年，布哈拉城未能交足50万迪尔汗的

---

1 许序雅：《中亚萨曼王朝史研究》，贵州教育出版社，2000年，第28页。

税收，导致纳斯尔的不满，兄弟之间打了三年内战。888年12月26日，伊斯迈伊尔打败纳斯尔联军，伊斯迈伊尔礼待其兄，兄弟重归于好。892年8月21日，纳斯尔去世。根据他留下的遗嘱，河中总督的王位由伊斯迈伊尔继承。伊斯迈伊尔将撒马尔罕城交给纳斯尔之子阿赫麦德统治，自己仍驻布哈拉城。于是，布哈拉成了萨曼王朝的都城。9世纪末期10世纪初，萨曼王朝进行了一系列扩张战争。到10世纪初，呼罗珊、塔巴里斯坦和古尔甘，以及印度河流域的信德都归属于萨曼王朝。

907年11月26日，伊斯迈伊尔病逝，其子阿合马德继位（907—914年在位）。阿合马德的继位得到了突厥军队首领的支持，军队得到重用。当军队势力进一步扩大时，阿合马德转而加强了波斯人在国家政权中的作用。此举激化了他与突厥侍卫之间的矛盾，914年初的一天，他在睡梦中被突厥侍卫砍了头。

阿合马德死后，阿合马德之子纳斯尔被布哈拉的军界和宗教界拥立继位，史称纳斯尔二世（914—943年在位），纳尔沙希写的《布哈拉史》就是献给他的。纳斯尔二世是一位有作为的统治者，他在布哈拉城堡的里吉斯坦区修建了华丽的宫殿，在宫廷门外建造了宰相、财政大臣、侍卫长、邮传大臣等九部大臣的官邸，各部有了自己的办公场所。

纳斯尔二世统治后期，萨曼王朝动乱频仍，纳斯尔二世经历了政变和叛乱。922年，费尔干纳叛乱，叛军人数达3万人；929年至930年间，布哈拉城政变，夺权的一方得到军队的支持；另外，石国的叛乱也长期困扰着纳斯尔二世。942年，布哈拉城发生地震，纳斯尔的得力助手、宰相阿布·阿里·贾哈尼在地震中丧生；943年，军队统帅谋划政变，企图取而代之。此次政变虽未成功，但纳斯尔被迫让位给其子努赫（943—954年在位）。

努赫继位后，在宰相阿布尔·法德尔的辅佐下，开始了制止突厥军事贵族专横跋扈和敲诈勒索的行为；镇压伊斯兰异端，大批什叶派教徒被杀，迫使他们的活动转入地下。以上措施损害了军界和宗教界的利益，军界与宗教界联合起来对付王权。在此形势下，946年，努赫以处死宰相阿布尔·法德尔为自己开脱，军队贵族重新掌控了萨曼王朝的政务，努赫成了傀儡。

954年8月，努赫去世，长子马立克继承王位（954—961年在位）。马立克在位时期继续与突厥军事力量做斗争。960年，马立克与宰相玉素甫·本·伊沙克采取了削弱突厥军队首领势力的行动，处死了军队的一员高级将领。这一行动不仅未能达到期望的结果，反而引起了政局的混乱。961年11月，马立克坠马身亡，其子曼苏尔登上王位（961—976年在位）。

马立克的猝死加剧了形势的动荡，布哈拉宫殿遭到奴仆的抢劫和焚烧。曼苏尔时期，突厥军事贵族集团开始分裂，不同派系之间争权夺利的斗争在萨曼王朝政治生活中突出起来。在此时期，阿姆河以南的阿富汗分裂出去，建立了半独立的伽色尼王朝。976年6月，曼苏尔去世，其子卡西姆·努赫继位，史称努赫二世（976—997年在位）。努赫继位时年仅13岁，由母亲及宰相阿合马德·乌特比摄政。乌特比任宰相初期（977—982），王朝对军人采取安抚措施，特别优待军队统帅西木居尔。西木居尔的势力强大，实际上成了萨曼王朝的真正统治者。

982年初，努赫长大成人，宰相乌特比一改对军队的安抚政策，罢了西木居尔的官，让亲信阿拔斯·伊·塔斯接管呼罗珊部队司令之职。西木居尔暗下勾结宫廷大臣法伊克，两人雇刺客暗杀了乌特比，乌特比被害消息一传出，布哈拉城发生了起义。内乱期间，锡尔河北岸的突厥牧民开始了入侵河中地区的行动。999年，喀喇汗王朝驻乌兹根的统治者纳赛尔·本·阿里占领布哈拉城，俘获了萨曼王及王室成员，将他们送往乌兹根关押。

萨曼王朝是印欧种东伊朗人在今乌兹别克斯坦境内建立的王朝，它存在的一百多年（872—999）是印欧种人的辉煌时期。萨曼王朝灭亡以后，印欧种人退出了阿姆河以北地区的政治舞台，此后在这一地区活动的是蒙古利亚人种的突厥人。

第二节 突厥人的政权

最早来到中亚的蒙古利亚人种是被称为铁勒的部落民。5世纪，铁勒部落联盟中的突厥部迁到阿尔泰山南坡游牧，以锻铁著称。552年，突厥部强盛起来，建立了自己的汗国；581年，突厥汗国分裂形成了东西两个汗国。西突厥汗国的统治中心在塔什干附近名为千泉的地方，河中地区和费尔干纳盆地的昭武九姓国成了突厥人的属国。突厥可汗授予昭武九姓国国王颉利发称号，突厥可汗在一些国家派出吐屯监摄国王。这种监统方式给予昭武诸国相当程度的自治权。

由于西突厥人的游牧性，他们在河中地区和费尔干纳的统治没有留下详细记录。657年，中国唐朝灭亡西突厥汗国。唐朝接替西突厥人对昭武九姓国的统治后，继续实施西突厥汗国的统治方式，中国史书对此有较详细的记录。

659年至661年间，唐朝在康国撒马尔罕城设置康居都督府，在安国的阿滥谧城（今布哈拉城）置安息州，在石国的瞰羯城（今塔什干一带）设置大宛都督府，在费尔干纳的渴塞城（今长散）设休循州都督府，在东安国（小安）的喝汗城（今布哈拉城东北）置木鹿州，在米国的钵息德城（今朱马巴扎尔）置南谧州。唐朝在羁縻府州派出由本地或本族首领担任的都护、都督、州刺，他们作为唐朝命官接受唐朝的册封，管理本族内部事务和处理民间的纠纷，并代表唐朝中央政府执行唐朝的民政、司法等法令。

659年，唐朝对西蕃部落所置府州发给印契，以为征发符信，由此确立了各都督府州对唐朝的义务。受封的羁縻府州官员必须定期向唐朝政府朝贡，贡赋版籍多不上户部。贡赋体现他们与唐朝的臣服关系，双方对此十分重视。都督府州的叛唐，往往以停止朝贡开始；而唐朝对都督府州的征讨，也常常因朝贡中断而起。唐朝对各都督府州的贡赋没有规定数额，除了朝贡外，有的地区还要送子入朝，作为人质留在唐朝中央政府所在地长安。唐朝的统治对中亚地区产生了深远的影响，在唐朝灭亡之后的很长时期内，中亚地区居民心中仍然只知有唐，把自己称为唐家子，以后突厥王朝统治者以"唐家子汗"为荣。

750年，唐朝在阿拉伯人的东进中退出了河中地区和费尔干纳盆地，这些地区接受了阿拉伯人的总督统治。819年，东伊朗人的萨曼家族以阿拔斯帝国地方长官的名义在河中地区和费尔干纳盆地建立了独立统治。

840年，蒙古高原的突厥政权回鹘汗国被黠戛斯人摧毁，回鹘人向西迁徙，来到了锡尔河以北地区。当时，这一地区是由铁勒族葛逻禄、样磨、炽俟、处月等部放牧的。9世纪下半叶，回鹘与葛逻禄等部以八拉沙衮（今吉尔吉斯斯坦托克马克东10千米处）为中心建立了喀喇汗王朝。[1]

喀喇汗王朝的创建是一个渐进的过程，没有准确年代，只知道创建者阙毗伽·卡迪尔汗的活动时间是9世纪末期。喀喇汗王朝最

---

[1] 大多数中国学者认为，创建喀喇汗王朝的是回鹘人；西方学者则倾向于葛逻禄人，或样磨人或炽俟人；不过，在蒙古高原上建立过帝国的回鹘人在喀喇汗王朝的组织和创建中起关键作用的可能性要大一些。

初的统治疆域包括巴尔喀什湖以南和今中国新疆西部地区；991年至999年间，喀喇汗王朝两次出兵萨曼王朝，初从白水城长途奔袭，继而从费尔干纳盆地稳扎稳打，最终占领萨曼王朝都城布哈拉，统治了河中地区和费尔干纳盆地。

1041年，喀喇汗王朝分裂。西喀喇汗国统治领域包括河中地区和包括忽毡（今塔吉克斯坦苦盏）在内的费尔干纳盆地西部，统治中心在撒马尔罕城。西喀喇汗王朝注意发展经济，据阿拉伯史书记载，西喀喇汗王朝创建者易卜拉欣·本·纳赛尔是一位贤明的君主，他统治时期，打击了危害社会的行为，为促进物价稳定，推行了货币改革，统一了币制和银的含量；他成功地利用了东喀喇汗国内部苏莱曼与穆罕默德兄弟间的斗争，于回历451年（1059/1060）出兵占领了费尔干纳，并在此发行新的货币，打击哄抬物价的商人，稳定市场，促进了该地区经济的发展。以后的西喀喇汗基本上采取减轻农民负担、激发农民积极性的经济政策，据说，喀喇汗王朝的赋税和徭役比以往王朝的征收要轻，这些政策是农业经济发展的前提条件。

喀喇汗王朝时期，手工业得到长足发展。据11世纪著作《福乐智慧》一书反映，手工业有"铁匠、靴匠，还有皮匠、漆匠、弓矢匠，还有画师，人世全凭他们缀饰妆点，他们能制出惊世之物"。[1] 手工业分工很细，据《突厥语大词典》，11世纪中叶，纺织业中纺线与织布分离；皮革业中生产皮袄的皮子、皮鞋或皮窝子的皮子、生产靴子的皮子都有明显分工。[2] 手工产品的多样化，以缝纫业为

---

[1] 优素甫·哈斯·哈吉甫：《福乐智慧》，郝关中等译，民族出版社，1986年，第580页。

[2] 麻赫默德·喀什噶里编著：《突厥语大词典》，校仲彝等译，民族出版社，2002年，依次在卷1第113页，卷3第12页，卷1第117、491、164页。

例，有驼毛或羊毛织成的衣服，有两种皮袄，有短袖长袍和专供奴隶穿的无口袋布长袍等。[1]

西喀喇汗王朝时期，阿姆河以北地区的过境贸易得到了很大发展。文献资料和考古材料证明，喀喇汗王朝与东方的宋辽金，西方的西亚、北非和东南欧，南方的印度都有发达的贸易关系。在沙姆斯统治期间（1068—1080），沿交通大道建设了许多城堡，最著名的有伊列克堡和从撒马尔罕通往忽毡道路上的阿克·阔台尔堡。西喀喇汗国重视与中原宋朝的贸易，《福乐智慧》说："要是中国商队砍倒自己的旗子，千万种珍宝从何而来？""天下的异珍都在他们（指商人）手上，能把人们打扮得漂漂亮亮。""世间倘无商人奔走四方，怎能穿到紫貂皮的衣装？倘若契丹商队（指中国商队）的路上绝了尘埃，无数的绫罗绸缎又从何而来？倘无商人在世间东奔西走，怎能看到成串的宝石珍珠？"[2]

1132年，契丹人在锡尔河以北地区建立了西辽国。1137年，西辽军队进入费尔干纳盆地，到达忽毡。据伊本·阿西尔记载，回历531年9月（1137年5—6月）西喀喇汗军队在抵抗中被击溃。1141年9月9日，西喀喇汗与西辽国在撒马尔罕以北进行了历史上著名的卡特万会战，西辽以少胜多成为西喀喇汗王朝的宗主国。1210年，乌兹别克斯坦北部的花剌子模绿洲政权强大起来，打败西辽，西喀喇汗国接受了花剌子模王朝的统治。

花剌子模王朝是阿姆河下游三角洲花剌子模绿洲上建立的政权。10世纪，花剌子模绿洲名义上是萨曼王朝的属地，实际上由两个独立政权统治：一个是阿拉伯帝国驻花剌子模总督马蒙家族；另

---

[1] 麻赫默德·喀什噶里编著：《突厥语大词典》，校仲彝等译，依次在卷1第367、74、371、403、503页。

[2] 优素甫·哈斯·哈吉甫：《福乐智慧》，郝关中等译，第574—575页。

一个是花剌子模本地人建立的阿夫格里王朝。10世纪末,马蒙家族推翻阿夫格里王朝,统一了花剌子模绿洲。1017年,阿富汗政权伽色尼王朝苏丹马赫穆德出兵花剌子模,花剌子模绿洲成为伽色尼王朝属地。

1043年,在河中地区帮西喀喇汗四处征战的塞尔柱人夺取花剌子模绿洲,在此派驻地方官(沙黑纳)。1065年以后,突厥奴隶出身的将领讷失特勤被派到花剌子模,他的后裔创建了花剌子模帝国。讷失特勤家族统治花剌子模达一个半世纪以上,直到成吉思汗军队的到来。

在摩诃末统治期间(1200—1220),花剌子模帝国将乌兹别克斯坦统一起来。1209年,摩诃末利用布哈拉人民起义,把它并入自己的版图。在此形势下,西喀喇汗乌思蛮积极与摩诃末靠近,把他迎进撒马尔罕城,向花剌子模沙称臣,两人的名字都出现在回历606年(1209/1210)的铸币上,摩诃末是宗主,乌思蛮是附庸。[1]

1210年,摩诃末出兵攻西辽,在塔拉兹城附近打败西辽军队,俘获并处死了西辽主将塔阳古。塔拉兹战役决定了摩诃末的命运,四方的诸侯向他的宫廷遣送驿使和贡礼。[2] 摩诃末向喀喇汗王朝的首领派出使者,敦促他们归附。费尔干纳统治者卡迪尔·本·伊不拉欣承认了摩诃末的宗主权。[3]

河中地区居民对摩诃末抱有很大期望,幻想在信奉伊斯兰教的花剌子模沙的统治下处境会得到改善,然而,他们的期望落空了。

---

[1] M. S. Asimov and C. E. Bosworth, eds., *History of Civilizations of Central Asia*, Vol. 4(I), UNESCO Publishing, 1998, p. 134.

[2] 〔伊朗〕志费尼:《世界征服者史》(上),何高济译,商务印书馆,2004年,第384页。

[3] M. S. Asimov and C. E. Bosworth, eds., *History of Civilizations of Central Asia*, Vol. 4(I), p. 135.

来到撒马尔罕城的花剌子模军为所欲为，"正统教信徒"的花剌子模沙也比西辽统治者更加残酷。1212年，撒马尔罕城爆发了反花剌子模国的起义，摩诃末出兵围攻撒马尔罕。乌思蛮打开城门，手捧一把刀和一件寿衣恭候摩诃末。摩诃末下令屠城，对该城民众进行了三日三夜的大屠杀，杀死一万多名穆斯林，最后是在该城的长老们以及宗教首领们的斡旋下才停止了屠城。他将乌思蛮及其亲属和部下一律处死，西喀喇汗王朝灭亡。

13世纪初，当蒙古人在向西扩张之时，花剌子模帝国统治着河中地区、阿富汗大部和伊朗高原的一部分。摩诃末希望在庞大的帝国内建立中央集权统治，但他的想法受到军事集团的反对；此外，庞大帝国的各种开支转移到农民身上，地税的增加激起了农民的暴动；加之，花剌子模军队在各地的敲诈和劫掠引起了普遍的反对，成为人民仇恨的焦点。当成吉思汗出兵中亚之时，帝国的中央和地方政权都没有健全，这个短时间内拼凑起来的帝国在最初的一击之下崩溃了。此后登上今乌兹别克斯坦舞台的是蒙古利亚人种的蒙古人。

第三节　蒙古人的政权

对乌兹别克斯坦历史产生过影响的蒙古政权有西辽国、察合台汗国和帖木儿帝国。西辽是蒙古种人契丹人建立的国家，契丹人的外貌特征：圆脸、短发、髡发，常在额前左右各留一绺头发，垂于耳前，他们说蒙古语方言。10世纪初，契丹部落首领耶律阿保机统一契丹各部，建立了一个领土辽阔的契丹国；947年，契丹国改国号为大辽。1125年，辽国君主被新兴金国俘获，辽国灭亡。辽将耶律大石率铁骑二百人出走来到楚河和伊塞克湖一带，在此建立的政权被称为西辽。

西辽立国90年（1132—1218），于1141年打败西喀喇汗王朝，确立了对河中地区和花剌子模绿洲的统治。西喀喇汗王朝和花剌子模王朝承认了西辽国的宗主权，宗主权以如下三种方式实现：派官吏常驻监督当地统治者，如撒马尔罕城；定期派官员前往征税，如花剌子模绿洲；由当地统治者代征赋税，如布哈拉城。[1]西辽派遣的官员称"沙黑纳"（Shihna，少监），少监大多数由武官充任，带有少数武装，以保证政令下达和按时按量收缴赋税。作为臣属标识，国王或属部酋长必须佩带和使用西辽颁发的牌、印。"每一服从菊儿汗（西辽国王自称）的皇帝都在自己的胸前戴一个类似银牌的东西，这就是那个人服属于菊儿汗的标记。"[2]"属国国王或属部酋长在其统治区内享有相当的自主权，拥有自己的军队。西辽在这些地区不驻扎军队、不索质子的'羁縻'。"[3]有时候，西辽派兵巡边，或应当地统治者的请求派兵镇压其境内的"反叛"。[4]

1206年，花剌子模王朝摆脱西辽的宗主权，不再纳税；1210年，花剌子模军队打败西辽军队，西辽国丧失了在河中地区和费尔干纳盆地的宗主权。1218年，西辽都城八拉沙衮被成吉思汗的蒙古军占领，西辽国灭亡。

1220年，成吉思汗的蒙古军队击败了花剌子模帝国，该帝国灭亡，蒙古人在锡尔河以北地区、花剌子模绿洲、河中地区和费尔干纳盆地建立了统治。1225年，成吉思汗对被征服地进行了分封。

---

[1] 新疆社会科学院民族研究所编著：《新疆简史》，新疆人民出版社，1980年，第171页。

[2] 〔阿拉伯〕伊本·阿西尔：《全史》，转引自刘戈译：《〈全史〉选译（下）》，《中亚研究》1988年第3期。

[3] K. A. Wittfogel and Feng Chia-sheng, *History of Chinese Society: Liao(907-1125)*, The American Philosophical Association, 1949, pp. 661-674.

[4] 王凤梅：《西辽契丹人的社会经济及政治制度》，《吉首大学学报》2010年第2期。

次子察合台的封地东起高昌回鹘国，西至阿姆河岸，南抵兴都库什山，北至巴尔喀什湖以南的地区。以上区域的重要城市直接归属于蒙古帝国中央，察合台部民只在草原地区放牧，察合台的斡耳朵设在阿力麻里城（今新疆霍城西北）附近。这种状况持续到 1259 年。

1259 年，蒙哥大汗去世，阿里不哥与忽必烈开始了争夺汗位的战争。为了赢得支持，阿里不哥授权察合台汗阿鲁忽（1260—1265 年在位）管理从阿力麻里到阿姆河之间的地区。于是，东起阿尔泰山，西至阿姆河之间的城市或农耕地区归属于察合台家族。此后，察合台系走上独立发展的道路，察合台汗国（1270—1370）形成。鼎盛时期，察合台汗国的疆域东起吐鲁番，西至阿姆河，北到塔尔巴哈台，南越兴都库什山。为了加强河中地区与天山南路可失哈耳（喀什噶尔）等地的经济联系，在察合台汗都哇统治时期，修建了俺的干城（今安集延城），到 14 世纪，安集延城成为费尔干纳地区最重要的商业城镇。

察合台汗国时期，河中地区的经济缓慢发展。在财政大臣马思忽惕伯的招抚政策下，大多数流亡的农民返回家园，恢复农耕，河中地区经济从蒙古征服中恢复，一度呈现繁荣。灌溉系统的完善促进了农业和园林业的发展，当时，泽拉夫善河上游的法失儿迪咱水渠可以给 2000 个园林和大片农田提供水源。水果种植获得较大发展，品种有葡萄、无花果、石榴、苹果、桃、梨等，撒马尔罕和花剌子模的西瓜著称于世。据伊本·白图泰记，花剌子模西瓜的产量很大，质量优良，远销印度和中国。[1]

畜牧业有了长足的发展，河中地区每年仅畜牧税的收入就在 50 万的那（迪纳尔）以上。据说，当时河中一个很平常的家庭可饲养

---

[1]〔摩洛哥〕伊本·白图泰：《伊本·白图泰游记》，马金鹏译，第 296 页。

20头至500头牲畜[1],如果按规定的数额向牧民征畜牧税,蒙古统治者每年可获得相当数量的牲畜。

1289年,马思忽惕伯去世,他的三个儿子先后管理着布哈拉和撒马尔罕。在他们的治理下,河中地区出现了人口增多、收入稳定的局面。据估计,当时河中有10万多村落,按每个村落可以派出1个骑兵和1个步兵计,每个村落有5—10人,河中地区总人口数约在50万以上。[2]

14世纪,以往被强迫前往蒙古草原的手工业者纷纷返回,中亚城市出现了为官家工作的大作坊"科尔霍纳",城市手工业者组成了行会,蒙古人对手工业行会或独立手工业者征收"塔姆古"税。

被名为呼罗珊大道的丝路中道畅通无阻,经撒马尔罕东可到中国,经呼罗珊西达巴格达,经赫拉特南抵喀布尔和北印度。察合台汗答儿麻失里推行重商政策,"以沙里法规约(伊斯兰教法)为行动准则,以体面的、明智的方式接见了从各地而来的商人和旅行者。过去,埃及和叙利亚商人到汗国的行商之路被堵塞了,甚至旅行者穿越察合台汗国的愿望都不能实现。答儿麻失里登上汗位后,大量商人涌到他的汗国,满载着对他的赞誉而归,以至于他的领地成了这些商人行商的通道和经常性的交易场所"。[3]为方便商旅,答儿麻失里在每个城镇的道路两旁及村落设置驿馆。河中诸城成为商业中心和贸易枢纽,四面八方涌来的商人和旅行者云集于此。

---

1 〔德〕莱希译注:《蒙古世界帝国,乌玛利在〈眼历诸国行纪〉一书中叙述的蒙古国家》,第121页,转引自李一新:《察合台汗国的伊斯兰化》,《西北民族研究》1998年第2期。

2 同上。

3 同上书,第119—120页,转引自李一新:《察合台汗国的伊斯兰化》,《西北民族研究》1998年第2期。

在察合台汗国中，答儿麻失里是第一个公开提倡伊斯兰教的汗王，他自上而下地推广伊斯兰教，官兵都成了穆斯林，中亚出现了继阿拉伯人征服后的第二次伊斯兰教传播高潮，到 14 世纪末期，河中地区的蒙古人已经基本完成了伊斯兰化的过程。随着察合台人的伊斯兰化，伊斯兰教各派展开了争夺世俗政治权力的斗争。在此过程中，纳合什班底教团（Naqshband）脱颖而出，15 世纪，纳合什班底教团成为中亚社会政治生活中的一支重要力量。

蒙古人的统治确立了突厥语在中亚的地位。蒙古人最初使用的官方语是高昌回鹘语，以后，回鹘语与喀什噶尔语并用，两种语言经长期的融合形成了察合台语。察合台语在词汇、语法、语音等方面都受到了阿拉伯语和波斯语的影响。察合台语随地区不同而发生变化，形成了各种方言，乌兹别克语就是从察合台语发展形成的。蒙古人的统治确立了突厥文的地位。10 世纪，中亚开始使用阿拉伯字母拼写突厥语，这种突厥文是在察合台汗国时期得到广泛推广的，因此，被称为察合台文。察合台文借用了阿拉伯文的 28 个字母，后来又借用了 4 个波斯文字母，共 32 个字母。察合台文从右向左写，字体有印刷体和手写体两种。察合台文在西察合台汗国使用广泛，现存文献资料涉及文史哲、政法、医药、天文、地理等方面。

14 世纪中叶以后，察合台汗国分裂为东西察合台汗国，两个汗国的统治权都落入了实力强大的地区统治者手中，西察合台汗国的政权最终掌握在蒙古贵族帖木儿手中。帖木儿家族出自蒙古族巴鲁剌思部。13 世纪初，巴鲁剌思部首领哈剌察儿跟随成吉思汗西征来到中亚，战争结束后，成吉思汗将哈剌察儿统率的千户分封给次子察合台。1334 年，察合台汗答儿麻失里去世，汗国陷入了分裂局面，河中地区由蒙古四大部统治，它们是札剌亦儿部、速勒都思部、阿鲁剌惕部和巴鲁剌思部。其中，巴鲁剌思部的统治中心在撒马尔罕以南的渴石城，即今沙赫里夏勃兹（即绿城）。

1336年4月8日，帖木儿在渴石城附近的霍加伊尔加村出生，年轻时代在巴鲁剌思部埃米尔合札罕手下效力，被委任为千户长。1357年，合札罕被暗杀，河中地区发生内乱。在内乱中，年仅25岁的帖木儿逐渐壮大了势力，最终在撒马尔罕城建立了帖木儿帝国。帖木儿帝国存在137年（1370—1507），帖木儿帝国中有作为的统治者是：沙哈鲁（1409—1447年在位）、兀鲁伯（1447—1449年在位）、卜撒因（AbūSacīd，1451—1469年在位）。

帖木儿帝国建立之初保留了察合台系的汗王，统治者以"苏丹"名义实施统治，这种状况持续了半个世纪。兀鲁伯统治后，察合台系汗王逐渐边缘化。

统治权和行政权合一是帖木儿帝国政权的特征之一。帝国的最高统治者"苏丹"全部出自帖木儿家族。苏丹之下的中央政府是一个七大臣会议，他们之间有行政、司法、宫廷管理和军事的简单分工。中央政府是一个受君主意志操纵的机构，大臣忠于苏丹，而不是忠于职责。在政府机构内大批起用有行政技巧的、特别有书写和记录技能的波斯人，这些波斯官吏的地位不高，政府机构中较高职务由那些熟悉波斯传统和了解定居文化的察合台系官员把持。在行政机构之上，帖木儿帝国设置了一个监督机构，由察合台系贵族和波斯官员组成。

帖木儿帝国的"地方行政以大州、小州为单位建立起来。与中央政府的模式一样，各大州、小州政府设置了掌民事、军事、无主产业的三位长官，此外，还设置了军事及民事辅佐人员协助管理。地方政府受中央政府的监督，现在还不清楚中央机构是否对地方政府进行定期巡视，但克尔曼接受过定期巡视，这些人是从中央政府派出的"。[1] 在州之下，将地方再划分为"土绵"（即万户），以土绵为收税单位。在被征服城市或市镇，派遣达鲁哈或哈希姆（Hākim）统治。达鲁哈由察合台系成员担任，他们在一支察合台驻军的协助下实施独立统治。

帖木儿帝国的行政机构具有双重性，既保持了突厥-蒙古游牧政权的一些统治，又大量吸收了阿拉伯-波斯的行政管理方式。帖木儿以"伊斯兰教保护者"自诩，奉逊尼派教义为国教，以重金修葺和扩建了中亚各大城市的清真寺和宗教学校，聘请伊斯兰学者担任宫廷顾问。"沙哈鲁处处展示出虔诚穆斯林的形象，聘著名宗教学者担任国师、大臣辅政，每周四次召人进宫讲诵《古兰经》，亲自到清真寺参加星期五大礼拜。"[2]

在帖木儿帝国几乎没有遭到外来战争的情况下，国家稳定，农业、手工业和商业得以发展。15 世纪初，阿姆河两岸呈现出人口繁庶、土地肥沃、村落相望的现象。帖木儿帝国的赋税制度规定：帝国境内的居民须缴纳人头税（库普丘尔）和土地税（哈拉吉）。人头税是全体居民都必须缴纳的，居民按贫富差异分为几等，富人每人每年被征收 10 个迪纳尔，如此按比例降至穷人每人每年交 1 个迪纳尔。土地税是农民必须缴纳的，主要以实物的形式征收，份额从三分抽一到三分抽二。三分之一的收获物属于帝国的税收，三分之二的收获物属于耕种者。牧民缴纳的税大致与农民相当，农牧民赋税负担是比较重的。除税收外，农牧民还要承担各种劳役，如为驿站提供各种服务。

---

    1 Beatrice Forbes Manz, *The Rise and Rule of Tamerlane*, Cambridge University Press, 1989, p. 110.

    2 V. V. Barthold, *Four Studies on the History of Central Asia*, Vol. II, tr. by V. and T. Minorsky, Brill, 1958, p. 11.

帖木儿帝国时期，手工业和商业也得到了长足的发展。在征服过程中，帖木儿将所到之处的手工业者、匠人迁到撒马尔罕城和渴石城。"都城中凡百行业，皆无缺乏专门技工之感。"[1] 据克拉维约的估计，来自各地的技术人员的数目在 15 万以上。[2]

帖木儿帝国时期，商贸繁荣成为经济发展的明显特征。从撒马尔罕城东去明代中国的道路是畅通的，蒙古商贾常年穿梭往返于甘肃和吐鲁番等地之间，明代巡抚甘肃都御史唐泽对哈密等处进贡者有记载说："每沿途寄住，贩易谋利，经年不归。"[3] 天山南北的察合台人把这条通道称为"金路"。

撒马尔罕城西去的道路繁忙。帖木儿的战争破坏了丝绸之路北道上的一些重要城市，北道的衰落使途经撒马尔罕城的丝绸之路中道繁荣起来。1402 年，帖木儿在安卡拉打败了土耳其人建立的奥斯曼帝国，实现了中亚与西亚的统一，确立了对丝绸之路中道西段的控制权，打开了撒马尔罕城西去的道路。地中海与中亚之间的贸易在帖木儿帝国初期的三十年间只能通过撒马尔罕城的商路进行。帖木儿加强了这一地区道路的建设，他派人建筑新桥、修理旧桥，在通道上建筑队商馆舍。在撒马尔罕城与大不里士城之间的道路沿线按一日程或半日程设置了驿站，大站之内，常备马百余匹。

帖木儿帝国在商路上设关征税，获取利润。从印度和阿富汗到撒马尔罕的咽喉忒耳迷是过境税收取的要地，据克拉维约记，来自印度的商客每年在此缴纳的税款数目在帖木儿帝国政府的财政收入中占有重要地位。此外，位于里海西南角的苏丹尼耶处于大不里士通往撒马尔罕的道路上，"每年夏季之 6 月至 8 月间，大批骆驼队，

---

1 〔西班牙〕罗·哥泽来滋·克拉维约：《克拉维约东使记》，杨兆钧译，第 157 页。
2 同上。
3 《明世宗实录》，中央研究院历史语言研究所校印本，1931 年，第 2366 页。

皆汇集于此。……当地政府，对驼队所载货物，抽税甚重。……官府之税收，泰半仰赖于此"。[1]

帖木儿曾发誓要把撒马尔罕建成亚洲之都。按当时的标准，撒马尔罕城已经可以算得上具有世界影响的国际性城市。首先，撒马尔罕城成了中亚地区的政治中心。帝国最高首领帖木儿住在撒马尔罕城，帖木儿帝国中央政府的驻地也在撒马尔罕城，它是整个帝国的大脑。帖木儿帝国中央政府在管辖地区和被征服城市都派有地方官员。中央政府对一些地方官员进行定期巡视。

其次，撒马尔罕城是经济中心。西班牙使臣克拉维约看到："城内屯集货物，到处充斥。其中有来自世界上最远处之货物。自俄罗斯及鞑靼境内运来之货物，为皮货及亚麻。自中国境运来世界上最华美的丝织品。其中有一种为纯丝所织者，质地最佳；自和阗运来宝玉、玛瑙、珠货，以及各样珍贵首饰。……和阗之琢玉镶嵌之工匠，手艺精巧，为世界任何地方所不及。印度运来撒马尔罕者，为香料。此种香料，亦为世人所最宝贵者。在伊思坎大伦（即亚历山大港）市场上，万难见到此种货色。"[2]

第三，撒马尔罕城是东西文化交流和汇集之地。克拉维约在撒马尔罕城可以遇到说各种语言的人和来自不同城邦的代表人物，他们中有文学、史学、天文学、绘画、建筑大师。撒马尔罕也因他们走到了世界文化的前列，其中，文学、史学、天文学、建筑学都取得了惊人的成就，学界将这一时期称为"帖木儿文艺复兴时期"。

尽管帖木儿家族的统治给乌兹别克斯坦增添了不少光彩，然而，到15世纪末，该家族因分裂而走向衰弱，被北方游牧的乌兹

---

[1] 〔西班牙〕罗·哥泽来滋·克拉维约：《克拉维约东使记》，杨兆钧译，第82—83页。

[2] 同上书，第158页。

别克人取而代之,乌兹别克人在此建立了布哈拉汗国。

第四节 乌兹别克人的政权——布哈拉汗国

1225年,成吉思汗把额尔齐斯河以西,咸海、里海以北的中亚草原分给了长子术赤,术赤家族的统治中心在额尔齐斯河畔。1243年,术赤次子拔都将统治中心西移到伏尔加河下游的萨莱城(今阿斯特拉罕附近);额尔齐斯河至乌拉尔山之间地区成了拔都长兄斡儿答和五弟昔班的封地;斡儿答家族占据其东南,昔班家族在其西北。

1380年,斡儿答家族夺取钦察汗国的最高统治权,其下的大多数部落向伏尔加河流域迁徙,昔班家族占据了斡儿答家族的牧地,势力壮大起来。1428年,昔班家族王子阿布海尔统一了西起乌拉尔河、东至托博尔河之间的游牧部落,建立了阿布海尔汗国(1428—1468)。

阿布海尔汗国自成立之时起,就一直与东察合台汗国进行着争夺地盘的战争。1468年,阿布海尔在与东察合台汗羽奴思的一次战斗中败亡,阿布海尔汗国顷刻瓦解。阿布海尔家族的大多数成员被杀,他的孙子昔班尼(1451—1510)幸免。15世纪后期,昔班尼在锡尔河以北地区组织了一支武装,开始参与河中地区的角逐。1494年,在河中地区实施统治的帖木儿帝国宗王速檀·阿合马去世,昔班尼从突厥斯坦城出兵,于1500年先后攻占布哈拉和撒马尔罕城,灭了帖木儿帝国,建立了布哈拉汗国(汗国历经昔班尼、札尼和曼吉特三个王朝)。

1507年,昔班尼几乎是不战而取赫拉特,统治了呼罗珊。三年后,他在与波斯萨法维王朝(1501—1736)的战斗中阵亡,昔班尼王朝面临危机，稳定局面的功臣是奥贝都剌。1531年，奥贝都剌登上了汗位（1531—1539年在位），1533年，他把王朝都城从撒马尔罕迁到自己的封地布哈拉，从此布哈拉城成为三个王朝的都城。1539年，奥贝都剌汗去世，昔班尼王朝分裂，各地诸侯（埃米尔）混战。1557年，阿布杜拉攻占了布哈拉城，扶持其父伊斯坎达尔为汗（1561—1583年在位），局势稳定下来；1583年，阿布杜拉正式称汗，史称阿布杜拉二世。他在位时期（1583—1598），乌兹别克人结束了分裂割据的局面，统一于一个强大君主的政权之下。

1598年初，布哈拉城的北方驻军遭到哈萨克人的攻击，阿布杜拉汗出兵抵抗。趁此机会，他的独生子阿布·穆明从巴里黑出兵撒马尔罕，处死了汗国的许多大臣和贵族，宣布继位。是年，阿布杜拉汗在内忧外患中去世，阿布·穆明登上了布哈拉汗位。即位当年（1598），他出兵抵御入侵巴里黑城的波斯人，途中遭到暗杀。

阿布杜拉父子相继去世后，昔班尼王朝男系绝嗣，布哈拉贵族代表会议选举阿布杜拉的女婿札尼伯继承汗位，布哈拉汗国开始了札尼王朝统治时期。札尼伯家族也是成吉思汗的后裔，他们是伏尔加河下游的阿斯特拉罕王朝的王族。1556年春，阿斯特拉罕汗国被俄国兼并，亡国之君雅尔·穆罕默德携带儿子札尼伯逃到布哈拉城避难。1567年，阿布杜拉把自己的女儿嫁给了札尼伯。

札尼伯继位时，他的两个儿子在呼罗珊与波斯人作战。1598年8月，长子丁·穆罕默德在战争中被杀，次子巴基·穆罕默德带着兄长的两个儿子伊玛姆·库利和纳迪尔·穆罕默德返回布哈拉城。当时，布哈拉城权力落到昔班家族成员皮尔·马黑麻手中，巴基·穆罕默德投靠皮尔·马黑麻。1602年，巴基·穆罕默德参与了皮尔·马黑麻汗收复撒马尔罕城的战争，皮尔·马黑麻汗在战争中被杀身亡，巴基·穆罕默德掌握了政权。

巴基·穆罕默德为王朝的统一进行了不懈的努力，统一战争是残酷的。"在围阿富汗昆都士城时，巴基·穆罕默德安排一批匠人（在夜里）在一座塔楼底下挖一个坑道，再往（坑道里）填炸药，第二天，要把要塞炸掉。要塞城墙的石头、泥块和炸碎的血淋淋的尸体腾空而起。"[1] 同时代的人把巴基·穆罕默德描述为一位有超人智慧和勇气的人。

巴基·穆罕默德的统治是短暂的，他于1605年去世。他的弟弟瓦力·穆罕默德汗入主布哈拉城继位（1605—1611年在位），撒马尔罕和巴里黑两个重城成了其长兄之子伊玛姆·库利和纳迪尔·穆罕默德的封地。1611年，伊玛姆·库利兄弟俩向布哈拉城进军，把叔叔赶下台。伊玛姆·库利登上布哈拉汗位。

在长达31年（1611—1642）的统治中，伊玛姆·库利重视发展经济，特别注意发展农业，拓宽和修建了灌溉水渠。他的温和政策使札尼王朝经历了繁荣时期。晚年，伊玛姆·库利因眼疾失明，1642年，把王位让了其弟纳迪尔·穆罕默德，自己前往麦加朝圣。

与其兄不同，纳迪尔·穆罕默德实施苛政。在位期间（1642—1645），他聚敛了很多的财富。史书记载："在昔班尼王朝和阿斯特拉罕王朝的所有汗中，没有一个比他更富有的。他家的东西有六百卡塔尔骆驼驮子；在他的马厩里有8000匹上等马，放牧在外的马还不包括在内；不算其他牲畜，单是灰色的卡拉库尔羊就有八九千只。还知道在他宫中仓库里，有400只装满橙黄色法兰克天鹅绒的箱子。"他以残暴的统治著称，据说他发明了一种刑具，把人从头到脚地整个放在上面，像轧棉花一样轧；他下面的大臣修了一堵石

---

[1]〔乌兹别克〕艾哈迈多夫：《16—18世纪中亚历史地理文献》，陈远光译，云南人民出版社，2002年，第105页。

头墙，墙上开了一个洞，旁边有两头执刑用的牛，被处死的人用牛把头拉下来。[1]

显然，这样的统治不会长久。他的暴力和贪婪引起了乌兹别克酋长们的强烈反对，他的儿子阿布·阿吉斯率先反叛，直接把他的王位夺了。阿布·阿吉斯统治时期（1645—1681），布哈拉汗国面临了来自花剌子模绿洲希瓦汗国的入侵，布哈拉汗国中央权力开始衰落。1681年，阿布·阿吉斯让位给其弟苏布罕·库里，自己前往麦加朝圣。

苏布罕·库里继位（1681—1702年在位）三年后，于1684年成功打败了希瓦汗国的大规模入侵。苏布罕·库里重视文化，在他的大力扶持下，汗国产生了一批伟大作者和著作，杰出诗人赛伊多·米尔·阿比德·纳萨菲是其中之一。另外，苏布罕·库里本人喜欢钻研医学，他以阿维森纳的医学著作为基础，用突厥文编写了一部医书。

苏布罕·库里于1702年去世，他的儿子奥贝都拉继承汗位（1702—1711年在位）。奥贝都拉继位后，改变了用人政策，在行政机构中起用一些手工业者和商人。据与他同时代人写的《奥贝都拉史》记："奴隶之子被任命为法官；给小人物提供大人物的位置，使他们成为国家的统治者或大埃米尔，并授予他们军阶的勋章，因此，他的行为与原统治者们的行为相违背，并且越出了其祖辈们的习惯和决定的正轨。"[2]

奥贝都拉汗在位期间，进行了货币改革。据《奥贝都拉史》

---

[1] 〔乌兹别克〕艾哈迈多夫：《16—18世纪中亚历史地理文献》，陈远光译，第105页。

[2] Chabryar Adle, Irfan Habib, eds., *History of Civilization of Central Asia*, Vol. 5, UNESCO Publishing, 2003, p. 49.

记,奥贝都拉汗的开销不断增加,而国库里的银子越来越少,奥贝都拉想到了币制改革这条妙计。他先把银含量增加到35%,当国库积聚了大量的这种"纯银币"之后,派人秘密把它们融化,把一枚银币改铸成四枚,每枚新币含银量大约只有9%。当然"没有人愿意要新钱",所有的手艺人和商人只得关门停业,"把装货物和食品的大箱子从市场上运走。普通老百姓和穷人买不到日常用品,处境十分困难,人死后甚至连裹尸的白布也买不到。城里开始骚乱,一些人甚至到宫门前,往大门里扔石头,但他们被卫兵赶跑,而领头的四个人被吊死。总之,币制改革并没有取消,过了一些日子之后,城里和草原上的生意又开始了。而劳动群众变得更贫困了"。[1]

奥贝都拉是被谋杀的。他死后,阿布尔·费兹继承了汗位,据铸币研究反映,阿布尔·费兹是奥贝都拉的兄弟。他在位期间(1711—1747),札尼王朝经历了由盛转衰的过程。撒马尔罕城建立了独立于汗国的政权,在1723年至1725年间,撒马尔罕政权多次骚扰布哈拉城郊,据当时在布哈拉的俄国人别涅维尼观察,城市被叛乱者围攻有时达5个月之久,围攻给当地的居民造成了无穷的灾难,汗缺少用来供养军队的资金。

这一时期出现的蝗虫灾害使布哈拉汗国雪上加霜,蝗灾导致的饥荒使该地区发生了人吃人的现象,人们纷纷逃离,布哈拉城几乎变成了废墟,只有两个街区还有居民居住,布哈拉汗能够控制的地区只有宫殿前面的一小块地方。

1741年,最大的威胁紧接而来,以呼罗珊为统治中心的阿夫沙尔王朝把目光对准了布哈拉城。阿布尔·费兹汗采取妥协的策

---

[1] 〔乌兹别克〕艾哈迈多夫:《16—18世纪中亚历史地理文献》,陈远光译,第111页。

略，与之签订了和平协议。根据协议，阿姆河以南地区划给阿夫沙尔王朝；一支由拉希姆·曼吉特将军率领的布哈拉军队前往呼罗珊为阿夫沙尔王朝统治者纳迪尔效力。为巩固以上协议，阿布尔·费兹的女儿嫁给了纳迪尔。

1747 年，纳迪尔被谋杀。在呼罗珊效力的军队将领拉希姆·曼吉特返回布哈拉城夺权，曼吉特人登上了布哈拉汗国的王位，札尼王朝灭亡。

曼吉特部是随成吉思汗西征来到钦察草原的，该部最初在乌拉尔河与伏尔加河之间放牧；15 世纪，他们在乌拉尔山一带建立了一个游牧政权——诺盖汗国，诺盖是汉语对 Manghit 的另一种译法；16 世纪初，一部分曼吉特人追随昔班尼来到河中地区，其酋长参与了昔班尼王朝的统治。18 世纪中叶，该部酋长穆罕默德·哈辛姆获得了札尼王朝宫廷侍长的职位，操纵了王朝的最高统治权。

1743 年，穆罕默德·哈辛姆去世，反哈辛姆家族专权的全国性起义爆发。哈辛姆的幼子拉希姆在镇压起义后，成了布哈拉汗国的实际统治者。1747 年 7 月 9 日，他把阿布尔·费兹 12 岁的儿子阿布·穆明扶上汗位，一年以后，又把幼主扔进"遗忘之井"，立阿布尔·费兹的另一个儿子奥贝杜拉继位。

1753 年，在布哈拉城的宗教界、世俗贵族和曼吉特部首领们的拥护下，拉希姆在布哈拉城夺权；1756 年，他大张旗鼓地在布哈拉城举行了登基仪式。拉希姆的篡位激起了汗国各地统治者的反对，1758 年 3 月 24 日，拉希姆去世，他的叔叔丹尼雅尔登上了曼吉特王位。为了平息反曼吉特人的情绪，丹尼雅尔保留了札尼家族的汗位，自己以埃米尔（即国王）身份实施统治。因此，布哈拉汗国又称布哈拉埃米尔国。

1784 年，布哈拉城爆发反曼吉特王朝的起义，丹尼雅尔被迫让位给他的儿子沙赫·穆拉德（1785—1799年在位）。沙赫·穆拉德是一位有作为的统治者。继位之后，他一反其父的政策，废除了札尼家族的汗王，处死了王朝首相和大法官。为了平息市民的不满，他给予市场监督官检查度量衡、视察萨里法律令执行情况的权力。与此同时，沙赫·穆拉德鼓励兴修水利，扩大耕地面积，促使一部分游牧民转向定居；改革税制，取消了与伊斯兰教法相违背的税种，废除对手工业者强行征收的劳动税；实行货币改革，发行了足值的金、银币。这些措施使国内形势稳定下来。

1799年，沙赫·穆拉德被谋杀，他的儿子海达尔·图拉继位（1800—1826年在位）。海达尔以荒淫享乐著称，在入不敷出的情况下，海达尔加重了剥削，由此导致了人民的贫困。海达尔在位时期，布哈拉汗国经历了宗教狂热。英国旅行家亚历山大·伯恩斯所看到的海达尔时期的布哈拉是一个充满着宗教狂热和偏见的时代。海达尔取"信仰之统帅"的称号，行使的是一位教士而非国王之职责。他为死者颂祷文，参加清真寺的辩论，管理服务机构，到学院讲课。[1]

在宗教狂热氛围中，宗教上层的经济实力增加，经济最雄厚的是赘巴依家族。赘巴依家族在布哈拉城聚敛了大笔财富，据说伊斯拉木和卓拥有"庞大马群、羊群、骆驼群和大量可耕地"；"在他庭院中服役的奴仆多达三百人，为了管理账目，成立了专门的办事处"。如今距布哈拉不远的查尔·巴克尔的显赫墓地是该家族权力的象征。

海达尔于1826年10月6日病逝，经历短暂的动荡之后，海达尔之子纳斯鲁拉继位（1827—1860年在位）。纳斯鲁拉为人残忍，

---

[1] Chabryar Adle, Irfan Habib, eds., *History of Civilization of Central Asia*, Vol. 5, p. 58.

屠杀无度；他的王位是杀害了自己的兄弟和其他 28 名亲属后所得。他的残暴行为使他获得了"屠夫埃米尔"的绰号。

纳斯鲁拉实施着名副其实的残酷统治，汗国全境遍布特务、密探和秘密警察，这些人以监视宗教法的执行为借口，闯入民宅，他们还常常使用酷刑逼取财产，酷刑有活人剥皮、火上烘烤、下油锅和高塔下抛等方式。1832 年，纳斯鲁拉把一位具有西方军队科学知识的、曾在阿富汗埃米尔多斯特·穆罕默德手下效力的技师召到宫中，放手让他改造布哈拉的旧军队，结果，一个配备火枪和炮的炮兵团组建起来。纳斯鲁拉于 1860 年去世，他的独生子穆札法尔继位（1860—1885 年在位），在此期间，布哈拉汗国接受了沙皇俄国的保护。

第五节　乌兹别克人的政权 —— 希瓦和浩罕汗国

希瓦汗国的领土今分属于乌兹别克斯坦和土库曼斯坦，因此，希瓦汗国的历史是乌兹别克斯坦史的组成部分。蒙古人统治时期，花剌子模绿洲北部是钦察汗国的属地，南部由帖木儿帝国统治。昔班尼在河中地区建立统治以后，1505 年，出兵强取花剌子模绿洲重镇乌尔根奇（Gurganj，又名玉龙杰赤），并于此派官员驻守。1510 年，昔班尼在与波斯人的战争中阵亡，波斯人取得了对花剌子模绿洲的统治权，波斯官员进驻乌尔根奇和维泽尔城（乌尔根奇城西约 90 里处）。信仰伊斯兰教逊尼派的花剌子模宗教界不满什叶派的波斯人，于 1511 年或 1512 年来到钦察草原，请求昔班家族出面赶走波斯人。于是，伊勒巴尔斯和巴勒巴尔斯两兄弟率部众来到了花剌子模绿洲，赶走了波斯驻军，伊勒巴尔斯成了维泽尔城的统治者（1512—？），开始了乌兹别克人在花剌子模绿洲的统治。

16 世纪初,跟随伊勒巴尔斯兄弟两人迁到花剌子模绿洲的乌兹别克人不多,只有维泽尔、乌尔根奇等城是他们聚居之地,其余地区被波斯人统治。为了扩大乌兹别克人在花剌子模的势力,伊勒巴尔斯返回咸海北岸草原招来了他二叔、三叔家族。他的堂兄弟们以乌尔根奇城为基地,先后占领了希瓦、哈扎拉斯普城和柯提城,后来,从北方草原来的乌兹别克人占据曼格什拉克、乌兹博伊河流域、巴尔罕山区和呼罗珊北部地区。

伊勒巴尔斯建立的政权被称为阿拉布沙希王朝,其统治范围北至咸海,南达呼罗珊北部,东以克孜勒库姆沙漠与布哈拉汗国相邻,西至里海东岸。布哈拉汗国多次发动对希瓦汗国的战争,但最终未能将两地的乌兹别克政权统一起来。

16 世纪的花剌子模经济和都市生活似乎并无多大的发展。1558 年访问过乌尔根奇的英国人安东尼·詹金森说:"此城由大约 4 英里(6.5 千米)的土墙环绕;城内的建筑也是土建的,陈旧而杂乱,一条很长的街道穿城而过,市场也就在这条街上。"[1] 在花剌子模绿洲,乌兹别克贵族除了频繁出击掠夺外,还以征收重税的形式维持着统治。

16 世纪以来,阿姆河下游的达里亚利克河三角洲和萨里卡米什湖逐渐干涸,乌尔根奇、维泽尔和阿达克缺乏灌溉用水,生态环境恶化。17 世纪初,阿拉布沙希王朝的统治中心从乌尔根奇移到希瓦城。希瓦城始建于 10 世纪,当时它只是商道上的一个小堡,供穿越荒漠旅行或经商者落脚或当地居民躲避战乱;首都移到希瓦城后,历代汗在此大兴工程,希瓦城逐渐形成了具有自己建筑风格的城市,成为穆斯林世界的一个政治、经济和宗教中心。

1　Chabryar Adle, Irfan Habib, eds., *History of Civilizations of Central Asia*, Vol. 5, p. 65.

阿布哈齐汗是希瓦汗国最著名的汗王。他重用乌兹别克人，统一了互相敌对的乌兹别克封建集团，任命乌兹别克族官员 360 人，其中有 32 位官员成了汗的顾问[1]；他把汗国中灌溉最便利的土地分给了乌兹别克显贵，剥夺了土库曼人的土地和水源，俘虏他们的妻儿，毁灭他们的村庄。1663 年至 1664 年，阿布哈齐把王位让给其子阿奴什。阿奴什汗在位期间（1663/1664—1687），开始使用沙赫称号，他重建了位于阿姆河左岸的花剌子模古都柯提城。

1687 年，阿奴什之子伊伦格将其父弄瞎后软禁起来，自己登上了希瓦汗位（1688—1694 年在位）。此后，乌兹别克贵族们任意废立汗王。在此混乱中，弘吉剌惕酋长夺取了希瓦汗国的最高权力。弘吉剌惕部属乌兹别克人，18 世纪中叶，该部贵族把持了希瓦汗国的重要位置，酋长穆罕默德·阿明祖孙三代出任汗国的亦剌克（宰相）。艾利吐热尔在任亦剌克期间（1804—1806），废除汗王，自称沙赫，建立了弘吉剌惕王朝（1804—1920）。

麦哈穆·拉希姆是弘吉剌惕王朝最杰出的汗（1806—1825 年在位），继位后不久，他就着手统一的战争，1811 年结束了咸海南岸卡拉卡尔帕克人的独立；他在政治上加强了中央集权，把土库曼人、哈萨克人、卡拉卡尔帕克人吸收到他的政权中，以进一步扩大统治基础；经济上大力发展灌溉工程，1815 年修建的克里奇尼亚孜拜大运河在以后的 30 年中一直发挥重要作用。

麦哈穆·拉希姆去世后，他的儿子阿拉·库里继承汗位（1825—1842 年在位）。在位期间，他致力于汗国经济，特别是农田水利建设，当时修筑的灌溉设施可以引阿姆河之水灌溉两岸农田；他在锡尔河支流库完河上建筑了几个要塞，在此设关卡向哈萨克人和过往

---

1 Chabryar Adle, Irfan Habib, eds., *History of Civilizations of Central Asia*, Vol. 5, p. 66.

商队收天课税[1]。

1842年11月23日，阿拉·库里汗去世，其子拉希姆·库里继位（1842—1845年在位）。拉希姆·库里在位时，采取了一些措施应对不断向中亚逼近的俄国人。其中一项措施是与哈萨克人联合抗击俄国人，然而由于他的统治短暂，抵抗俄军的事业没有结果。

拉希姆·库里去世以后，其兄弟穆罕默德·艾明继承汗位（1846—1855年在位）。在此时期，希瓦汗国遭到了西邻土库曼人造反的威胁，而他本人也死于镇压土库曼人的战争中。他死后，土库曼人的起义持续了12年（1855—1867），两年中（1855—1856）有三位希瓦汗去世。[2]1865年，巴哈杜尔汗登上汗位（1865—1910年在位）。在他统治期间，1873年沙俄军队征服希瓦汗国，巴哈杜尔与俄国签订了一系列条约，这些条约使希瓦汗国沦为俄国的保护国。

浩罕汗国是乌兹别克人于18世纪初在费尔干纳盆地建立的政权。费尔干纳盆地自古以来是农耕文明地区，6世纪中叶以后，突厥人、阿拉伯人、蒙古人先后在此建立过统治；1504年，推翻帖木儿帝国的昔班尼将此地纳入布哈拉汗国版图。布哈拉汗国在此统治了一百多年，在此期间，乌兹别克人陆续迁移到费尔干纳盆地。

费尔干纳地区的统治者名义上承认布哈拉汗国的统治，实际上统治权被宗教界的大和卓家族瓜分，这些家族利用宗教势力占据大地产，积累财富，势力很大。1709年，明格部乌兹别克首领沙鲁赫推翻当地的宗教上层，在纳曼干、马尔吉兰、坎德·巴达姆、伊斯法拉等城建立统治，他的政权被称为明格王朝（1709—1876）。在沙鲁赫长子阿卜都尔热依姆时期（1721—1733），王朝先后征服了

1　天课，阿拉伯语称为"扎卡特"，它是伊斯兰教向穆斯林征收的一种宗教课税。"扎卡特"字面意思是"洁净"，意为通过交纳天课而使自己的财产洁净。

2　Chabryar Adle, Irfan Habib, eds., *History of Civilizations of Central Asia*, Vol. 5, p. 70.

忽毡、吉扎克、卡塔库尔干、安集延。

明格王朝最初承认布哈拉汗国的宗主权，沙鲁赫取伯克称号；在阿卜都尔热依姆之弟阿卜都尔噶里木统治期间（1733—1750），1740年摆脱了布哈拉汗国的宗主权，统治中心从他的封地忽毡迁往新建的浩罕城，因此，明格王朝又称浩罕汗国。[1] 浩罕城在费尔干纳盆地西部，索赫河下游河畔，今属乌兹别克斯坦。

在额尔德尼统治时期（1751—1769），准噶尔人频繁进攻浩罕汗国，一度夺取了奥什、马尔吉兰、安集延，甚至逼近浩罕城。费尔干纳分裂成四个伯克领地，它们分别是浩罕、安集延、纳曼干和马尔吉兰。1757年，中国清王朝灭亡了准噶尔汗国；1758年，额尔德尼承认了清王朝的宗主地位。1805年，爱里木伯克正式称汗（1799—1810年在位）。爱里木以强硬手段镇压割据势力，反对者或被杀，或被驱逐，在较短的时间内统一了费尔干纳盆地。

布哈拉汗国一直想把费尔干纳重新统一在汗国内，一有机会就在双方边境地区发动战争。为争夺乌拉秋别城，爱里木与布哈拉汗国进行了大小15次战争。乌拉秋别城城主采取灵活手段，时而投靠布哈拉汗国，时而投靠浩罕汗国，以此维持着自己的统治。1808—1809年间，爱里木成功夺取塔什干。在他统治后期，浩罕汗国的领地范围：西北方抵达锡尔河下游，东北方到了伊塞克湖，南部抵达帕米尔高原。其中，东北方与属中国清朝的巴尔喀什湖及伊塞克湖的部分地区相接。

爱里木之弟爱玛尔统治期间（1811—1822）是汗国的强盛时期。爱玛尔的统治基础是乌兹别克族明格部贵族和以和卓家族为

---

[1] 在沙鲁赫及其子阿卜都尔热依姆统治时期，王朝首府是马尔格朗城（今马尔吉兰），史料记载明格王朝的第三位统治者阿卜都尔噶里木曾筑新城浩罕，并将统治中心从他的封地忽毡迁到浩罕城。

首的宗教上层人物。在他们的支持下，爱玛尔从中央到地方构建了一套较完备的统治机构，无论是世俗的或是宗教的国家职位都已确立。浩罕历史学家穆罕默德·哈基姆在叙述爱玛尔汗的政府时说，汗的国库供养着总数为4万的人，这些人大多是官员和军人，大封建主和宗教上层人物在国家政权中掌握着重要职务。[1]

爱玛尔汗继续着前任统治者的对外政策，与布哈拉汗争夺对乌拉秋别和吉扎克城的统治权。1814年，他重新夺取了突厥斯坦城和塔什干北部的一些小城镇。当时汗国的疆域：北部与南哈萨克草原相邻，南抵卡拉捷金山，东北临巴尔喀什湖南岸，西北直抵咸海。爱玛尔在位时期继续承认清朝的宗主国地位，清朝承认其统治者为伯克，而他们却以汗自称。

爱玛尔汗注意发展经济，汗国兴建了一系列大型灌溉渠。爱玛尔在安集延西部建筑了沙赫里汗（Shahrikhan）城，开凿纳赫尔·依·汗（Nahr-i Khan）大运河，引卡拉河（Kara Darya）河水到沙赫里汗城。他耗时3年建成了杨吉水渠，该渠的建筑实现了引锡尔河水灌溉的目的。在他统治时期，汗国的农业、畜牧业、手工业、商业都得到了发展，文化也有显著的进步。爱玛尔时期，浩罕城周长大约25俄里，城内有6个市场，有大约一百座美丽的建筑，其中包括清真寺。[2]

1822年秋，爱玛尔病逝[3]，其子玛达里（Muhammad 'Āli，又译为迈买底里）继承汗位。玛达里在位时期（1822—1841），浩罕汗

---

[1]〔苏联〕帕·彼·伊凡诺夫：《中亚史纲》，董兴森、吴筑星译，《中亚史丛刊》1983年第1期。

[2] 据1829—1830年到过费尔干纳的俄国军官波塔宁少尉的描述。见〔苏联〕帕·彼·伊凡诺夫：《中亚史纲》，董兴森、吴筑星译，《中亚史丛刊》1983年第1期。

[3] 有关爱玛尔的详情见 Sir Henry Howorth, *History of the Mongols, from the 9th to the 19th Centuries*, Longmans, Green, and Co., 1927, Part II, pp. 821-823。

国脱离了与清朝的藩属关系，在1822—1876年的半个多世纪中，以独立国家的身份成为中国清朝西北部邻国。此外，浩罕统治者还干涉清朝统治下的喀什噶尔，支持该地贵族的反清活动。19世纪40年代，浩罕汗国的势力曾使帕米尔西部的什克南、鲁善和达尔瓦兹臣属，但是在占领地区的统治不稳固。

玛达里汗的统治在国内遭到了人民的反对，汗国各地都发生了骚乱和起义。在内乱中，1864年，基普恰克部人阿林沽成为浩罕汗（1864—1865年在位）。1865年，阿林沽率军在塔什干城与俄国军队作战，曾经在布哈拉避难的胡达雅尔返回浩罕城夺取汗位。

胡达雅尔汗在国内实行暴虐统治，1873—1874年间，国内爆发了人民起义，汗的军队对起义军进行了残酷镇压，但镇压并没有结束混乱局面。1874年，逃亡到突厥斯坦的浩罕人向俄国提出政治避难；乌兹根城民也向驻塔什干的俄国军队寻求帮助。1875年，起义军立胡达雅尔之子纳斯鲁丁（Nasru'ddīn）为汗（1875—1876年在位）。国内的混乱形势给俄国提供了兼并浩罕汗国的机会，1876年，俄国出兵征服浩罕汗国。浩罕汗国领土被纳入沙俄版图。

第三章
乌兹别克族的形成

乌兹别克斯坦是一个多民族国家,其中乌兹别克族是乌兹别克斯坦的主体民族。在6世纪以前,乌兹别克斯坦境内的主要居民是欧罗巴人种中的印欧种人;6世纪以后,蒙古利亚人种中的突厥人和蒙古人陆续来到今乌兹别克斯坦境内,与当地居民杂居和融合;16世纪初,乌兹别克人在泽拉夫善河流域、花剌子模绿洲和费尔干纳盆地确立了统治,加速了各民族与乌兹别克人之间的融合,现代乌兹别克民族开始形成。这一过程经历了四百年,到20世纪初期,现代意义上的乌兹别克民族最终形成。目前,全世界共有乌兹别克族人近5000万,其中约有3100万居住在乌兹别克斯坦,其余大部分在阿富汗、塔吉克斯坦、吉尔吉斯斯坦和哈萨克斯坦。

第一节 乌兹别克族的族源

乌兹别克一名在14世纪上半叶开始出现,源于钦察汗穆罕默德·乌兹别克。在他统治时期(1312—1345)钦察汗国处于极盛时期,当时的蒙古人往往以强大政权名或大汗名自称以显示自己的身份,于是,穆罕默德·乌兹别克治下的牧人以"乌兹别克"自称,随后史书也以乌兹别克之名记录了乌拉尔山东西两侧的蒙古人。

在乌兹别克人的成分中有着欧罗巴人种因素和蒙古利亚人种

因素。相关研究表明，蒙古利亚人种因素在乌兹别克人中占主要成分。构成乌兹别克族的蒙古利亚人种的蒙古部落主要有明格部、曼吉特部、弘吉剌部（翁吉剌部）、札剌亦儿部、蔑儿乞部（蔑儿乞惕部）。其中，明格部名列各部之首。明格部是13世纪初蒙古西征时期来到钦察草原的。据《仁者秘不可测的圣迹》一书记载："拔都汗的军队由阿儿浑、乌古思、乃蛮、不亦剌惕、斡亦剌惕、阔思赤、玉逊、明格、弘吉剌惕、客列亦惕、八儿剌思组成。"[1]在此记载中，明格部的重要性还不突出，到15世纪上半叶昔班家族创建的阿布海尔汗国中，明格部已经成为汗国的主要部落，据《阿布海伊尔史》记："白帐汗国解体后，'游牧月即别'诸部分属右翼和中翼，其中土绵-明格人为中翼的五部之一。"[2]

随拔都来到钦察草原的明格部在里海附近放牧。16世纪初，明格部追随昔班家族后裔来到了河中地区、费尔干纳盆地和花剌子模绿洲。在河中地区，明格部居无定所，主要的活动地区是泽拉夫善河东部；在花剌子模绿洲，明格部成为四个主要部落之一，据《幸福的天堂》记，希瓦汗阿布哈齐把所属的月即别人划成四部，明格人隶属于第一部[3]；在费尔干纳盆地，明格部贵族在18世纪初建立了独立于布哈拉汗国的乌兹别克政权浩罕汗国。

除明格部外，曼吉特也是构成乌兹别克族的主要蒙古部落之一。曼吉特在蒙古史籍中称蒙古忙兀惕部。15世纪，曼吉特部在乌拉尔山一带建立了游牧政权诺盖汗国。16世纪初，一部分曼吉特部人追随昔班家族迁入河中地区，居住在卡什卡河流域，他们中的一些人开始了定居生活，从事畜牧养殖、农业和手工业。

---

1 潘志平：《浩罕国与西域政治》，新疆人民出版社，2006年，第5页。
2 同上。
3 同上。

曼吉特部上层人物参与了昔班尼王朝的统治，和卓·哈齐于1503年曾担任乌拉特佩城的统治者。经历两个多世纪的发展，18世纪下半叶，曼吉特部首要人物在布哈拉汗国获得了宫廷侍长的位置。利用这一职位，曼吉特部人最终夺取了布哈拉汗国的最高统治权，建立了曼吉特王朝。曼吉特贵族在王朝中把持了军界和政界的重要职位，据19世纪初期的史书反映，国家最重要的官职分派给曼吉特部三十二个氏族的贵族代表人物和布哈拉宗教上层人物，汗的同部落人（曼吉特人）和同族人（契丹-基普恰克人），以及其他乌兹别克部落的代表人物都获得了不同等级的官职，重要的军事长官甚至获得某个城市、村镇或地区作为赏赐的采邑，采邑的收入供他们享用。[1]

在花剌子模绿洲的主要蒙古部落是曼吉特部，该部贵族希尔达里比于18世纪初在花剌子模绿洲北部建立了独立于希瓦汗国的阿拉尔汗国，不断发起夺取最高汗位的战争。直到1736年，希瓦汗国才兼并了这一割据政权。18世纪后期，该部与努库兹部联合组成了希瓦汗国四大部族之一的努库兹-曼吉特。

弘吉剌部也是乌兹别克族的主要蒙古部落之一。弘吉剌部是成吉思汗分配给长子术赤的封户，13世纪初随术赤西征来到中亚北部草原；以后又作为大蒙古国左翼军奉命随拔都西征，钦察汗国建立之时，他们留在钦察草原中部，乌拉尔山东西两侧是他们的牧地，在此，他们开始与钦察突厥人融合。

构成乌兹别克人的弘吉剌部主要居住在花剌子模绿洲北部，此地是希瓦汗国分裂出去的一块独立领地，17世纪希瓦汗国的分裂政

---

[1]〔苏联〕帕·彼·伊凡诺夫：《中亚史纲》，董兴森、吴筑星译，《中亚史丛刊》1983年第1期。

权阿拉尔汗国就建立在该部的领地上。18世纪中叶,该部贵族把持了希瓦汗国的重要位置,出任宰相的都是弘吉剌部首领。19世纪初,该部建立了弘吉剌惕王朝(1804—1920)。该部首领穆罕默德·阿明、艾维兹和艾利吐热尔任宰相期间(1770—1806),希瓦汗国出现了各霸一方的大部落联盟,它们是弘吉剌、乃蛮、克雅特、畏兀儿、努库兹、坎格累、契丹和钦察。

札剌亦儿部也是构成乌兹别克族的主要蒙古部落之一。札剌亦儿部是13世纪随蒙古西征来到七河流域的,居住在察合台汗国境内。1265年,察合台汗木八剌沙将驻地移到塔什干附近的安格连(Angren)[1],札剌亦儿部也随之迁到河中地区;1334年,察合台汗国陷入分裂局面,河中地区由蒙古四大部控制,札剌亦儿部和速勒都思部占据着撒马尔罕以北地区;14世纪后期,他们已经是突厥化的蒙古部落。

乌兹别克人中主要的蒙古部落还有蔑儿乞部。蔑儿乞是12世纪下半叶驻牧于今鄂尔浑河与色楞格河流域下游一带的部落,他们说蒙古语,元代人陶宗仪在其《南村辍耕录》一书中把他们归于蒙古七十二种。[2] 当时,蔑儿乞是漠北的强部之一,世代与成吉思汗所在的大室韦部为仇,经常互相攻击,曾一度侵袭成吉思汗营帐,抢走他的妻子孛儿帖。在成吉思汗统一蒙古高原之时,蔑儿乞人败逃到中亚北部草原。1217年,蔑儿乞部首领忽都和赤剌温两兄弟在巴尔喀什湖附近被成吉思汗部队追杀,部民溃散。少数蔑儿乞人逃亡至伏尔加河中游森林,大部分人留在术赤长支建立的白帐汗国内,被

---

[1] V. V. Barthold, *Four Studies on the History of Central Asia*, Vol. I, tr. by V. and T. Minorsky, Brill, 1956, p. 125, n. 3.

[2] 有关蔑儿乞部的族属仍有争议,有人认为蔑儿乞部是突厥部落。

突厥部落同化。16世纪初,一部分蔑儿乞人随昔班尼来到河中地区。

乌兹别克族的主要部落还有居地在渴石(今沙赫里夏勃兹)的克涅格斯部。早在阿布海尔汗国时期,在推举阿布海尔为汗的部落中就提到了克涅格斯部。南下之后,该部与曼吉特部处于敌对状态;18世纪,两部之间的斗争给布哈拉汗国造成了极大危害。克涅格斯部在斗争失利的情况下,一部分人迁到撒马尔罕城,在此与克普恰克人一起建立了独立于布哈拉汗国的政权(撒马尔罕汗国,1722—1730/1731)。据《艾布·法伊兹汗史》记:"克涅格斯人对黎民百姓使用各种残暴手段和武力。尽管几次向朝廷禀报过这种情况,但是这些奏章没有送达要送的地方。百姓被迫发动大规模起义,把速檀托克萨巴赶出了撒马尔罕。"[1]留在沙赫里夏勃兹的部民继续与布哈拉埃米尔作对,19世纪,布哈拉埃米尔纳斯鲁拉赫发动兼并沙赫里夏勃兹的战争,据长期在纳斯鲁拉赫军中服役的俄罗斯战俘说,这类远征进行了大约14次至15次,直到纳斯鲁拉赫死去的那年(1860),布哈拉军才攻占此地。纳斯鲁拉赫去世后,沙赫里夏勃兹的伯克们又宣布独立,新继位的布哈拉埃米尔穆扎法尔出兵占领了沙赫里夏勃兹的一个边境城市,把该城的居民全部杀死。

以上部落都是蒙古部落。应该指出,16世纪初期随昔班尼南下的这些部民已经不是纯粹的蒙古人,而是突厥化蒙古人。其中,札剌亦儿部、蔑儿乞部的突厥化程度较高,以至于有人将它们归为突厥部落。

在构成乌兹别克民族的蒙古利亚人种中,起重要作用的突厥部落有钦察、乃蛮、康里等部。钦察一名出现在8世纪的《磨延啜碑》

---

[1] 〔乌兹别克〕艾哈迈多夫:《16—18世纪中亚历史地理文献》,陈远光译,第116页。

北面第四行铭文中,他们以突厥-钦察人出现。¹ 当时他们游牧于额尔齐斯河流域。突厥汗国崩溃后,钦察人加入了基马克部落联盟;9世纪至10世纪期间,该部脱离基马克部落联盟西迁;11世纪在包括里海和咸海北岸草原在内的欧亚草原西段建立了克普恰克汗国(1030—1219),汗国以伏尔加河为界,分东西二部,其中东部钦察人将葛逻禄、康里、黑契丹(西辽)纳入其中,以后,这些部名不再出现于史书², 被统称为克普恰克人。随乌兹别克人南下的克普恰克人居住在撒马尔罕与卡塔库尔干之间,18世纪,他们与契丹组成了名为契丹-克普恰克的部族,成为乌兹别克人的大部族之一。

乃蛮部是古代突厥人部落³,操突厥语族语言,史书又记为乃曼、奈蛮等名。11世纪,乃蛮居蒙古高原西部,牧地在阿尔泰山南坡,是蒙古高原西部势力最强大的游牧部落。成吉思汗征服克烈部之后,乃蛮部成了反成吉思汗的大本营。在蒙古人1206年的袭击中,乃蛮部瓦解,领地被占,部众四散,大多数人逃到额尔齐斯河流域。以后,额尔齐斯河流域归属斡儿答家族,乃蛮部成为白帐汗国的强大部落。16世纪初,随乌兹别克人南下的乃蛮部主要生活在撒马尔罕西南方、泽拉夫善河南岸。

康里突厥人生活地区很广,据10世纪成书的《世界境域志》记,他们分布在乌拉尔山以东到咸海以北一带。12世纪,康里人臣属于东喀喇汗国的统治。据《世界征服者史》记,东喀喇汗伊不拉欣(1131—1134年在位)是一个平庸无能的人,他在八拉沙衮的统治遭受了分布于咸海西北的康里突厥人的威胁。由于不堪康里人的

---

1 林幹编:《突厥与回纥历史论文选集》(下),中华书局,1987年,第702页。
2 M. S. Asimov and C. E. Bosworth, eds., *History of Civilizations of Central Asia*, Vol. 4(I), p. 74.
3 乃蛮人以及下面提到的克烈人是突厥人还是蒙古人,还有争论。

袭击，他求助于耶律大石，于是，西辽军队入境平叛。在成吉思汗征服时期，康里突厥人摆脱了对东喀喇汗国的隶属。在西辽统治时期，康里突厥与乃蛮部一样是一个"大部"。蒙古人统治时期，康里人在白帐汗国境内放牧，与钦察人、葛逻禄人、克烈人、乃蛮人毗邻而居。

将乌兹别克族形成中的部落名与今天的乌兹别克族部族名一一对应是困难的。正如苏联学者托尔斯托夫所说，现代中亚细亚各民族的某一个同古代民族集团没有直接的联系。可以说，当地民族和从外迁徙而来的民族对他们的民族形成产生了不同作用。乌兹别克人是16世纪初迁到今乌兹别克斯坦的，对于这一地区来说，他们属于外迁民族，来到河中地区、花剌子模绿洲和费尔干纳盆地后，他们与当地居民融合，逐渐形成了今天的乌兹别克民族。

蒙古利亚人种是乌兹别克人的主要因素，然而，在乌兹别克族形成过程中，不可忽视的还有当地土著居民的欧罗巴人种因素。最早生活在今乌兹别克斯坦境内的居民是欧罗巴人种，考古研究表明，乌兹别克斯坦境内的原始文化是欧罗巴人种中说印欧语系的一支，即印欧种人创造的。[1]

公元前2000年至前1000年间，在西起黑海北岸，向东一直延伸到乌拉尔河的里海北岸草原的牧人南下，他们中说东伊朗语族的一支陆续迁入伊朗高原、阿姆河下游和阿姆河与锡尔河之间的河中地区，在史书中，他们被称为粟特人、花剌子模人和大宛人。考古资料表明，他们具有欧罗巴人种特征——高鼻深目；语言学研究表明，粟特人和花剌子模人使用的粟特语和花剌子模语属于印欧语

---

[1] 根据语言学家研究，欧罗巴人种按语言区别可分为高加索、闪米特-含米特、印欧、乌拉尔四个语系。

系东伊朗语族。

公元前 2 世纪以后，从欧亚草原东部迁来中亚的大月氏人在此建立了贵霜帝国，花剌子模古国、粟特国和大宛国被纳入贵霜政权。考古资料反映了月氏人的欧罗巴人种属性，史书的记载也证实了这一点，中国史书《南州异物志》记，"大月氏人民赤白色"。[1] 贵霜帝国瓦解后，在今乌兹别克斯坦境内实施统治的是嚈哒汗国。据拜占庭史学家普洛科庇乌斯记："嚈哒人是匈人中唯一肤色较白、面貌亦不甚丑陋的一支。"[2] 出土钱币反映了嚈哒人的外貌，其上的国王头像的鼻子又高又长，眼睛大而有些外突；撒马尔罕北部阿弗拉西雅甫遗址的壁画中的嚈哒人外貌：高鼻深目，留着上髭，没有下髯，头发卷曲。不难看出，这些外貌特征反映了欧罗巴人种属性。

嚈哒汗国统治后期，河中地区和费尔干纳盆地形成了地区性政权昭武九姓国。按《隋书》记载，昭武本"月氏人也，旧居祁连山北昭武城（今甘肃临泽），因被匈奴所破，西逾葱岭，遂有其国。支庶各分王，故康国左右诸国并以昭武为姓"。按此记载，昭武九姓国居民与月氏人一样属于欧罗巴人种。《隋书》和《旧唐书》记录了康国人的外貌："其人皆深目高鼻，多须髯。"

第二节　乌兹别克族的形成过程

给乌兹别克斯坦留下欧罗巴人种因素的不仅仅是古代的粟特

---

[1] 万震《南州异物志》已佚，《隋书·经籍志》、《旧唐书·经籍志》、《新唐书·艺文志》史部地理类著录。

[2] Procopius, *History of the Wars*, tr. by H. B. Dewing, Harvard University Press, 2006, p. 15.

人、花剌子模人、费尔干纳人、月氏人和嚈哒人,9世纪在此建立政权的萨曼家族也属于欧罗巴种的印欧种人,俄国东方学家利夫希茨的研究表明,萨曼王朝时期,许多粟特村镇的居民使用的仍旧是属于印欧语系的粟特语。

公元5世纪至6世纪,蒙古利亚人种出现在今乌兹别克斯坦境内。6世纪中叶,蒙古利亚人种中说突厥语族者(简称"突厥人")在中亚东北草原建立了西突厥汗国,这一政权的建立为突厥人迁入费尔干纳盆地和河中地区创造了条件。突厥人最初占据了没有居民定居的空地,接着逐渐靠近本地居民居住的村镇。"到六世纪末,西突厥汗国的一个较大的突厥部落定居于泽拉夫善河流域(今之布哈拉州境内)……毫无疑问,公元7世纪至8世纪,突厥民族阶层的大多数居住在塔什干和费尔干纳等地。"[1] 俄国乌兹别克族源学者雅库鲍夫斯基认为,定居的粟特富人曾非常接近突厥各汗及贵族阶层,与他们亲如手足。他们要么与西突厥汗国的叶护们的女儿或亲属为亲,要么就将自己的女儿嫁给他们的男子。[2] 上行下效,欧罗巴人种的土著居民开始与突厥人融合。

以上现象首先在塔什干以北的七河流域发生,俄国学者雅库鲍夫斯基认为:"生活在这里的粟特商人与手工业者和古粟特农民为突厥各部落生活的环境带来了高度发达的农业文化和手工业;同时他们也融入到了广大突厥民族生活的环境里,逐渐失去了本民族的特征,同突厥民族在血缘上的关系进一步接近。这样一来,粟特人开始渐渐忘记了自己的语言,突厥语成为他们的母语。"[3] 成书于11

---

[1]〔苏联〕埃赫迈德里·埃斯卡洛夫:《乌兹别克族源考》,热夏提·努拉赫迈德译,《民族译丛》1988年第3期。

[2] 同上。

[3] 同上。

世纪的《突厥语大辞典》的作者麻赫穆德·喀什噶里说,在锡尔河到七河流域之间的土地上,可以见到既操突厥语又操粟特语或只操突厥语的人们,但却根本见不到只操粟特语的人。这一记载表明,中亚东北部印欧种居民已经开始了突厥化的过程。

此外,来到泽拉夫善河流域和花剌子模绿洲的乌兹别克人开始与当地居民杂居,在语言和人种方面受到了他们的影响。如今粟特语、巴克特里亚语和花剌子模语已成为死语言,但现代乌兹别克语的基本词汇中有粟特语和花剌子模语的一些术语;考古学家和人类学家的研究说明,正是操粟特语和花剌子模语的这些古代土著居民构成了乌兹别克族形成过程中早期的人种组成部分。[1]

公元5世纪至7世纪在七河流域发生的突厥化过程在河中地区和花剌子模绿洲直到11世纪才出现,原因是8世纪中叶阿拉伯人的来到和9世纪至10世纪萨曼王朝的统治。在阿拉伯总督和萨曼王朝统治期间,统治者弘扬阿拉伯和波斯文化,并将阿拉伯人和伊朗人迁往河中地区,然而,以统治民族身份出现的阿拉伯各部长期保留了自己的生活方式,未能渗透到当地居民当中;11世纪以后,他们才融入突厥人和土著居民之中。在此三个世纪中,统治者竭力奉行消除突厥影响的政策,突厥人的南下受到了遏制。

11世纪至13世纪,喀喇汗王朝和花剌子模王朝的建立引起了大规模突厥人群迁往河中地区和花剌子模绿洲的现象。11世纪初,喀喇汗王朝的突厥人征服了从河中地区到巴克特里亚的所有地区,甚至包括今乌兹别克斯坦南部的偏僻山区。突厥政权的统治加快了塔什干绿洲、费尔干纳盆地和花剌子模绿洲的定居居民与突厥人的

---

[1]〔苏联〕埃赫迈德里·埃斯卡洛夫:《乌兹别克族源考》,热夏提·努拉赫迈德译,《民族译丛》1988年第3期。

融合,加速了印欧种土著居民突厥化的过程。

其中,葛逻禄人对河中地区居民的突厥化起到了特别重要的作用。8世纪中叶,葛逻禄部在七河流域建立了政权;9世纪,葛逻禄部的势力一度扩大到费尔干纳盆地;10世纪,在葛逻禄人的领地上建立了喀喇汗王朝,葛逻禄、处月和样磨等突厥部落在王朝中起着重要作用;11世纪,喀喇汗王朝在河中地区和费尔干纳盆地建立了统治,葛逻禄人来到了河中地区。葛逻禄人是西喀喇汗王朝军队的主力,以后在西辽的打击下衰落,但他们在河中地区活动期间是当地居民突厥化的高潮时期。

当地居民的突厥化首先从语言上反映出来。塔什干绿洲、费尔干纳盆地、河中地区和花剌子模绿洲的一部分定居居民开始说突厥语,到12世纪,河中地区占主要的是突厥语。其次,从人种方面反映出来,土著的印欧种居民在血缘上发生了变化。在蒙古人来到之时,乌兹别克斯坦境内的印欧种人大部分已突厥化。

当时,在语言和人种上突厥化的居民被称为萨尔特人,专门研究乌兹别克族形成的俄国学者瓦哈博夫指出:"萨尔特人的形成分为两个部分,如果说其中的一部分属于在语言上塔吉克化了的定居的土著居民的话;那么可以认为它的另一部分是属于在公元11世纪至12世纪迁居到古花剌子模、南哈萨克斯坦、塔什干绿洲和费尔干纳盆地从事农业和工业经济的突厥人。目前,苏联历史学家在谈到萨尔特这一名称时不是指哈萨克、吉尔吉斯、土库曼、卡拉卡尔帕克和塔吉克等民族,而只是指乌兹别克民族。"[1]

有学者将喀喇汗王朝时期视为乌兹别克族的形成时期。从人类

---

[1] 〔苏联〕埃赫迈德里·埃斯卡洛夫:《乌兹别克族源考》,热夏提·努拉赫迈德译,《民族译丛》1988年第3期。

学的视角考察，说乌兹别克族形成于11世纪甚至6世纪都没有错，但从民族学的视角来看，作为现代民族之一的乌兹别克族是16世纪开始形成的；因为只有在固定的区域内，欧罗巴人种和蒙古利亚人种的融合才具有民族的意义。

13世纪，蒙古利亚人种中说蒙古语族的人（简称"蒙古人"）来到中亚。在绵延几千千米的欧亚草原带上，蒙古人与突厥人和突厥化印欧种人的融合很早就已经发生，然而，蒙古部落与他们的大融合始于蒙古人西征之后。13世纪初，蒙古人在今乌兹别克斯坦境内确立了统治。当时移居河中地区、费尔干纳盆地和花剌子模绿洲的蒙古人远远少于当地居民，他们与当地突厥人或突厥化居民杂居，放弃了纯游牧生活方式，开始过定居生活。由于杂居和通婚，他们中的大多数人被土著居民同化，逐渐丧失了蒙古人的特征。到14世纪后期，河中地区的蒙古人基本上已经突厥化；蒙古人统治时期，费尔干纳盆地的许多城市被认为是突厥人的城市，安集延是突厥文化中心。

16世纪初，成吉思汗长子术赤的后裔昔班尼率领着他的部民来到河中地区，这些从钦察草原南下的部民被称为乌兹别克人。13世纪初期，蒙古利亚人种的蒙古人通过三次西征在中亚和钦察草原建立了统治，当时移居钦察草原的蒙古人并不多，据《史集》作者拉施特记载，分给拔都的真正蒙古人只有4000[1]，拔都军队的其余成员多是突厥人，即钦察人、保加尔人、古思人，来到草原的蒙古人很快被钦察草原的突厥牧民同化。在此期间，蒙古部落、突厥部落经历了分解和重组的过程，纯粹的突厥（如葛逻禄）或纯粹的蒙古

---

1 〔波斯〕拉施特主编：《史集》第1卷第2分册，余大钧、周建奇译，商务印书馆，1983年，第375—376页。

(如契丹)部族或部落消失了,出现了突厥化蒙古部族(如乌兹别克)。到14世纪上半叶,这些蒙古人已使用钦察突厥语;其中包括了随昔班尼南下的这些乌兹别克人。

不难看出,在乌兹别克族形成过程中,乌兹别克人只是其中的一分子,由于他们是统治者,他们的名字被历史学家记为族名。现代乌兹别克族的形成始于乌兹别克政权布哈拉汗国建立的16世纪初,最终形成是在20世纪初。

第三节 汗国在乌兹别克族形成中的作用

16世纪初乌兹别克人建立汗国与1924年苏联实施的民族划界措施是乌兹别克民族形成的重要事件。乌兹别克人来到中亚南部,先后在河中地区、花剌子模绿洲和费尔干纳盆地建立了布哈拉汗国(1500—1920)、希瓦汗国(1512—1920)和浩罕汗国(1709—1876),国家的建立使东起费尔干纳,西至阿姆河西岸,北起乌斯秋尔特高原,南至阿姆河南岸之间的广大地域分别统一在乌兹别克人的政权之中,对乌兹别克族的形成起到了决定性的作用。

政权是凝聚民族的决定性因素之一,在统一政权之下,乌兹别克人开始了文化认同。乌兹别克人与当地居民的文化认同最初在布哈拉汗国和希瓦汗国内进行,部落之间的融合始于生产和生活方式的接近。16世纪初期,来到河中地区和花剌子模绿洲的乌兹别克人仍以游牧经济为主业,到16世纪中叶,乌兹别克人还没有完全定居,与哈萨克人一样吃肉与奶(不种田地与不吃面包)。历史上河中地区和花剌子模绿洲是定居的农耕地区,由于地理环境的改变和当地居民的影响,游牧的乌兹别克人逐步放弃了原来的生活方式,到16世纪末,乌兹别克人由游牧转向定居的进程明显地加快了。

乌兹别克人能够很快与当地居民融合，语言一致起到了关键作用。13世纪初，来到钦察草原的蒙古人开始使用突厥牧民的语言，到14世纪，乌兹别克人说的是钦察突厥语。15世纪以后，游牧的乌兹别克人与中亚南方绿洲地区的居民加强了联系。经济上，乌兹别克人以畜牧游牧业为生，而河中地区和锡尔河北岸的部分居民是以农业为主的定居民族，经济的互补性使双方保持着频繁的贸易关系；政治上，河中地区的政治斗争常常借用游牧政权的骑兵，帖木儿后王们曾不止一次地向昔班尼祖父阿布海尔求援，昔班尼本人也曾多次率部来到河中地区参与河中政权的斗争。因此，尽管钦察突厥语与河中地区的突厥语存在着差异，但语言方面已经不存在任何障碍。在昔班尼的军队中，同一兵营里生活着来自河中城市和农村的士兵，据说，昔班尼本人就通晓中亚的两种基本语言。

宗教信仰的一致性也是形成文化认同的基础。14世纪上半叶，伊斯兰教在乌兹别克牧民中迅速传播，14世纪中叶，伊斯兰教的影响已经在政治和社会生活的各个方面反映出来。乌兹别克人和河中居民都是坚定的逊尼派教徒，据说，昔班尼本人年轻时属于纳合什班底托钵僧团，他"早已把大部分宗教界和托钵僧团吸引到了自己方面来"。[1] 昔班尼王朝建立之初，统治者以逊尼派拥护者的面目出现，反对波斯萨法维王朝的什叶派"邪说"的宗教政策，得到了中亚居民的拥护。共同的宗教信仰不仅促进了各部族的相互认同，而且还为诸族之间的通婚提供了可能性。

宗教和文化上的认同保证了乌兹别克人与当地居民的融合。首先是统治上层之间的联姻。在帖木儿后王时期，咸海北部草原的成

---

[1] 〔苏联〕Б.R.加富罗夫：《中亚塔吉克史》，肖之兴译，中国社会科学出版社，1985年，第325页。

吉思汗家族的部落首领与帖木儿王室多次联姻，如阿布海尔汗娶了帖木儿在河中地区统治者米尔咱·兀鲁伯之女，而撒马尔罕统治者速檀·阿里之母是草原牧民之女。以后，随着南下绿洲地区，乌兹别克人开始定居下来，与当地居民杂居和通婚。

经历四百年的融合，今天乌兹别克族人的外貌不仅具有了欧罗巴人的特点，而且还出现了地区差异。美国学者万伯里对不同地区的乌兹别克族人进行了考察，"他发现希瓦的乌兹别克族人脸面宽而且圆，前额低平，口大；布哈拉的乌兹别克族人脸呈椭圆形，前额明显拱起，下巴尖长，绝大部分是黑头发，黑眼睛"。[1]

乌兹别克人与当地居民的融合进程是缓慢的。"乌兹别克"一名在16世纪至17世纪的中亚居民们中还未能普遍使用，中亚居民仍以地名自称为布哈拉人、撒马尔罕人、花剌子模人、安集延人。18世纪，乌兹别克人的融合过程加快了，在今乌兹别克斯坦出现了重组的大部族，布哈拉汗国出现了契丹-基普察克部；19世纪的希瓦汗国出现了乞颜-弘吉剌、弘吉剌-钦察、畏兀儿-乃蛮和努库兹-曼吉特四个乌兹别克人的大部族。尽管如此，这些大部族离现代意义上的民族还有相当大的距离，直到20世纪初，民族认同还未完成。

1924年6月，苏联中央政府决定在中亚实施以民族为依据的划界；1924年10月27日，组建了以族名命名的国家乌兹别克苏维埃社会主义共和国。乌兹别克共和国将历史上分处花剌子模绿洲和河中地区的乌兹别克人统一在一个政权之下，加速了乌兹别克族自我认同的历程，民族认同的最终形成虽然是以政治手段实现的，然而，不可否认的是，到20世纪初，乌兹别克人部族形态的重组过

---

[1] 万伯里：《中亚概述》，纽约重印本，1970年英文本，第16章。

程已经完成，迈入了民族形态的发展阶段。

关于乌兹别克族形成的时期至今有不同意见。以苏联学者埃赫迈德里·埃斯卡洛夫为代表的学者认为："乌兹别克民族的形成过程始于公元 1 世纪，到喀喇汗王朝时期（10 世纪—11 世纪）已基本完成。"[1] 其理由是：公元 1 世纪至 4 世纪期间，在中亚细亚的城市居民当中开始出现了新类型的人种混合体。作者指的是欧罗巴人种与蒙古利亚人种的混合。该作者认为两类人的混合体开始于公元 1 世纪，到喀喇汗王朝统治时期已经完成。从种族融合的角度来看，这种观点并没有错，但从民族形成的角度来看，这种观点是值得商榷的。在乌兹别克人的 92 个部落中，存在着大量蒙古部落或突厥化蒙古部落，其中一些部落是 16 世纪初随昔班尼南下来到今乌兹别克斯坦的，乌兹别克族是这些部落与当地部落长期融合的结果。因此，乌兹别克族中的蒙古因素不可忽视。

此外，乌兹别克人是南下之后才与哈萨克人渐行渐远，最终形成可以区分的两个民族的。从种族上看，乌兹别克族和哈萨克族都是蒙古利亚人种与欧罗巴人种融合的结果，但哈萨克人和乌兹别克人的历史命运和发展条件变得完全不同是从 16 世纪开始的。从生产方式和生活方式来看，昔班尼王朝统治下的乌兹别克人逐渐过渡到定居和耕作，哈萨克汗国统治下的哈萨克人继续过着以往的畜牧游牧生活；经济生活的差别导致乌兹别克人和哈萨克人之间原来共有的文化习俗产生了差异。哈萨克人继续保持着旧的氏族宗法制度和伊斯兰教以前的原宗教观念的残余；乌兹别克人逐渐吸收了城市文化的传统，以及与之联系的伊斯兰教思想。于是，乌兹别克人与

---

[1]〔苏联〕埃赫迈德里·埃斯卡洛夫：《乌兹别克族源考》，热夏提·努拉赫迈德译，《民族译丛》1988 年第 3 期。

哈萨克人朝着不同方向发展，最终形成了有明显差异的两个民族。

埃斯卡洛夫认为：13世纪初的蒙古征服者对中亚细亚的征服和16世纪初昔班尼乌兹别克人在这里的出现，融合在乌兹别克民族中的新成分并未能给历史上形成的乌兹别克民族的基本民族结构及其文化、生活方式和经济带来巨大的变化。[1]15世纪的帖木儿时代对中亚文化和经济都产生了巨大影响，被称之为帖木儿文艺复兴，而这一切的领导者正是突厥化蒙古人的巴鲁剌思部。

埃斯卡洛夫认为："融合在乌兹别克民族当中的最后部分对其语言也未能产生显著的影响。纳沃依和后来的穆吉米时代的古代乌兹别克语根本没有受到昔班尼人的影响。"[2]今乌兹别克语[3]属察合台语东支，在乌兹别克语的三大方言（克普恰克方言、乌古思方言、察合台方言）中，两种方言与蒙古人有关。说克普恰克方言的克普恰克人是16世纪初随昔班尼大举南下的；察合台语虽起源于8世纪至9世纪的回鹘语，但直到突厥化蒙古人统治的帖木儿时期才得以发展成为文学语言，才被称为察合台语，到15世纪，撒马尔罕出现了一批察合台语写成的文学著作，改变了波斯文在中亚独占文学领域的局面。蒙古人不仅推动了察合台语的发展，而且对乌兹别克文也做出了贡献，因为乌兹别克语采用阿拉伯字书写就发生在乌兹别克政权布哈拉汗国时期。

在乌兹别克族的形成过程中，把蒙古人因素排除在外与实际情况不符合，把乌兹别克族形成时间向前推进到12世纪乃至更早也与历史事实不符合。

1　〔苏联〕埃赫迈德里·埃斯卡洛夫：《乌兹别克族源考》，热夏提·努拉赫迈德译，《民族译丛》1988年第3期。

2　同上。

3　乌兹别克语属阿尔泰语系突厥语族西匈语支葛逻禄语组。

第四章
乌兹别克斯坦近现代史

　　1864年，俄国以哈萨克草原为基地开始对中亚南部发起进攻；1867年，沙俄政府在塔什干组建突厥斯坦总督区；1868年至1875年间，沙俄军队先后征服布哈拉、希瓦和浩罕汗国，并在以上地区陆续组建了属突厥斯坦总督区管辖的撒马尔罕州、锡尔河州和费尔干纳州，开始实施殖民或半殖民统治。1917年十月革命以后，苏维埃政权在以上各州迅速建立起来；1918年至1924年间，苏俄政府在中亚建立了四个独立或自治的共和国，今乌兹别克斯坦领土分属于"突厥斯坦苏维埃社会主义自治共和国"、"布哈拉苏维埃人民共和国"和"花剌子模苏维埃人民共和国"；1924年，苏俄政府开始在中亚实施民族识别和划界，并以此为依据组建了乌兹别克苏维埃社会主义共和国。

第一节　沙俄政府的殖民统治

　　塔什干城及其附近地区原是布哈拉汗国的领地，然而，在大多数时间里，它们由地区统治者统治。1809年至1810年，浩罕汗国武力夺取并统治了塔什干及其附近地区，但浩罕汗国的统治面临境内哈萨克人的反抗和布哈拉汗国收复的双重威胁。在此形势下，沙俄占领了浩罕汗国的比什凯克等东北地区，设立了突厥斯坦州进行统治。1865年6月28日,沙俄军队在经历了激烈的巷战后攻陷了塔什干。以什么方式统治塔什干,俄国政府为此讨论了两年。直到1867年7月11日,沙皇才发布命令,以塔什干为首府组建突厥斯坦总督区。此后,沙俄政府把被征服的七河地区、锡尔河流域、撒马尔罕、外里海地区和费尔干纳盆地纳入突厥斯坦总督区,并在这些地区设置州县进行统治。

沙俄政府在俄属州县实施军事管制。成立于1865年2月的突厥斯坦州与俄国的其他州不同,它不隶属于内务部,而是隶属于陆军部。此外,俄属中亚各州州长由军官担任,州管理委员会也在军事长官的直接监督下工作;各县县长由各州军事长官推荐,从军官中任命,县长在所辖区域内不仅掌管一县军队和警察,而且还掌管着包括征收赋税在内的行政和民政事务。沙俄政府虽然把锡尔河州、撒马尔罕州和费尔干纳州视为本国领土,却从不把该地区居民视为本国公民,而是视为敌人。在塔什干城不仅有军事堡垒,有很多门前闪耀着刺刀和大炮的兵营,而且大部分的官吏都是军人,大部分机关是军事机关。费尔干纳州州长斯科别列夫曾总结性发表言论说:"在亚洲,和平的长久与短暂是与你对敌人的屠杀直接成正比的,我认为这确是一条定理。对他们打击得越凶狠,他们就安分得越长久。"[1]1886年《突厥斯坦边区管理条例》颁布,沙俄政府以法律的形式巩固和加强了已经实行的军政合一的管理体制。

沙俄政府在征服地区实施经济剥削。1868年,俄国占领撒马尔罕城后在此组建了泽拉夫善军区,并开始在此征税。1870年,泽拉夫善军区管辖之地的每一个住户应缴25戈比的房产税;1873年,该地区的游牧民被课以25戈比的帐户税,到1876年该税额增加到

---

[1] 邢广程:《崛起的中亚》,三联书店(香港)有限公司,1993年,第23页。

75 戈比。在 12 年中（1870—1882），俄国人征收的税种有：帐户税、土地税、地方税、人头税、商税和酒税，等等。[1]

1876 年 2 月 19 日，沙皇亚历山大二世在登基 21 周年的这一天签署了浩罕汗国归并于俄国的命令。费尔干纳州的丰饶土地成了俄国的棉花生产基地。1884 年，在此移植的美国棉种获得成功，1885 年植棉地面积占耕地面积的 14%，到 1915 年这一数字猛增至 44%。[2] 费尔干纳州成了重要的棉花种植中心，种植面积是俄控中亚植棉地的近 74%。[3] 与棉花有关的加工业，如纺织和榨油，在费尔干纳州发展起来。1880 年，乌兹别克人已经引进了美国式轧棉机，浩罕最早引入新式轧棉机，费尔干纳州在 1890 年时已经有这种机器 21 台，1914 年，已有 159 家轧棉机厂。[4] 费尔干纳盆地蕴藏着丰富矿藏，沙俄统治时期，俄国及其他西方国家的资本在费尔干纳建立了一些采矿、石油、有色金属等企业，其中安集延城建了一座开矿厂。

除了殖民统治，沙俄政府在布哈拉汗国和希瓦汗国两个保护国内实施半殖民统治。俄国在布哈拉汗国设立政治代办处，俄方政治代表驻布哈拉城，布哈拉的政治代表驻塔什干城；布哈拉汗国的边界名义上由双方军队联合守卫，由于布哈拉汗国的军力不足，汗国边境的各重要据点实际上由俄军驻守。接受俄国的保护后，布哈拉汗国不得与外国进行独立的外交活动。1869 年，在归还撒马尔罕城的要求遭到拒绝后，布哈拉埃米尔开始与邻近的伊斯兰国家联系，

---

1 〔俄〕M. A. 捷连季耶夫：《征服中亚史》第 3 卷，西北师范学院外语系译，商务印书馆，1986 年，第 378—379 页。

2 Edward Allworth, ed., *Central Asia, 130 Years of Russian Dominance, A Historical Overview*, third edition, Duke University Press, 1994, pp. 274-275.

3 Ibid., p. 275.

4 Ibid., p. 319.

希望得到这些国家的支持。1871年夏，布哈拉汗国的外使频繁出入奥斯曼土耳其帝国和印度，寻求英国人的帮助。对此，俄国提出抗议，埃米尔穆扎法尔答应以后不再直接与土耳其政府联系。

在经济方面，俄国在布哈拉汗国设立关卡开始收税。1873年9月28日，俄国与布哈拉签订条约，俄国人有权在阿姆河布哈拉一边的沿岸各地建设码头和货栈；1892年，俄国的关税边界线南移到阿富汗边境；1895年，布哈拉汗国全境被纳入俄国的关税线以内。此外，俄国人控制了布哈拉汗国的市场。1872年春，沙俄财政部派彼特罗夫斯基前往布哈拉，主要任务是弄清布哈拉市场和俄国在布哈拉进行贸易的条件。彼特罗夫斯基在其考察结果中写道："现在可以有把握地说，俄国商品在这里的买卖占头等地位，随时随地都可以看到布哈拉对马卡里伊（下戈罗德斯克集市）的需要，布哈拉真正地从上到下充塞着俄国的棉纺织品……依我看来，俄国的棉制品至少比英国的多出六倍左右。我在市场上看到索科洛夫、博戈马佐夫、伊斯托明、穆拉维耶夫、科尔尼洛夫、乌鲁索夫、巴拉诺夫、博里索夫、明多夫斯基、福金和济津等工厂的商标。"[1] 布哈拉汗国被沙俄征服后的短短10年，俄国商品已经主宰了布哈拉汗国的市场。

接受俄国保护后，俄国企业家开始在布哈拉汗国各地办工厂。到第一次世界大战前夕，布哈拉汗国有了50多家企业，这些企业绝大多数是与棉花加工有关的企业。[2] 棉纺织业的发展影响了布哈拉汗国的农业，使原来粮食自足的布哈拉汗国需要从俄国进口粮食，这种情况加深了布哈拉汗国对俄国的依附。

---

[1]〔苏联〕哈尔芬：《中亚归并于俄国》，吴筑星、董兴森译，《中亚史丛刊》1988年第4期。

[2] 同上。

1873年，沙俄军队分几路攻占希瓦城，8月12日，希瓦汗国与俄国签订了不平等条约，希瓦汗国以俄国的保护国的形式保留下来，成了俄国的半殖民地，希瓦汗实际上成了俄国的一个县官。俄国军队支持希瓦汗，"君主专制的刺刀可靠地替他们防护着人民群众的愤怒，不止一次支撑了布哈拉埃米尔和希瓦汗摇摇欲坠的宝座"。[1] 为了保住王位，希瓦汗也履行俄国人的一切要求。

按已签订的条约，阿姆河以东的阿姆河区划归俄国，阿姆河成为希瓦汗国与俄国的自然边界，沙俄军队在阿姆河东岸沿线设置岗哨。驻在阿姆河东岸的这支俄国军队每逢河水结冰，就过河到希瓦汗国勒索财物，"好像是在坦波夫省（在俄国欧洲部分领土上，位于奥卡河－顿河平原的中心地带）内进行似的"。[2] 1875年1月，俄国军队通过结冰的河面来到希瓦汗国，"部队有6个步兵连、2个哥萨克连、携带6门大炮和4门火炮，共1500人，俄国部队绕行一周，在走访土库曼人的15天当中，他们缴收了3.6万卢布"。[3]

为满足俄方对棉花的需求，希瓦汗国开始大量种植棉花，减少了粮食种植面积。19世纪末20世纪初，俄国资本家来到希瓦汗国，俄国和希瓦的贸易额达到近1200万卢布，较之1872年30余万卢布的贸易额增长了40倍。[4] "俄罗斯工商促进会"（纪念该会成立25周年）的一次大会总结中说，对汗国成功的军事远征及将其部分领土并入帝国，使"我们在阿姆河所处的地位符合俄国的商业

---

1 〔苏联〕哈尔芬：《中亚归并于俄国》，吴筑星、董兴森译，《中亚史丛刊》1988年第4期。

2 〔俄〕M. A. 捷连季耶夫：《征服中亚史》第2卷，新疆大学外语系译，商务印书馆，1983年，第357页。

3 同上。

4 〔苏联〕哈尔芬：《中亚归并于俄国》，吴筑星、董兴森译，《中亚史丛刊》1988年第4期。

利益"。[1]

俄国在今乌兹别克斯坦境内的殖民和半殖民统治不仅没有解除封建剥削和压迫,而且使当地居民遭受了殖民政府与当地官吏的双重压迫。殖民剥削和压迫激起了当地人民的抗俄斗争。

第二节 前赴后继的抗俄斗争

1868年,布哈拉埃米尔穆扎法尔与俄国签订了丧权辱国条约。丧权辱国条约的签订在布哈拉汗国内引起了极大的愤慨,以穆扎法尔长子卡蒂丘里亚为首的反政府势力在卡尔施城聚集,他们立卡蒂丘里亚为汗,开始了夺取布哈拉汗国统治权的斗争。俄方认为:"不受人爱戴的、没有威望的、昏庸无能的穆扎法尔在任何情况下比有毅力、有威望的宗教狂卡蒂丘里亚更便于掌握。还有,按照亚洲人的概念,现任统治者签订的各种条约,对其继承人来说,是没有约束力的。"[2] 于是,俄国人出兵镇压了反抗运动,帮助穆扎法尔巩固了统治。

此后,反抗斗争直接指向俄国统治者。1892年,塔什干城流行霍乱。俄国当局强迫塔什干人做无菌检查,同时还采取了一些违背当地宗教习俗的措施。强行检查妇女的行为遭到了塔什干男人们的反对;不按俄国规定坚持以旧习俗为死者办葬礼的人被逮捕。强制措施引发了暴动,塔什干城居民袭击了俄国司令部和区长的住所。暴动很快被俄国军队镇压下去。

---

[1] 〔苏联〕哈尔芬:《中亚归并于俄国》,吴筑星、董兴森译,《中亚史丛刊》1988年第4期。

[2] 〔俄〕M. A. 捷连季耶夫:《征服中亚史》第1卷,武汉大学外文系译,商务印书馆,1980年,第545页。

突厥斯坦边区总督伏列夫斯基将军（1889—1898年在任）在总结暴动原因中提到了两个方面：一方面，暴动是由于文化上的分歧导致的；另一方面，暴动是由于俄国总督权力在1882年以后受到限制，地方权力过大造成的。1892年暴动以后，俄国总督的权力扩大，恢复1867年法案规定的范围。

总督权力的扩大并未遏制住抗俄的武装斗争。1898年，费尔干纳州爆发了反殖民统治的圣战，领导者是宗教首领玛达里（穆罕默德·阿里）。玛达里生于马尔吉兰城郊的一个乡村，为人仁慈，有众多崇拜者。1898年5月17日夜，他在安集延县发动起义，有2000人汇集在他的旗帜下，袭击了俄国警备队。起义很快蔓延到费尔干纳州各地、哈萨克草原、撒马尔罕州的部分地区。以往汗国的统治人物成为起义的首领，他们"成功地赢得了劳动人民的支持"。起义遭到俄军的镇压，沙俄政府以残酷手段对待起义者，玛达里等5名起义军首领于1898年7月18日在安集延被处绞刑；受审者多达546人。[1]

为了加强对费尔干纳州的统治，俄军摧毁了玛达里家乡所在的马尔吉兰城周围的几个村庄或小村落，使其成为俄罗斯移民的安置地。[2] 俄国人移居其上，开始播种棉花，被驱逐的乡民迁到在贫穷地区新建的马尔哈迈特村。[3] 俄国对那些被指控支持起义者的乡村也给予了经济上的惩罚。

在反俄斗争中，1916年大起义是规模最大、影响最深的武装

---

[1] Edward Allworth, ed., *Central Asia: 130 Years of Russian Dominance, A Historical Overview*, pp. 168-169.

[2] 刘庚岑、徐小云编著：《吉尔吉斯斯坦》，社会科学文献出版社，2005年，第52页。

[3] Edward Allworth, ed., *Central Asia: 130 Years of Russian Dominance, A Historical Overview*, p. 169.

起义。第一次世界大战爆发，远离大战中心的乌兹别克斯坦卷入了这场战争。从1915年1月1日起，沙俄在中亚征收战争税，政府官吏逐乡逐镇、逐个帐篷地收税，无一户能幸免，有些地方还出现了派武装部队下乡收税的现象。除战争税外，中亚成为俄国军需物资的供应地，乌兹别克斯坦几乎承担了战争期间俄国棉花供应的全部任务。

1916年5月至6月期间，俄大臣会议决定征调夫役55万人。[1] 1916年6月25日，沙皇颁布法令：为在战区从事防御设施与军事通信之建设，以及从事其他一切利于国防建设必需之工作，特征调帝国如下地区19—43岁（含43岁）之异族男性。7月2日，突厥斯坦边区总督召开了各州督军会议，会上编制了各州、县、乡被征调人员的花名册，决定在突厥斯坦边区征调25万人。[2] 其中费尔干纳州5万人，撒马尔罕州3.8万人。[3]

就在当局下发第一批《关于立即编制年龄在19岁至43岁之间男性土著花名册》之时，撒马尔罕州发生暴动。撒马尔罕州所属的忽毡城分摊了9000个夫役的名额。7月17日，忽毡城被征夫役者及其他民众聚集在警察局门前，抗议沙皇征调夫役的行为，与警察发生冲突，警察开枪打死两名抗议者，打伤多人。此举激起了民愤，各地穆斯林起来抗议，由此引发了遍及中亚各地的大起义。据撒马尔罕州督军雷申将军报告："骚乱在高涨，斗殴和杀害一忽儿

---

1 〔乌兹别克〕X. T. 吐尔苏诺夫：《1916年中亚和哈萨克斯坦起义》，乌兹别克苏维埃社会主义共和国国家出版社，1962年，第188页，转引自汪金国、赵义刚：《1916年中亚起义直接起因辨析》，《新疆大学学报》2005年第4期。

2 Geoffrey Wheeler, *The Modern History of Soviet Central Asia*, Greenwood Press, 1975, p. 92.

3 《1916年中亚和哈萨克斯坦起义（文献汇编）》，苏联科学院出版社，1960年，第77页，转引自汪金国、赵义刚：《1916年中亚起义直接起因辨析》，《新疆大学学报》2005年第4期。

在这儿,一忽儿在那儿,当地政府的劝说和训诫丝毫不起作用,他们的解释更无人相信,现在,所有这一切将最终以反对俄国政府的公开暴动的形式表现出来。"[1]

在费尔干纳州,起义群众攻入当地官府,杀死官员,起义者占领邮电局,破坏电话线、道路和桥梁。马尔吉兰、纳曼干、安集延等地都发生了极端野蛮的事件。俄国动用了大量武装部队才把起义镇压下去。

1916年起义的主要力量是穷苦的农牧民、小手工业者和城市贫民。由于各地的起义多属自发性斗争,各支起义队伍始终没有联合起来,更缺乏统一的指挥和领导,各支起义队伍分别被沙俄军队镇压下去。

在武装反抗的同时,思想界的抗俄斗争也风起云涌。乌兹别克斯坦境内出现了办报热潮。1907年,突厥斯坦总督区的地方报纸全部被禁,反俄斗争中心转移到布哈拉和希瓦汗国。在布哈拉和希瓦工商业阶层的支持下,秘密社团组建起来。到1915年,布哈拉汗国的秘密组织已达十多个,其中"神圣布哈拉联盟"最为活跃,后来的青年布哈拉党就是在它的基础上创建的。1910年12月2日,"神圣布哈拉联盟"首领成立了"青年教育社",他们在民众中散发书报,派人员到国外去募集物资,组织学生去土耳其留学。在"神圣布哈拉联盟"的基础上,布哈拉汗国革命者创建了青年布哈拉党。1910年,转移到希瓦汗国的"神圣布哈拉联盟"首领在希瓦创建了青年希瓦党。青年希瓦党力图用宪法的形式限制汗权,实行君主立宪制,他们提出了政府官员由选举产生、办学校、修铁路等改

---

[1]《1916年中亚和哈萨克斯坦起义(文献汇编)》,第161页,转引自汪金国、赵义刚:《1916年中亚起义直接起因辨析》,《新疆大学学报》2005年第4期。

革方案。改革很快以失败告终,青年希瓦党大多数逃亡到俄属阿姆河州。[1]

在唤醒民众的过程中,无论是武装斗争还是社会民主的改革思想都起到了促进作用;斗争中涌现出的大批组织者,为资产阶级民主革命和社会主义革命锻炼了人才、积累了经验;这为乌兹别克斯坦进入新的历史时期做好了准备。

第三节　现代民族国家的组建

1916年大起义使沙俄政府机构在乌兹别克斯坦的统治陷于瘫痪,动摇了沙俄的殖民统治。1917年3月,俄国爆发"二月革命",推翻了沙皇专制王朝。11月7日,以列宁为首的布尔什维克党领导的彼得格勒武装起义推翻了俄资产阶级临时政府,建立了俄国苏维埃政权。

十月革命后,苏维埃政权在今乌兹别克斯坦建立起来。1917年12月22日,塔什干所在地锡尔河州成立了苏维埃人民委员会;12月26日,撒马尔罕州苏维埃代表大会宣布全部政权归各级苏维埃;此后苏维埃政权在费尔干纳州也建立起来。到1918年3月,突厥斯坦边区各州都建立了苏维埃政权。同年4月20日至5月1日,突厥斯坦边区苏维埃第五次代表大会在塔什干开幕,4月30日,代表大会通过了创建突厥斯坦苏维埃社会主义自治共和国(以下简称"突厥斯坦自治共和国")的《突厥斯坦苏维埃社会主义自治共和国条例》。根据条例,原突厥斯坦总督区管辖的锡尔河州、撒马尔罕州、七河州、费尔干纳州、外里海州归突厥斯坦自治共和国,共和

---

[1] 马大正、冯锡时主编:《中亚五国史纲》,新疆人民出版社,2005年,第224页。

国首都是塔什干城。

沙俄政府保留下来的布哈拉和希瓦两个汗国在十月革命后被推翻。1917年10月29日（俄历），在布哈拉成立了革命委员会，布哈拉汗国政权移交给革命委员会。以后，布哈拉成了中亚反苏维埃政权的堡垒。1920年，红军攻下布哈拉城，灭亡了历时四百多年的布哈拉汗国。1920年10月6日至8日，第一次布哈拉人民代表大会在布哈拉城召开，大会决定成立"布哈拉苏维埃人民共和国"（1920.10—1924.10），首都布哈拉城。1920年，苏俄政府在希瓦汗国成立了"花剌子模苏维埃人民共和国"（1920.10—1924），首都希瓦城。花剌子模苏维埃人民共和国宪法规定：花剌子模的所有权力集中在劳动人民代表苏维埃手中，剥夺大封建主、高级僧侣、高利贷者的选举权。

以上三个共和国的建立对巩固苏维埃政权起到了重要作用。十月革命后，原沙俄政权中的保皇党，以及自由民主分子、温和社会主义者、民族主义分子结成一股反苏维埃的力量，这股力量得到了英、美、法、日等国的大力支持，在西伯利亚、中亚和远东地区展开活动。发生在中亚地区的"巴斯马奇"运动就是反苏势力的一个组成部分，它的活动对中亚地区的苏维埃政权构成了极大的威胁。1918—1924年间建立的突厥斯坦自治共和国、布哈拉苏维埃人民共和国和花剌子模苏维埃人民共和国有力地打击了"巴斯马奇"运动，维护了中亚新兴的苏维埃政权。1923年3月，三国会议召开，成立了中亚经济委员会[1]，制定了共同的经济政策。经济委员会的建立对中亚南部的商业、农业做出统一规划，对中亚经济的发展起到了重要作用。

1　1934年，该组织因不再能够适应中亚民族共和国的发展而解散。

1924年6月12日,俄罗斯共产党中央委员会(布)政治局通过了《关于中亚地区民族共和国划界》的决议。决议内容主要是:在布哈拉和花剌子模人民共和国的乌兹别克族和土库曼族与突厥斯坦自治共和国的同族人合并,分别成立乌兹别克苏维埃社会主义共和国和土库曼苏维埃社会主义共和国。

1925年,以乌兹别克族为主体的民族国家乌兹别克苏维埃社会主义共和国(1925.2.17—1991.8.31)成立,共和国最初以撒马尔罕城为都,1930年迁都塔什干。在1926年的人口普查中,乌兹别克共和国人口456.5万,乌兹别克族有329.9万,占全国总人口数的72.2%。[1]

乌兹别克共和国宪法规定:共和国实行人民代表大会制度,最高权力机关——最高人民代表大会由150名代表组成,任期五年,由各选区选出[2];地方权力机关——地方人民代表大会通过选举产生,均为兼职,每两年选举一次。[3]最高行政机关是人民委员会(1946年3月改称部长会议),人民委员会(或部长会议)主席一职一直由乌兹别克人担任。

乌兹别克共和国宪法规定:乌兹别克共产党是共和国的领导和指导力量,是国家、政治制度和社会组织的领导核心,由它决定社会、政治、经济和文化发展的方针和对外政策。按苏维埃制度的基本原则,党的机关高于与之平行的政府机关。

共和国建立之初(1924—1928),共和国机关内乌兹别克人的比例,从23%增加到32.3%,到1930年,基层政府部门中的这一

---

1 Edward Allworth, ed., *Central Asia: 130 Years of Russian Dominance, A Historical Overview*, p. 96, Table 3.1.
2 孙壮志等编著:《乌兹别克斯坦》,社会科学文献出版社,2004年,第52—53页。
3 《乌兹别克苏维埃社会主义共和国》,《英国大百科全书长编》第19卷,第10—14页,见《中亚史丛刊》1983年第1期。

比例达到75%，与此同时，乌兹别克语在行政工作中也获得了广泛的应用。[1] 尽管如此，名义上选举产生的乌兹别克共和国党中央第一书记，实际上由苏联党中央任命；党内主要职位由俄国人和其他欧洲人担任，中央委员会第二书记一职从未离开过俄国人之手。[2] 共和国各州建立了州党委会，州党委会第一书记一般都是本地人，但重要职位总是掌握在欧洲人手中，如负责经济部、组织教导部、特别任务部的往往是俄罗斯人、乌克兰人或格鲁吉亚人，本地人只负责宣传鼓动、干部管理、妇女工作，以及少数经济部门。[3]

乌兹别克共和国的历史深受苏联中央的影响。1937年至1938年，在苏联大清洗运动（清除地方民族主义分子）中，乌兹别克共产党第一书记伊克拉姆·奥格赫里在莫斯科受审，并以托洛茨基右派集团罪于1938年遭到了枪决。此外，遭到清洗的还有共和国人民委员会主席费祖拉·霍德查耶夫。

二战期间，在"一切为了前线，一切为了胜利"的原则下，乌兹别克共和国于1941—1945年，有1433230人参加了战争，超过共和国身体合格人口的40%，有263005名乌兹别克战士战死沙场，132670人在行动中失踪，395795人未能返回家园，60452人伤残。[4] 在卫国战争中获得勋章和奖章的乌兹别克人有8万；全苏联荣获"苏联英雄"称号的有11618人，其中乌兹别克共和国有69名。[5]

---

1 《苏联的建设与法律》第3—4册，1933年，第35—36页，转引自〔伊朗〕恰赫里亚尔·阿德尔等主编：《中亚文明史》第6卷，吴强、许勤华译，中国对外翻译出版公司，2013年，第178页。

2 〔美〕迈可尔·刘金：《俄国在中亚》，陈尧光译，商务印书馆，1965年，第106页。

3 同上书，第118页。

4 转引自〔伊朗〕恰赫里亚尔·阿德尔等主编：《中亚文明史》第6卷，吴强、许勤华译，第185页。

5 苏联科学院历史研究所编：《苏联民族-国家建设史》（下），徐桂芬等译，商务印书馆，1997年，第467—468页。

二战前后，苏联领导人在意识形态领域展开了一场批判"资产阶级民族主义历史观点"的斗争，1952年2月，乌共党中央第一书记尼亚佐夫在中央全体会议上做了自我检讨。1937年至1953年间，共和国几乎有十万人被捕，1.3万人被处决。[1]

斯大林去世后，以赫鲁晓夫为首的苏共中央于1956年2月在莫斯科召开的第二十次代表大会上批判了斯大林个人专权的错误，苏共中央为在斯大林时期遭到迫害和镇压的数百万计无辜者平反；原乌兹别克共和国领导人费祖拉·霍德查耶夫和原乌共第一书记伊克拉姆·奥格赫里得到了平反。

勃列日涅夫时期，乌共中央深得苏共中央的信任，中央第一书记沙拉夫·拉希多夫获得了多枚苏联勋章。由于拉希多夫长期把持第一书记的职务，他在乌共中央的地位牢固，权力很大，在领导集团中排斥异己。70年代初，部长会议主席库尔班诺夫、最高法院院长霍贾耶夫被赶下了台，分别判了8年和10年的徒刑，最高苏维埃主席团主席纳斯里金诺娃被调往莫斯科；70年代以后，共和国党中央委员会机关中有30多位成员是拉希多夫的亲戚。[2]

安德罗波夫任苏共中央总书记后，开始整肃党政部门的腐败行为，首次把反腐败的矛头指向高层领导。在此期间，苏共中央派了一个委员会到乌兹别克共和国调查，发现拉希多夫任人唯亲、受贿、虚报棉花的产量和收购量以骗取国家巨额补助金等问题，当时被命名为"乌兹别克案"的这一事件轰动全国。1983年10月31日，拉希多夫自杀。受此案牵连，乌共中央的14名成员中只有6人保留了下来。[3]

---

1 转引自〔伊朗〕恰赫里亚尔·阿德尔等主编：《中亚文明史》第6卷，吴强、许勤华译，第186页。
2 丁笃本：《中亚通史》（现代卷），新疆人民出版社，2007年，第323页。
3 同上书，第325—326页。

1985年3月,年富力强的戈尔巴乔夫当选为苏共中央总书记,苏联进入了全面改革时期。戈尔巴乔夫时期,乌兹别克共和国撤换了一批领导人。1988年,乌共中央第一书记乌斯曼霍贾耶夫被指控受贿和舞弊而提出退休申请。[1]这些撤换在形式上是加盟共和国共产党中央做出的决定,实际上是按苏共中央政治局和书记处的意愿办事。这种状况一直持续到1991年。

第四节 迅速腾飞的经济

在苏联计划经济下,乌兹别克共和国经济的发展完全按苏联中央的统一安排,发展过程也与苏联步调一致。1921年3月4日,布哈拉苏维埃人民共和国代表与俄联邦在莫斯科签订了经济协议;1922年7月以后,俄联邦给布哈拉提供贷款,以及工业设备和技术人员,在此扶持下,共和国创建了一批自己的企业。

1925年,苏联提出了国民经济的社会主义改造,同年,乌兹别克共和国颁布了《土地和水利国有化》法令,在农村进行土地和水资源的改革。农村铲除了大土地所有者,无地者分得了土地,中农的人数在农村中的比重增加到61%,穷人占37.6%,富农和巴依占1.4%。[2]农民通过改革得到了土地、农具、役畜、种子和优惠贷款。

在农业集体化期间,1930年2月17日,乌兹别克共产党中央委员会做出《关于集体化和没收富农财产的决议》,通过农业劳动组合、共耕制、农业公社三种形式,全国17个地区全面实现农业

---

[1] 黄宏、纪玉祥主编:《原苏联七年"改革"纪实》,红旗出版社,1992年,第72页。

[2] 马大正、冯锡时主编:《中亚五国史纲》,第192页。

集体化。1932年春,乌兹别克共和国的大规模集体化运动结束,是年7月,共和国集体农户占总农户的82.6%。[1]

1939年12月22日,联共(布)中央委员会和苏联政府做出《关于继续发展乌兹别克共和国植棉业的措施》的决议,计划在以后6年扩大灌溉地面积43万公顷,其中棉花播种面积增加10万公顷。[2]为此,共和国开始大规模兴建水利工程,1939年建筑了长270千米、宽25—30米、深3—4米的费尔干纳运河,运河于当年年底通水,沿途浇灌了2000个集体农庄的土地,保证了50多万公顷土地的灌溉。[3]

第二次世界大战期间,乌兹别克共和国成为战争的大后方。1941年至1943年间,乌兹别克共和国粮食作物的播种面积逐年增加,年年超额完成计划。战后,根据苏共中央关于联合小型集体农庄的决议,乌兹别克共和国于1949年开始对集体农庄进行合并,撤掉一大批技术力量薄弱、人口少、不能完成国家收购任务的小农庄。从1949年到1955年,共和国集体农庄数量减少了三分之一,集体农庄拥有耕地的平均数由合并前的362公顷增加到1298公顷。集体农庄合并以后,数万行政人员被裁减,节约了开支。[4]到1957年,共和国新建国营农场63个,拥有耕地87万公顷。[5]

大集体农庄的形成加快了农业机械化的步伐。从1957年起开始组织机器大田作业队,实施综合配套机械化生产,到1958年,共和国有3600多个机器大田作业队。采棉机的普遍使用减轻了棉

---

1 丁笃本:《中亚通史》(现代卷),第168页。
2 马大正、冯锡时主编:《中亚五国史纲》,第194页。
3 同上。
4 《乌兹别克共和国史》(俄文版)第4卷,第228页,转引自马大正、冯锡时主编:《中亚五国史纲》,第200页。
5 马大正、冯锡时主编:《中亚五国史纲》,第201页。

花生产中的劳动强度。[1]

植棉业始终被放在乌兹别克共和国农业的首位。在很长一段时期，共和国采取措施，或新开垦耕地，或减少谷物的播种面积，以扩大棉花的播种面积。战后，共和国完成了一批水利灌溉工程的建设，其中有卡塔库尔干和乌尔塔托卡尔水库、塔什干大干渠和塔什干北干渠、萨雷库尔干水利枢纽、阿洪巴耶夫干渠等；水利设施的完工扩大了耕地面积。1956年，苏联政府计划在饥饿草原开荒20万公顷土地以扩大棉花播种面积。到1986年，棉花播种面积达205.4万公顷，占农作物播种面积的50%以上，籽棉产量达510万吨，占全苏棉花总产量的近70%。[2]

乌兹别克共和国的畜牧业在集体化运动中遭到了破坏。集体化前夕，牧民害怕自己的牲畜被变成集体财产，加紧宰杀。1928年有牲畜560万头，到1932年锐减到340万头。[3]为了恢复畜牧业，1939年至1940年间，共和国建起大约1万个牧场，各集体农庄几乎都有牧场，苜蓿等饲草的种植面积增加了。据官方统计，共和国集体农庄畜牧场的数量由1939年的0.6万个增加到1943年的1.9万个，为苏联红军提供了数十万匹战马。[4]

乌兹别克共和国是苏联纯种卡拉库尔羊的主要产地，1940年至1945年间，卡拉库尔羊的数量增加了85%。[5]苏联出口的高质量卡拉库尔羊羔皮中有三分之二来自乌兹别克共和国。此外，撒马尔

---

1 马大正、冯锡时主编：《中亚五国史纲》，第201页。
2 赵常庆主编：《中亚五国概论》，经济日报出版社，1999年，第106页。
3 Edward Allworth, ed., *Central Asia: 130 Years of Russian Dominance, A Historical Overview*, pp. 299-300.
4 《乌兹别克共和国史》（俄文版）第3卷，第107页，转引自马大正、冯锡时主编：《中亚五国史纲》，第198页。
5 同上。

罕和苏尔汉河州还给国家提供了成千上万匹良种马。[1]

苏联时期，乌兹别克共和国的工业，特别是重工业发展显著。1925年，苏联制定了向工业化迈进的方针。乌兹别克共和国的工业化始于电力工业，在第一个五年计划的1928年，电站由原来的5个增加到29个，发电量增加了近10倍。[2] 电力工业的发展为一批新企业的建设提供了动力。第二个五年计划期间（1933—1937），苏联政府计划把乌兹别克共和国建成苏联最大的化工基地。舒尔苏硫化联合企业二期工程、奇尔奇克氮肥联合企业开始上马；除新建项目，国家对共和国的一批老企业进行了技术改造，有189个工业企业实现了技术更新。[3] 在第三个五年计划期间（1938—1942），乌兹别克共和国成为中亚动力和机械工业基地，奇尔奇克电化学联合企业、阿尔马雷克炼铜厂、塔什干农机厂、蒸汽机车修理厂、塔什干—安格连铁路和塔什干—捷尔梅兹公路线（又称乌兹别克大道）等134个项目投产。[4] 经历最初的三个五年计划（1928—1942），工业在国民经济中所占比重从1928年的19%增加到1937年的67.1%。[5]

二战期间，苏联中西部企业有104个迁到乌兹别克共和国。[6] 工厂企业的增加促进了电力工业的进一步发展。1942年11月18日，苏联政府通过了在共和国建造5座水电站的建议，并决定建设安格

---

[1] 马大正、冯锡时主编：《中亚五国史纲》，第194页。
[2] 同上书，第191页。
[3] 同上书，第192页。
[4] 《乌兹别克共和国史》（俄文版）第4卷，第28页，转引自马大正、冯锡时主编：《中亚五国史纲》，第192页。
[5] 马大正、冯锡时主编：《中亚五国史纲》，第192页。
[6] 乌兹别克斯坦共和国科学历史所、乌兹别克共产党中央委员会党史研究所：《卫国战争时期的乌兹别克共和国（1941—1945）》第1卷，第68页，转引自马大正、冯锡时主编：《中亚五国史纲》，第196页。

连煤田新矿井，增加石油和煤炭的产量。苏联中西部迁到共和国的企业改变了乌兹别克共和国的工业结构，共和国的机器制造业、金属加工业、化学工业、机械工业和燃料等重工业在工业中占的比重显著增加；航空工业、机床制造业、钢铁工业、有色金属等新行业发展起来；奇尔奇克农机厂、洛斯特农机厂、乌兹别克金属冶炼厂、奇尔奇克电化学联合企业、塔什干电缆厂具有了全苏的意义，塔什干城发展成为苏联最大的工业中心之一。

二战结束后，乌兹别克共和国继续朝着重工业的方向发展。1947年，设计总功率占当时全苏第三位的苏联大型电站——法尔哈德水电站完工，提供的电量相当于共和国战前全部发电量的总和，为塔什干、杨吉尤里、奇尔奇克、别卡巴德等城，以及城市周边地区提供生活用电和工业用电。60年代至80年代，共和国建成投产的大型发电企业有：装机192万千瓦的塔什干国营发电站、装机125万千瓦的纳沃伊国营发电站和装机300万千瓦的锡尔河国营发电站，以及别卡巴德、安格连、塔希阿塔什等地的发电厂和恰尔瓦克水电站（装机60万千瓦）。[1]

有色金属工业也是战后工业发展的重点，苏联政府希望将乌兹别克共和国建成全国有色金属生产基地。1946年8月30日，中亚第一座也是唯一的一座黑色金属冶炼厂——乌兹别克金属冶炼厂的轧钢车间投产；1951年至1955年，共和国计划在铅锌产地阿尔马雷克建设有色金属联合企业；1956年至1960年间，共和国继续扩大稀有和有色金属的开采，计划建设阿尔马雷克炼铜联合企业一期工程、阿尔吞托普坎铅锌联合企业；60年代，在麦伦套地区发现了储量丰富的金矿，建立了马尔江布拉克黄金冶炼和加工联合公

---

[1] 丁笃本：《中亚通史》（现代卷），第349页。

司。到 80 年代初，乌兹别克共和国的黄金年产量约为 70 吨，在苏联各加盟共和国中居第 2 位，占苏联黄金总量的四分之一。[1]

乌兹别克共和国的机械制造业是在战争期间和战争结束后发展起来的。战争期间，苏联西部地区一些大机械厂迁往乌兹别克共和国，在此基础上建立起 16 家机器制造厂；战争结束后，共和国建立了一批生产农业机械、纺织机械和重型机械的新企业，60 年代共和国又改造了一批老企业。到 80 年代末，共和国的机械制造业已形成包括农机、电机、石化机械、纺织机械、建筑筑路机械、飞机制造等 15 个部门、100 多家大企业的机械工业体系。[2] 全苏绝大部分的植棉、摘棉、轧棉和纺织机械是乌兹别克共和国生产的，这些机械还销往世界 38 个国家。[3]

60 年代至 80 年代是乌兹别克共和国的天然气工业发展较快的时期。在布哈拉州和卡什卡达里亚州（穆巴列斯克）建成了穆巴列斯克天然气加工厂，扩建了阿尔马雷克和费尔干纳的炼油厂。[4]

随着工业的发展，乌兹别克共和国的城市化也缓慢推进。1926 年，城市人口占全国总人口数的 22%，到 1959 年，这一比例为 34%，仍然落后于当年苏联 48% 的平均数。[5] 在城市化过程中，原来兴盛的一些城市，如卡尔施、沙赫里夏勃兹、希瓦、浩罕，呈现出了衰落的趋势。[6] 不过，塔什干和撒马尔罕仍在发展，到 80 年代，塔什干城的面积居全苏第三位；人口发展到 200 万，仅次于

---

[1] 谷松：《中亚五国：经济基础与经济改革》，《东欧中亚市场研究》2000 年第 2 期。

[2] 赵常庆主编：《中亚五国概论》，第 105 页。

[3] 同上书，第 106 页。

[4] 丁笃本：《中亚通史》（现代卷），第 349 页。

[5] Edward Allworth, ed., *Central Asia: 130 Years of Russian Dominance, A Historical Overview*, p. 97, Table 3.2.

[6] Ibid., p. 98, Table 3.3.

莫斯科、列宁格勒（圣彼得堡）和基辅[1]，成为苏联中亚地区最大的行政、经济、文化中心。撒马尔罕城发展为共和国最大的工业中心之一，成为仅次于塔什干的工业城市。二战后，共和国出现了纳沃伊、希林、泽拉夫尚、于奇库尔干、恰尔瓦克等新兴城市。[2]20世纪70年代中期，乌兹别克共和国大约有70个城市，85个半城半乡的村落。[3] 到1981年，城市人口占总人口的比重从1959年的34%上升至42%。[4]

苏联共产党和苏联中央政府为开发乌兹别克斯坦投入了巨大的人力和财力，使之在不长的时间里赶上和保持了与联盟其他国家同步发展的势头，这是乌兹别克斯坦在20世纪末能够独立建国的基础。

第五节　功过是非的历史评说

乌兹别克人的现代民族国家是在苏联"民族划界"中组建起来的。对苏联在中亚进行的民族识别和划界一直存在着不同的评价，有人认为民族识别和划界是"布尔什维克的诡计"，"旨在分化、确保苏联的控制"。[5] 下面先谈民族识别和划界，以及民族国家的组建对乌兹别克斯坦的积极意义。

民族识别和划界加速了乌兹别克族的自我认知，使乌兹别克人迅速从自在民族发展到自觉民族。16世纪，乌兹别克人在固定

1　马大正、冯锡时主编：《中亚五国史纲》，第206页。
2　丁笃本：《中亚通史》（现代卷），第349页。
3　《乌兹别克苏维埃社会主义共和国》，《英国大百科全书长编》第19卷，第10—14页，见《中亚史丛刊》1983年第1期。
4　常庆：《中亚五国社会变化与社会发展模式》，《东欧中亚研究》2001年第1期。
5　Robert A. Lewis, ed., *Geographic Perspectives on Soviet Central Asia*, Routledge, 1992, p. 284; Mohammed Ayoob, ed., *The Politics of Islamic Reassertion*, St. Martin's Press, 1981, pp. 259-260.

的区域内开始了民族融合过程，这一过程十分缓慢，直到20世纪初，民族认同的意识还未完全形成，说共同语言的人都称自己是突厥人。20世纪初期的民族识别和民族国家的组建使乌兹别克人在国家层面上达成共识，民族自觉意识发展起来。经过近70年的发展，乌兹别克族最终以现代民族的姿态立足于世界民族之林。

民族国家的组建消除了政治分裂的局面。乌兹别克斯坦在几千年的历史长河中长期处于分裂状态，尽管在大帝国统治时期曾有过短暂的统一，但其北部，以及南部的东西两面在大部分时间里是独立发展的，因此，乌兹别克斯坦的古代和中世纪史，甚至近代史是由花剌子模史、河中地区史和费尔干纳史构成的。民族国家的组建和集权的建立使乌兹别克人有了本民族的稳定的"政治实体"，有利于消除民族分裂，有利于改善区域混杂的状况。

民族共和国的建立遏制了泛伊斯兰主义的传播，使乌兹别克斯坦走上了政教分离的现代国家道路。十月革命以前，乌兹别克斯坦盛行宗教狂热主义和宗教偏见，穆斯林神职人员和宗教学校、伊斯兰教教规在社会上占有崇高地位。十月革命后，突厥斯坦自治共和国的一些领导者由于认识方面或者其他方面的原因，他们不顾新生的苏维埃政权的处境，一心只想要建立所谓穆斯林民族国家。在此形势下，民族共和国的建立遏制了泛伊斯兰主义思潮，避免了国家政治的宗教化。

民族共和国的建立遏制了超民族性的泛突厥主义思潮，对世界和平做出了贡献。1920年以后，由于认识方面的原因，乌兹别克知识界曾希望建立一个包括突厥斯坦、哈萨克、吉尔吉斯、鞑靼斯坦等地在内的"大突厥"国。这种思想与20世纪20—30年代的地方民族主义相吻合，以巴斯马奇分子为代表的民族分裂主义势力在猖獗之时打出了建立"突厥共和国"的旗号。1924年，苏联政府把突厥斯坦自治共和国分割成乌兹别克、土库曼、塔吉克和吉尔吉斯等民族共和国和民族自治州，打破了民族主义者建立"大突厥"国家的梦想。

通过民族国家的组建和民族国家加入苏联，乌兹别克共和国各民族走上了社会主义发展之路。各民族人民"在精神面貌上，在心理上具有许多的共同特点"[1]，有了共同的祖国，共同的经济基础，共同的社会阶级结构，共同的世界观，共同的目标。在此背景下，乌兹别克共和国从封建主义向社会主义迈进。

不可否认，民族识别和划界也给乌兹别克共和国带来了一些负面影响，原来统一的经济体被肢解。如花剌子模绿洲本来是一个统一体，在民族识别和组建民族国家中，它被肢解为分属于乌兹别克、土库曼和俄罗斯三个共和国，破坏了它的统一性，导致了经济混乱，破坏了这片绿洲悠久的传统文化。再如费尔干纳盆地，为了平衡势力，它在中亚几个共和国中被瓜分，人为地造成了一些跨界民族，给民族冲突埋下隐患。

尽管如此，民族识别和组建民族国家的积极意义是主要方面，它不仅体现在政治上而且还体现在经济上。苏联中央政府为开发乌兹别克共和国所取得的成就是举世公认的。

在苏联资金和技术的扶持下，乌兹别克共和国经济得到了飞速发展。到苏联解体前夕的1990年，与1913年相比，乌兹别克共和国工业产值增长了110多倍，工业从业人数从1.8万增加到400多万；农业产值增长了10倍多。[2] 到苏联解体之时，尽管共和国经济与俄罗斯共和国之间仍然存在一定的差距，但从纵向比较观之，乌

---

[1] 中国社会科学院苏联东欧研究所、国家民族事务委员会政策研究室编译：《苏联民族问题文献选编》，社会科学文献出版社，1987年，第250页。

[2] 孙壮志等编著：《乌兹别克斯坦》，第54页。

兹别克共和国的经济远远超过了十月革命初期,基本赶上了世界发展水平。

然而,苏联指令性计划管理和垂直的部门领导也给乌兹别克共和国经济造成了一些负面影响。在苏联中央"分工协作"的计划下,乌兹别克共和国原来就不合理的经济结构问题扩大了。纺织工业虽得到了发展,但远远赶不上棉花生产的步伐。由于耕地绝大部分用来种棉花,共和国的粮食需要大量进口,加大了经济的对外依赖性,共和国1989年粮食产量只有150万吨,每年要进口600万吨粮食。[1]乌总统卡里莫夫曾埋怨道:"这种政策使共和国沦为单纯的原料基地。联盟所有管理部门,只关心让共和国提供棉花等原料,把这个义务总是放在首位,而把困难统统留给这里贫穷的人民自己解决。为了解决联盟的棉花自给问题,我们共和国付出了高昂的代价,联盟许愿给我们的东西,最后都落空。结果在这里造成肉、奶等人民生活必需品靠外地供应的局面。"[2]

尽管如此,苏联中央高度集权的计划经济体制改变了乌兹别克共和国经济落后的状况,加强了它的经济实力,成就是主要的。与1922年相比,1981年苏联工农业产值分别增长了514倍和5.2倍,乌兹别克共和国的这一数字是414倍和11.8倍。[3]

经济的发展拉近了乌兹别克共和国与现代文明社会的距离。苏联时期,乌兹别克共和国的教育事业得到发展。据沙皇政府1897年的人口普查,在9—49岁的乌兹别克居民中文盲约占96%[4];到40

---

1 谷松:《中亚五国:经济基础与经济改变》,《东欧中亚市场研究》2000年第2期。

2 《乌兹别克人民之声报》1991-09-01,转引自陈之骅等主编:《苏联兴亡史纲》,中国社会科学出版社,2004年,第757—758页。

3 胡延新:《苏联开发中亚边疆少数民族地区的经验、教训和启示》,《东欧中亚研究》2000年第6期。

4 苏联科学院经济研究所编:《苏联社会主义经济史》第1卷,生活·读书·新知三联书店,1979年,第525页。

年代，文盲基本上扫除。1941年，乌兹别克共和国有学校5504所，受教育儿童达131万，基本普及了初等教育。[1]

初等教育的普及促进了高等教育和科研的发展。1920年，塔什干城建立了中亚第一所高校——国立突厥斯坦大学，苏联中央政府把熟练的骨干教师从莫斯科和彼得格勒派往塔什干，并为其提供设备和教学书籍。二战期间，有19所高校从苏联西部迁来，有10所落户塔什干。迁到乌兹别克共和国的一部分学校与共和国的高校合并，如1941年9月迁来的基辅工业学院与中亚理工学院合并，成为一所实力雄厚的工科大学，为共和国培养了大批工程技术人才和专家。迁到共和国的伏龙芝军事学院、机甲部队科学院、军事师范学院、军需科学院等院校的教学科研人员在共和国的步兵、骑兵、坦克、航空等学校或培训班任教，培养了大批军事骨干和指挥员。

除了教育，乌兹别克共和国的医疗卫生条件也得到了显著改善。1981年，乌每万人中医生的拥有数为29.7人，虽然低于全苏38.5人的平均数，但达到世界先进水平（1981年波兰为22.7人，1976年法国为15.3人，1979年日本为16.9人）。[2] 随着医疗卫生条件的改善，人口的平均寿命逐渐增长，到1978—1979年，乌主体民族的平均寿命为69.94岁，高于俄罗斯族65.9岁的水平，高于全苏67.8岁的平均水平。[3]

苏联时期，特别是二战期间，苏联西部科研机构的迁入，以及随之而来的专家、院士们提高了乌兹别克共和国的科研水平。1943年11月4日，乌兹别克科学院正式成立，著名物理、数学博士卡

---

[1] 马大正、冯锡时主编：《中亚五国史纲》，第196页。

[2] 胡延新：《苏联开发中亚边疆少数民族地区的经验、教训和启示》，《东欧中亚研究》2000年第6期。

[3] 〔美〕罗伯特·康奎斯特主编：《最后的帝国——民族问题与苏联的前途》，刘靖北等译，第241页。

雷·尼亚佐夫当选为科学院首任院长。[1]到1944年底，乌兹别克科学院已拥有23个研究机构，其中包括11个研究所、2座天文台、1个地震站、1个植物园、2座博物馆和1个试验站，还有1个研究生院。[2]

1991年，苏联解体。苏联的解体是乌兹别克共和国不愿看到的事情，在1991年3月对联盟生存与否的公投中，93.7%的乌兹别克人要求保留联盟。[3]

1　《卫国战争时期的乌兹别克共和国（1941—1945）》第2卷，第156页，转引自马大正、冯锡时主编：《中亚五国史纲》，第198页。

2　马大正、冯锡时主编：《中亚五国史纲》，第199页。

3　周象光：《苏全民公决结果表明苏联人民希望国家统一，百分之七十六的投票人赞成保存联盟》，《人民日报》1991-03-22。

第五章

国土的形成

乌兹别克斯坦是中亚内陆国家，地处北纬 37°11′ 至 45°33′，东经 56°57′ 至 73°20′，国土东西长 1400 千米，南北宽 925 千米，面积 44.74 万平方千米。乌兹别克斯坦国土的四至是：东至费尔干纳盆地，南至阿姆河北岸，西至乌斯秋尔特高原，西北和东北分别至乌斯秋尔特高原和咸海西岸。乌兹别克人于 16 世纪以后建立的三个政权（布哈拉汗国、希瓦汗国和浩罕汗国）对乌兹别克斯坦国土的形成起到了关键作用；不过，乌兹别克斯坦国土最终形成的决定因素是 1924 年苏联实施的民族识别和划界与此后苏联中央政府的疆域调整。

第一节 至关重要的三个汗国

乌兹别克斯坦领土的形成是 1924 年民族识别和划界的结果，其依据是把乌兹别克人聚居地统一在一个政权之下。因此，乌兹别克人聚居地的形成是乌兹别克斯坦国土形成的重要因素。

乌兹别克人聚居地的形成始于 16 世纪初。1500 年，中亚北部草原游牧的乌兹别克人在昔班家族后裔昔班尼的率领下夺取布哈拉城，建立了乌兹别克人的政权布哈拉汗国。从此，游牧的乌兹别克人有了固定的居住地。随着布哈拉汗国的扩张，乌兹别克人逐渐向周围地区迁移，因此，布哈拉汗国的建立可以视为乌兹别克斯坦国土形成的开端；尽管在此之前，这一地区肯定已经有乌兹别克人居住。

布哈拉汗国和浩罕汗国的统治是乌兹别克斯坦东部国土确立的关键。最初，来到中亚的乌兹别克人居住在布哈拉和撒马尔罕两城所在地泽拉夫善河流域，1503年，昔班尼打败东察合台汗马哈木，将塔什干城纳入布哈拉汗国版图。塔什干城的归属对锡尔河北岸地区产生了重要影响，突厥斯坦、阿尔库克、赛兰等锡尔河北岸城市陆续归顺了布哈拉汗国，大批乌兹别克人迁入其地。

然而，布哈拉汗国对锡尔河北岸城市的统治是不稳固的，哈萨克汗国为夺回它们与布哈拉汗国进行了长期战争。哈萨克人原来也是乌兹别克人，他们的首领是成吉思汗长支斡儿答的后裔，15世纪中期因不满阿布海尔的统治而出走，以哈萨克人自称。1470年，哈萨克人攻入突厥斯坦和赛兰城，一直延伸到塔什干边界的锡尔河以北地区成为哈萨克汗国领土。1510年，昔班尼汗在与波斯人的战争中阵亡，锡尔河北岸诸城接受了哈萨克汗国的保护，实际上成了哈萨克人的属地。1571年，布哈拉汗阿布杜拉打败了投靠哈萨克人的昔班尼侄儿巴巴·速檀，收复塔什干，锡尔河北岸诸城重归布哈拉汗国。1582年，哈萨克汗杀死在哈萨克汗国避难的巴巴·速檀，将其首级送给阿布杜拉汗，阿布杜拉把除塔什干以外的锡尔河北岸诸城，如突厥斯坦、赛兰、讹答剌划给哈萨克汗。1588年，塔什干城爆发了反阿布杜拉汗的起义，城民们拥立一位哈萨克王子为汗。1598年，布哈拉汗国与哈萨克汗国签订和约，除塔什干和突厥斯坦两城仍留在哈萨克人手中，其余地区归属于布哈拉汗国。1613年，札尼王朝汗伊玛姆·库利出兵攻下塔什干，派其子伊斯坎达尔驻守，塔什干被重新纳入布哈拉汗国版图。1621年，塔什干领主伊斯坎达尔被杀，伊玛姆·库利再次出征塔什干，城破后他在塔什干进行了大屠杀，然后把塔什干及其所属地区赐予哈萨克汗国的分裂势力速檀土尔逊。不久，速檀土尔逊政权被哈萨克汗消灭，塔什干又并入哈萨克汗国版图。

18世纪初，西蒙古准噶尔人加入到争夺塔什干的斗争，塔什干在准噶尔人和哈萨克人之间多次易手。1743年，哈萨克汗阿布赉娶准噶尔汗噶尔丹策零的女儿，噶尔丹策零将塔什干城赐予阿布赉，塔什干城成为哈萨克中玉兹汗阿布赉家族的世袭领地。1709年，乌兹别克人在费尔干纳建立了政权，以塔什干为中心的锡尔河诸城的争夺战在哈萨克人与浩罕汗国的乌兹别克人中展开。1757年，阿布赉击败浩罕军，安排原中玉兹汗室成员驻在塔什干，统领当地的大玉兹哈萨克人；1808年，浩罕军攻占塔什干城，将大玉兹及其所属哈萨克人纳为浩罕臣民；1814年春，浩罕驻塔什干总督拉扎普吉万攻占突厥斯坦城。至此，浩罕汗国的势力达到了咸海和伊犁边境，一部分乌兹别克人迁往这些地方。到1865年俄国人来到之时，塔什干和突厥斯坦仍是浩罕汗国的乌兹别克人统治。布哈拉汗国和浩罕汗国的统治保证了塔什干的乌兹别克人政权，在1924年的民族划界中，塔什干被划入乌兹别克共和国。此后，哈萨克苏维埃社会主义共和国一直要求把乌兹别克人的居地塔什干和锡尔河州划归本国，苏联中央政府将此呼声视为哈萨克民族主义者建立"大哈萨克国"的"无理要求"。[1]

布哈拉汗国和浩罕汗国在费尔干纳盆地的统治是该地区西部被划入乌兹别克斯坦国土的保证。1505年，昔班尼率领的乌兹别克

---

[1] 王智娟：《中亚民族共和国的组建》，《东欧中亚研究》1998年第2期。

人攻占费尔干纳盆地，将它纳入布哈拉汗国版图，分封给昔班家族成员贾尼别克，居住在费尔干纳盆地的吉尔吉斯人接受了布哈拉汗国的统治。乌兹别克人在费尔干纳盆地的统治不断受到东察合台人的威胁，1510年，昔班尼汗战死莫夫，东察合台汗室王子萨亦德夺取了费尔干纳。1583年，阿布杜拉开始了征服费尔干纳盆地的战争，成功地将此地区重新纳入布哈拉汗国版图。由于费尔干纳盆地地处布哈拉汗国边陲，较少受到汗国中央政治骚乱的影响，因此，在此后的一百多年中，费尔干纳盆地成为布哈拉汗国居民或躲避饥荒或起义失败的避难场所，大批乌兹别克人移居其地，如1746年，布哈拉城爆发反阿布尔·费兹汗的起义，起义者在失败后逃往费尔干纳。

18世纪初，费尔干纳盆地的乌兹别克人从布哈拉汗国中分裂出去，建立了浩罕汗国。布哈拉汗一有机会就企图恢复对费尔干纳的统治，因此，两国边境地区的战事不断。双方争夺激烈的地区是夹在两国之间的忽毡、吉扎克和乌拉秋别。忽毡是费尔干纳盆地西出口，通往撒马尔罕和塔什干的道路都必须经过它，因此对忽毡、吉扎克和乌拉秋别的争夺激烈而持久，三个城市的归属是不稳定的，实际上它们的主宰是克尔卡和尤兹部乌兹别克贵族。布哈拉汗国和浩罕汗国在费尔干纳的统治保证了费尔干纳盆地西部在民族划界中归属于乌兹别克共和国。

布哈拉汗国的兴衰和沙俄与英国在中亚的争夺最终使乌兹别克斯坦南部领土止步于阿姆河。1503年至1504年，昔班尼开始南下征服阿姆河南岸地区，1506年，乌兹别克人将帖木儿家族统治的巴里黑城纳入布哈拉汗国版图。在布哈拉汗国统治时期，巴里黑城的政治地位上升，成了布哈拉汗国历代储君的封地。巴里黑城曾在短时期内被波斯萨法维王朝占领过，但在大部分时期基本上归属于布哈拉汗国。

16世纪,兴都库什山以北的巴达克山成为布哈拉汗国、莫卧儿王朝和叶儿羌汗国的争夺之地。1584年,布哈拉汗国夺取巴达克山,巴里黑城主、阿布杜拉二世之子阿布·穆明占领了巴达克山的大部分地区。印度莫卧儿皇帝阿克巴接受了以兴都库什山作为印度和布哈拉汗国边界的事实,承认了巴达克山归属于布哈拉汗国。1646年,莫卧儿皇帝沙贾汉率军越过兴都库什山占领了巴里黑和巴达克山,然而,他们始终未能在此立足,第二年,沙贾汉放弃了巴里黑和巴达克山。17世纪末至18世纪初,巴达克山由布哈拉汗国派出的地方官员马哈穆德比统治,1687年,马哈穆德比驻地在巴里黑,他派撒马尔罕赛义德家族成员米尔·牙尔·伯克到巴达克山去统治。1737年至1738年间,在波斯建立阿夫王朝的纳迪尔征服巴达克山。1747年,纳迪尔被谋杀,其部下艾哈迈德·沙赫·杜兰尼(1747—1772年在位)建立了阿富汗王国,布哈拉汗国退出了巴达克山和巴里黑,承认了阿姆河是布哈拉汗国与阿富汗王国的分界线的事实。在1924年的民族划界中,阿姆河成为乌兹别克共和国的南部边界,苏联政府无权处理阿姆河以南地区,尽管在阿富汗的巴达赫尚省的巴达克山区(包括瓦罕走廊地区)居民中有不少乌兹别克人。

布哈拉汗国和希瓦汗国的统治对乌兹别克斯坦西部领土的形成起到了关键作用。1507年,昔班尼不战而取赫拉特,接着征服了包括莫夫和阿斯特拉巴德城在内的今土库曼斯坦地区,甚至包括了今伊朗属地马什哈德。阿姆河以西的大部分地区是卡拉库姆沙漠,沙漠边缘有几块大的绿洲,沙漠南缘的莫夫绿洲和其东缘的、以查尔朱为中心的阿姆河中游流域是布哈拉汗国和波斯人建立的萨法维王朝(1501—1736)争夺的焦点。1510年12月10日,昔班尼在莫夫附近兵败被杀,乌兹别克人退出了莫夫绿洲。奥贝都剌汗在位时期,布哈拉汗国与萨法维王朝为争夺莫夫绿洲进行了四次战争,曾在短时期内统治了莫夫绿洲,但布哈拉汗国始终未能在此站住脚。1598年,萨法维王朝迁都伊斯法罕,都城的东移加强了波斯人对阿姆河以西地区的统治。

萨法维王朝灭亡后,希瓦汗国开始对莫夫绿洲发起战争。1804年,布哈拉汗国三万军队打败了希瓦军。据雅库比记载,1821年秋天,有400名希瓦骑兵袭击了莫夫,并在查尔朱与布哈拉驻军发生冲突,打败了布哈拉驻军,包括地方长官在内的600名布哈拉人战死,莫夫绿洲转归希瓦汗国统治。1824年,希瓦人在此建筑了名为新莫夫的城市。布哈拉埃米尔不甘心莫夫绿洲被希瓦人夺走,1842年,他在国内征集了一支近10万人的军队,布哈拉城的全体成年居民,连商人都应征入伍。

尽管布哈拉和希瓦汗国先后确立了对莫夫绿洲的统治,有少数乌兹别克人进入了波斯地区,在纳迪尔征服中亚时期,曾有乌兹别克人作为士兵前往波斯为纳迪尔服役。然而,由于大沙漠的阻隔,布哈拉汗国对莫夫绿洲的统治是薄弱的,没有发生大批乌兹别克人迁入的情况,阿姆河以西地区的主要居民是土库曼人。1868年6月,阿姆河西岸的查尔朱和阿姆河东岸的帖尔穆兹从布哈拉汗国领土中分离,纳入了沙皇俄国的版图,俄国边防军沿阿姆河岸设立岗哨。在1924年的民族划界中,从总体上看,阿姆河以西的大部分地区被划入土库曼斯坦,甚至中游东岸的一些地区也归属于土库曼斯坦;不过由于希瓦汗国的统治,大批乌兹别克人一直居住在阿姆河下游西岸地区,因此,这些地区仍归属于乌兹别克斯坦。

乌兹别克斯坦西北和北部领土的形成主要归功于希瓦汗国。1512年,从钦察草原来到花剌子模绿洲的乌兹别克人并不多,当他们在此地建立政权后，为了扩大乌兹别克人的势力，希瓦汗国创建者伊勒巴尔斯返回咸海北岸草原把他家族及其属下部民招到花剌子模绿洲，这些人夺取乌尔根奇城，并以此为基地先后占领了希瓦、哈扎拉斯普城和柯提城，以及曼格什拉克、乌兹博伊河流域、巴尔罕山区和呼罗珊北部，这些地区都成了乌兹别克人的家园。希瓦汗国的统治确保了阿姆河下游地区成为乌兹别克斯坦的国土。

确保乌兹别克斯坦北部国土的还有在阿姆河下游和咸海南岸的卡拉卡尔帕克族人。卡拉卡尔帕克人与乌兹别克人一样，是说突厥语的突厥-蒙古混血民族，16世纪中叶以前，他们与曼吉特部乌兹别克人一起生活在乌拉尔山区的诺盖汗国内。16世纪后期，他们南迁到锡尔河下游地区，成了哈萨克汗国的臣民。1743年，小玉兹哈萨克人进攻卡拉卡尔帕克人在锡尔河下游的牧地，卡拉卡尔帕克人四处逃散。一小部分卡拉卡尔帕克人去了塔什干和费尔干纳，他们与当地的乌兹别克人毗邻而居；大部分人迁移到了咸海南岸沿线，占据了克孜勒库姆沙漠、阿姆河下游三角洲、乌斯秋尔特高原，成了希瓦汗国的臣民。

可以说，布哈拉汗国、希瓦汗国和浩罕汗国的统治是以后乌兹别克斯坦国家领土划定的历史因素。

第二节　人为划定的国界

苏联1924年开始的民族识别和中亚国家的划界是今乌兹别克斯坦国土范围确定的决定因素。十月革命胜利后，苏维埃政权在中亚地区建立起来。苏俄政府在中亚先后组建了四个共和国：以沙俄政府组建的突厥斯坦总督区为基础组建了突厥斯坦苏维埃社会主义自治共和国（1918.4.30—1924.10.27），首都塔什干；在哈萨克草原上组建了吉尔吉斯（哈萨克）苏维埃社会主义自治共和国（1920.8.26—1925.4.19），首都阿拉木图；以希瓦汗国为基础组建了花剌子模苏维埃人民共和国（1920—1924），首都希瓦城；以布哈拉汗国为基础组建了布哈拉苏维埃人民共和国（1920.10.8—1924.10.27），首都布哈拉。除哈萨克苏维埃社会主义自治共和国外，其他三个国家都是多民族国家，乌兹别克人在此三国中都占多数。其中乌兹别克人总数的66.5%居住在突厥斯坦自治共和国，占该国总人口的51.4%；其余的22.2%和11.3%的乌兹别克人分别居住在布哈拉共和国和花剌子模共和国，分别占所在国总人口的50.1%和61.1%。[1]

1924年4月28日，俄共（布）中央委员会中亚局提出了以主体民族为依据创建乌兹别克和土库曼两个共和国和创建塔吉克和吉尔吉斯两个自治州的建议。10月27日，苏联中央执行委员会批准了关于民族划界和建立民族共和国的决议。于是，突厥斯坦苏维埃社会主义自治共和国的领土被新成立的乌兹别克、土库曼两个苏维埃社会主义共和国，以及塔吉克自治共和国和卡拉-吉尔吉斯自治州、卡拉卡尔帕克自治州瓜分；花剌子模苏维埃人民共和国的领土被划分为乌、土两个苏维埃社会主义共和国；布哈拉苏维埃人民共和国领土的中部和西部归乌兹别克苏维埃社会主义共和国（1924—1991），少数（阿姆河右岸地区）被并入土库曼苏维埃社会主义共和国。

1924年12月5日，乌兹别克共和国正式宣布成立，都城撒马尔罕，1930年迁都塔什干。1927年，乌兹别克共和国划分为10个州：塔什干、撒马尔罕、布哈拉、费尔干纳、安集延、花剌子模、

---

[1]《乌兹别克共和国史》（俄文版）第3卷，第379页，转引自马大正、冯锡时主编：《中亚五国史纲》，第188页。

泽拉夫善、苦盏、苏尔汗河和卡什卡达里亚。

乌兹别克共和国的组建最终把被克孜勒沙漠隔成南北两部分的乌兹别克人统一在一个政权内，这是四百多年来布哈拉汗国和希瓦汗国都未能实现的梦想。布哈拉汗国统一北部的战争多次发生，汗国成立后不久，昔班尼汗于1505年夺取花剌子模绿洲，并在此安排官员统治。在昔班尼阵亡后，花剌子模绿洲被波斯人占领，以后另一支乌兹别克人在此建立了独立于布哈拉汗国的希瓦汗国。此后，布哈拉汗国统治者视花剌子模绿洲为自己的领土，只要一有机会就插手其内部事务。1538年，布哈拉汗奥贝都剌成功征服了花剌子模绿洲，在此任命自己的儿子阿布·阿吉兹为统治者。不到一年时间（1539），希瓦汗室在土库曼人的支持下恢复了对阿姆河下游的统治，阿布·阿吉兹从乌尔根奇逃回布哈拉。布哈拉汗阿布杜拉二世毕生奋斗的目标也是建立一个统一的乌兹别克政权，为此，他曾三次出兵花剌子模（1593、1594、1595），在此安插了总督和驻军，并在此征收赋税。然而，阿布杜拉去世后，花剌子模绿洲被希瓦汗国的乌兹别克人收复。

希瓦汗国在强盛时期也希望吞并布哈拉汗国。阿布哈齐汗在位期间，曾于1655年、1656年、1662年三次出击布哈拉汗国，一度攻入卡拉库尔、查尔朱、瓦尔丹济等地。但希瓦人未能在布哈拉站住脚，因此，两汗国统一的愿望一直未能实现。1924年，花剌子模人民共和国中乌兹别克人聚居地划入乌兹别克共和国，实现了南北方的乌兹别克人的统一。

1924年至1925年间成立了两个加盟共和国（乌兹别克、土库曼）、两个自治共和国（哈萨克、塔吉克）和两个自治州（吉尔吉斯、卡拉卡尔帕克）。到1936年演化为5个加盟共和国（乌兹别克、土库曼、哈萨克、塔吉克、吉尔吉斯）和一个自治共和国（卡拉卡尔帕克)。在此调整过程中,乌兹别克共和国发生了一系列的变化。

按 1924 年的划界,乌兹别克共和国形成之时的面积不大,只有 312394 平方千米,管辖了包括原布哈拉埃米尔国的布哈拉和卡西达里亚、原突厥斯坦总督区的撒马尔罕州,费尔干纳州的大部(纳曼干、安集延、浩罕、马尔吉兰的农业区),以及在帕米尔地区新建的、面积为 135620 平方千米(不包括苦盏地区)的塔吉克自治共和国(1924—1929)。[1]

1929 年,塔吉克自治共和国脱离乌兹别克共和国升格为塔吉克苏维埃社会主义共和国(1929—1990),乌兹别克共和国南部领土缩减。1936 年,俄罗斯联邦属地卡拉卡尔帕克自治共和国被划归乌兹别克共和国,使其北部领土增加了 16.49 万平方千米。十月革命以后,1923 年 2 月 16 日,苏俄政府在原花剌子模及外里海州的阿姆河下游及咸海南部周围卡拉卡尔帕克人居地组建自治州,在组建初期,自治州隶属于哈萨克苏维埃社会主义共和国,1930 年 7 月 20 日,苏联中央将它划入俄罗斯联邦,1932 年 3 月 20 日,卡拉卡尔帕克自治州升格为自治共和国。1936 年 12 月 5 日归并入乌兹别克共和国。

此后,苏联中央对乌兹别克共和国的领土做过小的调整。1946 年,苏联部长会议通过决议,将哈萨克苏维埃社会主义共和国 15.16 万公顷的土地以承租方式拨给乌兹别克共和国,租用期为十年,与此同时,乌国将 0.85 万公顷的土地租给哈国。以后,乌方对租用的哈方土地一再要求延期,直到 1991 年 4 月。1956 年和

---

[1] 《乌兹别克共和国史》(俄文版)第 3 卷,第 398 页,转引自马大正、冯锡时主编:《中亚五国史纲》,第 190 页。

1963年，哈方分别将南哈萨克斯坦州饥饿草原、鲍期丹迪克区和南哈萨克斯坦州基洛夫区、马赫塔阿拉尔区、热迪萨区划归乌方，后来经哈共中央第一书记库纳耶夫的努力，1971年，除两个国营农场外，哈方重新获得了基洛夫区、马赫塔阿拉尔区、热迪萨区。尽管土地的所有权属哈，但这些区早已住满乌兹别克人，土地仍由乌兹别克人耕种。

20世纪70年代，经苏联中央的调整，乌兹别克共和国的国土基本上确定下来。如今，乌兹别克斯坦领土达到了44.74万平方千米。乌兹别克斯坦独立以后，卡拉卡尔帕克自治共和国继续成为乌兹别克斯坦的一个组成部分。

苏联时期，中亚五个加盟共和国的边界从来没有发挥过国界的作用，实际上被视为国内行政区管理的界线，如哈萨克苏维埃社会主义共和国的奇姆肯特州和乌兹别克共和国的纳沃依州是两个加盟共和国之间的边界，而这一边界实际上只有州界的功能，居民相互之间的移动是完全无障碍的。

中亚五个加盟共和国在独立以后，随着主权意识的加强，从根本上改变了中亚国家之间边界的性质。在明确主权边界之时，中亚五国普遍存在边界问题。乌兹别克斯坦与哈萨克斯坦为南哈萨克斯坦州的萨拉哈什的归属产生了争议，与吉尔吉斯斯坦产生了奥什州的归属之争，以及在费尔干纳盆地与吉尔吉斯斯坦和塔吉克斯坦的飞地之争，等等。

中编
独立建国之路

1990年6月20日,乌兹别克共和国最高苏维埃通过了《国家主权宣言》;1991年9月1日,乌兹别克共和国宣布独立,改国名为乌兹别克斯坦共和国(简称"乌兹别克斯坦"),12月25日,苏联宣布解体,乌兹别克斯坦成为合法的主权国家。1991年至2003年间,乌兹别克斯坦开始了独立国家的创建。在此期间,以卡里莫夫为首的领导集团结合本国国情,逐渐建立起以总统集权为特征的三权分立的政治体制,以市场为导向的市场经济体制和以爱国主义为核心的国家意识形态。乌兹别克斯坦政策的三大支柱是:"建立和保障国家主权;维护国内政治稳定;循序渐进地进行经济改革,避免经济和社会动荡"。[1]

---

1 Annette Bohr, *Uzbekistan: Politics and Foreign Policy*, Royal Institute of International Affairs, 1998, p. 5.

第六章
走向独立

在十月革命以后的七十多年中（1917—1991），乌兹别克苏维埃社会主义共和国在政治构建和社会经济发展方面都取得了巨大进步，为乌兹别克共和国的独立奠定了基础。在苏联经历经济、政治和社会危机之时，乌兹别克共和国先后发表了主权宣言和独立宣言，开始了乌兹别克斯坦独立国家的建设历程。

第一节 走向独立的历史条件

在苏联政权时期，乌兹别克共和国（1925.2.17—1991.8.31）在政治构建和社会经济发展上取得了巨大进步，为乌兹别克共和国走向独立奠定了政治和经济基础。

苏联时期的成就是乌兹别克共和国走向独立建国的内在因素。苏联时期，苏联中央政府对乌兹别克共和国在资金和技术上提供了大量支持，为乌兹别克共和国走向独立奠定了经济基础。1925年，在国民经济的社会主义改造中，苏联中央政府给乌兹别克共和国拨款1亿卢布用于这次改革[1]；在第一个五年计划期间（1928—1932），苏联给乌兹别克共和国拨款2.65亿卢布[2]；在第三个五年计划期

---

[1] 马大正、冯锡时主编：《中亚五国史纲》，第191页。
[2] 同上书，第192页。

间，1942年11月18日，苏联政府拨款10亿卢布发展重工业[1]；在1946年至1950年的第四个五年计划期间，苏联政府计划对乌兹别克共和国的基本建设投资39亿卢布[2]；在第五、六个五年计划期间，1955年至1956年，苏联拨款6500万卢布计划开荒20万公顷以扩大棉花播种面积，并于1958年追加5亿多卢布；1966年4月26日，塔什干发生7.5级地震，中央给共和国拨款7200万卢布重建塔什干城。

除了资金的扶持，还有技术上的支持。第一个五年计划期间，共和国培养了自己的技术工人，1928年，本民族的工人已经超过了工人总数的一半以上。[3]政府号召妇女参加工业生产，在纺织、缫丝、印刷、缝纫和食品业的妇女人数迅速增加，占工人总数的35%以上。[4]第二个五年计划期间（1933—1937），苏联政府对共和国的一批老企业进行了技术改造，有189个工业企业实现了技术更新。[5]二战期间，1941年9月迁到中亚的基辅工业学院与中亚理工学院合并，成为当时实力雄厚的一所工科高等学府，为共和国培养了大批工程技术人才和专家。二战期间，有19所高校从苏联西部迁来，有10所被安置在塔什干。苏联科学院的一些研究所，乌克兰和白俄罗斯的科研机构于1941年秋迁到乌兹别克共和国，随着这些机构一起来到共和国的著名专家学者和院士提升了共和国科研的水平。

伊·卡里莫夫总统曾在题为《人民民主党在复兴、巩固乌兹别克斯坦的主权和独立，为人民创造应有的生活条件的事业中的地位

1　马大正、冯锡时主编：《中亚五国史纲》，第197页。
2　《苏联国民经济建设计划文件汇编》（第三、四、五个五年计划），人民出版社，1957年，第158页。
3　同上书，第191页。
4　马大正、冯锡时主编：《中亚五国史纲》，第191页。
5　《苏联国民经济建设计划文件汇编》（第三、四、五个五年计划），第192页。

和作用》的报告中肯定了十月革命和苏联时期的成就，认为十月革命给中亚各族人民带来了"摆脱社会压迫、民族压迫和殖民压迫"，以及"经济、社会和文化独立发展"的希望。可以说，十月革命和苏联时期的成就奠定了乌兹别克共和国走向独立的物质基础。

乌兹别克共和国培养了一大批有政治素养的干部。1920年，列宁签署法令成立了突厥斯坦大学，1923年改名为中亚大学，1960年改名为塔什干大学。塔什干大学是中亚第一所现代化大学，为共和国培养了各方面的人才。这些人在国家走向独立的过程中发挥了作用。其中，领导乌兹别克共和国走向独立的伊·卡里莫夫就是乌兹别克共和国培养的、具有政治素养的杰出领导者。

伊·卡里莫夫是乌兹别克族人，1938年1月在撒马尔罕市出生；中学毕业以后就读于中亚工学院，获机械工程师专业职称；以后在塔什干国民经济学院攻读经济学副博士。毕业以后，伊·卡里莫夫一直在工业和计划系统工作；1983年出任共和国财政部长；1986年担任乌兹别克共和国部长会议副主席；1986年12月当选为乌共卡什卡达里亚州委第一书记；1989年6月出任乌共中央第一书记，并当选为苏联人民代表。在乌兹别克共和国走向独立的过程中，伊·卡里莫夫发挥了重要作用。

乌兹别克共和国独立前后的外部因素是苏联经济和政治形势的恶化。1985年3月，戈尔巴乔夫当选为苏联共产党中央总书记（1985—1991年在任），受命于经济危机中的戈尔巴乔夫开始了大刀阔斧的自上而下的经济改革，苏联经历了经济、政治、社会矛盾日趋尖锐的时期。

1987年6月，苏共中央全会出台了《国营企业法》，与会者认为"企业是社会主义商品生产者"，企业应转入"独立核算，自负盈亏，自筹资金，工人自治"。随着经济改革的深入，各加盟共和国提出了资源自主,希望修改"土地和自然资源归统一联盟国家所有"的宪法规定;提出了经济自主,希望改变原来的预算体制,将共和国境内的所有企业的税收全部归共和国所有,由各共和国根据联盟的需要向联盟上缴一定的比例;提出了改革经济管理制度等等。

在各加盟共和国的压力下,以戈尔巴乔夫为首的苏联中央匆匆提出了中央与地方分权的问题。戈尔巴乔夫提出:破除条条专政(即中央部门控制),扩大块块专政(即加盟共和国或地区控制),联盟将管理权下放给加盟共和国,形成加盟共和国对企业的全面控制。经济权力下放之后,苏联中央失去了左右局势的物质基础;共和国的经济独立性加强,经济实力壮大,各加盟共和国也有了向中央闹独立的资本。

为了经济改革能够顺利进行,改革干部队伍的问题被提了出来。戈尔巴乔夫认为必须改变"某些人长期担任同一领导职务,看不到新事物,对缺点熟视无睹"的状况。他提出:"凡是不想改变工作方式,尤其是阻挠解决新任务的人,应当干脆走开,别再碍事。我们不能把一个人的利益置于整个社会利益之上。"[1]在此号召下,各加盟共和国党中央、最高苏维埃、部长会议的主要领导人中有19人下台,其中包括了乌兹别克共产党第一书记伊·布·乌斯曼霍贾耶夫(1983—1988年在任)。乌斯曼霍贾耶夫被指控有受贿和舞弊行为,于1988年1月12日提出退休申请而被免职。[2] 同年6月7日,塔什干州党组织开始清理党的队伍,州委第一书记阿利莫夫说,在停滞年代塔什干州党组织内混进了一些不光彩的人,纯洁党的队伍已成为迫切需要,数百名党员被开除出党。[3]

---

1 潘庆森:《戈尔巴乔夫政治体制改革评述》,《东欧中亚研究》1993年第4期。
2 黄宏、纪玉祥主编:《原苏联七年"改革"纪实》,第72页。
3 同上书,第89页。

在经济改革不见成效的情况下,苏联共产党中央做出了政治体制改革的决定。戈尔巴乔夫认为,政治体制改革首先应该改革长期主宰和统治国家和社会生活的苏联共产党,要打破苏联共产党对权力的垄断地位,解决苏联经济改革进展缓慢的关键在于引进政治竞争。政治竞争原则的引入,使苏联的改革从改善制度演变为否定和改变制度本身。1990年,苏共中央二月全会提出关于共产党领导地位的条文,放弃了苏共在政治体制中的领导核心作用,并且以宪法的形式确立了多党制原则。与此同时,乌兹别克共和国开始出现政治多元化的趋势,报刊上要求纠正历史问题的文章越来越多,民族主义思想广为传播。

在苏联第三次人民代表大会上通过了苏联总统职位法。乌兹别克共和国是第一个响应苏联中央实施总统制的中亚国家,共和国最高苏维埃于1990年3月24日会上通过了实施总统制的决议,乌兹别克共产党中央第一书记伊·卡里莫夫当选为乌兹别克共和国第一任总统。

在政治体制改革的激烈变化中,经济改革和经济建设无法正常进行。从1988年下半年起,苏联经济形势恶化,进入1989年以后,经济发展势头逐月下降,到1990年,经济发展出现了二战以后的第一次负增长,国民产值、国民收入和社会劳动生产率分别下降2%、4%和3%。与此同时,财政赤字急剧上升,1990年达581亿卢布,由于缺乏弥补财政赤字的经济机制,政府求助于印发钞票,1990年货币发行量比上一年增加了50%。[1]货币发行量的严重失控,引起了通货膨胀,导致人民生活水平的下降。"80%的人进

---

[1] 黄宏、纪玉祥主编:《原苏联七年"改革"纪实》,第439页。

入贫困线,百万贫困者流落街头。"[1]经济的恶化加剧了社会矛盾和民族冲突,统一的苏联面临解体。苏联的危机在客观上为各加盟共和国走向独立创造了条件,乌兹别克共和国独立的内外条件成熟。

第二节 独立的脚步

在苏联经济衰退之际,民族矛盾尖锐起来,而作为联盟最高领导者的戈尔巴乔夫对潜伏的民族矛盾缺乏认识。1986年2月25日至3月6日,戈尔巴乔夫在苏共二十七大的政治报告中说:"苏联已经一劳永逸地消灭了各种形式和表现的民族压迫和民族不平等。各民族人民牢不可破的友谊,对各民族的民族文化和民族尊严的尊重已得到确立,并已进入亿万人的意识之中。苏联人民是一个崭新的社会和族际主义的共同体,这个共同体是由一致的经济利益、意识形态和政治目标结成的。"[2]就在这一年,民族分裂主义思潮泛起。

1987年,卫国战争时期被强迫迁到乌兹别克和哈萨克加盟共和国的克里米亚鞑靼人举行集会和示威,要求返回克里米亚,重建民族自治共和国;1988年4月,波罗的海地区的三个加盟共和国陆续建立了民族主义组织人民阵线,开始有组织和有纲领地从事建立独立国家的活动;此后,苏联境内要求建立民族自治共和国的呼声日益高涨。为了防止联盟解体,苏共于1990年2月5日召开扩大的中央全会,会上通过了旨在重新建立新型联邦关系的行动纲领。

但是,这次会议并未阻止各加盟共和国的独立倾向。1990年6

---

[1] 〔苏联〕《苏维埃俄罗斯报》1991-12-27,转引自李磊:《论戈尔巴乔夫的经济改革对苏联民族问题的影响》,《聊城师范学院学报》2000年第3期。

[2] 辛华编译:《苏共第二十七次代表大会主要文件汇编》,人民出版社,1987年,第71页。

月12日，俄罗斯最高苏维埃通过了俄罗斯的主权宣言；1990年6月20日，乌兹别克最高苏维埃通过了《国家主权宣言》。《国家主权宣言》的主要内容是：一、宣布共和国的主权在共和国境内具有至高无上的地位；二、共和国领土不可侵犯；三、共和国的内外政策问题属于乌兹别克共和国当局的管辖范围。[1]

在强调主权的同时，包括乌兹别克共和国在内的中亚国家仍然希望保留主权国家之间的联盟。1991年3月17日，就是否保留联盟在全苏举行了全民公决，"乌兹别克共和国有95%的公民参加投票，而参加投票的公民中有93.7%投了赞成票"。[2] 此后，乌兹别克共和国领导人参与了由戈尔巴乔夫和俄罗斯、乌克兰、白俄罗斯、阿塞拜疆等共和国领导人发起的起草新联盟条约的工作。1991年8月14日，苏联公布了新联盟条约，主要内容是：各共和国制定的法律至高无上，各共和国拥有的土地、矿藏、水源等自然资源为各国所有；联盟的各共和国保留独立决定涉及本国发展的一切问题的权利；联盟有捍卫联盟及其主体的主权和领土完整、宣布战争和缔结和约、批准并执行联盟预算、负责货币发布等权限。新联盟条约的正式签订时间定在1991年8月20日。

然而，就在新联盟条约签署前夕，8月19日凌晨，苏联发生了政变。以副总统根纳季·伊万诺维奇·亚纳耶夫为首的一部分高层领导人组织了"国家紧急状态委员会"，并且发布了《告苏联人民书》。《告苏联人民书》指出，"苏联国家和人民的命运处在极其危险的严重时刻"，委员会"将采取最果断的措施使国家和社会尽快摆脱危机"。此后，苏联军队处于紧急状态，坦克和大炮出现在

---

[1] 孙壮志等编著：《乌兹别克斯坦》，第61页。
[2] 黄宏、纪玉祥主编：《原苏联七年"改革"纪实》，第471页。

莫斯科街头。俄罗斯联邦第一任总统叶利钦发表公开讲话说，"国家紧急状态委员会"是违反宪法的组织，必须对其成员追究刑事责任。8月21日，苏联国防部命令军队撤回驻地，历时三天的政变失败，戈尔巴乔夫重新控制了局势；8月24日，戈尔巴乔夫在恢复总统职权后宣布苏共中央书记处、政治局和中央委员会自动解散，各共和国共产党和地方党组织的命运由自己决定。1991年12月26日，苏联解体了。

其实，乌兹别克共产党的命运在苏联的政治改革时期就发生了变化。1990年3月，伊·卡里莫夫对在该国最高苏维埃中人数占据90%以上的乌兹别克共产党进行改革。[1]1990年3月，第三次苏联人民代表大会通过的修改补充苏联宪法的决议，取消了确认苏共领导地位的原宪法条款，确立了多党制原则；5月，乌兹别克共产党召开代表大会，制定了自己的纲领和章程，声明"在所有至关重要的问题上将采取独立的、有别于苏共的政策"。[2]此后，乌共和国命运将由自己决定。

1990年10月9日，《社会联合组织法》在苏联最高苏维埃获得通过，该法将宪法中的多党制原则具体化。1991年2月，乌兹别克斯坦最高苏维埃颁布《乌兹别克共和国社会结社法》，准许成立各种社会团体。[3]于是，形形色色的政党和人民团体在乌兹别克共和国内组建起来，其中有影响的是：伊斯兰复兴党、"比尔里克"人民运动（意为统一运动，是一极端民族主义组织）、乌兹别克人民阵线、艾尔克党等。上述政党和运动虽各有差别，但矛头都是对准乌共产党和社会主义制度。以伊·卡里莫夫为首的乌政府不让它们合法化，

---

[1] 黄宏、纪玉祥主编：《原苏联七年"改革"纪实》，第286页。
[2] 孙壮志等编著：《乌兹别克斯坦》，第60页。
[3] 王沛主编：《中亚五国概况》，新疆人民出版社，1997年，第186页。

禁止这些政党参加竞选。"8·19"事件之后,形势发生了变化。

"8·19"事件发生之际,总统伊·卡里莫夫正在印度访问,在得知消息后,立即回国。他在返回塔什干的当天(8月20日)发表讲话说:"改革曾激起人们将苏维埃社会复兴为民主社会的希望,但现在却走进了死胡同。其原因在于缺少明确的改革思想,没有制定出实现改革思想的战略方针。"[1]从这番话可以看出,他对戈尔巴乔夫的改革持否定态度。

"8·19"事件以后,8月23日,伊·卡里莫夫宣布辞去苏共中央政治局委员职务,发布了非党化的命令。8月25日,苏联最高苏维埃通过决议,停止苏共在苏联全境内的活动。8月28日,乌兹别克共产党召开中央委员会和中央监察委员会联席会议,通过了谴责"国家紧急状态委员会"行为的决议,决议认为"政变失败根本改变了苏联的社会政治局势,对联盟国家制度造成了最严重的结果"。会上宣布"乌共中止同苏共中央的一切联系,退出苏共,从苏共中央机构召回自己的代表"的决议。[2]伊·卡里莫夫在会上做了题为《关于1991年8月19日至21日悲剧事变和共和国党组织的任务》的发言,他立场坚定地说:"我坚决不同意戈尔巴乔夫做出的决定……至于党自行解散,党的财产如何处置,这应当由中央委员会或党代表大会决定。"[3]8月30日,伊·卡里莫夫发布总统令将苏共在乌的财产全部收归国有。

8月31日,乌兹别克共和国召开最高苏维埃非常会议,卡里莫夫总统再次抨击了"国家紧急状态委员会"发动政变的行为,在谈到乌兹别克共和国的独立时,他说,他一直主张尽快签署邦联基础

---

[1] 马大正、冯锡时主编:《中亚五国史纲》,第263页。
[2] 同上。
[3] 同上书,第263—264页。

上的平等、独立国家的新联盟条约。在此次的非常会议上,通过了《乌兹别克斯坦共和国独立声明》(简称《独立声明》)和《乌兹别克斯坦共和国独立原则法》(简称《独立原则法》)。《独立声明》宣布从1991年9月1日起脱离苏联,成为独立的主权国家,将乌兹别克苏维埃社会主义共和国改名为乌兹别克斯坦共和国[1];根据《独立声明》,为维护国家主权及共和国的领土完整,乌兹别克斯坦共和国决定建立自己的国防部和民族近卫军。《独立原则法》再次强调了《国家主权宣言》的内容,并且提出了涉及国家未来政治体制建设等方面的重要原则,如卡拉卡尔帕克苏维埃社会主义自治共和国更名为卡拉卡尔帕克斯坦共和国,是乌兹别克共和国的组成部分。

1991年9月1日,乌兹别克苏维埃社会主义共和国宣布独立,建立了乌兹别克斯坦共和国。宣布独立以后,乌兹别克斯坦人民开始了创建国家制度的工作。卡里莫夫总统说:"唯有独立给了我们人民可能性,使其在自己的祖国感到自己是自由的,恢复真正的民族价值,建立自己的国家制度。"[2]

9月14日,乌兹别克共产党召开第23次非常代表大会,会议认为在当前形势下,乌共已无法展开活动,需要组建本质上全新的政党——乌兹别克斯坦人民民主党,这个新政党将是乌共的合法继承者。为了成立新党,大会决定成立相应的筹委会,负责进行成立新党的准备工作。11月1日,乌共宣布退出苏联共产党,在乌共基础上组建乌兹别克斯坦人民民主党,成立了中央委员会和中央监察委员会;总统卡里莫夫当选为人民民主党主席。大会还选出了中央委员会和中央监察委员会。

---

[1] 孙壮志等编著:《乌兹别克斯坦》,第62页。
[2] 〔乌兹别克〕伊·卡里莫夫:《临近21世纪的乌兹别克斯坦:安全的威胁、进步的条件和保障》,王英杰等译,国际文化出版公司,1997年,第107页。

11月23日,乌兹别克斯坦最高苏维埃通过了总统法。12月29日,乌国举行了关于共和国独立总统选举的全民公决,98.2%的选民支持独立,伊·卡里莫夫以86%的支持率当选为独立共和国的首任民选总统。[1]在伊·卡里莫夫的领导下,乌兹别克斯坦开始了独立建国的历程。

1　胡振华主编:《中亚五国志》,中央民族大学出版社,2006年,第184页。

第七章
独立国家的创建

独立前夕，乌兹别克共和国于1990年颁布的《独立原则法》规定：乌兹别克共和国有权确定共和国的国旗、国歌和国徽；有权自主决定本国的国家体制和政权形式，自主决定本国的发展道路。1991年9月1日，乌兹别克共和国脱离苏联成为独立的主权国家，改国名为乌兹别克斯坦共和国（简称"乌兹别克斯坦"），9月1日被定为国家独立日。1992年12月8日，乌兹别克斯坦颁布了独立之后的第一部宪法，开始了以制度变迁为核心的政治转型。宪法规定："乌兹别克斯坦是主权的民主共和国；乌兹别克斯坦国家政治体制实施立法、司法、行政三权分立的原则。"

第一节 彰显民族文化的国家标志

1991年8月31日，乌兹别克斯坦最高苏维埃召开非常会议，会上通过了《独立原则法》。《独立原则法》提出共和国有权颁布共和国的国旗、国歌和国徽，有权发行本国货币。根据《独立原则法》，1991年11月18日，乌兹别克斯坦最高苏维埃召开了第七次非常会议，会上确定了乌兹别克斯坦的国旗，11月27日颁布了《乌兹别克斯坦共和国国旗法》。

乌兹别克斯坦国旗呈长宽之比为2∶1的长方形；旗面自上而下

依次由浅蓝色、白色、浅绿色三色平行宽带组成，其中白色镶着两条红边。旗面中的浅蓝色象征永恒的天空，白色象征和平与纯洁，浅绿色象征生命，镶边的红色象征生命活力。在浅蓝色条纹左侧有一弯白色新月和依3、4、5三行排列的12颗白色星星；其中新月象征新的共和国，12颗星象征生生不息的每年12个月。

1991年12月10日，乌兹别克斯坦最高苏维埃会议确定了由民族诗人阿布杜拉·奥里波夫作词、穆塔尔·布哈诺夫作曲的歌曲为乌兹别克斯坦国歌，同时通过了《乌兹别克斯坦共和国国歌法》。歌词大意是：阳光普照的祖国，你是人民的幸福和依靠；只有你，才是朋友们好心的引路人！让科学、知识与创作之花永恒绽放，让你的荣耀之光与世同存！金色的谷地——亲爱的乌兹别克斯坦，先辈精神将成为你有力的支撑！伟大的人民与生活顽强地抗争，这片土地令世人惊叹！乌兹别克人宽广胸怀中的信念永不消退！自由的年轻一辈是你强劲的双翼！你是独立的灯塔，和平的卫士，让我正义的祖国永远繁荣昌盛！[1]

1992年7月2日，乌兹别克斯坦最高苏维埃会议通过了《乌兹别克斯坦共和国国徽法》。乌兹别克斯坦国徽背景是从辽阔的大地冉冉升起的一轮红日，标志着新兴国家乌兹别克斯坦如旭日东升；国徽中心是一只展翅高飞的吉祥鸟，寓意着乌兹别克人民对自由的热爱；国徽上端有一颗八角星，星内绘有一弯新月和一颗五角星，标志着乌兹别克人民的伊斯兰教信仰和国家共和体制的确立；国徽右侧是象征生命之本的麦穗，左侧是象征乌兹别克人财富的棉桃，麦穗和棉桃以国旗缎带捆束，寓意着乌兹别克人民万众一心。

可以说，乌兹别克斯坦新设计的国旗、国歌和国徽彰显了乌兹

---

1 参见 http://www.fengsuwang.com/yiyu/waisu6453_1.asp。

别克族的历史文化传统。1992年12月8日,乌兹别克斯坦颁布了独立后的第一部宪法。宪法由序言和主体部分组成,共6章、26节、128条。宪法规定:"只有人民选举的共和国最高会议和总统可以代表人民行事。"乌兹别克斯坦通过议会选举、总统选举和地方选举的民主方式,使国家权力全面合法化。宪法规定:"乌兹别克斯坦国家政权体系建立在立法、行政和司法三权分立的原则上。"在此原则上建立起来的国家机器将稳定和保障社会秩序。根据宪法,"乌兹别克斯坦确立了政治和意识形态的多元化、言论自由和信息自由,赋予国际社会公认的个人的权利和自由"。

1992年宪法的颁布向世界表明:"在世界政治版图上,一个新的民主国家——乌兹别克斯坦的存在。"乌总统卡里莫夫说:"通过这部法律,世界将把乌兹别克作为一个国家、一个民族来看待。"[1] 将"民主国家"写入宪法具有深刻的政治含义,表明了新兴国家追求的方向,与苏联的专制体制相区别。

作为基本大法,乌兹别克斯坦宪法是国家立法的核心和基础。卡里莫夫总统认为:"一个国家,如果不能在其基本法中确立国家和社会的原则、公民的权利和自由、经济基础和社会发展的战略方向,则不可能成为真正的主权国家。"[2]

在此后的二十多年实践中,1992年宪法于1993、2003、2007、2008年多次修改和补充,尽管如此,独立初期制定的这部宪法一直是乌兹别克斯坦民主化进程的法律基础。

独立以后,乌兹别克斯坦发行了本国货币。乌兹别克斯坦在《中央银行法》、《银行与银行活动法》等法律的规范和调节下,于

---

[1] 〔乌兹别克〕阿克马尔·萨伊多夫:《〈宪法〉在乌兹别克斯坦的确立与发展》,徐向梅译,《俄罗斯东欧中亚研究》2013年第1期。

[2] 同上。

1994年正式发行本国货币苏姆。苏姆是乌兹别克斯坦的法定货币。

苏联时期，乌兹别克语将卢布称为苏姆（sum），苏姆在突厥语中的意思是"纯的"，即纯的货币。独立之初，乌兹别克斯坦继续留在卢布区，先后使用了苏联卢布和俄罗斯卢布。1993年7月26日，俄罗斯发布新卢布序列，旧卢布在俄罗斯停止使用。中亚一些国家，如吉尔吉斯斯坦、塔吉克斯坦，停止使用卢布，转而发行本国货币；一些国家选择继续使用老版卢布；从货币史来看，乌兹别克斯坦境内出现了新老卢布并行使用的现象。

1993年11月12日，总统伊·卡里莫夫发表电视讲话，宣布从11月15日8时起发行本国过渡性货币苏姆，取代俄罗斯卢布。1993年11月15日，乌兹别克斯坦银行发行第一版苏姆，发行了12种，面额分别为：1、3、5、10、25、50、100、200、500、1000、5000和10000苏姆。由于这一序列是过渡性货币，设计相当简单。所有面额正面是国徽，背面是列吉斯坦广场上的悉多神学院。各种苏姆只有面额和颜色的区别。

1994年7月1日，乌兹别克斯坦中央银行发行第二版苏姆，新版货币的1苏姆相当于1000旧苏姆。第二版苏姆的正面均以国徽、伊斯兰纹饰为背景；背面集中表现了乌兹别克斯坦境内位于塔什干、撒马尔罕和布哈拉等历史名城的人文遗迹，丰富多彩。全套纸钞的水印均为乌兹别克斯坦国徽。

乌兹别克斯坦是中亚中部的内陆国家，北部与哈萨克斯坦接壤，东部与吉尔吉斯斯坦毗连，东南部与塔吉克斯坦相邻，南面抵阿富汗，西面接土库曼斯坦。乌兹别克斯坦总面积为44.74万平方千米，人口3251.19万（截至2017年10月1日[1]），共有134个民

---

[1]《年初至今乌兹别克斯坦人口增长1.2%》，丝路新观察2017-11-06。

族，乌兹别克族占78.8%。[1]

截至2004年，乌兹别克斯坦有1个自治共和国（卡拉卡尔帕克斯坦自治共和国）、1个直辖市（塔什干市）、12个州（安集延、布哈拉、吉扎克、卡什卡达里亚、纳沃伊、纳曼干、撒马尔罕、苏尔汉河、锡尔河、塔什干、费尔干纳、花剌子模），州下共设162个区、121个市和116个镇。[2]

1992年宪法第1章第6条规定：乌兹别克斯坦首都塔什干市。塔什干市在乌兹别克斯坦东北部，地处锡尔河支流奇尔奇克河绿洲中心，冬季温和，夏季炎热，降水稀少，日照充足。塔什干一词在乌兹别克语中是石头城的意思，塔什干是一座历史悠久的古城，于公元前2世纪建有城池，6世纪开始以商业、手工业著称。塔什干城曾经起到了东西方交通要冲的作用，丝绸之路北道穿城而过。1865年，沙俄帝国征服塔什干，并以此为基地建立了对中亚南部的统治；1867年塔什干成为突厥斯坦总督区的行政中心。1930年，乌兹别克苏维埃社会主义共和国将首都从撒马尔罕城移到塔什干。1991年8月31日，塔什干成为独立的乌兹别克斯坦首都。

如今塔什干已经成为乌兹别克斯坦的政治、经济、文化中心，也是中亚地区第一大城市，人口超过200万。塔什干市中心为乌兹别克斯坦和该市的行政机关所在地；市西南的奇兰扎尔为新建住宅区和商业区。塔什干交通发达，是乌兹别克斯坦主要的贸易集中城市，也是中乌贸易与物流的主要城市。塔什干市内有3条地铁线路，相互交错；地面交通有公交车、线路车、出租车和有轨电车。塔什干市拥有塔什干—撒马尔罕—卡尔什的高速铁路，它是中亚

---

1 《乌兹别克斯坦概况》，中国一带一路网2018-06-27。
2 孙壮志等编著：《乌兹别克斯坦》，第1页。

唯一的高铁，运行时速为 250 千米。

1992 年，独立国家乌兹别克斯坦的国家要件已经构建起来了。

第二节 政权机构的建设

独立之前，乌兹别克共和国追随苏联中央开始了政治转轨。1991 年 8 月 31 日，乌兹别克最高苏维埃发布的《独立原则法》明确了共和国的一些权利，如"有权自主决定本国的国家体制和政权形式"，"自主决定本国的发展道路"，等等。总统卡里莫夫曾指出："乌兹别克斯坦共和国国家建设的核心路线，是坚定地、目标明确地走自己的路，既借鉴那些经过艰难探索而站稳脚跟的国家的宝贵经验，又结合我国的特点和人民的精神。"[1]

1992 年 12 月 8 日，乌兹别克斯坦最高苏维埃会议通过了独立以后的第一部宪法，12 月 8 日被定为国家宪法日。宪法从政治文化层面上对苏联时期的政治制度进行了彻底否定。1992 年宪法第 1 章第 1 条规定：乌兹别克斯坦是主权的民主共和国。第 1 章第 2 条写道：国家反映人民的意志，为人民的利益服务。总统卡里莫夫指出，乌国家的最终目标是建立一个具有稳定的面向社会的市场经济、开放的对外政策和强有力的民主法制国家和公民社会。从此，乌兹别克斯坦开始了民主制度的建立。

国家权力的归属与划分是政治制度构建的核心。1992 年宪法第 2 章第 11 条规定：乌兹别克斯坦的国家政权体系建立在立法、行政和司法三权分立的原则上。三权分立的原则是由共和国议会行使立法权，总统领导的内阁行使行政权，共和国法院系统行使司法

---

[1]〔乌兹别克〕伊·卡里莫夫：《乌兹别克斯坦沿着深化经济改革的道路前进》，陈世忠、邱冰译，国际文化出版公司，1996 年，第 8 页。

权；三个权力机构独立履行职能，相互配合和制约。

独立前夕，乌兹别克共和国追随苏联总统戈尔巴乔夫的政治改革，已经将一切权力转交给在多党制基础上建立的人民代表大会，人民代表大会的常设机构仍称"最高苏维埃"。1990年选举产生的人民代表大会由各选区选出的500名代表组成，任期5年，当时的乌共中央书记伊·卡里莫夫当选为最高苏维埃主席。独立之初，1990年选举产生的最高苏维埃以乌兹别克斯坦最高苏维埃的名义继续着立法工作，先后制定了《总统选举法》(1991.11.23)、《国旗法》(1991.11.27)、《国歌法》(1991.12.10)、《国徽法》(1992.7.2)、宪法(1992.12.8)等一系列基本法律，规定了国家基本制度，为乌兹别克斯坦走向独立和独立国家的创建奠定了基础。

1992年宪法第18章第76条规定：行使立法权的乌兹别克斯坦议会是国家最高权力机关（当时名为最高苏维埃）。第77条规定：乌兹别克斯坦议会由各地选区在多党制的基础上选出的150名代表组成，提名的代表候选人的要求由法律规定，任期5年；在选举日年满25岁的乌兹别克斯坦公民均有权被选入乌兹别克斯坦议会。

1993年12月28日，乌兹别克斯坦最高苏维埃召开会议，会上决定将议会"最高苏维埃"之名改为"最高会议（奥利马日利斯）"，"奥利马日利斯"在乌兹别克语中意为最高会议。会上通过了《乌兹别克斯坦共和国最高会议选举法》。

最高会议最初是一院制议会，设250个议员席位，议员由直接选举产生，即在全国250个选区通过秘密投票方式产生，凡在选举日年满18岁的乌兹别克斯坦公民均有选举权；在选举日年满25岁的乌兹别克斯坦公民有权参加最高会议议员的选举。最高会议议员是职业性的，任期5年（议长连任不得超过两届），议员任期内不能担任任何有酬职务，也不能从事经营活动。

在1993年12月28日召开的最高苏维埃会议上，通过了《乌兹别克斯坦最高会议选举法》(简称《最高会议选举法》)。根据《最高会议选举法》，乌兹别克斯坦在1994年12月至1995年1月间选举产生了第一届最高会议。按《最高会议选举法》的规定，这次选举是以政党为基础、按照单一选区制原则举行。选举候选人由政党和地方人民代表大会提名；最后当选的250名议员中有120名来自地方人民代表大会的代表，其他130名以政党的名义参选，当选的人民民主党党员有69人、公正社会民主党党员有47人、祖国进步党党员有14人。乌兹别克族埃尔金·哈姆达莫维奇·哈利洛夫经总统提名当选为议长。在第一届最高会议五年期满后，1999年12月19日举行了第二届议会选举，议长埃·哈利洛夫获得连任。

2002年1月27日，乌国就议会改革举行全民公决，通过了《全民公决的结果和组织国家政权的基本原则》、《乌兹别克斯坦共和国议会参议院》和《乌兹别克斯坦共和国议会立法院》三项宪法性法律。宪法修正案确立了议会为两院制，即参议院（上院）和立法院（下院）。参议院由100名议员组成，其中84名在14个地区（12个州、卡拉卡尔帕克斯坦共和国、塔什干市）以不记名方式选出，每地区6名，另有16名由总统选任；议员须在选举日前年满25周岁，在乌境内居住不少于5年者可以参选；议员任期5年，可以兼职，但不能从事除科学和教学之外的有酬劳动，专职议员人数不得少于议员总数的1/4。

参议院的职能是：审议下院通过并移交过来的法案，根据总统提名，决定宪法法院院长、最高法院院长、最高经济法院院长人选；有权批准任命和解除总检察长、副总检察长、国家安全总局局长、中央银行行长、驻外机构代表的总统令；根据总检察长的提议，有权取消参议院议员的豁免权；通过国家政治、经济社会生活以及内外政策的决议。

立法院由120名议员组成。议员在多党制基础上选举产生（候选人只能由政党提名），为专职议员，不能从事除科学和教育之外的有酬劳动，任期5年。立法院的主要职责是：选举议长、副议长、各委员会主任和副主任；根据总检察长的提议取消立法院议员的豁免权；决定立法院内部管理事项；通过有关涉及国家政治、经济社会生活以及对内对外政策问题的决议。[1]

下院通过的法案须自通过之日起10日内送交上院审议；上院通过的法案须自通过之日起10日内提交总统签署；总统须自收到之日起30日内签署并发布。如果法案被上院驳回，下院要再次举行会议，获得2/3多数议员通过的法案被视为议会通过，由下院送交总统签署和发布。[2]

1999年选举产生的一院制议会在2004年12月届满，此后，乌兹别克斯坦将按2002年的宪法修正案举行新的两院制议会选举。

乌兹别克斯坦最高行政权属总统及总统领导的内阁。独立之前，乌兹别克共和国已经实行总统制，1990年3月，伊·卡里莫夫当选为乌兹别克共和国总统。独立之初，乌兹别克斯坦于1991年11月18日通过了《乌兹别克斯坦共和国总统选举法》，并于11月23日颁布。《总统选举法》规定：凡年满35岁和不大于65岁、熟练掌握国语（乌兹别克语）、选举前在乌兹别克斯坦境内至少居住10年的乌兹别克斯坦共和国公民均可参加总统竞选。根据直接选举制原则，总统由公民直接投票选举产生，任期5年，连任不得超过两届。根据《总统选举法》的规定，1991年12月29日，乌兹别克斯

---

[1] 孙壮志等编著：《乌兹别克斯坦》，第79—80页。
[2] 张宁：《话说乌兹别克斯坦议会》，《中国人大杂志》2015年第23期。

坦举行了全国大选，伊·卡里莫夫当选为乌兹别克斯坦第一任总统。

1992年宪法规定：总统为国家元首、内阁总理、武装部队最高统帅；拥有外交权、军事权、任免权、国家管理机关的设置权等。在任职期内，总统必须停止其政党成员资格和停止政党活动。2002年，乌兹别克斯坦通过全民公决的方式将总统任期由5年延长至7年。

总统领导的内阁是乌兹别克斯坦的最高行政机构。1993年5月6日，乌兹别克斯坦通过了《内阁法》。《内阁法》规定：内阁执行最高会议法律和其他决议；执行乌兹别克斯坦总统的命令、决定和指示；保障经济、社会和文化领域的有效运行。此外，内阁还拥有立法倡议权。

内阁由内阁总理、副总理、各部部长、国家委员会主席等国家管理机关领导人组成，乌兹别克斯坦境内的自治共和国卡拉卡尔帕克斯坦政府首脑是乌兹别克斯坦内阁成员。内阁由总理领导，内阁的常设机构是内阁主席团，它由总理、副总理及其他一些内阁成员组成，内阁的工作由总理主持，但其权限不大。内阁主席团下设一些常设委员会，负责起草国家和经济管理有关建议和内阁的决议草案。

到2003年，乌兹别克斯坦组织了四届政府。第一届内阁总理是阿卜杜勒哈希姆·穆塔洛维奇·穆塔洛夫（1992.1.8—1995.12.21）；第二、三届内阁总理是乌兹别克人乌特库尔·图赫塔穆拉多维奇·苏尔丹诺夫（1995.12.21—2003.12.11）；第四届内阁总理是乌兹别克人沙夫卡特·米罗莫诺维奇·米尔济约耶夫（2003.12.11—2005.2）。

乌兹别克斯坦司法权由法院和检察院系统行使。法院系统分别由共和国宪法法院、最高法院、最高经济法院，以及各州、市、区各级法院和经济法院组成；卡拉卡尔帕克斯坦共和国有最高法院和最高经济法院。宪法规定不准许成立特别法庭。[1]

宪法法院是维护宪法的最高司法机关，主要职能是：审议立法权、行政权是否符合共和国宪法；确定最高会议通过的法律和法令、总统令，以及各级政府的决议；审议共和国宪法和法律范围内的其他问题。

最高法院是处理民事、刑事、行政诉讼的最高司法机构。最高法院对包括卡拉卡尔帕克斯坦共和国最高法院在内的地方法院的司法活动进行监督，对其司法文件进行审理，并就此做出裁定。最高经济法院和地方经济法院的司法职权是对各种企业、组织、机构之间在经济活动和管理过程中出现的经济纠纷进行审理和裁定。[2] 最高法院和最高经济法院的判决是终审裁定。

宪法法院的院长和法官、最高法院的院长和法官、最高经济法院的院长和法官由总统提名，经议会通过；卡拉卡尔帕克斯坦共和国最高法院的院长和法官、最高经济法院的院长和法官由该共和国最高人民代表会议选举产生；各州、塔什干市、区和市法院的院长和法官、经济法院的院长和法官由相应的人民代表会议选举产生。[3]

最高法院，以及州和塔什干市法院正、副院长，审判员和陪审员任期5年；区和市级法院院长任期5年，陪审员任期2.5年。各级法院正、副院长不得成为相应地区的人民代表；各级法官不得成为政党和其他政治团体的成员，不得从事经营活动，不得担任其他有酬职务。[4]

1　孙壮志等编著：《乌兹别克斯坦》，第98—99页。
2　同上。
3　同上。
4　《乌兹别克斯坦司法制度简介》，中国法院网 2006-08-29。

检察院系统由共和国检察院和州、市、区各级检察院组成。共和国检察院由总检察长领导，总检察长有权任免州、市和区各级检察长，卡拉卡尔帕克斯坦共和国检察长由该国议会与乌总检察长协商任免，各级检察长的任期均为 5 年。检察长在任期内中止政党和追求政治目的的其他社会团体的成员资格。

检察院的组织、权限和活动程序由有关立法规定，独立履行职能，不依附于同级政权机关、社会团体及其公职人员，只服从法律。总检察长和隶属于总检察长的地方检察长对共和国境内的法律执行情况实施监督，在乌兹别克斯坦境内禁止成立独立行使业务搜索、侦察和其他特殊的反犯罪职能的私人组织、合作组织、社会团体及其分支机构。

第三节 平稳的政治体制改革

苏联政权时期，乌兹别克苏维埃社会主义共和国实施共产党执政的社会主义制度，国家政权的组织形式是高度的中央集权。独立以后，乌兹别克斯坦开始从社会主义制度向资本主义制度过渡，并且选择了以三权分立为基础的民主政体。在建立民主宪政的过程中，乌兹别克斯坦根据本国国情不断调整着政治改革的方针政策，在总统伊·卡里莫夫的领导下，乌兹别克斯坦逐渐形成了以总统权力较大为特征的三权分立的政治体制。

伊·卡里莫夫在当选乌兹别克斯坦总统之前，曾担任过乌兹别克加盟共和国共产党第一书记、加盟共和国总统等最高职务，这些经历使他对本国国情有深入的了解。独立之初，他就国家发展模式写了一些著作，全面系统地阐述了他的执政思想。1991 年，他的《乌兹别克斯坦：向市场关系过渡的本国模式》一书出版。在此书中,他在分析乌兹别克斯坦国情的基础上指出了东西方历史、文化传统之间的差异,他说:"乌兹别克斯坦在选择自己的道路和发展模式之时,既要依靠发达国家数个世纪形成的市场经济的经验,又要考虑本国特点,包括民族、历史、生活方式、传统和习惯等。"[1]

基于国情,伊·卡里莫夫认识到稳定、和平、和谐是建立民主共和国的基础,只有在和平和安定的环境里才能始终一贯地、理智地逐步改造政治和经济体制。于是,总统卡里莫夫为乌政治和经济改革提出了五项原则:第一,国家是主要的改革者,是稳定的保障者,在复杂的过渡时期,强大的国家是政治现代化的工具;第二,国有经济非意识形态化,经济优先于政治,是政治的内涵,不受政治和意识形态的干扰,进一步发展经济是现代政治的核心;第三,在所有更新和进步的进程中保证法律至上;第四,经济改革必须谨慎、循序渐进,改革应该分阶段进行,走改良的道路;第五,在为贫困社会阶层和团体提供有效帮助的基础上,推行强有力的国家社会政策。[2] 以上原则强调了国家的稳定是改革的保证,指出了改革必须在法律的框架内逐步进行,确定了以经济改革为核心的政治改革。

在"稳定高于一切"、"稳定压倒一切"的原则下,乌兹别克斯坦开始了从社会主义向资本主义的过渡。树立权威是国家稳定的重要任务。独立初期,政府利用媒体树立总统的权威。在政府机关、高等和中等学校悬挂伊·卡里莫夫总统的肖像;电视、广播和各类报刊广泛宣传伊·卡里莫夫的思想、作用和政绩。伊·卡里莫夫是一位具有丰富的政治经验和鲜明政治主张的总统。在乌兹别克共和

---

[1] 常庆:《中亚五国独立以来政治经济形势述评》,《东欧中亚研究》1996年第6期。
[2] 赵会荣:《乌兹别克斯坦的政治模式》,《亚非纵横》2008年第5期。

国时期,他先后从事过经济和政治方面的管理工作,锻炼了领导和驾驭全局的能力,培养了坚毅沉稳的性格和平易近人的作风,在干部和群众中具有很高威望,成为民众推崇和公认的领袖。乌兹别克斯坦报刊舆论称,伊·卡里莫夫是乌兹别克斯坦独立的指路明星,乌兹别克斯坦的未来与伊·卡里莫夫的英名相连。[1] 对伊·卡里莫夫的这种崇拜,是总统一系列改革得到支持和权力得以扩大的重要原因。

稳定的首要任务是反对极端民主化,这也是加强集权和建立强势政权的必要性。为此,法律赋予总统很大的权力。乌兹别克斯坦的政权形式理论上来说是三权分立,但立法权、行政权和司法权实际上处于重叠行使的状况,其中总统具有最高权威。

在行政权上,法律赋予总统很大权力。1992年宪法规定:乌兹别克斯坦总统既是国家元首,又是本国最高行政机关首脑,直接领导和主持政府工作,政府向总统负责。1992年宪法赋予总统的权力还有:总统有权任免内阁副总理和其他人员;有权任免各州州长和塔什干市市长等行政官员;在提交议会批准的前提下,总统有权成立和撤销共和国的部、国家委员会以及其他国家管理机关。[2] 1992年宪法对弹劾总统和总统辞职的可能性都未做任何规定。

从立法权来看,总统有制约议会的权力。1992年宪法规定:议会通过的法律应提交总统签署公布,总统有权签署公布该法律,也有权根据自己的异议将法律驳回议会重新审议和表决;当议会中产生了不可消除的分歧或议会多次通过了违反宪法的决定之时,总统在与宪法法院协商之后有权解散议会(第95条);乌兹别克斯坦总统是国家元首,保证国家政权机关协调运转和相互配合(第93

---

[1] 万春生:《乌兹别克斯坦:政治经济改革的理论与实践》,《东欧中亚研究》1996年第6期。
[2] 孙壮志等编著:《乌兹别克斯坦》,第84—85页。

条)。利用法律赋予的权力,伊·卡里莫夫总统逐渐将议会置于自己的控制之下。在乌兹别克斯坦议会中,没有出现能够对总统权威发起挑战的政治力量。

首先,议员大多数是总统的拥护者和支持者。在第一届议会的250名议员中,以伊·卡里莫夫为主席的人民民主党有69名;此外,在地方政权代表中,大多数地方领导人是总统任命的,而地方政权机关提名当选的议员为167人,占近67%[1],这些人在国家对内对外的重大问题上与总统保持一致。在选举第一届议会议长之时,伊·卡里莫夫推荐埃尔金·哈利洛夫为议长候选人,鼓动议员们投赞成票,结果埃尔金·哈利洛夫顺利当选。在埃尔金·哈利洛夫任议长期间,议会实际上成了总统集权的工具。

其次,立法权实际上受总统的控制,议长的人事安排和议会的提议基本上是总统授意的。按1992年宪法第18章第85条规定,乌兹别克斯坦议长的职能是:对提交议会讨论的问题的准备活动进行总的领导;召集议会会议,同各委员会和常设委员会主席共同拟定会议日程的建议。宪法第18章第82条规定:乌兹别克斯坦总统在乌兹别克斯坦议会中有立法动议权。在具体实践中,议长和总统很好地利用了宪法赋予的权力。1995年,埃尔金·哈利洛夫上台伊始,就以议会和总统的任期不相吻合为由,提议通过全民公决将总统任期延长到2000年。于是,1995年3月26日举行了全民公决,全国1124.5万有投票权的居民参加公决,99.6%的人投票赞成将伊·卡里莫夫的总统任期延至2000年。[2]

在1999年的第二届议会选举中,埃尔金·哈利洛夫再次当选

---

1 于洪君:《卡里莫夫与乌兹别克斯坦》,《当代世界》1995年第11期。
2 万春生:《乌兹别克斯坦:政治经济改革的理论与实践》,《东欧中亚研究》1996年第6期。

为议会议长；而伊·卡里莫夫也于 2000 年 1 月 9 日以 91.9% 的得票率再次当选总统。[1] 新一届议会与总统配合默契的表演再登场。2002 年召开的第二届议会建议举行全民公决，将总统任期由 5 年延长至 7 年。于是，卡里莫夫总统的任期将延至 2007 年。

总统与议会之间的协调一致，避免了政治动荡，有利于国家的稳定，保证了国家内外政策的顺利进行。十多年的实践表明，在乌兹别克斯坦，总统的权力趋于集中，议会的作用呈现弱化趋势。

在司法权上，总统有很大发言权。总统对正、副总检察长，宪法法院、最高法院、最高经济法院的院长及其他组成人员有提名权和任命权，并且可以随时免除他们的权力。

总统是乌兹别克斯坦武装力量的统帅，具有最高军事权。总统对最高统帅部成员具有任免权和高级军衔的授予权；可以提议组建国家安全机关和国家监督机关，并对机关领导人员的任免权和有关权限等问题做出决定；有权提议在乌兹别克斯坦全国或局部地区实行紧急状态。[2]

在政治体制转轨的过程中，乌兹别克斯坦虽然街头政治活动频繁，流血和冲突不断，但通过强有力的总统和加强行政权的办法，抑制和克服了国内的不安定因素，使名为"乌兹别克斯坦发展模式"的政治体制转轨得以稳步进行。与中亚其他国家相比，独立初期的乌兹别克斯坦政局可以说是比较稳定的，这种政治局势为循序渐进的经济改革创造了良好环境。

伊·卡里莫夫一方面利用宪法的规定加强了总统集权，另一方面又在进一步完善乌兹别克斯坦的民主制度。乌兹别克斯坦的政治

---

1 胡振华主编：《中亚五国志》，第 185 页。
2 孙壮志等编著：《乌兹别克斯坦》，第 85 页。

体制改革仍然朝着民主化的道路前进。根据2002年1月27日的全民公决,2003年4月,通过了三项宪法性法律:《全民公决的结果和组织国家政权的基本原则》、《乌兹别克斯坦共和国议会参议院》和《乌兹别克斯坦共和国议会立法院》。根据新修改的宪法,议会将由一院制改为由立法院(下院)和参议院(上院)组成的两院制议会,下院议会成员在多党制基础上由选举产生。总统的一些职权将转交给参议院,现在由总统行使的对内阁的领导权也将转交给总理[1];以往由总统任命的总检察长、央行行长、国家安全总局局长以及驻外使节的任免权仍归总统,但需要得到参议院的批准。

第四节 支持总统的执政党

在独立国家的创建过程中,乌兹别克斯坦确立了以总统制、多党制和普选制为基础的宪政民主制度。独立前夕,乌兹别克共和国追随苏联的改革,以多党制取代了共产党的一党制。1991年2月,乌兹别克共和国最高苏维埃颁布了《乌兹别克共和国社会结社法》,允许国内公民建立政党和其他政治组织;独立初期,乌兹别克斯坦按照政治多元化和议会民主制原则确立了政治体制框架。1992年宪法第8章第34条规定:乌兹别克斯坦公民有权联合成工会、政党和其他社会团体,参加群众运动。然而,由于乌兹别克斯坦从未有过西方三权分立政治传统,多党制在国内尚处于发育阶段。为了保持国家的稳定,在民主政治体制的创建中,乌兹别克斯坦对政党的地位和作用实施限制政策。

首先,从立法上对建立政党和社会组织做了严格的限制。1991

---

1 聂书岭:《乌兹别克斯坦近期社会经济发展状况简介》,《中亚信息》2004年第6期。

年2月,乌兹别克最高苏维埃颁布社会结社法,按其规定:各社会团体必须向共和国司法部注册登记,若不准予注册登记,即为非法,不得公开活动。[1]1992年宪法规定:乌兹别克斯坦禁止建立旨在反对现存政治制度及以民族和宗教为特征的军事化团体和政党,禁止成立秘密的协会和社团。以上法律制度限制了政党的活动,一些政党被迫解散或逃亡外国,如1989年组建的、以知识分子为主体的"比尔里克"人民运动,以及1991年成立的艾尔克党等反政府党派不仅未获得登记,而且被政府以涉嫌颠覆活动为名纳入非法组织而被取缔。

其次,限制政党在政治生活中的活动。1993年12月通过的《最高会议选举法》第20条规定:最高会议议员候选人的提名权属于按法律程序登记的政党;政党提出的候选人必须征集到不少于5万选民的签名;行政区划(卡拉卡尔帕克斯坦共和国、各州、塔什干市)的政党候选人则要征集到不少于5000选民签名。这些限制,将反对党排除在议会之外,在1994年的议会中,实际上有74%的席位由总统支持的人民民主党代表占据。[2]

1991年成立的人民民主党,其前身是乌兹别克共产党。乌兹别克共产党于1991年9月14日解散后,在乌共的基础上成立了新政党——人民民主党,该党出版有自己的党报《乌兹别克斯坦之声报》。该党的纲领是争取乌兹别克斯坦实现国家独立,使乌兹别克斯坦在国际社会中成为享有平等权利的成员。[3]1991年11月2日,人民民主党在乌兹别克斯坦首都塔什干举行成立大会,代表绝大多数是原乌共党员和干部,会议选举了13人组成的中央政治局执行

---

[1] 王沛主编:《中亚五国概况》,第186页。
[2] 赵常庆主编:《中亚五国概论》,第58页。
[3] 黄宏、纪玉祥主编:《原苏联七年"改革"纪实》,第679页。

委员会,卡里莫夫总统当选为党主席。[1]在成立大会上,卡里莫夫总统发表演讲说,人民民主党将争取公民和睦、族际和谐、在生活各领域遵守秩序和法制。

1992年成立的祖国进步党,主要由知识分子组成,势单力薄,他们的议会团只有14位成员,在政治上没有什么作为。

1995年成立的公正社会民主党,其目标是:建立符合各民族利益的法制国家,巩固社会公正原则,保护人权。在第一届最高会议选举中,他们推举了47名代表的议员团进入议会,并获得了一个副议长的席位。

1995年以后成立的政党中存在时间较长的是民族复兴民主党,该党的目标是:提高国民的民族意识,培养民众特别是青年一代的民族自豪感和爱国主义精神;不惜一切代价捍卫国家独立和价值观,反对任何损害国家利益的企图;团结所有爱国人士,提高乌兹别克斯坦的国际威望。党报名为《民族复兴报》。

从形式上看,最高会议即议会与独立前后的最高苏维埃不同,1994年至1995年间选举产生的最高会议是多党制议会。独立初期,政党政治刚起步,当选最高苏维埃的人民代表几乎都来自原苏共党员;而以后形成的最高会议,明确了以政党为基础,按照单一选区制原则选举议员,在最高会议选举时,政党政治初具规模,已合法注册的政党起码有4个,可以实现真正的多党制选举。然而,人民民主党在议会中占据了优势,其他政党尽管宣称代表着不同阶层,有着不同的政治主张,但各党派代表都是现政府的积极支持者,并一致表示支持总统。多党制议会实际上是以人民民主党为核心的

---

[1] 吴宏伟:《中亚国家政党体制形成与发展》,《俄罗斯中亚东欧研究》2006年第4期。

议会。

1996年，乌兹别克斯坦《政党法》颁布。《政党法》对政党、社会团体及其他政治组织做了某些硬性规定，如禁止以上组织领导者承担国家机构职务，该法颁布以后，总统卡里莫夫辞去了人民民主党主席一职，并且宣布退党。此后，人民民主党的地位和实力受到了影响，一统天下的局面有所改变。

1998年12月28日，自我牺牲者民族民主党成立，党的宗旨是：维护国家的独立，在市场经济基础上建立自由、民主国家和公正社会，把人民生活提高到发达国家的水平。党报是《自我牺牲者报》。2000年4月14日，该党与1992年成立的祖国进步党合并，党报名为《祖国报》。

2003年11月15日，以实业界人士和企业家为主体的自由民主党成立，该党的目标是：积极参与国家、社会体制的改革，促进国家政治、经济、社会和精神生活自由民主化；在民主基础上进一步完善国家和社会体制，深化经济改革，切实保护公民、企业家和商人的自由及合法权益。党报名为《二十一世纪》。

乌兹别克斯坦在多元化基础上成立了诸多党派，然而，多党制仍停留在形式上，多党参政有限。主要表现在：政党的社会基础薄弱，成员数量少，活动也少；政党的纲领不明确，基本上都强调支持总统的内外政策；政党在议会中不活跃；议会党团作用不明显；总统不参加任何政党，内阁也不以党派为基础来组成。目前乌兹别克斯坦议会中没有实际意义上的反对派。

截至2015年初，人民民主党、自由民主党、民族复兴民主党和公正社会民主党成为乌国的4大政党，它们基本上是拥护总统的。其中，人民民主党主要代表社会底层民众，大约有39万党员；自由民主党代表中产阶级，大约有18万党员；民族复兴民主党代表青年,大约有16万党员;公正社会民主党有党员大约10万人。[1]

乌兹别克斯坦目前的政治构架体现出鲜明的领袖强、政党弱的特色。乌兹别克斯坦不容许出现破坏国家稳定和内外政策的政治反对派,因此在独立后没有出现大的动荡和内乱,中央和地方关系处理得比较好,国家政权机构不断得到巩固。

第五节 防御战略下的军队建设

军队建设是独立国家建构的重要内容之一。1991年9月5日,乌兹别克斯坦最高苏维埃非常会议声明,为了维护国家主权、公民的宪法权和自由以及共和国的领土完整,乌兹别克斯坦成立国防部,9月5日被定为建军节。1992年1月14日,乌兹别克斯坦最高苏维埃通过了接收乌境内全部苏军人员和资产、装备、设施等国防和军事物资的决定。在接收原共和国的苏军部队的基础上,乌兹别克斯坦开始了本国军队的建设。

1992年2月,乌颁布了《国防法》。1992年宪法第125条规定了军队的职责:保卫国家主权和领土完整,保卫人民的和平生活和安全。以上法律明确了军队建设的目标是应对外部威胁,防止外部势力侵害本国安全,建立一支能"足够防御"的武装力量。"足够防御"的原则是:武装力量将维持在和平时期足以维护国家独立、主权和领土完整;在战争时期足以单独或与集体安全条约成员共同反击侵略所必需的水平。

根据法律规定:乌兹别克斯坦总统是国家武装力量的最高统帅;国防部是最高军事行政机关,负责管理国防预算、军工生产、

---

[1] 张宁:《话说乌兹别克斯坦议会》,《中国人大》2015年第23期。

后勤、动员和民防等事务；总参谋部为最高军事指挥机构。总统通过国防部和总参谋部对全国武装力量实施领导和指挥。[1]1995年5月1日，乌兹别克斯坦成立了国家安全总局（又名国家安全委员会）。国家安全总局的职能主要是协助总统评估国内外安全形势、分析和制定国家安全政策、协调各部门的对内对外安全事务。宪法规定，国家安全总局直接归总统领导，总局局长的任命和解职由总统决定，无须他人提名或批准。因此，国家安全总局是保卫总统、维护总统权力的重要力量。1996年3月4日签发的总统令，在原国防部民防和紧急情况局基础上组建紧急情况部。

军事力量分属于不同部门管理。军队归国防部领导；边防军归国家安全总局；内卫军归内务部；紧急情况部、海关缉私部队归国家海关委员会。

1998年至1999年，国防部按作战方向组建了西南、东部、中部、西北4个军区和塔什干市的作战指挥部；军区司令部分别设在卡尔施市、费尔干纳市、吉扎克市和努库斯市。与此同时，国防部成立了下属机构内卫和警戒部队管理总局，并组建了快速反应部队；成立了保卫国家边界委员会，并在全国范围内规划了边防体系，布置了新的边防检查站。

独立初期（1991—2000），乌兹别克斯坦军队建设的首要任务是巩固国家独立，维护国家主权和领土完整，防止外部势力侵害本国安全；2000年以后，军队的主要任务是应对非传统安全的威胁，特别是应对恐怖主义和极端主义势力，以及有组织犯罪。

随着军队任务的转变，为了适应新形势的需要，乌兹别克斯坦进行了军事改革。军事改革集中在以下几个方面：首先，加强军兵

---

[1] 根据王凯《乌兹别克斯坦的军事战略和军事力量》(《国际资料信息》2004年第3期）整理。

种联合,在总参谋部的基础上组建了武装力量联合司令部。联合司令部负责部队的训练和指挥,平时制定战略规划和军事训练,战时负责协助总统和国防部长实施指挥作战。此外,在明确国家安全总局、国防部和联合司令部职能的同时,改革了军队编制体系,取消了班、连、团、辅助管理所和一些效率不高的分队编制,采用全新组织编制方法配置军队,减少指挥层级和部队规模。

其次,改革兵役制度,修改服役条例,将普遍义务兵役制改为合同兵役制。1992年,乌兹别克斯坦颁布了《普遍义务兵役和服役法》,按此法的规定,年满18岁的男性青年必须服兵役,服役期限一般为18个月,拥有高等教育者的服役期为12个月。2000年军事改革后,乌兹别克斯坦决定从2003年起实行合同兵役制,服役期限为12个月。

2002年8月29日,乌总统卡里莫夫宣布,乌兹别克斯坦将开始实行合同兵役制,计划在未来3年中,平均每年裁减1万至1.5万人,计划在2005年前将乌兹别克斯坦军队的人数裁减至5.2万至5.5万人。同年12月,乌兹别克斯坦议会通过了《全国义务兵役法》。根据该法,义务兵的服役期将从原来的18个月缩短至12个月,受过高等教育的军人的服役期将缩短至10个月。[1]

目前,乌军队实行义务兵役和合同兵役相结合的兵役制度。乌兹别克斯坦还设立了分为普通预备役和动员征召预备役的两类预备役:一、普通预备役指现役军人复员后的编制,普通预备役人员在战时可直接纳入现役,以补充武装力量;二、动员征召预备役指未被现役征召的适龄青年,在当地驻军军营接受30天的脱产训练后,他们被视为履行了兵役义务,在年满27周岁后,编入普通预备役。

---

[1] 亚兵:《2002年中亚国家兵役制改革进展情况》,《中亚信息》2003年第1期。

服满合同兵役制的人员和预备役人员,可根据本人意愿和部队需要,通过签订合同的方式继续在军队服役。通常士兵的第一个合同期为3年,军官为5年。兵役制的改革目的是推进军队职业化进程,打造一支由职业军人组成的常备部队。

再次,增加军费,改进和完善武器装备和训练器材,以提高军队的现代化装备水平。独立以后,乌兹别克斯坦的国防开支占GDP的比例在中亚五国中排名第一,在独联体国家中也是名列前茅。俄罗斯世界军火贸易分析中心的资料表明,2003年至2010年,乌兹别克斯坦国防开支平均占GDP的3.34%,其中2006年占当年GDP的5.2%、2007年占4.8%。[1]

依据本国国情和武装力量的任务,乌设置了陆军、空军、防空军、特种部队、国民近卫军五个军种;其中,特种部队是打击恐怖势力和极端势力以及跨国犯罪的重要力量,国民近卫军的任务是保卫国家的重要战略目标。特种部队是在原苏军第15特务营、第459特务连和特种教导团基础上组建的,这三支特种部队是苏联时期为阿富汗战争创建的,苏联解体后被乌兹别克斯坦接收。2002年和2004年间,伊·卡里莫夫先后把国防部下属的部分特种部队和边防部队划归国家安全总局管理。国家安全总局属下的边防部队和内务部属下的内卫部队是军事的后备力量。

2013年,在乌兹别克斯坦正规军队中,有陆军5万人、空军大约4000人;准军事部队大约有1.8万至2万人,有内卫部队1.7万至1.9万人、国民卫队1000人。[2]2003年以后,乌在加强军队建设的同时,将军队职业化确定为军队建设的主要任务,目的是将本

---

[1] 赵月白:《国际军贸分析中心公布前苏联地区国家2003—2010年国防支出统计数据》,国防科技信息网2011-11-15。

[2] 孙壮志等编著:《乌兹别克斯坦》,第166页。

国军队建成世界先进国家军队的水平。军事改革的目标是建设一支数量不大,机动性强,装备现代化武器,符合现代化要求,通过良好培训,有能力保护国家边界、领土完整和人民和平与安宁的职业化军队。[1] 随着经济形势的好转,乌政府投入的军费预算不断增加。2012年,投入军费达14亿美元,拥有军队大约5万人,装备700辆装甲输送车、340辆坦克、135架歼击机和500门火炮。[2]

---

[1] 《乌兹别克斯坦国情简介——乌兹别克斯坦介绍(6)》,中国签证资讯网 2010-07-24。

[2] 《俄媒称中亚只想购高端武器,中国的暂时谈不上》,环球网 2012-12-31。

第八章
经济体制改革

独立之前,乌兹别克共和国已经对苏联时期的计划经济进行了局部改革。独立以后,乌兹别克斯坦开始了从计划经济体制向市场经济体制转轨的全面改革,确立了国家是经济改革主体的原则和由国家主导实施分阶段逐步深入的经济改革模式:建立适合市场经济的多种所有制;对不合理的经济结构进行调整;实施外向型经济的方针政策。

第一节 稳步推进的市场经济

独立之前,乌兹别克共和国已经在小范围内对苏联时期实施的计划经济体制进行局部改革;独立以后,乌兹别克斯坦全面展开了由计划经济体制向市场经济体制的转轨。伊·卡里莫夫认识到,由于长期生活在全民和集体所有制之下,乌人民逐渐形成了一种依赖国家的心理,进取心和竞争意识不强,这种惰性心理和价值观念的转变需要一定的时间,因此,乌兹别克斯坦的经济改革是一个长期、复杂的过程。基于这一国情,伊·卡里莫夫认为放开物价、紧缩财政、急速私有化的"休克疗法"不适合本国。在此思想的指导下,乌兹别克斯坦的经济改革选择了分阶段渐进的改革模式。

建立市场经济模式的首要任务是取消政府对经济的种种限制和

干预，使经济发展有相当的自由度，即经济自由化。1992年8月31日，卡里莫夫总统在庆祝乌兹别克斯坦国家独立一周年大会上的讲话中指出："向市场经济过渡要求抛弃过去国家集中计划体制和行政命令管理方法，坚决摆脱意识形态对发展国民经济的束缚。"[1]为此，乌兹别克斯坦改组了国家经济管理机构，撤销了政府的有关部门和主管部门的许多经济管理机构；与此同时，出台了相关法律，以确认各企业、农庄农场是具有法人地位的独立经营主体，以及可以独立自主地从事各种经营活动。[2]这些措施在一定程度上缩小了国家管理的权限。到1995年，在物质生产部门实际上已没有一个政府主管的部门。[3]

价格改革是乌兹别克斯坦建立自由竞争的市场经济体系的重要举措之一。独立以前，商品价格主要由国家统一规定；独立以后，在建立市场经济过程中，价格不再由国家决定，而是通过市场调节供求关系来决定。受俄罗斯全面放开物价的影响，1992年1月10日，乌兹别克斯坦摒弃了国家统一价格的做法，开始实行价格自由化。在最初两年，政府在相当大的程度上持续着苏联时期的一些做法：在收购环节，政府对有关民生的一些主要农产品（如粮食和棉花）下达了定购指标，定购指标内的农产品按政府的定价收购，超过国家定购的部分的产品价格由市场决定；在销售环节，政府对居民的主要生活必需品实行最高限价政策，并且对这些商品实行财政补贴。以上措施的宗旨是在放开市场的情况下能够保证市场有足够的生活必需品。到1995年，国家除对棉花、粮食、肉、奶和农产品仍下达一定数量的收购指标外，其余农产品均取消了国家订货指

---

[1] 转引自陈联璧：《乌兹别克斯坦的经济改革》，《东欧中亚研究》1993年第5期。
[2] 陈联璧：《乌兹别克斯坦的经济改革》，《东欧中亚研究》1993年第5期。
[3] 陈联璧：《乌兹别克斯坦经济改革和对外开放》，《中国商贸》1995年第18期。

标。[1] 虽然国家在市场开放上持谨慎态度，但价格开放还是引起了通货膨胀和消费品短缺的情况。

对外开放也是从计划经济走向市场经济的重要方面。为了推进对外经济活动，乌兹别克斯坦设立对外经济联系委员会等机构，利用关税政策引进外国商品，以解决国内物资缺乏的问题。政府规定，1992年8月1日到1994年1月1日，取消一切商品的进口关税，如日用消费品、食品、药品、医疗器械和设备等。在对外贸易中，乌兹别克斯坦政府一直鼓励出口，1992年，对外贸易额20亿美元，其中，出口11亿美元，进口9亿美元。[2] 总的来看，乌兹别克斯坦为了保持进出口顺差，人为制定政策限制进口，在一定程度上制约了对外贸易的发展。

引进外资对弥补资本短缺和促进经济复苏有着重要意义。为了大量引进外资，乌兹别克斯坦不断改善投资环境，包括制定并实施一系列激励政策。此外，与外国企业联合也是乌兹别克斯坦开放经济的重要手段。到1993年，已经有45个国家的经济机构在乌兹别克斯坦建立了合资企业，登记注册的合资企业有600个，其中有235个合资企业从事外贸活动，有60个合资企业已经投产。[3]

建立多种成分的所有制是从计划经济向市场经济过渡的先决条件，因此，对单一所有制进行改造是经济改革的中心问题。苏联时期，乌兹别克共和国经济以全民所有制形式占据统治地位，一切生产资料都是国家垄断。1991年，乌兹别克斯坦的国内生产总值的85%是国有企业生产的，其余是集体农庄生产的，基本上没有私有

1　陈联璧：《乌兹别克斯坦经济改革和对外开放》，《中国商贸》1995年第18期。
2　陈联璧：《乌兹别克斯坦的经济改革》，《东欧中亚研究》1993年第5期。
3　同上。

经济。[1] 长期实行的全民所有制导致劳动者丧失了主人翁的责任感，劳动积极性不高。因此，经济改革第一阶段的重点任务是所有制的非国有化改革，目标是建立多种成分的所有制形式。

独立初期，国家制定了相关法律，以法律的形式确立了非国有化和私有化的合法性。1992年宪法第53条规定：所有权是绝对的权利，国家的经济基础由多种所有制组成，禁止任何破坏所有权的行为。接着，国家颁布了《非国有化与私有化法》以保护和尊重所有权，规定任何侵害所有权的行为都要承担法律责任和受到处罚。1994年至1995年，《关于进一步深化经济改革、保护私有财产和发展企业家经营活动措施的法令》、《关于加快国有企业股份化和完善有价证券市场的法令》、《关于把国有企业改造成为开放型股份公司组织措施的决议》、《关于建立扶持私有企业和小企业基金会的法令》等一系列经济改革的纲领性文件出台。[2]

在此基础上，政府以渐进形式分阶段地逐步实现私有化。在1992年至1993年间，政府实施小私有化，开始在商业、服务业、小型或地方企业以及住宅等领域展开私有化。到1993年底，非国有经济成分在国内生产总值中所占比重为39%。[3] 1994年，乌兹别克斯坦股票交易所开始运作，1995年，私有化开始在中等和地区重要企业中展开。到1996年初，商业和服务业、轻工业、建材业的私有化和股份化已经基本完成。[4]

1996年6月18日，政府颁布《关于私有化投资基金》的决议，

1　王国英等：《乌兹别克斯坦的经济体制改革》，《东欧中亚市场研究》2002年第2期。
2　邢广程：《对中亚各国若干问题的初步评析》，《俄罗斯研究》2001年第1期。
3　肖玉秋：《乌兹别克斯坦私有化进程浅析》，《东欧中亚研究》1998年第5期。
4　凌云：《乌兹别克斯坦经济发展的特征与趋势》，《东欧中亚市场研究》2000年第2期。

以股份制形式在大中型企业中开始了非国有化进程,这一过程分两步走:第一步是改造国有企业,使之成为开放型股份公司;第二步是出售股份公司股票,集体、法人和自然人、本国和外国公民都可以购买股票。在此过程中,至少有70%的工业企业实行了私有化。[1]对国家经济有着重要意义的大企业,如塔什干契卡洛夫飞机制造厂和塔什干拖拉机厂,进行了股份化改造,并规定了股份的比例,如契卡洛夫公司的股份分配是:国家控股51%、企业职工15%、中央银行10%、经贸部某些外贸公司10%,另有14%股票上市出售。[2]在实行股份制的过程中,少数重要部门仍然由国家控制。到1999年,非国有制企业的数量占企业总数的88.8%。[3]

农村的改革也同时展开。农业改革率先解决了土地所有和土地利用的相关法律问题。从1992年起,乌兹别克斯坦陆续颁布了《土地法》、《土地法典》、《地籍簿法》等法律。《土地法》确立了土地属国家所有;接着颁布的《农场经济法》、《农业合作社法》和《农户经济法》确立了以市场原则为基础的土地使用权。1998年4月,乌兹别克斯坦出台了《农户经济法》,在立法上确定了私人经营和管理的组织形式。与此同时,国家成立了国家土地资源委员会,并在州和地区建立了它的分支机构,以保证农村经济改革的顺利进行。

苏联时期,乌兹别克共和国的农业经营组织是国营农场和集体农庄,国营农场实行工资制,集体农庄实行年终剩余分配制度。以上经营管理形式与市场原则相悖,不能适应正在形成的农产品市场

---

[1] 凌云:《乌兹别克斯坦经济发展的特征与趋势》,《东欧中亚市场研究》2000年第2期。
[2] 肖玉秋:《乌兹别克斯坦私有化进程浅析》,《东欧中亚研究》1998年第5期。
[3] 赵常庆主编:《十年巨变:中亚和外高加索卷》,东方出版社,2003年,第226页。

的需求。在苏联政权后期，即20世纪80年代末至90年代初，一些国营农场和集体农庄已经改变了经营形式，出现了一些股份公司、合作社和农场主协会等组织。

1993年1月《国营农场重组令》出台，乌兹别克斯坦开始了对国营农场的改造运动。个体农户、个体农场和股份制集体农庄三种组织形式被确定为市场改革的方向。个体农户以家庭为单位，对农地享有终生租约权；股份制集体农庄由原国营农场和集体农庄以股份形式转变形成，股份由农庄成员持有，根据经营状况和效益分配股息。个体农场经济被确定为优先发展对象，到90年代中期，个体农场已经成为农业生产中的重要组成部分，到2000年，全国已出现3万多家个体农场，其土地使用面积已达到67万公顷。[1]1998年的《农户经济法》赋予农民永久性土地使用权，是年7月，私人农场有2.4万个。2001年，乌兹别克斯坦农业方面的私有化达到90%。[2]

为促进市场经济的发展，金融业的改革也随之展开。独立以后，乌兹别克斯坦先后颁布了《乌兹别克斯坦共和国中央银行法》和《乌兹别克斯坦共和国银行和银行经营活动法》，乌政府对银行实施开放政策，只要符合乌中央银行规定的，无论是自然人或是法人，都可从事银行业务。根据以上法律，一批国有银行、国有控股银行、商业股份银行及私人银行成立。其中，1991年9月创建的乌兹别克斯坦国家外经银行是最大的国有商业银行，在全国各地设有99家分支机构；1996年，阿萨卡银行成立，它在全国设有24家分行和45家小银行，目前在全国排名第二；1922年成立的乌兹别克工业建设银行独立后改为股份制商业银行，在全国各地设有48家

---

[1] 胡振华主编：《中亚五国志》，第204—205页。
[2] 吴宏伟：《乌兹别克斯坦经济的现状与中乌经贸合作问题》，《东欧中亚市场研究》2002年第3期。

分行、175家储蓄所和63家小银行。[1]1993年以前,开设商业银行最低法定基金为5000万卢布,开设合作银行和私立银行最低法定基金为50万卢布。[2]1994年,以市场为导向的银行体制改革取得了明显进展,但在1998年的俄罗斯金融危机中,乌兹别克斯坦一些银行倒闭,而一些银行通过兼并重组逐渐壮大起来。截至2006年,有30家不同所有制形式的商业银行,其中包括国有银行3家、合资银行5家、股份制银行11家、私人银行11家。[3]

为了促进所有制改革,乌兹别克斯坦建立了不动产交易所、有价证券交易所、外汇交易所。不动产交易所销售非国有化与私有化企业的设施;有价证券交易所向本国居民和外国居民出售私有化企业的股票;外汇交易所开展贸易活动。从1994年7月1日起,乌兹别克斯坦正式发行本国货币苏姆。在发行之初,苏姆与美元的汇率是不稳定的,为了稳定苏姆的币值,国家严格控制货币发行量,向货币市场抛售美元,采用"逐步贬值"的办法使官方汇率逐渐向黑市汇率靠拢,此外,政府还规定出口商必须将外汇收入的30%交给中央银行拿到交易所出售。

独立初期,乌兹别克斯坦的保险公司主要由国有资本参与。1993年,《乌兹别克斯坦共和国保险法》颁布,为发展保险业的市场体制奠定了法律基础。1997年《乌兹别克斯坦共和国民法典》生效,2002年颁布了《乌兹别克斯坦共和国保险业务法》,以上法律确定了保险市场的改革原则。2002年1月《促进保险市场进一步自由化和发展措施》出台,保险公司正在走向私有化。随着改革的深

---

 1 中国商务部欧洲司综合处:《乌兹别克斯坦银行体制现状》,《俄罗斯中亚东欧市场》2006年第11期。

 2 陈联璧:《乌兹别克斯坦的经济改革》,《东欧中亚研究》1993年第5期。

 3 中国商务部欧洲司综合处:《乌兹别克斯坦银行体制现状》,《俄罗斯中亚东欧市场》2006年第11期。

化和经济自由化程度逐渐提高,多种成分的所有制形式逐步形成。

在所有制改革的过程中,政府重视宏观调控和指导。卡里莫夫总统亲自领导了"经济改革、企业活动和外国投资跨部门委员会",国家对私有化和非国有化的过程进行了严格监控,坚持公正原则,反对无秩序的私有化,尽量防止侵吞国家财产的现象发生。国家成立了"企业家活动发展基金"和"支持中小企业发展基金",力图在政府和企业之间建立起合作伙伴关系。在农业方面,政府在全国范围从上到下建立了各级农产品采购站,负责农产品的收购,不断提高收购价格,调动农民的生产积极性。

乌兹别克斯坦在独立国家创建时期(1991—2003)的经济改革基本上是成功的。以宏观经济的重要指标国内生产总值(GDP)为参照,在独立以后的前5年(1991—1995)中,由于与原苏联经济联系的中断,乌兹别克斯坦工农业生产链断裂,经济呈现下滑趋势,1991年至1995年GDP呈现负增长,增长率分别是−0.5%、−11.1%、−2.3%、−4.2%、−0.9%。[1]1996年,乌兹别克斯坦在独联体国家中率先出现复苏势头,当年国内生产总值增长1.7%。[2]到2001年,乌GDP增长速度在独联体国家中率先恢复到苏联解体之前的水平,近十年间基本上保持了8%以上的增长速度[3];以上成就的取得是乌兹别克斯坦坚持经济改革的结果。

由计划经济向市场经济的过渡是一个长期的过程,不可能一蹴而就。在经济改革过程中,为了维护社会稳定,政府在相当大的程度上保持了行政干预的手段,避免了经济大幅度的衰退。从经济形势来看,乌兹别克斯坦的经济政策是有成效的。国际经济组织指

---

[1] 冯绍雷、相蓝欣主编:《俄罗斯经济转型》,上海人民出版社,2005年,第20页。
[2] 《乌兹别克斯坦及2015年乌总统大选吸引世界目光》,《东方早报》2015-03-09。
[3] 同上。

出,乌兹别克斯坦的经济改革速度虽不高,但正是这样的速度保证了国家免遭政治和社会经济的动荡,保证了过渡时期战略战术任务的完成。[1] 在世界银行《1998—1999 世界发展报告》中,乌兹别克斯坦被列入中下等收入国家。[2] 在政府的宏观控制下,乌兹别克斯坦以市场为目标的经济改革正以不可逆转之势向纵深发展。

第二节 产业结构的调整

乌兹别克斯坦经济体制改革的另一重要任务是调整不合理的产业结构。独立以前,乌兹别克斯坦经济是苏联经济分工体系中的一个组成部分,其经济重点是发展以黄金为主的有色金属和石油天然气的开采,在农业方面是发展棉花种植业。独立以后,从独立国家的角度来看,乌兹别克斯坦的经济结构是不合理的。如独立前夕的 1990 年粮食种植面积为 70 万公顷,产量为 204.6 万吨,而乌国每年粮食需求量至少为 500 万吨,在苏联时期依靠苏联中央的统一调配的情况下不会发生粮食危机问题;独立以后,乌兹别克斯坦不仅每年要花费大量资金进口粮食,而且从安全的角度考虑,粮食自足的问题也必须解决。

经济结构的调整工作在独立前夕已经开始。独立以后,政府率先对农业结构进行了调整。伊·卡里莫夫在《乌兹别克斯坦:向市场关系过渡的本国模式》一书中,将乌兹别克斯坦定位为农业国。农业是该国经济命脉和支柱产业,农村人口占全国总人口的近一半,70% 以上的经济部门与农业有关。[3] 乌兹别克斯坦的经济结构

---

[1] 小舟:《乌兹别克斯坦的经济改革模式》,《俄罗斯中亚东欧市场》2004 年第 11 期。
[2] 张跃进:《乌兹别克斯坦农业改革进程及其绩效》,《俄罗斯研究》2001 年第 4 期。
[3] 〔乌兹别克〕诺西尔容·尤苏波夫:《乌兹别克斯坦的农业改革和农场发展》,《世界农业》2005 年第 5 期。

调整就是从农业入手的,目标是争取尽快实现粮食自给。

乌兹别克斯坦耕地面积有 427 万公顷,大约占国土面积的 10%,人均耕地面积约 0.17 公顷。[1] 费尔干纳盆地,花剌子模绿洲,泽拉夫善河和卡什卡河等河流为乌兹别克斯坦提供了肥沃的土壤和充足的水源,尽管如此,乌兹别克斯坦的粮食不能自足。长期以来,由于苏联棉纺织业的需要,乌兹别克共和国大力发展棉花种植,中亚地区 60% 的棉花、世界市场上 20% 的皮棉产于乌兹别克共和国,由此有了"白金之国"一名。[2]

独立初期,乌兹别克斯坦粮食依赖进口的情况十分严重。1991 年,耕地的 41% 被用于棉花种植,只有 32% 用于谷物生产[3];这使 90 年代初期的乌兹别克斯坦大部分粮食需要进口。粮食不能自给,乌兹别克斯坦的经济独立难以实现。为了改变这种状况,政府对农业产业结构做了调整,采取了缩小棉田、扩大粮食作物的种植面积的措施。1993 年,政府颁布了增加粮食产量的决议,粮食种植面积由 1991 年的 108 万公顷增至 1995 年的 167 万公顷;粮食产量在中亚地区所占的比重由 7% 增加到 12%。[4] 经过几年的调整,到 2002 年,粮食播种面积为 153.26 万公顷,总产量 553.9 万吨[5],基本上实现了自足;2002 年,粮食播种面积占农作物播种面积的 43.3%,小麦、水稻和玉米分别占农作物播种面积的 35.3%、1.8% 和 1.0%[6],种植业单一的状况得到了改善。

---

1 张卓:《乌兹别克斯坦农业发展研究》,《中国投资》2013 年第 S2 期。

2 孙壮志:《乌兹别克斯坦寻找有本国特色的发展模式》,《瞭望》1997 年第 9 期。

3 张卓:《乌兹别克斯坦农业发展研究》,《中国投资》2013 年第 S2 期。

4 〔乌兹别克〕诺西尔容·尤苏波夫:《在改革道路上的乌兹别克斯坦农业(续)》,《河北农业科技》2006 年第 8 期。

5 乌兹别克斯坦国家统计局 2003 年 5 月公布的资料,转引自王峰:《乌兹别克斯坦近期的社会经济改革措施》,《中亚信息》2003 年第 7 期。

6 王峰:《乌兹别克斯坦近期的社会经济改革措施》,《中亚信息》2003 年第 7 期。

独立以后，乌兹别克斯坦也开始了对工业领域的产业结构调整。乌兹别克斯坦境内蕴藏着储量可观的金、钛、锰、铬、铅、锌、钨、钼、锡、汞、锑、铀、铜等金属。其中，黄金储量占世界第 4 位，黄金生产总量占世界第 7 位；铀储量约占世界第 7 至 8 位；铜的储量占世界第 10 至 11 位[1]；石油和天然气的总储量在原苏联 15 个加盟共和国中占第 3 位。[2] 苏联时期，乌兹别克斯坦的工业结构属于原料开采型，工业侧重发展采矿业、天然气、有色金属等重工业部门，以生产金、银、铜、铝等有色金属和天然气、石油能源为主。独立以后，工业调整的第一步是提高原料的加工能力。政府把加工工业和日用消费品的生产放在优先地位，以期尽快改变国家以低价位出口原料、初级产品，以高价位进口工艺成品、食品、日用消费品的不合理现象。

在经济调整中，棉花加工是乌经济发展的优先方向。在 80 年代末，乌兹别克共和国的棉花和蚕茧产量占全苏的 70% 和 50%，而棉纺织品和丝织品产量仅占 6% 和 7%。[3] 独立初期，国家利用关税限制纺织品进口，对 8 类纺织品除了征收进口关税外，还征收消费税，这些措施有利于限制进口，保护国内纺织和服装企业。[4] 1995 年以后，纺织业落后的状况得到改变。与上一年同期相比，1995 年上半年棉纺织品的加工量从占棉花产量的 9% 增长到 14%，原料出口减少了 14%—15%。[5] 1997 年至 2002 年的五年中，

---

[1] 〔乌兹别克〕A. 哈希莫夫：《外资在乌兹别克斯坦共和国经济发展中的作用》，《东欧中亚研究》1998 年第 5 期。

[2] 杨建宏：《乌兹别克斯坦优势和特色产业发展现状》，《经济视角》2012 年第 3 期。

[3] 陈联璧：《乌兹别克斯坦的经济改革》，《东欧中亚研究》1993 年第 5 期。

[4] 阿不都斯力木·阿不力克木：《乌兹别克斯坦对外贸易政策及其对中国的启示》，《经济问题探索》2010 年第 9 期。

[5] 万春生：《乌兹别克斯坦：政治经济改革的理论与实践》，《东欧中亚研究》1996 年第 6 期。

国内有14家大型棉纺厂投产，另有2家正在建设之中。原棉加工量在持续增长，2002年国内原棉消费量比1998年增加40%，达到25万吨。[1]

乌兹别克斯坦石油储量在中亚居第二位，但国内加工能力不足，石油产品需从国外进口，独立初期每年大约进口1000万吨石油产品。[2]独立以后，为了达到石油产品自给，国家领导人将燃料能源资源摆在第一位。[3]1993年9月2日，伊·卡里莫夫总统在议会上宣布，政府已经在布哈拉州卡拉乌尔巴扎尔区拨出土地建设石油加工厂，该厂投产以后，可以充分满足国内对油品的需求，甚至还可出口。此外，政府对费尔干纳地区的石油加工厂进行改建，并从国外购进了消除石油含硫黄成分的设备。1995年以后，乌兹别克斯坦的石油和天然气的加工能力增强，1992年，乌兹别克斯坦从俄罗斯进口500万吨石油产品，而从1997年起，乌开始每年向邻国出口200万吨石油产品。[4]1999年，乌兹别克斯坦成为独联体国家中位居俄罗斯之后的第二大石油产品生产国，除满足本国需要外，天然气还出口到中亚一些国家。

到1995年，经济结构改革取得了初步成效，随着加工业的发展，日用品的进口大量减少，而技术设备的进口从占进口总量的3%—5%增长到36%。[5]

1　刘全义摘译：《乌兹别克斯坦国内原棉消费持续增长》，《中国棉花》2003年第1期。

2　小舟：《乌兹别克斯坦的经济改革模式》，《俄罗斯中亚东欧市场》2004年第11期。

3　〔乌兹别克〕伊·卡里莫夫：《临近21世纪的乌兹别克斯坦：安全的威胁、进步的条件和保障》，王英杰等译，第177页。

4　王国英等：《乌兹别克斯坦的经济体制改革》，《东欧中亚市场研究》2002年第2期。

5　万春生：《乌兹别克斯坦：政治经济改革的理论与实践》，《东欧中亚研究》1996年第6期。

在产业结构的调整中，乌兹别克斯坦注意发展第三产业。苏联时期，1955年1月5日，信息通信部作为独立机构成立；乌兹别克共和国开始有了自己的信息通信产业。然而，在以后的近四十年中，信息产业在乌国一直处于低发展水平。独立初期，乌信息通信产业的基础设施已经落后，设备老化。为了促进信息通信产业的发展，乌通过了《信息化法》、《电子商务法》、《数字电子签名法》、《电子文件流通法》等法律法规。与此同时，乌政府还与联合国发展计划署共同制定了《数字发展倡议》纲要，这项计划从2002年开始实施，对信息技术产业发展的各项指标都提出了阶段性要求；乌政府采取措施减轻了通信技术方面有关企业的税负，2002年7月1日以后，对信息、通信技术类企业的征税，与中小企业一样征收统一税；乌政府还引进新设备和新技术，以提升网络化、信息化水平，截至2006年1月1日，对进口的计算机网络设备、计算机产品、配件以及软件免征海关税；乌政府还注意培育信息通信服务市场，成立了一批信息通信企业；以上措施对信息通信产业的发展起到了促进作用。

尽管乌信息通信产业在独立以后有了很大发展，但从世界范围来看，总体水平仍然较低。其中，固定电话网的发展程度很低，截至2003年底，乌拥有的固定电话机总数是166.1万台，拥有固定电话的比率仅为6.7%；移动电话的比率仅为2%，乌国移动电话用户达到51万人（截至2004年12月1日）；计算机普及程度很低，截至2003年底，全国使用电脑的人数仅占总人口的18%，使用的计算机44万台。[1]

---

[1] 中国商务部欧洲司综合处：《乌兹别克斯坦信息产业的发展现状及前景》，《俄罗斯中亚东欧市场》2006年第12期。

可以说直到 2003 年，乌信息通信企业尚处于起步阶段，从发展来看，乌信息通信产业具有很大的发展潜力。

独立初期，乌兹别克斯坦的旅游业得到长足的发展。乌国内有丰富的历史文物和遗迹，中亚地区具有丰富历史文化的撒马尔罕、布哈拉、塔什干、希瓦等古城都在乌国境内，历史、宗教、建筑古迹有 4000 多处。目前，撒马尔罕、布哈拉、希瓦、沙赫里夏勃兹等地的古迹已经列入联合国教科文组织世界人类历史文化遗产名单。为了保护这些历史文化遗产，乌政府对历史建筑遗迹进行了修复，并且建设了几十个博物馆，其中，国家帖木儿王朝博物馆于 1996 年在塔什干开馆。[1]

政府利用本国资源大力发展旅游业。1993 年，世界旅游组织第 10 次大会在乌召开，会上乌兹别克斯坦国家旅游公司被接纳为该组织成员。在私有化进程中，乌政府鼓励私营和外资企业参加旅游业。1995 年，乌政府在撒马尔罕、布哈拉、希瓦和塔什干等古代丝绸之路沿线城市中建立起以旅游业为主的经济特区，并对特区的投资实施优惠政策。此外，乌每两年在撒马尔罕举办"东方旋律"国际音乐节，此项目已经被列入联合国教科文组织的国际文化活动。从 2009 年以来，乌旅游业呈上升趋势，在国家经济中所占比例越来越大，在 2014 年间，旅游业占 GDP 的比重已经超过 2.0%。[2]

在独立初期的经济任务中，除了产业结构的调整外，加强与世界各国的联系，加大出口产品的能力，使乌经济走向国际市场也是经济改革的主要方向之一。

---

1 〔乌兹别克〕Ц. 埃尔加舍夫：《乌兹别克斯坦共和国独立十周年》，李永庆译，《东欧中亚研究》2001 年第 6 期。

2 〔乌兹别克〕Bababekova Khalima：《乌兹别克斯坦共和国的旅游发展》，《农村经济与科技》2017 年第 14 期。

第三节　对外开放的经济政策

对外开放是市场经济体制建设的内在要求。苏联时期,在苏联计划经济体制下,乌兹别克共和国以对外贸易出口国的角色参与了苏联对外经贸活动,在15个加盟共和国中,乌兹别克共和国的出口总额仅次于俄罗斯和乌克兰两个国家,而棉花和棉花加工设备的出口总额则居于全苏第一位。[1]当时,乌兹别克共和国的外贸活动更多地局限于东欧国家,几乎没有与世界其他国家的经济贸易往来。独立以后,国家实行对外开放,乌兹别克斯坦开始以独立主权国家的身份积极参与到世界经济体系之中,不仅与世界各国进行贸易往来,而且参加了一些国际经贸合作组织,如国际货币基金组织、国际经济合作组织、欧洲发展与合作组织。

为了尽快与国际市场接轨,乌兹别克斯坦实施了外贸自由化政策。在此期间,乌出台了许多促进外贸经济发展的法律法规。1995年10月,《关于进一步放宽外贸政策、改善外贸经营的决议》出台,简化了外贸业务审批程序,缩减了许可证商品清单;1996年6月18日颁布的第219号决议取消了17类商品的出口关税;1997年10月颁布了第1871号决议《关于鼓励产品出口》的总统令,除国家控制出口的4类专项商品外,取消了出口许可证和出口关税;1998年3月13日出台了《乌兹别克斯坦国家出口发展纲要》,为完善出口结构和实现出口稳定增长创造条件;1998年3月31日颁布了第137号决议《关于放宽外贸活动限制的补充措施令》,将原来享受优惠政策的对象扩大到各部委、公司、康采恩、协会下属经

---

[1] 陈俊杰:《乌兹别克斯坦对外贸易状况分析》,《合作经济与科技》2017年第3期。

营出口业务的外贸公司和联合公司。[1]

以上法律法规对乌兹别克斯坦的经济开放起到了促进作用。1996年经济形势好转以后,乌兹别克斯坦对外贸易总额呈现出上升趋势;从2001年起,乌国进出口总额开始逐年稳定上升,到2003年外贸总额66亿美元。[2]

独立初期,为鼓励和扩大出口,出口政策一步步放宽,并且在税收政策上给予出口商一定优惠。政府取消了所有商品(服务)的出口关税,并规定对以外汇结算的出口商品(包括对独联体国家)不收增值税,还免缴消费税。对于进口商品,国家除了采取限制进口、发放进口许可证,外汇管制等限制外,还采取关税限制,乌兹别克斯坦对许多商品免除了进口关税,但对于食品、服装、家电等日常消费品仍然征收较高的关税,甚至还增加消费税。商品的平均进口税率为14.8%,在中亚五国中,乌兹别克斯坦属于高关税国家。[3]2003年,进口商品价值29亿美元,出口37亿美元。[4]

出口商品结构反映出乌兹别克斯坦属于资源出口型国家,资源类输出收益在经济总产出中所占的比重较大。独立初期,乌兹别克斯坦对外出口的产品主要是原料,其中棉花、有色金属和天然气占主要成分,如在2002年与俄罗斯签订的外贸协议中规定,向俄罗斯出口天然气供气量到2012年增加到100亿立方米,所供天然气

---

1 竹效民:《乌兹别克斯坦贸易环境和市场需求分析》,《俄罗斯中亚东欧市场》2008年第9期。

2 《乌兹别克斯坦对外贸易体制最新变化、外贸情况及入世进程》,中华人民共和国商务部2004-08-16。

3 阿不都斯力木·阿不力克木:《乌兹别克斯坦对外贸易政策及其对中国的启示》,《经济问题探索》2010年第9期。

4 《乌兹别克斯坦对外贸易体制最新变化、外贸情况及入世进程》,中华人民共和国商务部2004-08-16。

由俄罗斯销往欧洲市场。[1] 乌兹别克斯坦的进口商品主要是居民日常用品,在首都塔什干等大城市,商店里充斥着来自日本、韩国的电器,欧洲的化妆品、糖果,土耳其的皮衣、食品。街上满是可口可乐、万宝路的广告牌,塔什干的"跑马场"已成为中国服装、玩具的大批发市场。

随着进口替代和出口导向战略的实施,国家禁止出口原油,只出口石油加工产品。乌兹别克斯坦石油加工股份公司是中亚地区唯一的基础油生产商,也是乌兹别克斯坦境内唯一的润滑油生产商。[2] 该公司的产品不仅满足了国内对润滑油的需要,而且还出口到土库曼斯坦、吉尔吉斯斯坦、塔吉克斯坦、哈萨克斯坦、俄罗斯、伊朗、土耳其。

苏联时期,乌兹别克共和国对苏联中央联盟预算补贴的依赖程度很高,1990年至1991年,乌兹别克共和国获得联盟预算的无偿援助占19.4%—19.5%。[3] 独立以后,乌兹别克斯坦的经济发展需要大量的资金,吸引外国投资成为经济改革中的重要任务之一。

国家先后颁布了《乌兹别克斯坦共和国外国投资法》、《共和国总统关于鼓励外经活动、吸引和保护外贸的措施的命令》等法规。这些法规规定:外国投资在乌兹别克斯坦受国家法律保护;外国投资者可参与乌兹别克斯坦公民和法人建立的合资企业及其他组织,可独资建立企业、银行、保险公司及其他组织;可购买股票和有价证券,可独自购买或与乌兹别克斯坦公民和法人共同购买财产,拥

---

[1] 《中亚上合组织成员国同俄罗斯及中国的经济合作态势》,聂书岭译,《中亚信息》2007年第4期。

[2] 刘洋:《乌兹别克斯坦的油气综合体》,《国土资源情报》2008年第2期。

[3] 〔俄〕斯·朱可夫:《在当代世界社会经济结构中的中亚》(俄文版),莫斯科,2001年,第55页,转引自林治华:《"颜色革命"爆发的经济学分析——吉尔吉斯斯坦与乌兹别克斯坦转轨经济比较》,《俄罗斯中亚东欧研究》2006年第1期。

有包括土地和自然资源的使用权；外国投资在乌兹别克斯坦享受到的法律优惠不得少于给以乌兹别克斯坦类似法人、自然人的优惠。对于那些把资金投入优先经济领域和地区的投资者，乌兹别克斯坦将以立法形式附加优惠。[1] 比其他中亚国家更宽松的是，乌外国投资法还规定，外国投资者可以进行直接投资，可以购买企业的股份直至得到100%的股权，投资所得利润和红利可以返还本国。[2]

由于上述法规的实施，乌兹别克斯坦争取了较多的外国投资。1992年，德国向乌提供5亿美元贷款，1995年又提供4700万马克优惠贷款；美国进出口银行向乌提供1.6亿美元贷款用于开发天然气；到1996年，英国已经向乌提供7亿美元贷款，用于开采和加工矿产品、发展无线电通信和交通等。[3] 投资项目主要集中在石油加工、黄金开采、电子通信、机械制造等方面。1998年，乌兹别克斯坦自独立以来共使用外资80多亿美元，其中2/3以上用于生产部门的发展。[4] 2000年4月的《关于吸引外资勘探及开采石油、天然气措施》的总统令公布了许多便利外资展开地质勘探的优惠政策。

独立以后，乌兹别克斯坦开始与外资合作，联合办企业。从1994年以来，美国有近10家公司在塔什干开设代办处、商业中心，投资建立合资企业188家。[5] 1996年，韩国大宇汽车公司与乌兹别克斯坦汽车制造业在安集延州的阿萨卡市（Asaka）合资组建了乌兹别克斯坦大宇汽车厂。这家合资公司的现代化程度很高，设计生

---

[1] 韩维：《乌兹别克斯坦共和国关于外国投资的法律规定》，《东欧中亚市场研究》1996年第6期。

[2] 赵惠等：《中亚国家利用外资情况简析》，《东欧中亚市场研究》2001年第2期。

[3] 陈联璧：《乌兹别克斯坦的外交政策》，《东欧中亚研究》1996年第4期。

[4] 〔乌兹别克〕A. 哈希莫夫：《外资在乌兹别克斯坦共和国经济发展中的作用》，《东欧中亚研究》1998年第5期。

[5] 转引自陈联璧：《乌兹别克斯坦的外交政策》，《东欧中亚研究》1996年第4期。

产能力为年产小汽车 20 万辆，乌兹别克斯坦已成为世界上第 28 个汽车大国。[1] 乌兹别克斯坦汽车制造业的发展，带动了机械制造和金属加工工业。

实践证明，乌政府实施的经济渐进式改革符合本国国情，取得了成效。与独联体其他国家相比，乌兹别克斯坦经济危机的程度相对较小，复苏的势头较强。据独联体统计委员会的资料，在 1991 年至 1995 年间，独联体国家国内生产总值平均每年下降 10%，而乌兹别克斯坦只下降了 4%，是独联体国家中下降幅度最低的。[2] 据不完全统计，截至 1996 年底，注入中亚国家的外国直接投资已达 36.85 亿美元，国际信贷资金 45.2 亿美元；其中吸引外资数额最多的是哈、乌、土三国，分别为 48.11 亿美元、14.32 亿美元和 12.95 亿美元。[3]

在政治稳定、经济改革平稳向好的形势下，乌政府于 2003 年 10 月 15 日实现了本外币自由兑换，为外向型经济的发展又提供了一个新的契机。

---

1 万春生：《乌兹别克斯坦：政治经济改革的理论与实践》，《东欧中亚研究》1996 年第 6 期。
2 胡振华主编：《中亚五国志》，第 201 页。
3 赵惠等：《中亚国家利用外资情况简析》，《东欧中亚市场研究》2001 年第 2 期。

第九章
意识形态与宗教、文化

除了政治和经济体制的转型外,以培植国民对独立国家认同为核心的国家意识形态和新文化建设也是乌兹别克斯坦社会转型中所面临的一项任务。独立初期,乌兹别克斯坦以伊斯兰教信仰团结民众,以期增强穆斯林对国家的认同。随着伊斯兰极端组织提出政权要求,乌兹别克斯坦开始了以爱国主义为核心的国家意识形态的建设,并以本国国情和本国人民的生活方式、传统和精神为基础构建新的文化。

第一节 意识形态的构建

苏联时期,乌兹别克共和国与苏联中央保持一致,以马克思列宁主义思想作为国家最高意识形态,在全国提倡信仰共产主义、培养爱国主义和无产阶级国际主义精神,乌兹别克共和国人民对以上意识形态和价值观有着不同程度的认同。1988年以后,苏联领导人戈尔巴乔夫对苏联时期的意识形态提出批判,开始提倡意识形态多元化;1990年9月,苏联颁布了《关于信仰自由和宗教组织法》,该法规定一切宗教活动都是合法的,为苏联境内的宗教活动提供了法律依据。

乌兹别克斯坦独立之初,在主导了70年的国家意识形态转变之后，新的社会意识未能在新兴的乌兹别克斯坦建立起来，一时间民族主义、泛伊斯兰主义、伊斯兰原教旨主义等思潮泛滥，刚独立的乌兹别克斯坦面临着信仰危机和国家认同危机。在此形势下，铸造新的意识形态以扭转意识形态多元的状态成为乌兹别克斯坦社会转型过程中的迫切任务。最初乌兹别克人的伊斯兰教信仰成为凝聚国民的首选的意识形态。

苏联执政70多年，宗教在乌兹别克人中的影响已经大为削弱，但反宗教宣传和世俗化运动并未彻底铲除宗教在人们心中的痕迹；独立前夕，伊斯兰教在乌兹别克人中复苏，与其他中亚国家相比，伊斯兰教在乌兹别克斯坦的复苏要广泛和深刻得多。据乌兹别克斯坦学者研究，在一些地区信教者已占人口的98%。[1]1987年，乌兹别克共和国只有87座清真寺，到独立之年的1991年达到了300多座。[2]

独立初期，乌兹别克斯坦领导人开始扶持复苏的伊斯兰教以凝聚穆斯林从而巩固新兴政权。卡里莫夫总统指出："宗教能增强人们的信念，净化他们的灵魂和美化他们的心灵，给他们经受生活考验、解决问题和克服困难的力量，而有时是保存全人类财富和精神财富的唯一形式，是把这些财富一代一代传下去的唯一形式。正因为如此，宗教是人类的可靠伴侣，是人类生活的一部分。通过伊斯兰教——我们祖辈的宗教的例子，我们有理由确信这一点。"[3] 乌兹别克斯坦领导者把伊斯兰教视为社会稳定的调节器，是铸造国家意识形态的源泉，乌政府希望通过复兴伊斯兰教团结民众，达到乌兹

---

[1] 沈冀鹏：《中亚五国的宗教问题及其对政局的影响》，《东欧中亚研究》1994年第3期。

[2] 常玢：《苏联解体前后的中亚国家伊斯兰教状况》，《东欧中亚研究》2001年第5期。

[3] 〔乌兹别克〕伊·卡里莫夫：《临近21世纪的乌兹别克斯坦：安全的威胁、进步的条件和保障》，王英杰等译，第27页。

别克斯坦人民对独立国家的认同。

1992年,乌兹别克斯坦颁布了独立以后的第一部宪法,宪法确立了乌社会生活的发展以政治机构、意识形态的舆论多样化为基础。1992年,国家以法律的形式将伊斯兰教开斋节和宰牲节定为全国性节日,伊斯兰教毛拉被任命为宗教事务局局长。1992年5月,伊·卡里莫夫总统在访问沙特阿拉伯期间到麦加朝圣。

在极其宽松的宗教氛围中,乌信教群众的数量大幅增加,宗教活动异常频繁,宗教场所不断新建,清真寺的数目从1991年的300多座,到1993年时已接近5000座;从1992年起,乌每年有3000余名穆斯林赴麦加朝觐,在人数上比中亚其他四国多出1.5倍;从1993年下半年起,按伊斯兰教习俗全部或部分(只露出眼睛)蒙面妇女的人数不断增加,在纳曼干,蒙面妇女达到30%,在伊斯兰化程度最低的塔什干也出现了这种现象。[1]在短短两年多的时间里(1991—1993),伊斯兰教迅速填补了苏联解体之后造成的意识形态真空,成为乌兹别克斯坦绝大多数人的精神寄托。

政府鼓励伊斯兰教的复兴是希望借此凝聚人民,获得人民对独立国家的认同,以巩固独立主权。然而,随着伊斯兰教的复兴,一些伊斯兰教组织表现出强烈的参政意识,开始挑战独立后建立起来的世俗政权。这些为达到一定政治目的而以宗教名目活动的组织被称为伊斯兰极端组织。[2]伊斯兰极端组织在中亚的活动主要是传播极端原教旨主义思想,鼓动宗教狂热,煽动穆斯林反世俗的国家政权。

在乌兹别克斯坦,伊斯兰极端主义倾向在独立前夕已经表现出来。所谓宗教极端主义,是指用某种极端片面或荒谬的观点来

---

[1] 常玢:《苏联解体前后的中亚国家伊斯兰教状况》,《东欧中亚研究》2001年第5期。

[2] 金宜久:《宗教在当代社会的蜕变》,《世界宗教研究》2002年第2期。

诠释宗教的信仰体系。其显著特点是绝对排拒理性，煽动宗教狂热。[1]1989年3月，戈尔巴乔夫把沙俄时期掠夺的一本公元7世纪的《古兰经》归还给塔什干寺院[2]，这一具有象征意义的举动激发了当地穆斯林的宗教热情，他们向政府提出富于挑衅性的口号：把圣典和历史还给我们！20世纪90年代，宗教组织的参政倾向明显起来，一些清真寺开始行使政治功能，利用清真寺为某些政治活动募集资金，如布哈拉和费尔干纳盆地的清真寺不止一次地为塔吉克斯坦的伊斯兰极端势力筹集资金，为他们提供物质上的帮助。1992年，塔什干总穆夫提穆罕默德·尤素福宣称："共产主义的崩溃，在我们地区和我们人民中造成一个精神真空，唯有伊斯兰教可以填补这一真空。"[3]

在乌兹别克斯坦，以伊斯兰教为武器，提出政治诉求的极端组织主要有"乌兹别克斯坦伊斯兰运动"（简称"乌伊运"）、伊斯兰复兴党和"伊扎布特"。伊斯兰极端组织带有明确的政治性，其政治目标是通过传播激进思想，采取"圣战"等武力手段颠覆世俗政权，最终目标是建立所谓伊斯兰国家。政教分离是历史进步的标志，而伊斯兰极端组织在20世纪90年代提出恢复政教合一的主张是历史的倒退。在他们没有获取政权之时，他们利用宗教活动向政府施加压力，如纳曼干的一些穆斯林强迫总统伊·卡里莫夫答应建立"伊斯兰共和国"，并且提出总统人选必须是穆斯林的要求。

在国家政权受到威胁的形势下，以卡里莫夫总统为首的乌兹

---

1 吴云贵：《当代伊斯兰教法》，中国社会科学出版社，2003年，第375—376、369页。

2 常玢：《苏联解体前后的中亚国家伊斯兰教状况》，《东欧中亚研究》2001年第5期。

3 王建平：《试论中亚伊斯兰教潮流的形成和发展——中亚伊斯兰教潮流产生的社会背景》，《亚非纵横》2001年第3期。

别克斯坦领导者开始采取限制伊斯兰教的政策。总统卡里莫夫说："我们主张，宗教要继续起作用，使居民掌握高尚的精神财富，继承历史遗产和文化遗产。但我们任何时候也不允许让宗教口号成为夺权的旗帜，成为干涉政治、经济和法律的借口，因为我们把这视为对我国安全和稳定的潜在威胁。"[1] 他强调："国家发挥社会控制作用的言行对维护乌兹别克斯坦的社会稳定，保持族际和谐和遏制伊斯兰极端势力的活动，将起到重要作用。"[2] 于是，在伊斯兰极端势力的能量还未完全释放出来之时，乌兹别克斯坦于1992年下半年制定了限制宗教干预政治的各项措施。

第一，在法律和法规上制定了严格的宗教法律。1992年宪法规定：政府不允许任何团体和个人从事以政治为目的的、有组织的政治宗教活动。1992年宪法虽然确立了舆论多样化，但明文规定：任何意识形态不得被规定为国家意识形态。

第二，乌兹别克斯坦禁止成立宗教性政党，1998年对1991年6月14日出台的《信仰自由和宗教组织法》做了修订，新的组织法第5条明文规定了宗教与国家相分离：乌兹别克斯坦不允许建立带有宗教色彩的政党和社会运动，外国宗教政党不得在乌境内设立分支机构。第7条规定：教育体系和宗教相分离，禁止在公立学校开设有关宗教的课程。此外，国家电视台和广播电台设立了"法律基础"专栏，定期进行普法教育。这些措施将伊斯兰教限定在宗教和文化的范围内，在政治领域内没有发言权，使国家得以继续朝着世俗化和现代化的方向前进。政府通过宗教组织必须到司法机关登记

1　〔乌兹别克〕伊·卡里莫夫：《临近21世纪的乌兹别克斯坦：安全的威胁、进步的条件和保障》，王英杰等译，第34页。
2　潘志平主编：《民族自决还是民族分裂》，新疆人民出版社，1999年，第331—332页。

的办法，强迫一些极端主义的组织解散或转到国外和地下活动。

第三，对有着明确政治企图的、主张建立政教合一的伊斯兰组织和活动实施严打。1992年，伊斯兰极端组织"阿达莱提"（正义）运动的领导人受到审判；同年夏，伊斯兰复兴党主席被迫逃匿。与此同时，不与政府合作的"中亚及哈萨克斯坦穆斯林宗教管理局"受到检查，该组织的大穆夫提穆罕默德·尤素福被迫辞职。1994年夏，政府打击了费尔干纳地区的伊斯兰极端原教旨主义势力，捣毁了它们的组织。1995年，政府破获了数个属于伊斯兰复兴党和"乌伊运"组织的犯罪集团，驱逐了在乌传播极端原教旨主义的外国伊斯兰密使，挖掘出一些训练歹徒和私藏武器的窝点；与此同时，政府关闭了那些带有原教旨主义色彩的清真寺和取缔了一些地下讲经点，对那些未经政府有关部门许可而擅自讲经的宗教人士追究刑事责任。受到打击的宗教极端组织被迫转入地下活动，有的甚至开始以武装的形式与政府直接对抗。[1]

1998年，政府对纳曼干州的伊斯兰极端分子展开严打。在此次打击中，政府关闭了掩护他们活动的900座清真寺。[2] 2004年，"乌伊运"的两名领袖在缺席审判中被判处死刑。据媒体报道，截至2016年，乌监狱中已关押了6000多名伊斯兰极端组织的成员。[3] 从2012年3月开始，政府以防火防盗为名，在纳曼干州181个清真寺安装摄像头，以提高监控能力。[4] 通过严打，宗教极端主义思潮和

---

[1] 王建平等编：《当代中亚伊斯兰教及其与外界的联系》，中国社会科学院世界宗教研究所，2000年，第113页。

[2] 邓晓燕：《伊斯兰教在乌兹别克斯坦的影响》，《新疆社会科学》（汉文版）2005年第2期。

[3] 肖楚舟：《乱世"独裁者"卡里莫夫：守墓人或守护者》，《现代领导》2016年第11期。

[4] 张宁：《乌兹别克斯坦宗教管理体制研究》，《俄罗斯学刊》2014年第2期。

危害世俗国家政权的破坏性活动被遏制住了。

第四,政府以各种形式引导国民的价值观念和社会行为,如规定公共场所禁止穿戴宗教服饰,禁止妇女蒙面纱和穿阿拉伯黑袍,因为面纱和黑袍不是乌兹别克族穆斯林的传统服饰,对戴头巾和蒙面的在校学生一律开除。

在实施严格的宗教政策的同时,乌领导者开始构建以爱国主义为核心的意识形态,以强化国家主体民族的认同。乌总统说:"从我们独立之初起,作为一项国策,我们最重要的一项任务就是恢复我们的先辈在许多世纪里所创造的巨大的极其宝贵的精神和文化遗产。我们把复兴精神财富看成是民族意识增长和民族精神反正溯源的有机的自然过程。"[1] 为此,乌兹别克斯坦政府采取了多项措施。

挖掘、梳理乌兹别克族人的历史,弘扬民族英雄和人物以唤起民族自豪感和爱国热情是铸造新的意识形态的重要措施之一。卡里莫夫总统说:"缅怀历史,恢复民族、故乡和国土的客观而真实的历史面貌,在复兴和提高民族自我意识或民族自豪感的过程中占有极其重要的位置。"[2] 乌政府每年举行一些纪念会,这些活动都是宣扬乌兹别克族的历史人物,如帖木儿、乌鲁戈别克、纳瓦伊等民族英雄的辉煌成就和历史贡献,如1996年6月,乌纪念帖木儿诞辰660周年。在弘扬英雄人物的同时,乌兹别克斯坦学者开始撰写主体民族的历史,主要是改写了苏联时期的一些观点,如在乌兹别克斯坦学生的历史课本中,将伟大的卫国战争改为第二次世界大战;乌政府拆除了苏联时期建立的一些与俄罗斯和苏联有关的纪念碑,如塔什干英雄萨比尔·拉希莫夫少将纪念碑;此外,乌兹别克

---

[1] 〔乌兹别克〕伊·卡里莫夫:《临近21世纪的乌兹别克斯坦:安全的威胁、进步的条件和保障》,王英杰等译,第107页。

[2] 同上书,第109页。

斯坦恢复了历史上的一些地名,如将费尔干纳州的"卡尔·马克思大街"更名为"费尔干纳大街",将撒马尔罕城的"共产主义大道"更名为"撒马尔罕大道",将"基洛夫大街"更名为"宪法大街","普希金路"更名为"纳沃伊路",等等。

在宣扬乌兹别克族光辉历史的同时,提高主体民族语言、文化的地位也是培养民族意识的一项措施。1992年宪法第1章第4条规定:乌兹别克语是乌兹别克斯坦的国语;1995年12月5日议会通过对1989年《语言法》的修订,修订本中消除了俄语作为"族际交流语"的媒介角色,鼓励在所有领域使用乌兹别克语。政府开展了多项语言推广活动,政府对中小学课程的设置进行了改革,免费发放乌兹别克语课程,举办了"我们来学乌兹别克语吧"等类型的电视和电台节目。除此之外,国家投资在全国各社区内建立博物馆、文化宫,让青少年接受爱国主义教育。乌兹别克语的优势地位树立起来。

确立公认的国家共性是构建爱国主义的重要内容之一。为此,卡里莫夫总统亲自撰写的《临近21世纪的乌兹别克斯坦:安全的威胁、进步的条件和保障》一书提倡在继承乌兹别克族前辈先圣们的思想、发扬光大穆斯林文化的固有传统并吸收全人类价值观的基础上,在乌兹别克斯坦建立一个自由、民主的社会和法制、世俗的国家。书中写道:"正是我们传统的价值观同现代民主社会价值观相结合才是我们未来繁荣的保证,才是我们社会同国际社会一体化的保证。"[1] 在实现这一任务的过程中,任何意识形态都不得成为占统治地位的国家意识形态,而是应建立以乌兹别克民族的传统、习

---

1 〔乌兹别克〕伊·卡里莫夫:《临近21世纪的乌兹别克斯坦:安全的威胁、进步的条件和保障》,王英杰等译,第118页。

俗、语言和精神为基础的民族独立的意识形态。

强化国民的独立国家意识也是促使国家认同和培养爱国主义的一项措施。独立的最初几年，乌兹别克斯坦制定了本国宪法，组建了本国军队，发行了本国货币，以上独立国家的象征都具有强烈的民族文化因素。总统卡里莫夫说："唯有独立给了我们人民可能性，使其在自己的祖国感到自己是自由的，恢复真正的民族价值，建立自己的国家制度。"[1]

独立初期，乌兹别克斯坦宣布准备效仿土耳其，走土耳其道路，一番辗转后开始宣扬"民族独立"意识形态。总统卡里莫夫认为，世界上不存在包罗万象的、强有力的、对任何国家都适用的社会经济发展模式。[2]乌兹别克斯坦根据本国国情，在发展战略上独树一帜，形成了具有本国特色的被名为"乌兹别克斯坦模式"的发展道路，乌兹别克斯坦模式的主要原则是：国家主导、大力实行社会保障政策，分阶段不间断地深入经济体制改革。

乌兹别克人是说突厥语的民族。在意识形态的构建中，曾出现过泛突厥主义思潮，成立了两个具有泛突厥思潮的党派，即毕尔利克联盟和突厥斯坦运动，前者旨在传播泛突厥观点，后者主张泛突厥思想与泛伊斯兰思想相结合。与泛伊斯兰主义的活动和党派相比，泛突厥主义的活动和党派在乌未能对政府构成威胁。

经过多年的努力，乌兹别克斯坦人民基本上已经建立起对自己国家的认同，树立起新的价值观。意识形态的重建为国家的稳定奠定了基础，成为乌兹别克斯坦社会转型的保证。2015年，乌兹别克

---

[1]〔乌兹别克〕伊·卡里莫夫：《临近21世纪的乌兹别克斯坦：安全的威胁、进步的条件和保障》，王英杰等译，第107页。

[2] 侯艾君：《中亚的学术论战：意识形态与国家冲突》，《史学理论研究》2015年第3期。

斯坦公众意见中心开展了以"乌兹别克斯坦：独立24周年"为主题的社会调查，目的是了解公民意识形成的动态。调查对象涵盖了不同民族和不同职业的人群，其中96.8%受访者满意国家经济的高速发展，民众深刻认识到自己的公民身份及尊严，清晰地看到自己的未来并为之努力奋斗，98.2%受访者对国家的繁荣及美好未来充满信心。[1]

第二节　以伊斯兰教为主的多元宗教

乌兹别克斯坦是一个宗教多元的国家。国内乌兹别克族、塔吉克族和哈萨克族信奉伊斯兰教，穆斯林人口占88%，东正教占9%，其他信仰人口合计占3%。[2] 据美国《国际宗教自由报告2012年》的统计数据，乌大约93%的公民信仰伊斯兰教逊尼派，大约1%信仰什叶派。[3]

独立初期，乌兹别克斯坦确立了政教分离的世俗体制，于是，国家成立了专门管理宗教的机构。根据1992年3月7日的总统令，在总理办公厅下设立宗教事务委员会，全面负责管理国家宗教事务。宗教事务委员会内设国际合作处、专家处、宗教教育处、清真寺工作处、会议工作处等5个业务部门，它们的职能是：协调不同宗教信仰组织间的活动，共同采取措施保障不同宗教、不同民族间的和谐，促进宗教组织间相互协助。[4] 为发展各宗教和教派间的和平

---

[1] 《乌兹别克斯坦独立24周年，民调显示民众对总统高度信赖》，中国经济网2015-08-26。
[2] 徐晓天：《乌兹别克斯坦民族宗教概况》，《国际资料信息》2002年第10期。
[3] 张宁：《乌兹别克斯坦宗教管理体制研究》，《俄罗斯学刊》2014年第2期。
[4] 耿蕾等：《乌兹别克斯坦治理宗教极端主义对我去极端化的有益启示》，《河北联合大学学报》2016年第2期。

与和谐关系,宗教事务委员会下成立一个专门的教派协调机构教派事务委员会,成员由各教派领袖组成,如穆斯林管理局、东正教塔什干和中亚主教区、罗马天主教会、福音教会、犹太教会等。不难看出,乌兹别克斯坦政府拟构建多种宗教和睦相处的局面。

然而,历史悠久的伊斯兰教仍然占据主要地位。伊斯兰教于公元 8 世纪初传入泽拉夫善河流域,两百年以后,河流南岸的布哈拉城和撒马尔罕城成了中亚伊斯兰教和伊斯兰文化的中心。十月革命以后,1918 年的苏俄宪法规定国家实行政教分离,伊斯兰教团体在宪法和宗教法律的约束下活动。此后,乌兹别克共和国的伊斯兰教事务领导权掌握在拥护苏联政府的教职人员手中。尽管如此,苏联建立之初,官方对中亚地区的宗教问题还是持审慎态度的,宗教政策也显得相对宽松,中亚地区的教民和神职人员可以加入共产党,如 1923 年,布哈拉有 65% 的共产党员都是教民。[1] 1929 年以后,苏联中央政府开始实行宗教压制政策,伊斯兰教的宗教活动也受到限制。"在斯大林时代,对阿訇、宗教知识分子、哲学家和社会活动家等伊斯兰文化的体现者进行迫害,如乌兹别克大部分神职人员要么被监禁,要么被杀害,布哈拉、撒马尔罕、塔什干、安集延等地的清真寺和宗教学校(共 1267 处)全被关闭。"[2]

直到第二次世界大战期间,苏联的宗教政策才开始趋向宽松。一些学者将 1943 年至 1953 年称为苏联的"宗教复兴时期",伊斯兰教的宗教界也开始了正常的宗教活动。1943 年 10 月,苏联召开了第一届穆斯林代表会议,会上,中亚暨哈萨克斯坦穆斯林宗教事务管理委员会(简称"穆斯林管委会")成立,总部设在塔什

---

[1] 萧净宇:《俄罗斯东正教在中亚五国》,《俄罗斯研究》2009 年第 6 期。
[2] 向祖文:《中亚伊斯兰教的复兴》,《国际观察》1996 年第 4 期。

干。从 1945 年起，穆斯林管委会每年选拔、组织二三十名穆斯林赴麦加朝觐。赫鲁晓夫上台以后，宗教再次受到压制，从 1954 年至 1964 年间，乌兹别克共和国内的大部分清真寺被关闭，并不准再建。这种状况持续到勃列日涅夫时期。赫鲁晓夫垮台的 1964 年，穆斯林管委会用乌兹别克文出版穆斯林管委会《会刊》(1968 年，《会刊》易名为《苏联东方穆斯林》)，一年四期。20 世纪 70 年代末，一些清真寺获准重新开放，穆斯林的宗教生活有了一定的自由。到 20 世纪 80 年代中期，乌兹别克共和国开始出现了自发的伊斯兰教运动，1985 年，《古兰经》用阿拉伯文、乌兹别克文和塔吉克文出版；清真寺于 20 世纪 90 年代获准开放，伊斯兰教的宗教活动迅速恢复。随着伊斯兰教活动的频繁，穆斯林管委会逐渐瓦解。1990 年 1 月 12 日，哈萨克苏维埃社会主义共和国教区独立出去，成立了哈萨克斯坦穆斯林宗教事务管理委员会；接着，穆斯林管委会设在中亚各国的分部也逐渐开始独立工作，互不隶属。总的来说，苏联政府在实行宗教信仰自由的同时，始终把宗教视为意识形态领域中最敏感的问题。

苏联解体和乌兹别克斯坦独立后，宗教热情迅速增长，乌兹别克斯坦的各种宗教都出现了复兴势头。截至 1999 年 8 月，乌兹别克斯坦正式登记的宗教组织有 1702 个，其中伊斯兰宗教组织有 1566 个。[1] 为了加强宗教人才的培养，宗教教育开始复兴。独立初期，乌相继开设了 2 所伊斯兰高等学校和 9 所伊斯兰中等专业学校。

随着伊斯兰教的复兴，有政治倾向的伊斯兰宗教组织也建立起来，这些组织被称为宗教极端组织，它们的目标是向世俗国家政权发起挑战，武装夺取政权。乌兹别克斯坦的宗教极端组织主要有

---

[1] 赵常庆主编：《十年巨变：中亚和外高加索卷》，第 151 页。

"乌伊运"、"伊扎布特"。

"乌伊运"是1991年成立的一个伊斯兰民兵组织,该组织由塔希尔·尤尔达什和朱马·纳曼干尼创建,两人都是乌兹别克族人,他们的活动最初集中在费尔干纳盆地。独立初期,这一宗教组织在伊斯兰教复兴的形势下谋求建立独立于乌兹别克斯坦的政治体系,他们在费尔干纳盆地成立了"阿多拉特"组织,主要目标是以武装斗争推翻卡里莫夫的世俗政权,在费尔干纳地区建立伊斯兰国家。尤尔达什领导的"民间政府"遭到乌政府的镇压。1992年3月,乌政府取缔了阿多拉特,以尤尔达什为首的阿多拉特成员开始在阿富汗、巴基斯坦、沙特阿拉伯、伊朗和土耳其进行活动。

1998年,在塔利班的支持下,尤尔达什在阿富汗正式成立"乌伊运"组织,阿富汗、车臣、沙特等地的国际恐怖组织对"乌伊运"在资金和武器方面给予了支持。2001年"9·11"恐怖事件以后,"乌伊运"遭到打击而解散。其成员一些来到费尔干纳盆地加入了"伊扎布特";一些与"东突厥斯坦伊斯兰运动"等恐怖势力联合组成所谓"中亚伊斯兰运动"。2003年,以尤尔达什为首的中亚伊斯兰运动领导人煽动当地民众起义,叫嚣重返祖国,"解放"卡里莫夫监狱中的穆斯林兄弟,并扬言袭击西方国家在中亚地区的机构。他们的目标是建立伊斯兰"大哈里发国家",将乌、吉、塔三国的世俗政权变为伊斯兰神权统治国家。[1]

"伊扎布特"在阿拉伯语中意为"伊斯兰解放党"或"伊斯兰拯救党"。"伊扎布特"的前身是穆斯林兄弟会,1952年,穆斯林兄弟会的巴勒斯坦的分支机构成员乃布哈尼(1909—1979)认为穆斯林兄弟会的思想不够激进,遂创立了"伊扎布特"组织。乃布哈

---

1 潘志平等:《"东突"的历史与现状》,民族出版社,2008年,第202页。

尼在他的著作《伊斯兰国家》一书中，宣扬了他的政治主张，即必须把伊斯兰一切故土组成一个国家。该组织的活动最初主要是宣传和制造浓厚的宗教氛围，干预世俗政权的教育、行政、司法和计划生育政策。

苏联解体之后，"伊扎布特"开始在中亚发展起来。1992年，"伊扎布特"进入乌兹别克斯坦；1995年，在乌兹别克斯坦首都塔什干建立起第一个组织，费尔干纳盆地成为该党的主要活动区。该党派最初以极端原教旨主义和泛伊斯兰主义为核心进行非暴力的宣传活动。[1] 1998年以后，中亚各国和俄罗斯对"伊扎布特"进行了严打，监禁了该组织的一些成员。1999年以后，"乌伊运"遭到不断打击，"伊扎布特"的活动取代了以前的"乌伊运"，成为乌兹别克斯坦不稳定的因素。"伊扎布特"成员参加了1999年2月针对卡里莫夫总统的塔什干爆炸事件，此后，政府对"伊扎布特"成员进行了大规模的抓捕，"伊扎布特"转入秘密活动，并且出现分化倾向，从中分出了胜利党和阿克罗米亚两个新的组织。据一位观察家的分析：如今，在费尔干纳盆地的乌兹别克和塔吉克居民中，"伊扎布特"已成为最大的政治组织。[2] 2003年，"伊扎布特"在多个国家被确定为恐怖组织。

卡里莫夫总统指出了伊斯兰政治化的社会背景。首先，在中亚传播了一千多年的伊斯兰教拥有深厚的群众基础，很容易影响群众的政治倾向；其次，乌境内居民在向市场经济转型中遭遇了艰辛，伊斯兰极端主义组织对此加以利用；第三，国际因素的影响，来自伊斯兰世界的政治思潮和运动向中亚渗透，乌兹别克斯坦有可能成

---

1 潘志平等：《"东突"的历史与现状》，民族出版社，2008年，第202页。
2 王建平：《试论中亚伊斯兰教潮流的形成和发展——中亚伊斯兰教潮流产生的社会背景》，《亚非纵横》2001年第3期。

为伊斯兰政治组织生存的土壤。他强调说:"宗教要继续起作用,使居民掌握高尚的精神财富……但我们任何时候也不允许,让宗教口号成为夺权的旗帜,成为干涉政治、经济和法律的借口。"[1]

除主体民族信仰的伊斯兰教外,东正教在乌兹别克斯坦是第二大宗教。独立以后,东正教的发展也十分显著,1991年全国有东正教教堂56座,到2000年增加至100座。[2]

东正教于19世纪传入乌兹别克人中。沙俄统治时期,俄罗斯东正教进入中亚,通过传播教义、发展信徒不断扩张自己的势力。其中,著名的大司祭马洛夫在乌境内建立了西突厥地区首批教会和教会学校,并领导当时统辖周边许多教区的塔什干东正教大教区。在他为俄罗斯东正教服务的60年中,有37年献给了那里的教民。[3] 19世纪末至20世纪初,随着俄国中部农民的大批迁入,东正教在中亚已有了相当的规模;总的来说,沙俄统治时期,东正教在官方的支持下地位较其他宗教有所提高。

苏联执政时期,随着俄罗斯人在政府计划下的大规模移民,中亚地区信奉东正教的人数在短短二三十年内直线上升。到1943年,中亚五国的多数东正教教堂重新开放,包括儿童在内的宗教教育也被允许了。乌兹别克斯坦独立以后,东正教开始频繁活动,2001年,东正教徒举办了东正教塔什干和中亚主教区成立130周年纪念会。在乌兹别克斯坦,东正教徒与穆斯林和谐共处,不过,东正教因自身在这一地区的群众基础一直不如伊斯兰教,所以复兴的规模和速度始终赶不上伊斯兰教。

---

1 〔乌兹别克〕伊·卡里莫夫:《临近21世纪的乌兹别克斯坦:安全的威胁、进步的条件和保障》,王英杰等译,第34页。
2 张志刚等:《当代宗教冲突与对话研究》,经济科学出版社,2011年,第79页。
3 萧净宇:《俄罗斯东正教在中亚五国》,《俄罗斯研究》2009年第6期。

除东正教外，2000年，在乌兹别克斯坦约2431.8万总人口中，天主教有3个宗派，大约2.1万人。[1] 2002年，天主教徒举行了纪念罗马天主教中亚主教区成立100年大会，2003年，亚美尼亚使徒教会举行了100周年纪念会。

截至2010年6月，在乌兹别克斯坦司法部正式登记的宗教组织或团体有2225家，它们分属于16个宗教教派。[2]

第三节 复兴中的乌兹别克斯坦文化和教育

今乌兹别克斯坦境内绿洲自上古时期起就是农业和商业的繁盛之地，乌兹别克人到来之前，星罗棋布的绿洲已经渗透了波斯文化、突厥文化、伊斯兰文化；15世纪末南下的乌兹别克人在此接受了丰富的文化遗产。19世纪，俄国人的到来给这些绿洲注入了俄罗斯文化，沙俄统治和苏联执政时期，在当局的大力提倡下，俄罗斯文化逐步取得优势地位。然而，在乌兹别克人中保留了较多的民族文化，不像哈萨克人和吉尔吉斯人那样地俄罗斯化，据1989年人口统计资料，掌握了俄语的乌兹别克人只占总人口的22.3%。[3]

俄罗斯化的显著特征之一是俄语的使用。苏联政府曾在乌兹别克共和国推行俄语，1938年苏联中央政府通过如下决议，即各加盟共和国必须开始俄语学习，各民族学校要将俄语作为必修课。经历几十年的推广，说俄语的人逐渐增多，并且成为各民族之间交际的语言。根据1979年人口普查，会讲俄语的人在不到十年的时间内增加了大约500万，从1970年占本地人口的14.5%上升到1979

---

1 丁光训等主编：《基督教大辞典》，上海辞书出版社，2010年，第672页。
2 张宁：《乌兹别克斯坦宗教管理体制研究》，《俄罗斯学刊》2014年第2期。
3 何俊芳：《中亚五国的语言状况》，《世界民族》2001年第1期。

年的49.3%。[1]

语言和文字是一个民族最重要的特征之一。苏联解体前后，为了强化主体民族意识，乌兹别克共和国以法律的形式提升本国主体民族的乌兹别克语。1989年，乌兹别克共和国《语言法》出台，在《关于乌兹别克共和国的国语》中规定：乌兹别克语为国语，俄语是族际交际语；在乌1990年6月20日通过的《国家主权宣言》中明确了"乌兹别克语为国语"；独立以后颁布的1992年宪法规定乌兹别克斯坦的国语是乌兹别克语。

乌兹别克语的国语地位确立以后，政府部门的公文必须使用乌兹别克语，管理部门工作人员必须通晓乌兹别克语，官方文件开始使用乌兹别克语和俄语两种语言出版，中小学也开始用乌兹别克语教学，各大学要求学生必须学习乌兹别克语。为了推广乌兹别克语，政府组织了词汇学研究委员会。该委员会发布了用于各领域的词汇表，词汇表的编辑原则是，对已经融入乌兹别克语的俄语词语或者国际词语予以保留，而其他的俄语词语，只要有可能，都必须替换成乌兹别克语或突厥语的词干。通过二十多年的推行，乌兹别克语的国语地位确立起来。2012年调查显示，20世纪80年代末以后出生的年轻人对俄语不熟练或根本不会，几乎没有年轻的费尔干纳居民会讲俄语；60%的乌兹别克斯坦人知道俄语，但只有20%的人有显著的动力去学习俄语。[2]

作为语言载体的文字也是体现民族特征的重要标志，弘扬民族文化的倾向也从文字的改革上反映出来。在1927年之前，乌兹别克语采用阿拉伯字母书写；1928—1930年间，乌兹别克语开始

---

[1] 王沛主编：《中亚五国概况》，第149页。
[2] 张煜如编：《俄语在中亚迅速衰落》，《财经日报》2012-08-06。

使用拉丁文字母书写；1938—1940年间，苏联中央政府决定用斯拉夫语的西里尔字母（又称斯拉夫字母）书写乌兹别克语。独立以后，乌兹别克斯坦在第12届最高苏维埃第13次会议（1993.9.2）上，通过了伊·卡里莫夫总统的《乌兹别克斯坦共和国关于实行以拉丁字母为基础的乌兹别克字母表》的法令，新兴的乌兹别克斯坦决定停止使用俄语字母，改用拉丁字母书写乌兹别克语，到2000年9月1日分阶段完成用拉丁字母书写乌兹别克语的工作。从2001年起，乌兹别克斯坦开始用拉丁字母拼写乌兹别克语，在度过了新旧两种字母通用的艰难时期后，如今乌兹别克斯坦的文字已过渡到了拉丁字母，文字改革取得成功。

独立以后，乌兹别克斯坦的文学表现出多元化趋向，出现了题材多样的作品。乌兹别克斯坦在文学方面进入了民族文学的发展时期。这一时期的作品以弘扬乌兹别克族的民族性为特征，其中哈尔米尔扎耶夫的小说《稻草人》、《恐龙》和短篇小说《云下面的月亮》、《自由》，纳尔卡比洛夫的中篇小说《山民》和短篇小说《诚实》、《快乐的一天》等作品具有十分浓郁的民族特色。[1]

诗歌是民族文学的领头羊，乌兹别克斯坦诗歌的代表作有：沙·拉赫曼的《祖先》、《坦白》，阿·苏云的《忏悔》、《白与黑》，阿·库特比金的《无解词典》，阿·萨义德的《梦》、《路》。[2]

随着文学的发展，乌兹别克斯坦的戏剧出现了歌颂历代英雄和反映新时代生活状况、新时代人物面貌的作品。其中著名的戏剧有《那里有马群在哭泣》、《帖木儿大帝》、《塔什干游记》、《米尔扎·乌鲁克别克》、《伟大的丝绸之路》。[3] 1998年，乌兹别克斯坦

---

[1] 孙壮志等编著：《乌兹别克斯坦》，第179页。
[2] 同上书，第178—179页。
[3] 同上书，第179页。

青年剧院参加了在俄罗斯举行的第三届契诃夫国际戏剧节的演出。

独立以后,乌兹别克斯坦艺术学院的年轻艺术家们成为表现当代绘画题材的主力军,他们引领了 20 世纪末期中亚现代美术的潮流。这一时期,乌兹别克斯坦的绘画艺术达到了高峰,出现了一批才华横溢的年轻画家,他们在肖像画方面取得了成就。1999 年 8 月,乌兹别克斯坦在艺术科学院中央展览大厅举办的大型艺术展中,展出了 600 件绘画、雕刻作品,其中,有的绘画作品参加了在中国、印度、葡萄牙、保加利亚、澳大利亚、希腊、韩国、日本等国举办的画展。[1]

独立以后,乌兹别克斯坦在音乐方面得到了充分的发展,特别是交响乐。从 1997 年起,国家每两年在撒马尔罕城举行一次"东方旋律"国际音乐节,年轻歌唱家尤乌斯马诺娃成为家喻户晓的歌星。

独立以后,中亚五国的体育事业取得了长足发展。国家制定了大力发展群众性体育运动的计划,优先发展乌国的强项,即摔跤、拳击、柔道,此外,还有赛马、叼羊等民间传统体育项目。1993 年,国际奥林匹克委员会接纳乌奥林匹克委员会的申请,使其成为该委员会的正式成员,这是乌兹别克斯坦体育发展史中一个重要事件。

独立之初,中亚科学技术也随经济的下滑而呈衰退状况。乌兹别克斯坦从事科研及与科研相关行业的人员比独立前缩减了 1/2;在中亚其他国家,从事科研人员的数量则比独立前缩减了 2/3 至 4/5。[2] 在经济还未全面好转的情况下,乌政府就已经将提高科学技术定位为保持国力的战略,集中力量攻克一些重点科学技术,并且成立了一些急需的科研机构。1995 年,国家颁布了科学技术新条

---

1 孙壮志等编著:《乌兹别克斯坦》,第 181 页。
2 王嘎:《试论中亚五国经济转轨过程中的社会结构分化》,《俄罗斯中亚东欧研究》2004 年第 6 期。

例，制定了促进科技发展的措施，如资助科技人员出国，科研与生产相结合，推动科研成果走向市场，等等。不过，在独立国家创建期间，中亚科学技术没有呈现发展的趋势，乌兹别克斯坦到1999年时，其科技产值在国内生产总值的比率只有0.36%，尚未能达到1990年的1.16%。[1]

乌兹别克人的受教育水平大幅提升是在苏联时期。沙俄时期（1897）的人口普查表明只有1.6%的乌兹别克人识字。苏联时期，苏联中央发起的扫盲运动扫除了乌兹别克人中的文盲，继而在乌兹别克共和国普及初等和中等教育，经过二十多年的努力，乌兹别克人基本消灭了文盲现象。特别值得一提的是，苏俄政府于1920年在今乌兹别克斯坦首都塔什干建立了塔什干大学（建立之初名为突厥斯坦大学，1923年改名为中亚大学，1960年改名为塔什干大学）。塔什干大学是中亚地区创建的第一所大学，以后发展成为全苏重点大学之一，对整个中亚地区文化教育事业的发展产生了巨大的推动作用。到1940年，乌兹别克共和国已有30所高校，在校学生数达3.7万人。[2] 到苏联解体前夕，乌兹别克共和国的教育已经达到发达国家的水平。1990年，乌兹别克共和国平均每1万居民中有163名在校大学生。[3]

独立以后，在政治经济改革过程中，乌兹别克斯坦没有把教育推向市场，而是延续苏联时期由国家支持的单一的办学原则。在1997—2006年间，乌兹别克斯坦每年在教育上平均花费国民生产

---

[1] 孙壮志等编著：《乌兹别克斯坦》，第173页。
[2] 王沛主编：《中亚五国概况》，第164页。
[3] 是年，欧洲发达国家的这一数字是：意大利131人、奥地利85人、英国90人、法国158人。转引自王沛主编：《中亚五国概况》，第164页。

总值的9%—10%，占国家预算支出的23%—39%。[1] 随着改革的深入，乌兹别克斯坦政府放弃国家独办教育的做法，明确了多种形式的办学，并以法律的形式规定各种所有制教育形式权利平等。教育体系也历经变化而逐渐完善。乌兹别克斯坦实行12年免费基础教育，前9年是普通中学，后3年是专科学校，专科学校毕业后可以继续接受高等教育，也可以就业。苏联解体前，中亚五国学校的教材都由莫斯科统一编发；独立以后，中小学、中等专业、职业高级中学的教科书及教学参考书已经使用本国编写的教材。

联合国教科文组织有关21世纪的教育目标是民主化、信息化、一体化、国际化，乌兹别克斯坦积极参与建立远程教育共同体系，以推进区域和国际合作。"1995年以来，乌兹别克斯坦拥护和支持俄罗斯倡议的'独联体国家建立共同教育空间'，乌政府致力于建立共同教育体系，以实现优质教育资源区域共享。"[2] 为了实现国际化，乌兹别克斯坦积极与国际或地区教育机构合作，1997年以后，政府选派学生前往发达国家最好的高校学习，从1997年到2003年，共计有828名大学生通过严格的选拔获得"希望"基金的一次性资助[3] 前往其他国家学习。2001年，乌兹别克斯坦参加了上海合作组织，与该组织成员国开展了教育领域的合作。

在乌兹别克斯坦政府的大力支持下，到2007年，乌国已经巩固了九年免费教育体制，该体制涵盖所有适龄儿童；巩固了三年普及免费中等专业、职业教育体系；完善了高等教育体系和研究生教

---

[1] 伊力米热·伊力亚斯：《乌兹别克斯坦未来的教育体系》，《开封教育学院学报》2003年第8期。

[2] 《"俄罗斯与欧盟：建立科学教育共同空间的问题"国际学术会议》，《国外社会科学》2007年第2期。

[3] 伊力米热·伊力亚斯等：《浅谈塔什干在乌兹别克斯坦高等教育发展中的地位和影响》，《湖北科技学院学报》2012年第8期。

育体系。每年各教育阶段的学生人数都在不断增加。[1]乌兹别克斯坦现在拥有67所高等学校,著名高校有塔什干大学等。设有乌兹别克斯坦科学院及下属30多个研究所。[2]

---

[1] 伊力米热·伊力亚斯等:《乌兹别克斯坦未来的教育体系》,《开封教育学院学报》2003年第8期。
[2] 《中国大百科全书》"乌兹别克斯坦"条,第三版网络版2023-07-06。

第十章
民族问题和民族政策

乌兹别克斯坦是一个多民族国家,其中乌兹别克族在总人口数中占第一位,人口数居第二、三位的分别是俄罗斯族和塔吉克族。独立以来,由于主体民族地位的提升,乌兹别克族与非乌兹别克族之间关系紧张,处理与境内俄罗斯族和塔吉克族的关系成为乌当局主要关注的民族问题。独立初期,乌当局处理民族关系的核心是加强各民族之间的和睦、保证国内政治形势的稳定。

第一节 乌俄两族的矛盾

据1989年12月人口普查,生活在乌兹别克共和国的乌兹别克族有1414.25万人,占总人口数的71.39%;生活在该国的俄罗斯族有165.35万人,占总人口数的8.35%,是乌人口最多的外来民族。

俄罗斯人从沙俄时期开始迁入今乌兹别克斯坦境内,大规模迁入是苏联时期,当时,乌兹别克共和国的经济建设需要大批有文化、懂技术的熟练工人和专家,苏联中央政府将俄罗斯人、乌克兰人、白俄罗斯人移居乌兹别克共和国。这些欧洲移民主要居住在城市或工业中心,据1989年的统计,居住在首都塔什干的俄罗斯族有85万。由于苏联政府的语言政策和干部政策,以俄罗斯族为主的欧洲移民成了乌兹别克共和国教育、科研、工业等领域的中坚力量,他们要么在政府机关、厂矿企业等单位担任重要职务,要么从事工程师、教师、医生等技术工作,成了收入高、生活优越的民族。与乌兹别克族等土著居民相比,他们在心理上具有"老大哥"的优越感。

苏联时期,乌兹别克族与俄罗斯族之间曾发生过几起规模不大的冲突。1965年,在乌兹别克共和国的各高校、小学都发现了老师拒不执行俄语教学的事件;1969年4月,在塔什干举行的一场足球赛中,乌兹别克族与俄罗斯族发生暴力冲突;同年5月,塔什干市发生了反俄罗斯人的群众集会,集会中喊出了"俄罗斯人滚出乌兹别克"的口号,苏联当局出动军队,逮捕了150多人。[1] 尽管如此,在沙俄统治和苏联领导的一个世纪中,乌俄两族居民基本上能够和睦相处。

苏联解体前夕,乌兹别克共和国掀起了复兴主体民族文化的高潮,俄罗斯族与乌兹别克族之间的矛盾由于乌兹别克共和国领导者实施的排他性民族政策而加剧。1989年,乌兹别克共和国颁布《语言法》,以法律的形式明确了乌兹别克语是本国的国语,俄语被定位为族际交际语。独立以后,乌兹别克斯坦1992年通过的宪法在重申这一规定之时,还规定保证保留、平等而自由地发展共和国居民所使用的俄语和其他一切语言。然而,俄语节目在电视和广播等传媒中受到极大限制;俄语的使用范围在各级教育机构中以惊人的速度缩小,大学已经把俄语列为外语。[2]

乌兹别克斯坦还以法律的形式确立了以拉丁字母书写乌兹别克语。1993年,乌兹别克斯坦出台了《乌兹别克斯坦共和国关于实行

---

[1] 陈联璧等:《中亚民族与宗教问题》,中央民族大学出版社,2002年,第115页。
[2] 吴爱荣:《乌兹别克斯坦"去俄罗斯化"进程探析》,《俄罗斯东欧中亚研究》2017年第1期。

以拉丁字母为基础的乌兹别克字母表》的法律,俄文字母被抛弃,苏联时期出版的俄文书籍遭到销毁,一些与新独立的乌兹别克斯坦国家制度相悖的、十月革命前后的俄语档案资料也被销毁。

除语言、文字政策外,乌兹别克斯坦在独立以后采取了向乌兹别克人倾斜的干部政策。1992年宪法重申了1989年《语言法》的规定,乌兹别克斯坦的总统候选人必须通晓国语(即乌兹别克语),这一规定使非乌兹别克族人不可能通过竞选成为国家的最高领导人。在此思想的指导下,乌兹别克斯坦在干部任用上开始向主体民族倾斜。1996年,在乌兹别克斯坦议会的3名副主席和各委员会的领导人中,仅有1名俄罗斯族;在各州的领导人中,没有一个是俄罗斯族;在企业和机关的领导人中,俄罗斯人不断减少。[1]

乌兹别克斯坦1992年宪法虽然有保障与尊重生活在其领土上的各民族的语言、风俗和传统,并为其发展创造条件的规定,而实际上俄罗斯族、乌克兰族等欧洲移民被视为外来民族,甚至被视为殖民者。这些做法使俄罗斯族的形象遭到歪曲和贬低。一夜之间,俄罗斯族从地位优越的民族沦为二等甚至是三等公民。[2]

主体民族化立法、国家干部政策以及贬低俄罗斯族的做法引起了在原乌兹别克共和国占据社会主导地位的俄罗斯族的强烈不满,激化了乌兹别克族与俄罗斯族之间的矛盾。面临政治和文化地位的变化,一些俄罗斯族选择离开。大规模向外迁移发生在20世纪80年代末和90年代初。乌兹别克斯坦独立以后,有条件移民的俄罗斯家庭卖掉房产,迁出乌兹别克斯坦。在1990—1992年间,每年大约有9万俄罗斯族迁出,1993—1994年是俄罗斯族外迁的高峰

---

[1] 钟华:《"境外俄罗斯人问题"刍议》,《世界民族》1996年第4期。
[2] 吴爱荣:《俄罗斯人在乌兹别克斯坦的处境变迁》,《世界民族》2015年第5期。

期，据官方统计，1994年有12万人离开乌兹别克斯坦，截至1995年，乌兹别克斯坦的250万斯拉夫人已迁离了50多万。[1] 对于新兴的乌兹别克斯坦来说，俄罗斯族是国家工业、科技领域的支柱，他们的离去使新独立的国家在经济和文化的各个部门遭到了不同程度的损失。

继续留在乌兹别克斯坦的俄罗斯族开始了争取权利的斗争，首先是要求提升俄语地位。乌兹别克语被定为国语以后，使用俄语的斯拉夫人在社会生活和工作领域受到限制，给俄罗斯族及其他俄语居民融入主流社会造成了一定的障碍[2]；在此语言立法下，政府发布的一些法令对中小学和大学教育做了只能使用本民族语言的规定，这一规定使不懂乌兹别克语的俄罗斯青少年在受教育方面面临困难。于是，以俄罗斯族为主的讲俄语诸族提出了"双重国语"的诉求，他们要求俄语与主体民族语言一样成为国语。

其次，俄罗斯族提出了获得双重国籍的要求。以俄罗斯族为主的欧洲移民要求具有乌兹别克斯坦和俄罗斯两国国籍，一旦本族的切身利益受到威胁，可以得到俄罗斯的保护。对此，乌政府明确表示不能实行双重国籍，双重国籍有损于国家主权，不利于国家稳定。总统卡里莫夫认为双重国籍会破坏本国公民的爱国主义。

再次，以俄罗斯族为主的欧洲移民提出了自治的要求。在乌兹别克斯坦存在着少数民族的自治区域或自治州，甚至保留了卡拉卡尔帕克人的自治共和国，而人口在本国占据第二位的俄罗斯族却没有自己的自治区域，因此，俄罗斯族提出了自治的要求。

俄罗斯族的这些要求如果不被正确对待，将使新兴国家发生动

---

[1] 季志业：《中亚民族问题及其趋势》，《现代国际关系》1995年第10期。
[2] 吴爱荣：《俄罗斯人在乌兹别克斯坦的处境变迁》，《世界民族》2015年第5期。

乱,甚至流血冲突。乌兹别克斯坦领导层对此给予了高度重视。总统卡里莫夫在1997年4月出版的著作中写道:"在民族关系方面存在着一定的非对抗性矛盾,这是新独立国家建设时期的现实现象,绝对不能允许把现实存在的矛盾转变成可能导致灾难性后果、威胁各民族安全和国家安全的民族间的矛盾。"[1]他认为"主体民族与少数民族的关系是国内政治稳定和国家安全的一个决定性条件"[2],社会安定和国内各民族和睦高于一切。乌兹别克斯坦从制定法律、机构建设、宣传教育等方面开始了民族和谐的建设。

首先,乌兹别克斯坦从立法方面着手加强民族团结,在宪法序言中明确"保证公民和睦与民族和谐"。独立初期,总统卡里莫夫提出制定和推行民族和睦政策的原则[3]:国家的民族政策应当首先保护人权,不允许损害少数民族的权利;国家民族政策的战略方针是用建设性的方法解决民族之间的矛盾;国家的经济发展应符合居住在共和国疆土之内的各个民族的利益,应为发展每个人的才能、发展和提高每个家庭的生活水平创造坚实的基础。[4]此外,以宪法的形式强化人权和公民权,淡化民族观念。宪法将人权和人的自由和权利确立为优先原则,国家视人和人的生命、人的尊严、人的自由和权利为最高价值,国家政权是人民政权,人民是国家政权的唯一源泉。在具体实践中,乌政府实行民族分权政策,提出了"民族文化自治"理论,允许非主体民族组织政党,可以进入议会。

其次,加强民族工作机构的建设。乌政府利用社会基层组织

---

1 〔乌兹别克〕伊·卡里莫夫:《临近21世纪的乌兹别克斯坦:安全的威胁、进步的条件和保障》,王英杰等译,第58页。

2 常庆:《中亚国家如何解决民族问题》,《中国民族》2005年第3期。

3 刘庚岑:《中亚国家的民族政策:理论与实践》,《世界民族》2002年第1期。

4 〔乌兹别克〕伊·卡里莫夫:《临近21世纪的乌兹别克斯坦:安全的威胁、进步的条件和保障》,王英杰等译,第65页。

"马哈利亚"加强居民互助，缔造和谐的生活环境，以促进民族团结。乌兹别克斯坦对待民族问题的政策和实践基本上是成功的，其主要成绩是抑制了民族分裂主义的趋势。2003年12月5日，总统伊·卡里莫夫在宪法纪念大会上建议将2004年定为"吉祥和睦"之年，寓意要加强社会各界的相互谅解与团结、各民族的和睦共处。

再次，在国家统一的前提下，提倡民族文化多元化，注意保护少数民族的文化和风俗，重新确立了俄语的地位。在确定乌兹别克语为国语的同时，特别强调要保障居住在本国境内的所有民族的语言、风俗习惯和传统受到尊重。1998年，乌兹别克斯坦议会废止了管理部门工作的人员必须通晓乌兹别克语的规定，总统提议取消一切在任职、提升及参加社会生活方面的语言限制。在实践中，乌兹别克斯坦允许各民族在符合国家整体利益的前提下建立自己的文化中心，发展本民族的文化和传统，保持民族特点。目前，乌兹别克斯坦已建立了80多个民族文化中心，它们在多民族的社会生活中起到了积极作用。

然而，乌兹别克斯坦的乌俄两族问题仍然存在。在1991—2004年间从乌兹别克斯坦迁出的140万人中主要是欧洲城市居民。[1] 到2006年，在乌国的俄罗斯人还有100万。[2] 总的来看，乌兹别克斯坦在处理民族关系上是成功的，乌俄两族关系一直未演变成民族冲突。

第二节　与其他中亚民族的关系

在乌兹别克斯坦，乌兹别克族与境内的塔吉克族、哈萨克族、

---

[1]〔乌兹别克〕穆尔塔扎耶娃·哈米多夫娜：《乌兹别克斯坦当代人口过程及国家人口政策》，张娜译，《俄罗斯中亚东欧研究》2011年第2期。

[2] 吴爱荣：《俄罗斯人在乌兹别克斯坦的处境变迁》，《世界民族》2015年第5期。

吉尔吉斯族和卡拉卡尔帕克族之间的关系也是乌政府需要认真对待的民族问题,其中特别是乌塔关系。

塔吉克人是中亚最古老的民族之一,其远祖可以追溯到公元前10世纪来自欧亚草原的一些说东伊朗语的部落。公元前7世纪,塔吉克人先民在阿姆河南岸建立了巴克特里亚王国;公元9世纪至10世纪,塔吉克人以今乌兹别克斯坦布哈拉城为都建立了自己的政权萨曼王朝,在此时期,塔吉克人完成了民族形成的过程。11世纪以后,突厥人在塔吉克人聚居的河中地区建立了突厥王朝,一部分塔吉克人迁往帕米尔高原,未迁走的塔吉克人开始了突厥化。13世纪以后,世居河中地区的这些塔吉克人接受了蒙古人、乌兹别克人和俄罗斯人的统治。

在苏维埃政权建立之初(1918—1920),苏维埃中央政府在中亚先后组建了几个共和国,塔吉克人分属于花剌子模和布哈拉两个苏维埃人民共和国,以及突厥斯坦苏维埃社会主义自治共和国,1922年,塔吉克人在以上国家的人口数字分别为:120.6万(花剌子模)、80.2万(布哈拉)、40.4万(突厥斯坦)[1];不难看出,当时在花剌子模、布哈拉等地的塔吉克族人数很多。然而,苏联中央政府在1924年组建中亚民族国家之时却将塔吉克族人占多数的一些地区和城市,如布哈拉和撒马尔罕划归乌兹别克共和国,这一划分为以后的乌兹别克族和塔吉克族的矛盾和冲突埋下了隐患。

独立初期,在乌兹别克斯坦的塔吉克族人有100万左右,在此后的十多年中,乌境内的塔吉克族虽然也在缓慢增加,但在乌兹别克斯坦总人口中的比例呈下降趋势。在1989—2004年间,乌兹别克族在总人口中的占比急剧增加,占到了79.6%;同期,占比明显

---

[1] 王智娟:《中亚民族共和国的组建》,《东欧中亚研究》1998年第2期。

减少的是塔吉克族，他们从8.3%降到了4.9%。[1]到2017年1月1日乌人口普查时，乌兹别克族有2691.8万，占人口总数的83.8%；而塔吉克族有154.47万，占人口总数的4.81%。

在乌境内的塔吉克族主要聚居在布哈拉、撒马尔罕和费尔干纳盆地的索赫地区；他们在以上地区人口中占据了多数，其中，索赫地区1993年有人口4.28万，99%是塔吉克族人。以上地区成为乌塔两族矛盾和冲突的多发区。

乌兹别克共和国独立前后，乌政府根据本国国情制定和施行了一些有利于主体民族乌兹别克族发展的政策。特别是在干部任用上开始向主体民族倾斜。主体民族化立法、国家干部政策的做法引起了乌境内塔吉克族的不满，乌塔两族之间的矛盾加剧。

1992年，聚居在撒马尔罕的塔吉克族人成立了争取塔吉克族利益的组织——"撒马尔罕运动"，该组织声称要保卫乌境内塔吉克人的权利。撒马尔罕运动被乌当局视为分裂组织，政府指控该组织的活动将会导致国家的分裂，尽管该组织的领导人否认这一指控，他们声称该组织并不主张边界变化，但乌政府仍然对该组织采取了严厉打击的政策。1992年7月，撒马尔罕运动的负责人被乌当局以侮辱民兵军官为由判决下狱。除撒马尔罕运动外，在乌境内的塔吉克人还成立了一个名为别尔利克的政党，该党提出的目标是，将他们居住的地区脱离乌兹别克斯坦，归入塔吉克斯坦。

随着乌塔两族之间对立情绪的尖锐化，乌总统卡里莫夫提出和

---

[1] 〔乌兹别克〕穆尔塔扎耶娃·哈米多夫娜：《乌兹别克斯坦当代人口过程及国家人口政策》，张娜译，《俄罗斯中亚东欧研究》2011年第2期。然而，根据1991年1月1日人口普查数据，在乌的塔族有93.36万（占比4.71%）；根据2011年1月1日人口普查数据，在乌的塔族有141.16万（占比4.85%）；根据2017年1月1日人口普查数据，在乌的塔族有154.47万（占比4.81%）。

制定了国家的民族政策应当首先保护人权,不允许损害少数民族权利的原则,并且以宪法的形式强化人权和公民权,淡化民族观念。卡里莫夫总统说:"塔吉克族和乌兹别克族是说两种语言的同一个民族。"他认为,经过几百年的融合,乌塔两族已经是一个民族了。卡里莫夫总统针对多民族治理问题提出,要努力建立一个多民族的公正的社会——乌兹别克斯坦社会。在此思想的指导下,乌政府正在致力于营造有利于经济发展和人民生活水平提高的良好环境,希望早日把国家建成立足于中亚,并融入世界经济一体化进程的经济强国。[1]

然而,由于乌塔两国在苏联时期遗留下来的边界划分和领土之争,以及独立以后两国在跨国河流水电站建设、过境铁路线建设等问题上未能达成一致,两国关系的敌对极大地影响了乌境内的塔乌两族关系,在乌境内的塔吉克族一直在争取将他们的世居地划入塔吉克斯坦的诉求。

除了乌塔两族关系外,乌当局面对的民族问题还有乌兹别克族与哈萨克族、吉尔吉斯族、土库曼族的关系。据1989年12月苏联人口普查,在乌兹别克共和国的哈萨克族有80.82万,占共和国总人口的4.1%;独立以后,由于乌实施促进主体民族发展的政策,到2017年1月1日乌人口普查时,哈萨克族人口减少到80.34万,在总人口中的占比为2.5%。

在乌的哈萨克族人主要居住在乌北部的巴盖斯。独立初期,巴盖斯的哈萨克人不想归属于乌兹别克斯坦,企图从乌兹别克斯坦分裂出去,成立"巴盖斯共和国"。2002年3月,乌哈两国达成领土

---

[1] 聂书岭:《乌兹别克斯坦近期社会经济发展状况简介》,《中亚信息》2004年第6期。

互换协议。乌哈两国经过多年努力，妥善处理了边界问题，维持了两国之间的和睦关系，加上乌政府对非乌兹别克族采取了缓和的民族政策，在乌境内的哈萨克族基本保持了和平与稳定，没有出现分裂危机。

费尔干纳盆地是乌兹别克族与吉尔吉斯族杂居的地区。1922年，吉尔吉斯族在当时成立的突厥斯坦、花剌子模和布哈拉三个共和国中的人口分别是157.73万（突厥斯坦）、2.3万（花剌子模）、0.7万（布哈拉）[1]；1989年12月苏联人口普查数据表明，在乌境内的吉尔吉斯族有17.49万人，占总人口数的0.9%；到2017年1月1日乌人口普查时，在乌的吉尔吉斯族有27.44万人，在总人口中的占比为0.85%，呈下降趋势。

1990年，乌吉两族曾在费尔干纳地区发生过武装冲突，但总的来看，在乌境内的乌吉两族矛盾不如吉尔吉斯斯坦境内的尖锐，独立以后，在乌境内的乌吉两族之间并未发生流血冲突。

乌兹别克斯坦境内有少数土库曼族。据1989年12月苏联人口普查数据，当时在乌共和国的土库曼族有12.16万，占人口总数的0.61%；到2017年1月1日人口普查时，在乌的土库曼族有19.20万，占乌总人口数的0.60%。乌土两族的大冲突发生在独立前夕，1989年，在乌兹别克共和国所属的费尔干纳盆地部分地区，乌兹别克族与十月革命期间从西格鲁吉亚迁来的梅斯赫特部土库曼族人发生冲突，乌共和国政府出面调停，一些土库曼族人被迫离开乌兹别克斯坦，大部分人返回格鲁吉亚。

居住在乌西北方的卡拉卡尔帕克族也是乌兹别克斯坦境内潜在的民族冲突威胁。卡拉卡尔帕克族生活在克孜勒库姆沙漠西北部、

---

[1] 王智娟：《中亚民族共和国的组建》，《东欧中亚研究》1998年第2期。

乌斯秋尔特高原东南部、咸海南部和阿姆河三角洲地区。由于咸海水位下降，他们的生活环境恶劣。在1989年人口普查时，聚居在乌共和国的卡拉卡尔帕克族有人口41.19万，占总人口数的2.1%；2017年1月1日乌人口普查时，卡拉卡尔帕克族有70.88万，占乌总人口数的2.21%，呈上升趋势。

1932年，卡拉卡尔帕克人开始有了自己的国家，即卡拉卡尔帕克斯坦自治共和国；1990年4月9日，自治共和国颁布了本国宪法，确定了本国国徽、国旗和国歌，确立了立法、行政和司法三权分立的政治体制。1991年苏联解体之时，该共和国归属于乌兹别克斯坦。根据1992年宪法：在乌境内的卡拉卡尔帕克人有权独立解决其境内的行政区划等问题，在全民公决的基础上有权脱离乌兹别克斯坦。这些规定虽然保证了卡拉卡尔帕克人留在乌兹别克斯坦，但也成为民族矛盾和冲突的根源之一。

尽管乌兹别克族与乌境内的吉尔吉斯族、塔吉克族、哈萨克族存在着种种矛盾和利益冲突，但由于乌政府有效地干预并实施合理的民族政策，独立二十多年来，各族之间没有爆发大规模的民族冲突。

第十一章
社会问题

独立以来，在政治、经济的转型过程中，乌兹别克斯坦面临了转型带来的许多现代化问题，如社会分化、失业和贫困、毒品、腐败等一系列社会问题。其中两极分化、失业和贫困人口增多成为社会不稳定的因素。乌采取立法、社会治理和发展经济等多种措施，使一些社会问题得到解决，并且朝着好的方向发展。

第一节 市场经济改革中的两极分化

独立以后，乌兹别克斯坦经历了由计划经济体制向市场经济体制、由传统社会向现代社会的转型。在此社会大变革中，乌兹别克斯坦出现了苏联时期没有的一些社会问题，其中社会结构变化和两极分化是一个新问题。

沙俄时期，乌兹别克人的社会结构主要是农牧民、工人、知识分子，以及少数地主、富农和资本家；苏联时期，20世纪30年代，乌兹别克共和国消灭了地主、富农和资本家，个体劳动者也在合作化道路中逐渐消失，共和国只剩下了两个阶级、一个阶层，即工人、农民阶级和知识分子阶层。[1]在计划经济的前提下，苏联中央政府对社会财富的分配基本上采取平均主义的方式，社会成员之间只有社

---

1 常庆：《中亚五国社会变化与社会发展模式》，《东欧中亚研究》2001年第1期。

会劳动分工的不同和劳动收入上的微小差别,不存在拥有资本、支配生产资料的阶级和阶层,社会利益的分配仅仅是由社会制度决定的国家政策行为。[1] 在这种以平均主义为特征的分配制度下,社会各阶层之间、地区之间、行业之间的劳动收入差距并不大,在乌兹别克共和国虽然有贫富差距,但两极分化并没有成为社会问题。

独立以后,在改造原社会生产关系和改变国家所有制的过程中,乌政府不允许无根据地拉大居民的收入与生活水平的差距[2],在构建市场经济的过程中,乌兹别克斯坦企图构建一个中产阶层。然而事与愿违,在经济尚未全面复苏的条件下,国内中小企业规模和数量都十分有限,以中小私有者为主要组成部分的中间阶层人数不多,而且十分脆弱,受经济危机或通货膨胀等因素的影响,他们逐渐向两极分化,大多数人很快滑向社会下层。与此同时,乌兹别克斯坦社会中的绝大多数工人、农民、知识分子也逐渐流向社会下层。于是,两极分化和贫困成为乌兹别克斯坦的社会问题。

两极分化的现实可以从衡量总体收入差距的指标基尼系数[3]中了解到。在独立前夕的1989年,乌兹别克共和国基尼系数为0.304,国民收入分配虽然处于较不平均的阶段,但收入分配的差距仍属于社会能够接受的范围。到独立初期的1998年,基尼系数上升到0.447,这一数字已经超过了国际公认的0.4的警戒线,这意味着国民收入分配已经处于高度不平均状况。此后,乌国政府对

---

[1] 李景阳:《基本经济制度转变中的社会冲突——对俄罗斯的实证分析》,东方出版社,2002年,第12—13页。

[2] 〔乌兹别克〕伊·卡里莫夫:《临近21世纪的乌兹别克斯坦:安全的威胁、进步的条件和保障》,王英杰等译,第164、171页。

[3] 基尼系数是经济学家用来衡量收入分配公平程度的指标,即在全体居民收入中,用于进行不平均分配的那部分收入占总收入的百分比。"基尼系数=0"表示收入分配绝对平均;"基尼系数=1"表示绝对不平均;一般把"基尼系数=0.4"作为警戒线,高于这一数字的国家居民收入和分配差距巨大,社会分层明显。

分配的不平均进行了较为有效的治理，使高度不平均的现象得到遏制，在 2002 年和 2003 年，基尼系数分别降至 0.33 和 0.35，尽管如此，这些数字表明，乌兹别克斯坦的收入分配仍然还处于较不平均的状态。

基尼系数的快速上升，表明乌兹别克斯坦居民收入分配差距呈现加速扩大趋势，反映了贫富差距的程度。乌兹别克斯坦最富裕 20% 人群的收入在所有年份都数倍于最贫困 20% 人群的收入，其中，1997 年达到了 12.7 倍[1]，这一数字在中亚国家中是比较高的。此外，从消费视角也可以反映出贫富悬殊。1998 年，乌兹别克斯坦最贫困 20% 人口的消费占国民总消费的份额只有 3.9%。此后，通过治理，乌贫困人口的消费占比于 2003 年达到了 7.1%。[2]

贫富差距过大的原因是社会收入分配不公。从分配原则看，苏联时期的乌兹别克共和国实行按劳分配原则，劳动者的收入主要来源是工资，无论城市工人还是农庄农民，其雇主均为国家，国家劳动部门根据劳动性质、强度、技能水平、对社会贡献大小等方面划定工资标准，尽管存在工资差别，但是这种差别不是很大，而且劳动者收入基本不受其他收入来源的影响。独立以后，在从计划经济向市场经济的转型中，乌兹别克斯坦的收入分配从"按劳分配"向"按市场要素分配"原则过渡。收入已经不仅仅只是劳动报酬，而且包括了生产要素的投入；其中一部分收入是通过股份、股息、红息、利息，以及专利、技术、信息的收益获取。通过非劳动手段可以获得大笔收入，而劳动者为了不失业，却不得不接受低工资的工作。总的来看，工资在总收入中的占比不大，甚至呈下降趋势，相

---

1 杨进：《贫困与国家转型：基于中亚五国的实证研究》，社会科学文献出版社，2012 年，第 36 页。

2 同上书，第 37 页。

反,生产要素(资本)的回报比重却在不断上升。加之,在市场化改革中,占据优势地位的人群以隐蔽手段获得"灰色收入"和"黑色收入"的机会增多,这些"地下收入"的机会是不掌握权力的老百姓所没有的。

私有化导致了社会收入分配不公。独立以前,乌兹别克斯坦存在国家所有(即全民所有)和集体所有两种所有制,独立以后,为适应向市场经济的转轨,在经济领域开始对国有制进行私有化改造。在私有化过程中,一些国有企业以拍卖或股份的形式转给了私人,这些企业的职工为了保住工作,以很低的工资留在私营企业内。在私有化早期,国家于1996年4月1日就颁布了《乌兹别克斯坦共和国劳动法》,其中第16条规定:劳动者的酬金不得低于相关法律规定的最低工资水平,然而,由于失业的人增多,低工资工作的现象普遍存在。私有制所造成的剥削使劳动者的收入大幅减少,而私营企业主的收益大幅增加。私人企业的厂长、经理等人迅速致富,这些在社会转型过程中"应运而生"的阶层被称为"新富阶层"。[1] 真正完整的市场制度要求生产力各要素在市场进行的竞争是自由公正的,即首先保证市场参与者在竞争规则上得到公正,而乌兹别克斯坦建立起来的市场经济运行机制却未能给予市场参与者一个公正的起点。可以说,私有化是乌兹别克斯坦两极分化的根本原因。

此外,私有化在初次分配的安排中普遍存在着制度不公正的问题。乌兹别克斯坦《非国有化与私有化法》第3条规定:非国有化和私有化的原则是"在实行非国有化和私有化时,将财产的有偿转让与无偿转让相结合;公民获取无偿和有偿私有化财产份额的权利平等"。《非国有化与私有化法》还规定,在出售企业财产时,如果

---

[1] 常庆:《中亚五国社会变化与社会发展模式》,《东欧中亚研究》2001年第1期。

在其他条件相同的情况下，本企业职工创办的生产公司和合伙公司比其他公民和法人享有优先购买权，作为本单位的领导者利用这种优惠，可以利用无力购买的本单位职工的优先权。2007年，乌国议会在听取国有资产委员会报告时一致认为：在国家资产非国有化和私有化过程中并非始终坚持公开、公正的原则和有效性要求，还存在对国家资产的价值和出售条件评估不足的现象，对私有化企业的投资管理和扶持政策也需要进一步完善和提高。[1] 私有化对于居民财产获得权具有直接影响，这种初次分配中的不公正现象是导致弱势群体失去后续发展能力的重要因素。

权力因素对社会利益分配的渗入，使当权者成为私有化的受益者。在私有化过程中，乌曾采取无偿赠予或优惠出售的方式，在估计国有资产时，有些企业领导人故意低估私有化企业的资产价值，然后低价折股、低价出售企业资产[2]，他们从中获利。如昔日的机关、企业领导人大多数成为今日非国有制或私有制企业的经理或厂长。有学者指出：权力差异决定了社会报酬的不平等分配体系，那些处于上层的人……能够获得更有价值的资源。[3] 在乌兹别克斯坦，总统及其密友，还有其他特权小集团决定着私有化的进展，其他方面的经济改革也部分地由这些人的利益来决定。[4]

由于市场化分配机制在制度设计上存在漏洞，不同地区、不同行业、不同部门之间的收入差距也是初次分配时造成了收入差距扩大的原因之一。

---

[1] 谷维：《乌兹别克斯坦私有化改造取得成效》，《中亚信息》2007年第2期。
[2] 王大成：《浅析中亚各国国有资产非国有化与私有化的现状和特点》，《东欧中亚研究》1994年第3期。
[3] 〔美〕马丁·N.麦格：《族群社会学》，祖力亚提·司马义译，华夏出版社，2007年，第33页。
[4] 占华：《浅析中亚经济发展中的制度过剩》，《商》2016年第31期。

首都与其他地区的收入差距悬殊。2000年，塔什干市的人均收入高达全国平均收入的142.6%，到2006年，这一数字是239.4%；2000年，吉扎克州平均收入低至全国水平的43.5%，2006年仍低至全国平均水平36.8%。[1] 总统往往属于某一地区的利益集团，他所做出的决策在一定程度上向他所属的地区或利益部门倾斜，而其他地区只能从中获取相对较少的收益。这种情况不仅影响了地区经济，还导致了社会的不稳定，"安集延事件"从一定程度反映出乌兹别克斯坦地区收入差距造成的严重性。

贫富差距的拉大导致了原有社会结构的瓦解，工人、农民、知识分子逐渐向两极分化，出现了新的社会阶层。从财富的角度来看，乌兹别克斯坦社会可以分为"在社会变革浪潮中社会利益受到损害的劳动者阶层"、"通过正常经营和劳动逐步积累资本的中小资本家阶层"和"通过各种非劳动手段聚敛大笔财富的既得利益者阶层"，即所谓"新富阶层"。

新富阶层的形成主要是利用了所有制改造。中亚国家独立以后，在新生政权中掌握权力的人和原苏联官僚体系之下的各级党政官员通过正常或非正常的渠道成为非国有制或私有制企业的经理、厂长、外企代理、高级职员，这些人利用手中特权，趁政治、经济制度尚未完善之际，在市场化和私有化的各个环节聚敛了大笔财富。处于中亚国家社会结构顶端的新富阶层，不仅左右着社会利益的分配，同时也在一定程度上垄断着政治权力；这种情况在乌非常典型。

为了缩小两极分化，在财政方面利用税收调整贫富差距。2006年，乌国所征法人所得税税率为12%；在向自然人征收的所得税

---

[1] 杨进：《贫困与国家转型：基于中亚五国的实证研究》，第43页。

中，收入在最低工资额 5 倍以内的，税率为 13%，收入在最低工资额 5—10 倍之间的，税率为 20%，收入在最低工资额 10 倍以上的，税率为 29%；增值税税率为 20%；消费税税率在 10%—140% 之间，主要向消费烟、酒、汽车、地毯等非日用必需品征收。[1]

然而，税收调节只是依靠国家政权强制力量从纳税人获取用于社会公共支出的财政资源，真正把财税资源在全社会层面合理公正地进行分配对于普通民众而言具有更加直接的意义，对社会下层来说，社会福利和社会保障政策将更加有意义。

第二节　逐步改善中的贫困问题

苏联解体之前，乌兹别克共和国在中亚国家中虽然不算最贫困的，但其贫困现象也比加盟共和国中的大多数国家严重。根据世界银行公布的数据，1989 年苏联的贫困率为 11%，乌兹别克共和国的贫困率为 44%。[2]

乌兹别克斯坦政府自成立之日起就重视民生问题。总统伊·卡里莫夫认为："建立生产经济本身不是目的。一切改革：经济改革、民主改革、政治改革——其最终目的乃是创造对于人的生活与活动最优越的条件。"[3] 然而，独立之后的经济下滑使乌与其他中亚国家一样面临了失业、贫困等急需解决的社会问题。

在计划经济向市场经济的过渡时期，乌兹别克斯坦的贫困问题严峻起来。1993—1995 年间，乌兹别克斯坦有 66% 的人生活在贫

---

[1]《乌兹别克斯坦主要经贸法律法规》，《俄罗斯中亚东欧市场》2007 年第 8 期。
[2] 杨进：《贫困与国家转型：基于中亚五国的实证研究》，第 16 页表 1-5。
[3]〔乌兹别克〕伊·卡里莫夫：《乌兹别克斯坦沿着深化经济改革的道路前进》，陈世忠、邱冰译，第 81 页。

困线以下[1];截至1996年,有1000多万人生活在贫困线以下[2]。

贫困的主要原因之一是经济下滑,生产不景气。独立以后的1991—1994年,国民生产总值与1990年相比呈下降趋势,在1994年时,乌兹别克斯坦的国民生产总值下降到1990年的81.6%。[3]经济的下滑导致了国家财政困难,国民的收入减少,乌兹别克斯坦的低工资就业人口比例长期处于较高水平,1998年时有32.1%的就业人口日均收入低于1美元,2002年这一比例增长到42.3%,2003年达到46.3%,这意味着有接近一半的就业人员每天收入不超过1美元。[4]此外,无论是工资、退休金,还是对低收入家庭和多子女家庭的补助金都不能及时发放,一般要拖三个月,有的甚至要拖一年。这种情况极大地影响了人民的生活,基本生活难以保证,很多人沦入贫困之中。

物价开放和通货膨胀是导致贫困的又一因素。独立前夕的1988年,苏联消费品(包括食品、非食品和轻工产品)人均生产水平为1224卢布,而乌兹别克共和国的这一数字是494卢布,不到全苏平均数的一半。[5]苏联时期,消费品的短缺可以由中央调节,1989年,苏联中央补足乌兹别克共和国的消费品总值为39.17亿卢布。[6]独立以后,由于经济联系的中断,消费品的缺乏十分严重。食品和日用必需品的短缺和物价的开放导致了通货膨胀,在1990—1994年间,乌通货膨胀率基本上呈现出上升趋势:3.1%、

1　Daniel Linotte, *Poverty in Central Asia*, Helsinki Monitor, 2002, No. 2, p. 170.

2　万春生:《乌兹别克斯坦:政治经济改革的理论与实践》,《东欧中亚研究》1996年第6期。

3　杨进:《贫困与国家转型:基于中亚五国的实证研究》,第19页表1-6。

4　同上书,第83页。

5　同上书,第9页表1-1。

6　同上书,第78页。

82.2%、645.0%、534.0%、746.0%。[1] 在此时期，居民的最低工资860苏姆只能买3公斤中等质量的香肠，或者4公斤多黄油。[2]

国民收入减少和通货膨胀导致居民的购买力下降，国民人均每年肉、奶、蛋消费量已下降60%左右。[3] 生活水平下降导致了居民的不满。1992年初，首都塔什干发生抗议物价上涨的大规模学潮，酿成流血冲突。贫困人数的增加影响了社会稳定，这些人为生计铤而走险，使正常的社会秩序受到威胁。乌兹别克斯坦政府高度重视贫困问题，除了加快发展经济、促进就业和按时发放工资外，政府在社会领域进行了一系列改革。

独立初期，乌兹别克斯坦通过社会保障措施弥补市场经济改革导致的贫困，在财政极度困难的情况下，政府对一些生活必需品进行补贴，乌国的面粉需要进口，面包价格并不贵，低收入家庭也能接受。[4] 国家补贴支出在逐年增加，每年近一半的预算支出用于社会领域的各项开支，相当于国内生产总值的20%。[5] 然而，随着贫困人口的增加，财政不堪重负，政府无法继续与自身经济实力不相称的社会保障制度，1998年，乌兹别克斯坦开始了以社会保障为重点的社会改革。

解决贫困的措施之一是完善社会保障体系。在社会改革中，首先，采取了多元化筹集社会保障资金的方式。除了国家从预算资金中拨出部分资金作为社会保险基金外，确立了企业、机关和组织几方面筹集社会保险基金的多渠道原则。于是，广泛吸引劳动集体、社会慈善机构和基金会的资金筹集制度建立起来。其次，提高工

---

1 杨进：《贫困与国家转型：基于中亚五国的实证研究》，第20页表1-7。
2 赵常庆主编：《中亚五国概论》，第126页。
3 同上。
4 孙壮志：《乌兹别克斯坦寻找有本国特色的发展模式》，《瞭望》1997年第9期。
5 同上。

资、退休金和养老金。国家在经济形势好转以后，增大了社会领域的拨款，自2003年5月1日起，乌预算拨款单位的工作人员工资、养老金和社会补助金、助学金增加了20%。[1]

解决贫困的措施之二是发展劳动力市场，创建工作岗位是解决贫困的积极措施（见第三节"治理中的失业问题"）。

解决贫困的措施之三是完善税收体系，以税收调整初次分配中的不公现象，使贫富差距逐渐缩小。2007年，政府调整了税收政策，取消了不合理且效果不明显的税收优惠，激励纳税人及时依法纳税。[2]

解决贫困的措施之四是利用外援发展经济。其中，世界银行主要对费尔干纳盆地和塔什干州的农业企业发放的小额贷款，对该地区经济发展起到了明显的促进作用。此外，一些外国组织及基金会对费尔干纳盆地和卡拉卡尔帕克自治共和国投入的资金，主要用于改善以上地区的道路、水管及学校、医院的维修等基础设施建设，不仅解决了居民的就业问题，也改善了当地居民的贫困状况。

乌兹别克斯坦对贫困的治理收到了一定的成效。2009年前后，乌国贫困人口的比例降至25.8%[3]；贫困状况的改善还可以从国民收入和国民的储蓄上反映出来，2004年乌国内人均收入实际增长了16%。[4]

2006年8月15日，乌社会研究中心副主任马拉特·霍芝穆拉多夫进行了一次社会调查，调查结果显示：接受询问者中的86%都看到了国家改革的稳定成效，他们认为社会服务质量有所好转、人

---

1 王峰：《乌兹别克斯坦近期的社会经济改革措施》，《中亚信息》2003年第7期。
2 《乌兹别克斯坦继续进行税制改革》，聂书岭译，《中亚信息》2007年第4期。
3 赵常庆：《中亚五国新论》，昆仑出版社，2014年，第139页表3-2。
4 于宏建：《我们永远是友好伙伴——访乌兹别克斯坦总统卡里莫夫》，《人民日报》2005-05-25。

民生活水平有所提高；89.7%的公民表示完全或者很大程度上对自己的生活满意。[1]

然而，解决贫困问题的任务并未完成。2014年，根据英国权威杂志《经济学人》分析研究部编写的2014年"全球粮食安全指数"报告中提供的数据，乌76.7%的人口生活在贫困线以下，即这部分人每人每天的生活费为2美元或不足2美元。[2]失业和贫困化问题在相当长的时期内难以得到根本的解决。

第三节 治理中的失业问题

失业是产生贫困的主要因素之一。乌在经济改革以前就已经出现了失业现象。在苏联计划经济时代，很多劳动部门的就业岗位并不能使劳动者通过工作获得社会认可的正常收入，虽有工作岗位却并未充分发挥工作效率，这种现象被称为"隐性失业"[3]。苏联解体前夕的1989年，中亚各加盟共和国的失业者多达200万人以上[4]，而失业在人口最多的乌兹别克共和国情况是严峻的。

独立以后，一批苏联时期的工业企业面临困境，有些破产倒闭，有些开工不足，工人失业现象显现出来。随着以利益为导向的市场化改革，很多过去处于隐性失业状态的失业者显现出来。乌兹别克斯坦第二大城市撒马尔罕的马尔季克劳务市场的情况反映了独

---

[1] 岳萍：《乌近90%的公民对自己的生活满意》，《中亚信息》2006年第9期。
[2] 阿丽也·吾买尔等：《丝绸之路沿线国家收入分配与社会稳定问题研究——以中亚五国为例》，《新疆社科论坛》2016年第4期。
[3] 隐性失业是一个经济学概念，1930年由剑桥经济学派代表人物琼·罗宾逊夫人提出，原意是指工人在危机时期为避免失业而被迫接受一些知识、技能和经验都得不到充分利用的工作。此后，许多经济学家的研究证实了她的理论，并把隐性失业拓展为凡是那些处在落后部门的、边际生产率低的劳动力称为隐性失业。
[4] 黎方：《苏联的失业现象》，《世界知识》1990年第16期。

立初期乌兹别克斯坦的失业状况。到马尔季克劳务市场找工作的人愈来愈多，失业人员在世界著名的旅游胜地乱哄哄的样子引起了地方政府的关注，于是他们就专门在离大广场古建筑群较远的一条街道上为找零活的人划了一块地方，不允许他们超出这个范围。有时候在100米至200米长的人行道上就聚集着数千个等零活的人，当地人称在非官方劳务市场出现这么多找零活的人是从来没有过的事情，特别是有很多撒马尔罕壮劳力也因没有工作不得不到劳务巴扎上找零活干。[1]

从官方公布的数据来看，乌兹别克斯坦在1994—1999年间的失业率在3%—5%之间。[2]这些数据表明失业率仍处在3%—6%的合理范围内[3]，然而，这些数据只是根据失业者在劳动部门的登记计算的，而且基本上只限于城市居民，对情况更为严重的农村却无法进行精确统计。在私有化过程中，大批劳动者失去工作岗位，中亚国家的失业率普遍在10%—20%。据西方估计，乌兹别克斯坦在2001年以前的失业率大约为6%。[4]有些地区的失业水平超过了这一平均数，如费尔干纳地区，有工作能力人口中的失业率高达60%。[5]在正式登记的失业人员中，年轻人所占比例很大，到1999年底年轻失业者已经超过失业人数的30%。大批失业者的存在已经不只是一个经济问题，而是对现实和未来产生很大的影响的社会问题。

乌兹别克斯坦失业率高的主要原因有以下几个方面：

---

1 《从撒马尔罕的劳务巴扎看乌兹别克斯坦的就业形势》，谷维译，《中亚信息》2009年第5期。

2 许新主编：《转型经济的产权改革：俄罗斯东欧中亚国家的私有化》，社会科学文献出版社，2003年，第315页独联体国家1990—2000年官方统计和公布的失业率表。

3 失业率在3%—6%之间为正常性失业。见张跃庆、张念宏主编：《经济大辞海》，第590页。

4 常庆：《中亚五国社会变化与社会发展模式》，《东欧中亚研究》2001年第1期。

5 刘启芸编著：《塔吉克斯坦》，社会科学文献出版社，2006年，第148页。

一、乌兹别克斯坦人口增长迅速是导致失业率上升的因素之一。苏联后期，在1981年至1990年的十年间，乌兹别克共和国的人口增加了410万人；独立以后，在1991年至2005年的十五年中，乌兹别克斯坦人口增加了540万人。[1] 超过半数的人年纪不到25岁，成为中亚地区"最年轻的国家"。20世纪90年代，每年有20多万年轻人达到就业年龄。[2]

在人口迅速增长的形势下，经济增长却十分缓慢，甚至出现下滑，经济的不景气不能给迅速增长的人口提供相应的劳动岗位，于是导致了大批失业者。2005年，年轻人占了失业人口的一半以上：18—30岁年轻人占失业人口总数的41.3%，30—50岁的青壮年占失业人口总数的40.8%，16—18岁的青少年占失业人口总数的13.5%。[3]

二、乌兹别克斯坦独立初期急剧衰退的经济使就业岗位大量缩减，也是造成失业的根源之一。独立初期，乌兹别克斯坦与原苏联内部各加盟共和国的经济联系中断，出现了经济衰退的现象；此外，原有的一些企业因大批俄罗斯技术人员的出走而陷入瘫痪，一些工厂处于停产或半停产状态，企业倒闭的现象普遍。

三、独立初期，经济结构的调整对劳动力的需求发生了变化，一些劳动力容量大的生产部门不再适合本国资源和市场条件，需要进行转产，转产后节省下来的大批劳动力或者被迫重新择业，或者失业，因此在转型时期出现了大批失业者。如乌在扩大粮食和经济

---

[1] 〔乌兹别克〕穆尔塔扎耶娃·哈米多夫娜：《乌兹别克斯坦当代人口过程及国家人口政策》，张娜译，《俄罗斯中亚东欧研究》2011年第2期。
[2] 孙壮志：《中亚五国经济转轨中的失业与就业问题》，《东欧中亚研究》1997年第3期。
[3] 苏畅：《乌兹别克斯坦的人口现状及发展趋势》，《东欧中亚市场研究》2003年第5期。

作物种植的同时,缩小了棉花种植面积,由于前者的劳动力容量小于后者,致使6.6%—10%的农村劳动力被解放出来。[1] 此外,私有化也是失业现象存在的直接原因之一。

四、教育经费不足,继续接受教育的年轻人减少,提前进入劳动力市场也是失业者增加的因素之一。独立以后,各高校普遍缩减计划招生数额,为了创收而增加了自费生的比例,大学学费非常高,如首都高校的自费生每年需交纳的学杂费将近800美元。大多数年轻人不得不放弃继续接受教育的机会,提前到社会上就业。由于劳动力素质不高,他们不能适应新的市场经济的要求,所以大部分人找不到适合自己的工作,处于失业或半失业状况。

为了治理失业状况,乌政府出台了一系列政策和措施。其中,发放失业救济金和建立职业介绍所是解决失业者暂时困难的一个方面。据官方统计,1992年领取失业救济金的人数有7100人[2],2001年有2.12万人能够得到失业救济金。[3] 此外,乌政府成立了数以百计的"职业介绍所",一些失业者在介绍所的帮助下找到了工作。至2004年,乌妇女中有46%—47%的人在职业介绍所登记寻找工作,43%—44%的妇女得到就业安置。[4]

从长远观之,治理失业的根本途径是促进就业,乌政府促进就业的措施有:一、鼓励创业,对自谋职业者和小企业主,政府简化了个体经营者的登记手续,并且在税收上给予优惠。2012年,政府将中小企业的税率从2005年的13%降至5%;2015年,乌国将

---

[1] 孙壮志:《中亚五国经济转轨中的失业与就业问题》,《东欧中亚研究》1997年第3期。

[2] 赵常庆主编:《中亚五国概论》,第229页。

[3] 苏畅:《乌兹别克斯坦的人口现状及发展趋势》,《东欧中亚市场研究》2003年第5期。

[4] 张艳红:《乌妇女就业情况》,《中亚信息》2004年第4期。

个人所得税税率从2014年的10%降到7.5%。[1]据统计,到1995年底,在私人商业和私有企业中就业的人数已经占本国就业总人数的57.1%。[2]

二、发展劳动力密集的农村中小产业。独立初期,由于工业生产连年滑坡,城市人口向农村转移,城市人口的比例由1991年的40.1%降至1996年的38.4%。根据有关统计,1997年上半年,乌在农业中的隐蔽失业人员有83.15万人。[3]政府制定了农村就业发展纲要,核心是发展劳动力密集的加工工业和服务业。在政府的扶持下,劳动力密集的农村中小企业成为解决就业的有利因素。在2006年至2007年间,乌新增工作岗位达到100多万个,其中70%在小型商业领域。[4]2007年上半年,乌国新增加的工作岗位31.48万个,其中有7.5万个是服务业岗位[5];2008年上半年,乌国新增就业岗位37.21万个,服务岗位有13.02万个[6]。如在人口稠密的费尔干纳盆地、泽拉夫善盆地、阿姆河下游等地区,兴起了一批以加工工业为基础的中小城市。

三、引进外国投资解决失业。乌政府发挥本国劳动力和自然资源的优势,积极吸引外国公司投资或合资建立企业,以解决乌国就业问题。1996年底,在乌的合资企业已超过3000家,就业人数接近10万人。[7]乌政府在投资和企业招工中采取了一些措施。乌政府

---

1 雷婕等:《中亚地区财政经济形势分析》,《欧亚经济》2016年第4期。
2 孙壮志:《中亚五国经济转轨中的失业与就业问题》,《东欧中亚研究》1997年第3期。
3 同上。
4 杨建梅:《乌经济发展带动就业率增长》,《中亚信息》2007年第7期。
5 《乌兹别克斯坦2007年上半年社会经济发展概况》,杨建梅译,《中亚信息》2007年第8期。
6 《乌兹别克斯坦经济发展形势良好》,杨建梅译,《中亚信息》2008年第8期。
7 孙壮志:《中亚五国经济转轨中的失业与就业问题》,《东欧中亚研究》1997年第3期。

在投资中增加了就业的要求。如 2015 年，乌政府以"零"价格出售 506 处资产，投资者除了完成一定数额的投资义务外，还必须创造 22000 个工作岗位。[1] 此外，乌政府对大中企业实施定额制。定额制规定，大中企业（即雇员超过 100 人）在招收员工时，必须给年轻人预留一定数量的就业岗位。

四、培训失业人员以适应市场需求。苏联时期，乌兹别克斯坦能够承担高技术的人主要是欧洲移民，乌兹别克共和国世居居民中技术人员缺乏，他们的就业单一，主要集中在农业领域。独立以后，为了适应市场需求，对失业者提供技术培训，为他们再次就业创造条件。乌政府计划在 1996 年至 2000 年间培训 95 万人[2]，一些人通过培训寻找到新工作。

五、劳务输出也是解决失业的办法之一，乌国政府帮助失业者在俄罗斯、韩国等国联系工作。在韩国的外国劳工中，乌公民成为主力，国家每年派去韩国的劳工人数达到近 4500 人。[3]

国家实施的一系列旨在提高就业率的措施收到了良好效果。特别是在 2008 年以后，政府加紧了本国基础设施的建设，对基础建设的投入解决了大批人的就业。如政府从预算中拨出资金，录用失业居民参加大规模的城市美化工程。在撒马尔罕的大小公园都可以看到有数百人在从事整修和绿化工作，仅在鲁赫巴德墓公园的 250×250 平方米的广场上就有上千人在干活。不过，也应当看到，经济因素对就业和失业造成的影响是长期的，乌兹别克斯坦失业问题在短时期内不可能得到彻底解决。

---

1 《乌兹别克斯坦大力推行私有化》，中华人民共和国商务部 2016-02-02。
2 孙壮志：《中亚五国经济转轨中的失业与就业问题》，《东欧中亚研究》1997 年第 3 期。
3 《吉尔吉斯斯坦将向韩国输出劳务》，吴义春译，《中亚信息》2003 年第 2 期。

第四节 权钱交易的腐败问题

腐败也是乌兹别克斯坦的社会问题之一。独立以后,在政治和社会经济转型过程中,政府官员腐败已经成为引起乌兹别克斯坦政治局势不稳定的社会因素之一。

从历史上看,苏联时期的乌兹别克共和国已经存在着严重的腐败。从苏联建立到解体的近70年中,乌兹别克共和国领导干部集团腐败的现象始终存在,到勃列日涅夫任苏联总书记之时,行贿受贿之风盛行。当时,布哈拉州州委第一书记卡里莫夫用黄金为勃列日涅夫和当时的乌兹别克共和国党中央第一书记拉希多夫铸造了半身像,还向拉希多夫行贿30万卢布,此后,他又给拉希多夫的继任者乌斯曼霍贾耶夫送了好几万卢布,卡里莫夫因此获得了"乌兹别克干部的精华"这一赞语。在此腐败猖獗的形势下,共和国中央第一书记拉希多夫、部长会议主席胡代别尔德耶夫等高级官员网罗内务部官员和州、市地区官员,组成了一个庞大的贪污集团;贪污和受贿的数额少则几千卢布,多则几万甚至数十万卢布。[1] 其中,最大的是棉花贪污案。

棉花是乌兹别克共和国的主要经济作物,它的播种面积占全国农田面积的一半以上。从60年代末到80年代初,按苏共中央的要求,共和国每年需向苏联中央上缴的籽棉数不得少于600万吨。为了讨好上司,乌各级干部层层虚报,每年虚报的棉花产量高达100万吨,而苏联中央政府按此虚报数据付钱,虚报获取的这些钱被各级官员瓜分。拉希多夫也因此赢得苏共政治局委员的职位和勋章,在此位置上一坐就是24年。1983年,莫斯科开始调查此事,经

---

[1] 刘振修:《苏联解体前的乌兹别克大贪污案》,《文史天地》2014年第1期。

100多名调查人员的艰苦努力，最终查明，棉花贪污案获赃款达65亿美元，100多名高级官员被控犯有贪污受贿罪，其中包括共和国党中央的5名书记、6名州委书记、3名部长会议主席、若干名部长等。[1]

此外，乌共和国的苏维埃主席团主席纳斯里金诺娃滥用职权的行为也是特别突出的腐败事例。在她在任的12年里，她直接插手了315个与犯罪集团有关的案件，非法赦免59个因重大盗窃罪而被判处长期徒刑的犯罪分子，从中获取不少"好处"。据一个酒厂厂长供认，纳斯里金诺娃帮助他们利用超额部分的伏特加酒走私，为此，厂方把价值4万卢布的金首饰等贵重物品装进水果筐里送到了她家中。1974年，在她离职后，才有人敢把她滥用职权、收受贿赂的事揭露出来。她被开除党籍，而勃列日涅夫却说，开除她的党籍是对中央领导的公开挑战。

独立以后，在民主政治体制的构建中，乌兹别克斯坦逐渐形成了威权政治体制，行政权超过了立法权和司法权，三权分立和相互制衡的机制不能有效地发挥作用，失去监督的权力滋生了腐败。以"权力与金钱交易"为特征的腐败成了这个中亚人口最多的国家相当严峻的社会问题。

寻租腐败在乌兹别克斯坦十分猖獗，其原因之一是乌政府对社会经济过度管制导致了频繁出现的"寻租现象"。寻租活动的主要特征是利用行政权力为个人或利益集团谋利。一个投资项目往往要通过一道道政府审批关，为政府部门利用权力进行"权力寻租"制造了机会。乌高层领导利用手中权力获利的例子很多。其中，最突出的事例是北欧电信垄断行业、瑞典最大的移动运营商特力亚

---

[1] 刘振修：《苏联解体前的乌兹别克大贪污案》，《文史天地》2014年第1期。

（Telia）与乌高官的行贿行为。2007年，该企业的运营商为了进入乌国的电信市场，曾向乌总统卡里莫夫之女等官员行贿。事发后，该公司被罚14亿美元的罚款，公司董事长因此丑闻被迫辞职。卷入此案的还有1992年成立的荷兰电信公司（Vimpel Com），10年以来，该公司在乌的投资额约为10亿美元，拥有了大约950万的用户（乌共有2400万移动用户），2016年，该公司在乌的子公司承认向该国官员行贿1.14亿美元，为此被处以7.95亿美元罚款。[1]据说，利用手中权力寻租和收受贿赂的这名官员是乌政府高级官员的近亲。美国司法部已提起诉讼，寻求没收这名官员在瑞士银行账户中的5.50亿美元，这笔钱是荷兰电信公司和另外两家公司支付的贿款。[2]由于平等竞争的市场没有形成，个人的劳动努力和获取的报酬之间没有直接关系，于是，社会各方都争先恐后依附权力。

在乌兹别克斯坦，利用职务之便，采用种种手段索贿的现象屡见不鲜。政府官员控制了采购招标和拍卖，他们进行暗箱操作，行贿者可以获得政府招标和政府合同。在此形势下，谁掌握权力，谁就可以索取贿金。如向城市运输水果、蔬菜及肉食等易腐物品的商人往往要向沿路的检查站官员行贿；市民为了获得诸如健康和教育等本应免费的公共服务也必须行贿。

从政成了获取财富的捷径。对于一个能干的、雄心勃勃的年轻人来讲，从政和当上政府官员的富裕之路比其他任何方式都更快捷。因此，抱着谋取私利目的从政者数量不少，这些官员一旦上台就会利用职权以各种手段制造寻租机会，以敛财聚富。乌各派政治势力之间的竞争不是为了争夺政权，而是争夺总统的青睐，争取有

---

[1]《14亿美元！史上最大反腐罚单牵扯总统之女》，中国青年网2016-09-16。
[2]《美国对荷兰电信巨头开出史上第二大反腐罚单》，观察者网2016-02-19。

效贯彻总统意图,与总统建立亲密关系。

这种自上而下的腐败已逐渐侵蚀到国家的方方面面,寻租腐败行为十分猖獗。据世界著名反腐败非政府组织"透明国际"排名,2009 年,乌的腐败程度名列第 7 位,居中亚五国之首。2011 年,乌仍然是世界上最腐败的国家之一,在 183 个国家中乌兹别克斯坦的廉政指数排名第 177 位。

除寻租腐败外,影子经济也是乌国存在的腐败现象。影子经济又称地下经济,指国家无法实行税收管理与监控的经济市场,其形式主要包括偷税漏税、走私、黑工、盗版等行为。通常在经济自由度较高的地区其规模较小,而在经济自由度较低,特别是垄断现象突出的地区,影子经济的规模往往较大。在从计划经济向市场经济的过渡中,法制不够完善、政策不够透明、赋税过重等原因是乌兹别克斯坦影子经济存在的根源。

在乌兹别克斯坦,政府从对企业的管理中征收的税很重,如 2007 年以前对自然资源开采企业征收的资源税税率很高,在 32%—58% 之间[1],高税率造成了影子经济的大量存在。在乌国,参与影子经济的人多为掌握国家经济命脉的特权阶层,这些人与官吏的贪赃枉法结合起来,钻政策的空子,使国家和人民的利益受损,直接影响了乌经济的正常发展。乌影子经济在经济总量中所占比重 15%,与吉尔吉斯斯坦和哈萨克斯坦相比,这一数字是最小的,在哈萨克斯坦,影子经济在经济总量中的占比是 30%。[2]

为了消除影子经济,乌兹别克斯坦于 2007 年对 1998 年颁布的税法进行了修订,对国内税收项目进行了调整。新的税收政策

---

[1] 中国商务部欧洲司综合处:《乌兹别克斯坦主要经贸法律法规》,《俄罗斯中亚东欧市场》2007 年第 8 期。

[2] 《影子经济在高加索及中亚国家占比高》,新华网 2012-11-13。

旨在避免纳税人的某些逃税和隐瞒收入的行为，促进纳税人的生产积极性和增加企业利润。其中，利润税税率从1998年的35%减至10%；自然人所得税从45%降至25%；小企业和农业生产企业征收的农场统一税从10%降低到8%。

对腐败的治理在经济改革初期就已经开始，但屡禁不止，直到2016年仍困扰着国家经济的发展。英国《经济学人》有文章说，乌国内"腐败横行、黑市繁荣，普通乌兹别克斯坦人难谋生计"，这些现象将导致乌国的"经济瘫痪"。[1]

卡里莫夫去世以后，总理米尔济约耶夫在代理总统期间签署了《进一步改革司法制度》的法令，颁布了《推进商业、保护私人财产权和改善商业环境》的反腐法律草案。为了配合以上法律的实施，乌政府采取了相应的具体措施，乌政府高级执法人员会见了数百位商业领袖，征求他们对如何打击腐败的意见。在大选前夕，乌议会批准了由米尔济约耶夫提交的反腐法草案。[2] 米尔济约耶夫将反腐工作作为他赢得大选的头等事来抓，说明乌国内的腐败已经招致国民的极大不满。2016年12月4日，米尔济约耶夫当选总统，当选第三天（12月7日），开通了"在线接待"，主要处理的问题是举报官员贪腐、法官不公正、警察滥用权力。

第五节　屡禁不止的毒品问题

乌兹别克斯坦领土处于世界四大毒源地之一的"金新月"[3]地带

---

[1]《米尔济约耶夫签署命令优化总统办公厅组织结构》，中华人民共和国商务部 2017-03-15。

[2] 同上。

[3] "金新月"地带起于土耳其东部，向东南穿越伊朗、阿富汗、巴基斯坦，其中包括伊朗西北部与东南部、阿富汗南部和巴基斯坦西北部，所辖区域形如一轮新月，故名。

的北缘，除了失业和贫困外，毒品也成为乌兹别克斯坦面临的一个社会问题。

一是毒品种植情况。苏联时期，毒品在乌兹别克共和国的种植面积不大。独立以后，毒品种植面积开始扩大，1991年，罂粟的种植面积已达1000公顷以上，相当于1990年的10倍[1]；野生大麻则广泛生长于乌兹别克斯坦东部，在横跨乌兹别克斯坦、哈萨克斯坦、吉尔吉斯斯坦三国的楚埃谷地，大麻种植面积多达450万公顷[2]。乌经济学家、毒品问题专家阿里莫夫博士曾说："中亚各国有一半农村居民在自家土地上种植毒品作物，种植毒品作物的土地面积迅速扩大，有些毒品种植园生产规模庞大，甚至到了人手短缺，不请帮工就无法做到'颗粒还家'的地步。"[3]乌政府非常重视反毒品斗争，1995年2月，乌加入了联合国禁毒公约。据官方公布，1997年，乌兹别克斯坦国内已经没有非法种植的罂粟。[4]

二是吸毒情况。独立以后，吸毒人员在增加。1998年，乌兹别克斯坦约有20万名吸毒人员，平均每千人有8.2人。[5]2000年，乌政府制定了《禁毒法》，此后吸毒人员数量有所下降，据2005年的统计，乌国人民中每10万人有262—367人吸毒，这一数字在中亚国家中是较低的。[6]农村人口吸毒现象也十分严重。据阿里莫夫介绍，在乌兹别克斯坦，过去人们认为瘾君子全是城里人，而现在登

1　黄明华：《当代毒品问题的地理研究》，《铁道师院学报》1995年第1期。

2　苏·威廉斯：《中亚毒品贸易猖獗》，《科技潮》1999年第10期。

3　同上。

4　孙壮志等编著：《乌兹别克斯坦》，第160页。

5　傅菊辉、刘安平：《中亚毒品贸易及其对我国的影响》，《贵州师范大学学报》2006年第6期。

6　哈、吉、塔、乌中亚四国每10万人中吸毒人员分别是1000—1251人、1644—2054人、734—991人、262—367人。见许勤华：《解析毒品与毒品走私对中亚地区安全的影响》，《俄罗斯中亚东欧研究》2007年第2期。

记在册的吸毒者中有40%居住在农村。[1] 截至2009年初登记注册的吸毒者人数有13万人。[2]

三是打击毒品走私和贩卖情况。乌兹别克斯坦禁毒的主要任务是打击毒品走私和贩卖。乌兹别克斯坦与毒品生产大国阿富汗毗邻，乌阿之间有约137千米的边界线。阿富汗生产和加工的毒品中有一部分经乌运往土库曼斯坦和哈萨克斯坦，再通过以上两国运往欧洲和世界各地的消费市场。以阿富汗为中心的"金新月"毒品区兴起于20世纪80年代，90年代以后逐渐发展为全球第二大罂粟和大麻种植基地和海洛因、鸦片的主要产地，成为具有国际影响的新毒源区。1999年，阿富汗生产大麻4600吨，这个数量是全球大麻产量的75%；2000年，阿富汗向世界市场投放的毒品原料可能达到7000吨；"金新月"带毒品区平均每年生产300吨鸦片，经精炼后可获取250吨纯净海洛因，据估测，"金新月"带的毒品数量占世界毒品上市总量的39%。[3] 阿富汗成为世界四大毒源地之一。

阿富汗毒品流向世界各地的途径主要有两个方向。其中，南线通过巴基斯坦和伊朗运出，抵达土耳其以后，分运到欧洲各地；北线通过与之接壤的塔吉克斯坦、乌兹别克斯坦和土库曼斯坦中亚三国运出。根据联合国毒品控制署的估计，阿富汗每年毒品出口的65%（相当于80吨海洛因）通过中亚国家运往西欧和其他市场。[4] 从中亚缴获的鸦片来看，在中亚进行交易的鸦片主要来自阿富汗。所以，打击毒品走私是中亚国家的主要任务。

进入乌境内的毒品有两种途径，一是通过乌阿边境从阿富汗的

---

1 苏·威廉斯：《中亚毒品贸易猖獗》，《科技潮》1999年第10期。
2 许涛：《中亚：安全因素复合互动》，《世界知识》2009年第24期。
3 汪嘉波：《毒品泛滥，中亚告急》，《光明日报》2000-09-01。
4 苏·威廉斯：《中亚毒品贸易猖獗》，《科技潮》1999年第10期。

坎大哈运到乌境内。乌阿边境线长约 137 千米，由于乌阿边境线不长，便于政府控制，从这条路线进入乌兹别克斯坦的毒品并不多[1]，这条路线的毒品走私多采用铁路进行，乌阿铁路每天大约有 1000 个集装箱过境；二是利用公路从塔吉克斯坦进入。由于乌塔边境贸易繁忙，过货量大，来往货车不断，所以成为毒品运入乌国的优先选择。乌情报部门在本国其他地区也几度查获来自阿富汗的毒品，2008 年 12 月，乌兹别克斯坦情报部门查获了 220 公斤阿富汗生产的海洛因。据称，毒贩计划将这批毒品运往俄罗斯。[2]

除本国烟民吸食外，进入乌的大部分毒品转运到哈萨克斯坦和土库曼斯坦。毒品从乌南部地区北上抵达塔什干，然后再往北运往哈萨克斯坦；运往土库曼斯坦的毒品可能经阿姆河流域运出，再从里海东岸运往里海西岸的独联体国家，出口到俄罗斯和土耳其。经这两条路线出口最多的毒品是海洛因，据俄罗斯报纸报道，乌国家安全局曾截获一批海洛因，重量超过 25 公斤，犯罪嫌疑人承认，该海洛因产自阿富汗，自塔吉克斯坦带入乌境内，打算贩卖到土库曼斯坦。[3] 从阿富汗到俄罗斯再到欧洲国家的所谓"北线"途经乌兹别克斯坦，乌兹别克斯坦、土库曼斯坦、塔吉克斯坦是这条通道上的主要中转地，阿富汗每年生产的一半以上的毒品都是经这 3 个国家运出的。[4]

毒品走私主要由贩毒集团进行。近年来，随着国际贩毒集团的兴盛与日益联合，在全球范围内，在毒品的种植—加工—贩运—

1　吉尔吉斯斯坦毒品问题专家克尼亚泽夫认为，经乌兹别克斯坦和土库曼斯坦转运的毒品可能更多，只是缺乏这两国的相关信息而已。

2　《乌兹别克斯坦查获 220 公斤海洛因，计划运往俄罗斯》，新华网 2008-12-06。

3　《一批企图走私到土库曼斯坦的海洛因被查获》，中华人民共和国商务部 2014-12-05。

4　《海洛因从这里流向世界，毒品弄脏"丝绸之路"》，《中国青年报》2004-02-18。

销售的四个环节中,目前形成了有组织的分工合作。在乌兹别克斯坦的贩毒组织中民族成分复杂。1997 年,乌国缉毒人员在乌阿边境抓获塔吉克斯坦贩毒者 200 人,俄罗斯贩毒者 95 人,吉尔吉斯斯坦 61 人,土库曼斯坦 57 人。[1] 2011 年,乌国家安全局侦破了 112 起有组织犯罪团伙,破获了 608 起毒品犯罪案件,销毁毒品 1622 公斤。[2] 总的来看,在塔乌边境上的贩毒人员大多数是塔吉克人,他们语言相通,便于在乌塔边境进行毒品走私和贸易。

毒品不仅损害人类健康,劳动力的丧失使国家经济受损失;而且因毒品导致的犯罪率不断上升,破坏社会的安定。独立以来,乌国政府始终高度重视反毒品斗争,其中,重点打击的是贩毒,特别是切断毒品非法进入或过境该国的渠道,铲除根深蒂固的有组织犯罪集团。1996 年 4 月,乌、哈、吉三国签订了联合打击毒品走私的三边协议,并根据此协议制定了诸如信息互享、毒犯引渡等一系列合作的规章和条例。2008 年初,哈、乌、塔、俄四国警方针对一个国际贩毒集团进行了代号为"台风"的联合缉毒行动,在乌兹别克斯坦首都塔什干成功抓获贩毒团伙首领马哈茂德霍贾耶夫及其 5 名同伙。[3] 2011 年,乌国家安全局侦破了 112 起有组织犯罪团伙。[4] 2000—2003 年缴获鸦片分别是 2008.2 公斤、241.68 公斤、76 公斤、151.2 公斤[5];同期缴获的海洛因分别是 675 公斤、466.601 公斤、256.32 公斤、336.4 公斤[6]。

此外,组织销毁毒品行动。从 1994 年起,乌政府每年定期组

1　贾铁军:《毒品走私——中亚公害》,《光明日报》1998-08-07。
2　《乌兹别克斯坦公开燃毁毒品 1.65 吨》,人民网 2012-06-26。
3　《哈乌塔俄警方联合破获国际贩毒团伙》,北方网 2008-02-14。
4　《乌兹别克斯坦公开燃毁毒品 1.65 吨》,人民网 2012-06-26。
5　UNODC, *Global Illicit Drug Trends 2003*, p. 217.
6　Ibid., p. 280.

织销毁毒品的活动,到 2009 年,已销毁各类毒品约 55.44 吨。[1]

然而,与毒品走私和贸易相比,乌政府打击行动并不令人满意。由欧盟主导的中亚打击毒品行动计划项目(CADAP)在哈萨克斯坦首都阿斯塔纳发布了《2011 年中亚地区毒品犯罪情况报告》。报告说,每年大约有超过 90 吨的阿富汗毒品经由这条北部通道进行走私。欧盟驻哈萨克斯坦代表在阿斯塔纳表示,中亚地区每年的海洛因消费量大概为 11 吨,鸦片为 33 吨,吸食海洛因以及鸦片的人约为 34 万人。[2]2012 年,俄罗斯外长拉夫罗夫在与乌外长的一次会面中曾表示,贩毒交易没有减少,却在增加。[3]

来自联合国毒品与犯罪问题办公室的数据表明:仅 2009 年,从阿富汗运进俄罗斯的海洛因就为 75—80 吨,每千克净利润约为 1.9 万美元,仅此一项贩毒组织约获利 14 亿美元。14 亿美元约占乌兹别克斯坦当年 GDP 的 5%。[4] 乌兹别克经济学家、毒品问题专家卡地尔·阿里莫夫博士说:"由于政府腐败,政府执法部门在采取禁毒行动之前就有人向毒品生产者通风报信,让他们把原料藏起来。"不难看出,禁毒仍然是乌政府的一项艰巨任务。

---

1 李遥远:《在乌兹别克斯坦感受"国际禁毒日"》,人民网 2016-06-28。
2 陈志新:《大约四分之一的阿富汗毒品经由北部通道流入欧洲》,人民网 2011-10-11。
3 《俄罗斯拟加强打击阿富汗边境贩毒行为》,人民网 2012-12-18。
4 文丰:《阿富汗毒品及其对中亚的影响》,《新疆社会科学》2014 年第 6 期。

下编
乌兹别克斯坦模式的建设

独立以后的乌兹别克斯坦更变了原来的政治制度，开始了以立法、行政和司法三权分立为原则的民主宪政改革。虽然政治民主化被确定为国家发展战略目标，但国家的主要目标是维护政权的稳定。经历十多年的建设，宪政民主在理论上确立起来；然而，实践中，乌兹别克斯坦事实上形成了总统权力大、议会权力小、人民民主党一党独大的格局。这一政治格局保证了新兴的乌兹别克斯坦的稳定。2003年以后，乌兹别克斯坦继续深化宪政改革；继续独立初期的经济改革，国内生产总值增长率保持在7%以上；单一的经济结构有所改善，能源和粮食实现自给；随着政治经济改革的稳步进行，社会改革提上日程，其中社会保障成为社会改革的重要内容。

第十二章
深化宪政改革

2003年，乌兹别克斯坦进行了宪法修正。新修改的宪法对扩大议会权力、保障立法和执法权力的平衡等规定，推动了乌兹别克斯坦的民主化进程。2005年，乌兹别克斯坦发生了企图使用暴力推翻现政权的"安集延事件"，在以武力平息事件之后，乌兹别克斯坦加紧了政治改革的力度。经历几次宪法修正，总统、议会、司法的权力渐趋平衡，乌兹别克斯坦向着三权分立的宪政民主迈进。

第一节 对"安集延事件"的果断处理

2004年12月是上一届议会，即1999年一院制议会的届满期限，按2002年的宪法修正案，乌兹别克斯坦将于2004年底至2005年初期间举行新的两院制议会选举。议会选举前夕，乌兹别克斯坦的政治生活活跃起来。

伊·卡里莫夫总统创建的人民民主党（2009年有党员34万人），以及公正社会民主党（现有党员3万多人）[1]在积极备选；新的政党开始形成，2003年，以企业家和实业界人士为主体组建了自由民主党（大约有14.2万名党员）。2003—2004年，乌陆续通过了一系列法律条文限制非政府组织活动，如国外的非政府组织无权

---

[1] 《乌兹别克斯坦政治环境》，环球印象 2016-10-27。

参加乌境内的任何政治活动，也不允许它们向政党和群众运动组织的各种活动提供资助。[1] 2004年3月底至4月初，乌发生了一系列带有明显反政府、反总统色彩的恐怖袭击事件。

2004年12月26日，立法院的选举如期进行。人民民主党、公正社会民主党、自由民主党、民族复兴民主党和自我牺牲民族民主党参加了本届议会的角逐。结果，选举产生了120名立法院议员，自由民主党、人民民主党、民族复兴民主党、公正社会民主党得以进入议会，在议会中分别占有39、32、30、10个席位，其余9个席位被独立议员占有。[2] 进入议会的政党都是总统的支持者，他们的政治主张基本上与总统保持一致。参议院也如期于2005年1月17至20日进行了选举。

2005年2月4日，两院议会通过了由总统提名的乌兹别克族人、无党派人士沙夫卡特·米尔济约耶夫为新一届政府总理（2005.2.4—2016.9.2）的决议。沙·米尔济约耶夫于1957年7月24日生于吉扎克州；1981年，从塔什干农业水利机械工程学院毕业后留校，历任青年委员会书记、党委书记；1992年以后先后担任塔什干米尔佐-兀鲁伯区区长、吉扎克州和撒马尔罕州州长；2003年12月10日，出任总理；2005年2月4日，成为新一届政府总理。

当乌兹别克斯坦平静地进行新一届议会的选举和新一届政府的组建之时，乌的外部环境正在发生变化。始于东欧的"颜色革命"在向中亚地区蔓延。2005年1月28日，伊·卡里莫夫总统在议会两院第一次联合会议上指出，反对以"颜色革命"的方式对待国家改革和现代化问题，因为所谓的"颜色革命"从来都是运用暴力的

---

[1] 〔俄〕С. И. 切尔尼亚夫斯基：《变革时代的中亚》，《国外社会科学》2007年第6期。

[2] 《乌兹别克斯坦议会》，中国人大网2011-05-20。

手段,流血和疯狂地摧毁先辈创造的一切。这一讲话反映了国内形势的紧张,似乎出现了运用暴力手段进行"颜色革命"的倾向。不到两个月,2005年3月24日,吉尔吉斯斯坦发生了"郁金香革命";一个多月以后,乌爆发了旨在推翻政府的"安集延事件"。

2005年5月12日晚,一伙武装分子对安集延市的警察岗哨和部队营房发起袭击,抢夺了武器弹药,冲入监狱后释放了2000多名囚犯。武装分子随后占领安集延州州府大楼。13日,安集延市局势恶化,有几千民众聚集市中心广场,提出了民主改革、就业机会和"政府辞职"等诉求。事发以后,乌总统伊·卡里莫夫立即飞抵安集延市指挥平乱;乌军警封锁了安集延市出入通道,出动装甲车和直升机镇压了叛乱者。13日夜,武装分子和示威民众被军警击溃,官方称有169人在事件中死亡。[1]

骚乱平息以后,伊·卡里莫夫总统于5月14日和17日两次召开记者招待会,指出"安集延事件"是一场由宗教极端组织"伊扎布特"策划的武装骚乱,目的是在乌煽动吉尔吉斯斯坦式的革命。6月16日,乌外交部公布了"安集延事件"的调查报告,称此事件是由国际极端势力精心策划和组织的、最终目的是推翻现有国家和建立所谓的哈里发国家的反动事件。9月20日,乌最高法院认定参与"安集延事件"的151名嫌犯有罪,以谋杀、颠覆宪法秩序和阴谋政变等罪名开庭审理了"安集延事件"的嫌犯,其中,有15名嫌犯被判处14年至20年不等的监禁,他们中有包括安集延市警长在内的9名警官,士兵和监狱医生因渎职分别被判处5年半至11年的徒刑。[2]

---

[1] 任瑞恩:《乌兹别克斯坦官方称安集延骚乱事件中有169人死亡》,新华网2005-05-18。

[2] 徐晓天、陈杰军:《2005年的中亚形势》,《国际资料信息》2006年第2期。

"安集延事件"以后,乌政府与反对派之间的斗争激烈。"安集延事件"的处理激起了乌反对派的反政府活动。阿布杜拉姆·布洛特领导的比尔里克党(统一党),穆哈迈德·萨利赫领导的自由党,巴布尔·玛利科夫领导的自由农民党,还有以农民为团结对象、反对当局的农业政策的土地党等非宗教的反对派组织也参加了抗议活动。反对派头目中的大多数是20世纪90年代初退出政治舞台的精英,他们在国内的活动被当局严格禁止,总部和领导人都在国外。2005年6月8日,撒马尔罕城的自由农民党成员600多人举行抗议活动,反对政府在处理"安集延事件"中的强硬做法;比尔里克党(统一党)副主席哈姆达姆·苏莱曼诺夫在民众中散播"安集延事件"信息,政府于7月4日在浩罕市将他捕获;9月,乌兹别克斯坦民主力量联盟准备召开大会,建立由20个非政府组织构成的全国协商统一委员会,政府于会议召开之前逮捕了会议的主要组织者,使统一的非政府组织联盟未能形成;10月,政府当局认为"我的阳光乌兹别克斯坦"的两位领导人与"安集延事件"有关,并以挪用公款和偷漏税的罪名将他们判刑。逃往国外的反对派于2011年5月在德国柏林成立了新的反政府组织"人民运动",然而成立不久,该组织的核心人物鲁斯塔姆·霍贾耶夫在俄罗斯被暗杀。

在打击反对派势力、清除不稳定因素的同时,乌政府采取了一些旨在促进民主化进程的措施。2005年8月8日,总统发布行政令,确定了包括人身保护权在内的司法民主原则;2006年底,宪法修正草案《在国家现代化及国家管理的革新与民主化方面加强政党的作用》出台,修正草案规定了政党在议会参议院和地方代表团中的地位,目的是增强政党对中央和地方机关的监督,以及对司法机关和管理机关事务的影响。宪法修正草案于2007年4月通过,从2008年1月1日起生效。在新的宪法修正案中,特别规定了国外的非政府组织的活动范围，不许它们参加乌境内任何政治活动，不许它们向乌政党和群众运动组织提供资助。从此，"像索罗斯基金会之类的国际组织无法在乌发挥有效的作用"。[1]

在这种形势下，乌兹别克斯坦于2007年底举行了总统大选。伊·卡里莫夫于1991年当选总统后，以全民公决的形式将总统任期延至2000年。2000年，伊·卡里莫夫在第二届大选中以91.9%的选票当选，任期应该于2005年届满。2002年1月27日，乌通过全民公投，将总统任期由5年延长至7年，即本应在2005年的选举延至2007年12月举行。按1992年宪法，伊·卡里莫夫的总统任期已满两届，而按2003年的宪法，伊·卡里莫夫的总统任期只有一届，也就是说，2007年伊·卡里莫夫还可以参加竞选。

2007年2月28日，乌立法院通过了《关于加强政党在国家改革、民主化和现代化进程中作用的宪法性法律》，该法于2008年1月1日起正式生效。

在完成以上工作的情况下，2007年12月23日，包括伊·卡里莫夫总统在内的4名候选人参加了总统大选。12月24日，中央选举委员会宣布了选举结果，伊·卡里莫夫以88.1%的得票率胜出[2]，再次当选，任期7年。2008年1月16日，卡里莫夫总统在首都塔什干举行的议会上下两院联席会议上宣誓就职。

第二节 民主化的实质性推进

第一部宪法的颁布（1992），标志着乌兹别克斯坦开始了以三

---

1 〔俄〕С. И. 切尔尼亚夫斯基：《变革时代的中亚》，《国外社会科学》2007年第6期。

2 《俄总统普京祝贺卡里莫夫连任乌兹别克斯坦总统》，中国新闻网2007-12-25。

权分立为原则的政治体制的改革。此后，1992年宪法经历了6次（1993、2002、2007、2008、2011和2014）修改[1]，乌兹别克斯坦的民主化进程在历次宪法的修正案中不断地完善。

2002年的宪法修正案加强了议会的作用，议会由一院制改为立法院下院和参议院上院两院制。2002年宪法修正案规定：下院成员在多党制基础上由选举产生；上院的组建分担了总统的一些职权，如以往由总统任命的总检察长、央行行长、国家安全总局局长以及驻外使节的任免权仍归总统，但需要得到上院的批准。此外，宪法修正案强调了法律至上，司法和法律系统的民主化成为现阶段民主进程中的主要方向。

对民主化的推进还从宪法修正案的选举法中反映出来。选举法制定了多党形式的选举模式，其中，总统和上院议员的候选人由政党推送，能否参加选举将由中央选举委员会决定，国家和政府机构不许干涉中央选举委员会的工作。总之，此次宪法修正案推动了三权分立的宪政进程。

2007年，乌兹别克斯坦再次对宪法进行了修改。2007年宪法修正案在国家大法的框架内明确了乌总统的职能，宪法中删除国家总统同时也是行政首脑的规定，也就是说，总统不再担任内阁总理；2007年宪法修正案继续提高司法机关和法律系统的独立性，拘捕权转交由法院执行，并且增加了"人身保护令"和加强律师作用的条款；宪法修正案在保障人的生命权上做出规定，认为生命权是神圣的，乌将于2008年1月1日起废除死刑。

2007年以后，政府采取措施完善多党体制，增强公民社会机构、

---

[1] 1993年和2008年的修改被称为宪法性法律修改，其中，1993年5月6日通过了《内阁法》，1993年12月28日通过了《最高会议选举法》，2008年通过了三部宪法性法律。

非国有组织和传媒的作用。乌通过了多项法律以保障公民获取信息的权利和公民的言论自由权。这些法律确立了非政府新闻媒体和一些社会组织的地位,使媒体的发展有了法律基础。此后,100多个电子新闻媒体组成了非政府电子媒体民族协会,提高了非政府组织对国家机构的监督作用,同时也增强了非国有组织和传媒的作用。

2007年以后,政府把部分行政权力从中央逐步下放到地方行政机关,把地方权力机关的权限转交给公民自治机关和马哈里亚(具有地域性和政治性的地区传统机构)。[1] 地方行政机关领导和马哈里亚直接由民选产生。

2008年对宪法再次进行了修正。2008年宪法修正案对2007年宪法第77条进行了修订,将议会下院的席位由120个增至150个,其中135个根据地域原则在多党制基础上选举产生,其余15个由乌兹别克斯坦"生态运动"推举,由此扩大了下院的作用。[2] 生态运动的政治倾向较弱,他们的口号是:健康的环境——健康的人类,因此,生态运动还不是一个政党组织,其成员主要由非政府组织的个人组成。

2008年宪法修正案的新选举法对总理的任免程序也做了新的规定:总统对总理候选人的提名必须与立法院各政党和独立代表们协商,提名要经议会下院和上院的审议,若得不到议会多数通过,则总统必须再与下院政党和独立代表协商提出新的人选。新选举法于2009年7月1日生效。有评价说,新选举法将加快国家政治体系的民主化改革和建立公民社会的进程。

新选举法提高了政党的作用。乌兹别克斯坦在独立前夕实际上初步确立了多党政治方向,然而,由伊·卡里莫夫总统创建的人民

---

[1] 赵会荣:《乌兹别克斯坦的政治模式》,《亚非纵横》2008年第5期。
[2] 张宁:《话说乌兹别克斯坦议会》,《中国人大》2015年第23期。

民主党一党独大，凌驾于其他政党之上，真正意义的多党制政治体制没有建立起来。多党制政治体制未能形成的主要原因是掌握着国家大权的总统及其领导下的政府采取了弱化政党的思想和限制除人民民主党以外的其他政党的发展的措施。措施之一是以法律的形式限制政党的发展。在1991年颁布的《乌兹别克共和国社会结社法》中规定：各社会团体必须向共和国司法部注册登记，若不被准予注册登记，即为非法，不得公开活动；1993年12月通过的《最高会议选举法》规定：按法律程序登记的政党有提出议员候选人的权力，但政党提出的候选人必须征集5万选民的签名才有效；1996年12月颁布的《政党法》规定：成立和登记政党必须征集到8个州的5000名以上的签名支持[1]。措施之二是对政党活动资金（资金的规模、来源和去向）做出限制，不允许政党接受国外资金的援助，政党资金必须接受政府的监督和检查。

2007年宪法修正和2008年新选举法的颁布，为多党制政治体制的形成奠定了法律基础。在此形势下，政党的活动活跃起来。2008年6月，由民族复兴民主党和自我牺牲者民族民主党合并组建了新的"民族复兴民主党"，其宗旨是：提高全民民族意识，培养民众特别是青年一代的民族自豪感和爱国主义精神，团结所有爱国人士提高乌在国际上的威望，不惜一切代价捍卫国家独立和价值观，反对任何损害国家利益的企图。阿赫塔姆·萨洛莫维奇·图尔苏诺夫当选为该党主席，党报名为《民族复兴报》。

按新选举法，乌下院于2009年底和2010年初举行了两轮投票，产生了下院议员135名，自由民主党获得53个席位，人民民主党32个，民族复兴民主党31个，公正社会民主党19个，根据

---

1 《乌兹别克斯坦国家概况（2）》，中国签证资讯网 2010-07-24。

选举立法规定,"生态运动"推荐15人直接进入下院。2010年3月4日,新的政府内阁组成,无党派人士沙夫卡特·米罗莫诺维奇·米尔济约耶夫获得连任。经过了近二十年的发展,有少数合法政党参与的多党制民主政治在乌兹别克斯坦最终形成,多党民主政治的形成推进了宪政民主的进程。

在继续深化民主的进程中,为均衡分配总统、立法机构和行政机构的权力,2011年,总统卡里莫夫在议会两院的联席会上做了题为《在国内进一步深化民主改革和建立公民社会的构想》的报告;此后,下院在此基础上决定对宪法个别条款进行修改和补充,修正案于2011年3月25日经上院批准,4月18日经卡里莫夫总统签署后正式生效。

2011年宪法修正案继续扩大议会的权力。以往由总统提名的总理人选,此后将由议会多数党推举,修正案不仅赋予议会对总理的提名权而且赋予议会对总理的批准权:在议会下院中拥有2/3以上席位(单独或联合)的政党提出总理候选人,议会两院分别以半数通过即视为批准;以往政府首脑向总统负责,现修正为"议会有权听取政府首脑有关国家社会和经济发展现实问题的报告";在此之前,总统有"决定政府总理解职"的权力,现修订为:下院1/3及以上议员可对总理提出不信任案,不信任案需得到议会两院分别不少于2/3议员的支持才能获得通过。

2011年宪法修正案扩大了政府首脑的权力。关于各州州长和塔什干市市长的任命,以往在这些地区长官违反宪法和法律行为时,总统有权解除其职务。修正后的宪法规定:内阁成员的任命由总理提名、总统批准,总统根据总理的提请才可解除上述人员的职务。此外,2011年宪法修正案规定总统任期从7年缩短为5年。

2011年宪法修正案加强了政党在政治、社会、经济各领域的作用和影响，进一步完善了三权分立的宪政原则；加强了政党在社会、经济、政治和法律各个领域的改革和现代化中的作用和影响。

为了从强大的国家向强大的公民社会转变，2014年，总统卡里莫夫提议《关于对〈宪法〉部分条款进行修改和补充》的法律草案；3月28日，立法院通过了2014年宪法修正案；4月16日，议会批准《关于对乌宪法部分条款进行修改和补充》的法令。

2014年宪法修正案加强了议会对政府的监督职能。《议会监督法》的颁布使议会监督有了全面、系统的法律基础。2014年修正案规定：在审议和批准新政府总理人选时，候选人必须向议会提交政府今后近期和长期行动规划；政府每年除向总统报告工作外，还要向议会提交关于社会经济发展的年度工作报告，地方的州长、市长、区长都要向同级议会报告工作。修正案还将中央选举委员会由选举期间的临时机构确立为常设机构。

此外，2014年修正案明确和扩大了对内阁的授权，保证了内阁工作的独立性。其中，明确了内阁在实施有效的经济、社会、金融、货币-贷款政策方面的责任；明确了内阁在制定和实施科学、文化、教育、卫生及其他经济和社会领域发展纲要的责任；规定了内阁协调和引领国家机关和经营管理机关的工作，确保按规定的法律程序对上述机关的业务进行监督。2014年宪法修正案进一步深化了宪政改革。

在宪法修正以后，议会下院于2014年12月21日举行了选举。在当选的150名议员中，除"生态运动"法定的15席外，自由民主党、民族复兴民主党、人民民主党、公正社会民主党进入议会，分别获得52、36、27和20个席位。在第一次下院会议中，人民民主党议员伊斯马伊洛夫当选为议长。伊斯马伊洛夫于2005年至2012年间担任过下院法律和司法委员会主席，具有在议会工作的经验。2014年下院的选举表明乌兹别克斯坦将开始由单一的总统共和制政体向总统-议会制政体过渡。

2015年，乌兹别克斯坦举行总统大选，有4位候选人参加竞选。乌中央选举委员会公布，年已77岁的卡里莫夫以90.39%的高票率赢得总统大选，继续蝉联下一个五年的总统任期。[1]2015年1月，已经任总理一职达12年之久的米尔济约耶夫再度当选为政府总理，此次提名是通过自由民主党的中央全会完成的，而非总统直接任命。

独立之初，乌兹别克斯坦的核心任务是巩固政权。总统集权制在这一阶段对国内的政治稳定起到了积极作用。总统集权制下，国家大政方针主要是由总统拟定，再交由议会通过，最后以总统令的形式颁布执行。在这种集权政治体制下，议会成为纯立法机构，无力对总统的权力进行限制，总统与政府和议会之间不易发生公开的冲突和斗争。

可以说，经过二十多年的实践，由国家主导、分阶段改革和注重社会保障的模式在乌兹别克斯坦取得了一定成效。根据马克斯·韦伯政权合法性的原则，就威权政体的合法性而言，经济的快速发展和政治稳定则成为合法性的主要来源。随着政治经济的不断发展，威权政体的合法性地位在不断下降，最终将被民主政治代替。乌兹别克斯坦的实践证实了以上理论，在经济稳定发展的形势下，乌经历几次宪法改革以后，总统的部分权力已经转给了议会和内阁首脑，乌兹别克斯坦正在由单一的"总统制"向"总统-议会制"过渡，在三权分立的民主国家建设中逐渐走向成熟。

---

1 岳文良：《乌兹别克斯坦现总统卡里莫夫在大选中高票获胜》，国际在线 2015-03-31。

第十三章
深化经济改革

2003年以后，乌兹别克斯坦继续沿着独立初期制定的发展市场经济的方向前进，基本上保持了稳定发展的势头。这一时期（2003—2017）经济改革的任务是在保证宏观经济稳定发展的前提下，加大私有制改造的力度和加快经济调整的步伐。经过十多年的改革，私营企业在国民经济中所占比例逐渐提高，经济结构的调整也收到一定成效。在农业方面重视棉花、果蔬和畜牧业的发展；在工业方面，油气生产、机械制造和基础设施得到了加强；在服务业方面，信息通信和旅游业呈现出快速发展的态势。

第一节 卓有成效的经济改革

独立初期，乌兹别克斯坦所有制改造的主要任务是对原国有中小企业进行非国有化改造。可以说，乌独立初期的所有制改造任务，即对中小企业的改造，在2003年以前已经完成，市场经济要素也基本上建立起来。2003年以后，深化所有制改革是乌兹别克斯坦经济改革的主要任务之一。在这一时期（2003—2017），乌政府制定了《关于2004—2006年实现农场发展方案的措施》，陆续颁布了《关于2005—2006年企业非国有化和私有化的命令》、《保护私有财产和私有者权利法》、《2010—2013年国有资产私有化纲要》、并于 2012 年组建了国家私有化、反垄断和促进竞争委员会。这些措施加速了多种所有制的形成。

2003 年以后,经济结构的调整成为乌兹别克斯坦经济改革的重要任务。独立初期,农业结构的调整着重于解决粮食自足问题以保证经济独立,为此,乌政府调整了粮食和棉花的播种。这一任务于 2003 年前已经完成,2002 年粮食基本自足。然而,棉花一直是乌的支柱产业,随着世界棉花价格上升,政府在粮食自足的前提下,又开始重视棉花的生产。此外,2003 年以后,农业结构的调整还侧重于扩大蔬菜、水果的种植和畜牧业的发展。

在工业结构的调整中,乌制定了逐步加大工业在国民经济中的比重,从农业为重向工农并重转变的中长期计划。根据这些计划,乌政府的经济任务是:加强基础设施建设,保障国家经济较快发展;利用国内资源发展本地化生产,引导主要企业向现代化和本地化方向发展。[1]

推行进口替代政策以及利用本国资源发展加工业的政策在乌兹别克斯坦独立后不久就已经颁布;2003 年以后,随着经济的好转,乌政府陆续出台了一系列本地化生产纲要。乌总统于 2010 年底批准了《2011—2015 年工业发展纲要》,拟在未来五年投资 300 亿美元,实施 259 个工业项目,在发展优势产业和高附加值产品的生产的同时,引进现代化工艺设备,改造和新建工业企业,推动高新技术向生产领域的转化。[2]2012 年出台的《2012—2013 年制成品、配件及材料本地化生产纲要》取消了 17 个需求量小、不具竞争力的生产项目,新增加了电力发电机、汽车塑料配件、金

---

[1] 许涛:《乌兹别克斯坦:中亚古丝路上的驿站之国》,《中国投资》2015 年第 4 期。
[2] 《2011—2015 年乌兹别克将向工业领域投资 300 亿美元实施 259 个项目》,中华人民共和国商务部 2010-12-27。

属线、聚丙烯毛线等制品。[1] 2013年,政府拟对455家工业企业进行设备工艺的现代化改造,其中包括纺织成品和半成品、油气原料的深加工、电子及家用电器、日用化工、现代建筑装潢材料、皮革、食品及制药工业等。[2] 尽管采取了以上措施,但收效并不明显,直到2014年,在进口替代政策框架下的产品只占乌工业产品的20%。[3]

2015年2月,《2015—2019年乌兹别克生产本地化纲要》(以下简称《2015年本地化纲要》)通过,纲要提出"本地化项目应满足矿产资源深加工要求,生产1225种有需求的产品,实现明年替代进口35亿美元"的目标,对实施本地化纲要的企业给予为期3年的、包括免征海关税、利润税、财产税在内的一系列优惠政策。[4] 据乌经济部的统计:2015年,有820种产品实现了本地生产,其中220种出口国外,进口替代产品达15.6亿美元。[5] 这一成果离实现替代进口35亿美元的目标还有一段距离。

由于乌政府自独立以来一直提倡本地化和进口替代产品的生产,乌对外经济依赖程度在中亚五国中是最低的,2012年,乌进出口占GDP比重为60.56%,世界对外经济依赖度的平均水平是59.72%,而其他中亚国家的进出口占GDP比重均超过了75%。[6] 截至2015年,在中亚国家中,乌兹别克斯坦经济的多元化程度最高。[7]

---

1 《乌兹别克斯坦政府修订〈本地化生产纲要〉》,中华人民共和国商务部2012-10-25。

2 《乌兹别克斯坦召开第六届金融投资论坛会》,中国经济网2013-04-28。

3 《乌兹别克斯坦进口替代纲要成效显著》,中华人民共和国商务部2016-03-02。

4 《乌总统批准"2015—2019年乌兹别克生产本地化纲要"》,中华人民共和国商务部2015-03-02。

5 《乌兹别克斯坦进口替代纲要成效显著》,中华人民共和国商务部2016-03-02。

6 徐坡岭:《对中亚国家经济的几点思考》,《欧亚经济》2016年第4期。

7 《多方高度评价乌兹别克斯坦独立后发展成就》,中国经济网2015-08-31。

尽管如此,在乌制定的一系列近期和长期发展纲要中,经济结构调整和引导主要工业领域向现代化和多元化方向发展仍然是乌经济发展的主要任务。

在深入所有制改造和加速经济结构调整的同时,乌继续实行独立初期制定的对外开放的政策。在此时期,乌兹别克斯坦的对外经济活动取得了很大成效。到 2011 年,乌与 180 多个国家和地区建立了贸易合作关系,外贸总额逐年增长;引进外资的规模平稳增长,到 2011 年,乌引进外国直接投资总额达到 3.8813 万亿苏姆,比 1995 年增加 300 多倍。[1] 截至 2015 年,在乌的外资企业超过 4000 家,外资来源超过 90 个国家。[2]

在经济改革朝着纵深发展的这一时期,乌兹别克斯坦经济总体上向着好的方面发展。这一点可以从宏观经济的数据反映出来。下面将以国内生产总值、通货膨胀率、国内投资、外商投资等宏观经济的重要指标说明乌国经济的总体发展情况。

从国内生产总值来看,乌实现了增长率在 7% 以上的、稳定和持续的高速发展。2008 年以后,乌经历了全球性金融和经济危机,危机使中亚一些国家的经济严重受挫,与之不同,乌政府有效抵御了危机的冲击,2009 年的 GDP 仍然保持了 9% 以上的增长率。[3] 2011 年,乌政府实施了许多新经济举措,这些举措有力促进了经济稳定发展。2013—2015 年 GDP 的增长率分别是 8%、7.1%、8%[4],除一

---

[1] 依马木阿吉·艾比布拉、姑哈尔泥沙·热合曼:《乌兹别克斯坦引进外资及其政策》,《欧亚经济》2014 年第 6 期。

[2] 《乌兹别克斯坦召开第六届金融投资论坛会》,中国经济网 2013-04-28。

[3] 《乌兹别克斯坦如何应对和避免全球经济危机对本国经济产生的不良影响》,中华人民共和国商务部 2010-08-17。

[4] 2013—2014 年数据引自杨进:《乌兹别克斯坦》,孙力、吴宏伟主编:《中亚国家发展报告(2014)》,社会科学文献出版社,2014 年,第 339、341 页。2015 年数据引自《乌兹别克斯坦 2015 年国内生产总值 171.369 万亿苏姆》,中华人民共和国商务部 2016-04-23。

年外,其他几年保持在8%及以上。

在经济发展保持着稳步增长的形势下,从2003年起,固定资产投资在乌GDP中所占比重一直保持稳定,到2014年,"乌兹别克斯坦固定资产投资总额146亿美元,固定资产投资占GDP的比重为23.3%"。[1]

独立初期,乌政府通过建立国家货币体系,坚持独立的货币和财政政策,遏制了通货膨胀。2003年以后,乌通货膨胀率一度下降到了个位数,2003—2004年的通货膨胀率分别是7.8%和9.1%;2005年,"安集延事件"的爆发导致国内政治形势动荡,通货膨胀率上升到12.3%;在此后两年中,通货膨胀率虽有下降,仍处在两位数的高位上,2006—2007年通货膨胀率分别是11.4%和11.9%[2];2008年,尽管受全球经济危机的影响,乌通货膨胀率仍然限制在7.8%[3];此后几年通货膨胀率一直在两位数上波动,直到2014年才降到了个位数。

从财政收支状况来看,2003年以后,乌财政运行状况良好,政府财政收入逐年上升。2008—2014年,乌财政收入在60亿—140亿美元之间;同期,财政支出在50亿—130亿美元之间。[4]乌国财政支出始终未超出每年的财政收入,实现了盈余,乌没有内债,外债保持在GDP的11%—16%之间,是世界上外债最少的国家之一。[5]

---

1 刘亚莹:《乌兹别克斯坦2014年共使用外国直接投资和贷款23亿美元》,中华人民共和国商务部2015-01-26。

2 2003—2007年通货膨胀率数据来自欧洲复兴开发银行,http://www.ebrd.com/country/sector/econo/stats/mntinfla.xls。

3 《乌兹别克斯坦如何应对和避免全球经济危机对本国经济产生的不良影响》,中华人民共和国商务部2010-08-17。

4 雷婕等:《中亚地区财政经济形势分析》,《欧亚经济》2016年第4期。

5 《乌兹别克斯坦召开第六届金融投资论坛会》,中国经济网2013-04-28。

总的来看，2003年至2017年间，乌经济发展的步伐加快，著名的世界经济论坛将乌列入世界增长最快经济体中的前五名。工业产值在经济中所占比重逐年提高，2014年，工业产值75.2万亿苏姆（约合325.82亿美元），同比增长8.3%，占GDP比重为51.9%；乌兹别克斯坦"正在从传统的农业国向工农业并重的国家转变"。[1]

第二节 加大力度的私有化改造

独立初期，乌兹别克斯坦确立了对国有企业进行私有化和非国有化改造的政策，主要目标是致力于中小企业的改革。2003年以后，乌在深入市场经济改革中有两个任务：一是加大所有制改造的力度；二是排除政府对企业经营活动的行政干扰。

一是所有制改造的情况。独立初期，乌兹别克斯坦的私有化和非国有化改造目标主要放在中小企业的改造上，政策的主要方向也放在为私人财产和小企业利益提供保护。这一任务在2003年以前基本完成，市场经济要素基本上建立起来。2003年以后，所有制改造的主要任务是对大型国有企业的改造，在大型国有企业私有化过程中，1994年开始运作的股票交易所起到了促进作用。

2003年，乌国家财产与支持企业经营委员会制定了2003年至2004年国有股份分阶段拍卖职业管理公司的进度表。[2] 乌政府计划出售3728家企业的国有股份，其中2409家企业是将国有股份全部出售。[3] 2005年3月14日，乌总统又签发了《关于2005—2006年企业非国有化和私有化的命令》，根据该命令，国有企业（实体）

---

[1]《乌兹别克斯坦召开第六届金融投资论坛会》，中国经济网2013-04-28。
[2] 王峰：《乌兹别克斯坦近期的社会经济改革措施》，《中亚信息》2003年第7期。
[3] 杨建梅：《乌兹别克斯坦2003年私有化概况》，《中亚信息》2004年第3期。

和国有股份将通过国家招标或在证券市场出售的方式私有化。政府计划将 1500 个项目中的国有资产全部出售，只保留对 746 个"有战略意义的"企业的监控。[1] 至 2008 年 1 月 1 日，乌兹别克斯坦有各类所有制企业 46.5 万家，非国有企业占 93%。2005 年非国有经济占 GDP 的比重为 75.8%，2008 年提高到 81.3%。[2]

2008 年，乌政府出台了《2010—2013 年国有资产私有化纲要》，将独立初期依靠政府部门获得许多特权的国有企业进行分解，使之与政府部门脱钩。2012 年，国家计划在未来两年出售 500 家国有企业，以扩大私营部门规模。[3] 为了深化私有化进程，政府于 2012 年组建了国家私有化、反垄断和促进竞争委员会，以推动多种所有制的形成。

《2015 年本地化纲要》指出：进一步降低国民经济中的国有成分，增加私营经济占比。到 2015 年，有 506 处国有资产以"零"价格出售给投资者；有 319 处国有资产挂牌出售，其中 102 处已出售给私人；有 378 家股份公司将国有股份公开出售，其中 52 家的国有股份已出售给私人。[4]2015 年，私营部门已成为乌兹别克斯坦经济发展的主要驱动力。[5]

农业在乌经济中一直占有十分重要的地位，乌兹别克人主要居住在农村地区（达 80%），从事农业劳动。[6] 独立初期，为了从计划集中体制向市场经营体制过渡，政府通过了一系列法律和法令，最

---

1 聂书岭：《乌兹别克斯坦颁布 2005—2006 年私有化规划》，《中亚信息》2005 年第 4 期。

2 孙壮志等编著：《乌兹别克斯坦》，第 117 页。

3 《乌兹别克斯坦计划出售 500 家国有企业》，中国新闻网 2012-05-16。

4 《乌兹别克斯坦大力推行私有化》，中华人民共和国商务部 2016-02-02。

5 《多方高度评价乌兹别克斯坦独立后发展成就》，中国经济网 2015-08-31。

6 〔乌兹别克〕穆尔塔扎耶娃·哈米多夫娜：《乌兹别克斯坦当代人口过程及国家人口政策》，张娜译，《俄罗斯中亚东欧研究》2011 年第 2 期。

核心的是土地所有权的立法。乌兹别克斯坦的土地所有权属于国家,但土地使用权归集体、个体农场和农户。

2003年以后,农村的所有制改造方向仍然是优先发展个体农场。2003年,政府制定了《关于2004—2006年实现农场发展方案的措施》,政府为个体农场提供了50年以内的土地租赁权,在租赁期间农场继承人可继续使用;以往在集体农庄上建立的农场,要承担以往农庄经营的债务,2000年以后,国家清理了原集体农庄的债务,农场的经营完全从"零"开始;此外,政府确定了农场占有土地的最小面积——植棉业和植谷业不小于10公顷,园艺、葡萄种植和蔬菜栽培不小于1公顷,经营畜牧业的农场以牲畜头数为标准确定。[1]在同等条件下,本地区居民享有获得土地的优先权。

2003年以后,个体农场发展迅速。个体农场的数目从2002年的72406个发展到2004年的101952个[2];到2006年初,这一数字达到12.5万,从业人数超过100万[3],个体农场成为农村经济的重要组成部分。2007年,在现存的1840个集体农庄中将有1020个被改造为个体农场;到时候,个体农场所占土地面积的比重将增加到63%。[4]2008年,个体农场种植的棉花达到了全国棉花生产总量的99.1%,粮食占79.2%。这是重视个体农场经济发展和提高农民生活水平的结果。[5]个体农场的建立促进了劳动生产率,农场经营的投入比以前减少了,但收成却提高了。现在,每公顷土地平均消耗的燃

---

1 〔乌兹别克〕诺西尔容·尤苏波夫:《乌兹别克斯坦的农业改革和农场发展》,《世界农业》2005年第5期。

2 同上。

3 〔乌兹别克〕诺西尔容·尤苏波夫:《在改革道路上的乌兹别克斯坦农业》,《河北农业科技》2006年第7期。

4 〔乌兹别克〕诺西尔容·尤苏波夫:《乌兹别克斯坦的农业改革和农场发展》,《世界农业》2005年第5期。

5 《乌兹别克斯坦农业改革取得成效》,谷维译,《中亚信息》2009年第4期。

滑油料为28.2公斤、化肥为42.7公斤,而收成则提高了510公斤。[1]

金融改革在继续进行。总统卡里莫夫于2005年4月15日签署《关于进一步改革和开放银行体制的若干措施》决议。鼓励商业银行参与企业私有化进程,允许商业银行资金购入被出售的私有化企业最多50%的股份;鼓励居民参与银行的私有化,规定从即日起到2010年1月1日,对自然人从所购银行股票中获得的红利免征个人所得税;2010年以前,商业银行用于开办小银行的费用从应纳税基中去除。[2] 到2006年,乌兹别克斯坦多种成分的市场经济最终形成。[3]

二是排除行政干扰。为了加快市场经济建设的步伐,2003年以后,继续减少行政对经济的干预成为乌经济改革的另一项任务。在经济改革初期,乌兹别克斯坦采取渐进的、分阶段的向市场关系过渡的模式,渐进式改革使国家避免了政局动荡,使经济衰退的幅度小于独联体其他国家,据独联体统计委员会的资料,在1991—1995年间,独联体国家国内生产总值平均每年下降10%,而乌只下降了4%。[4] 可以说,这是乌根据本国国情,实行渐进式改革的成效。不仅如此,乌兹别克斯坦经济回升的步伐也早于其他独联体国家,1996年的国内生产总值就开始出现了正增长。不过,渐进式改革和过多的计划经济因素在很大程度上限制了市场经济的发展,政府对企业的管控权仍然很大,一些国有企业通过政府管控获得了特权。如在汇率制度方面,乌长期实行政府严格控制的"双轨制",

---

1 《乌兹别克斯坦农业改革取得成效》,谷维译,《中亚信息》2009年第4期。
2 中国商务部欧洲司综合处:《乌兹别克斯坦银行体制现状》,《俄罗斯中亚东欧市场》2006年第11期。
3 《乌兹别克斯坦私有化改造取得成效》,谷维译,《中亚信息》2007年第2期。
4 李垂发:《渐进式改革道路有成效,乌兹别克斯坦经济不断发展》,《经济日报》2006-08-29。

直到推行货币市场自由化政策的 2000 年，还未能放开货币自由兑换。这种高度管制的市场经济模式在进入 21 世纪之后日益暴露出其在新的挑战和变化的环境面前缺乏弹性之缺陷。[1]

2003 年 12 月 15 日通过的《关于 2004 年主要宏观经济参数及督促其完成的措施令》规定：减少国家对经济的调节作用，为企业经营者创造更加有利的条件。2007 年，总统卡里莫夫确立"经济优先、国家调控、法律至上、社会保障、循序渐进"的经济改革五项原则，它不仅使乌经济稳步发展，而且还经受住了全球金融危机的影响，可以说，这是乌兹别克斯坦经济的可靠和坚实的减震器。[2]

2011 年，乌兹别克斯坦对 1996 年的《市场竞争与限制垄断法》进行了修订，制定了新的《乌兹别克斯坦共和国竞争法》。新竞争法与经济市场化的改革目标更加契合，有力地推动了市场机制的形成。2012 年 9 月 25 日，乌国有资产管理委员会制定的《保护私有财产和私有者权利法》正式生效；同年 11 月 13 日，在原国有资产管理委员会和国家反垄断和促进竞争委员会基础上组建了国家私有化、反垄断和促进竞争委员会，委员会采取多项措施消除垄断行为、创造平等竞争环境。

第三节　粮食自足下的农业多样化

独立初期，乌兹别克斯坦进行了产业结构调整，经济独立和粮食自给自足问题是当时需要解决的首要问题，政府对棉花和粮食的

---

[1] 马幸荣：《〈乌兹别克斯坦共和国竞争法〉评析》，《俄罗斯东欧中亚研究》2015 年第 5 期。

[2] 〔乌兹别克〕伊·卡里莫夫：《乌兹别克斯坦应对世界金融危机的途径和措施》，《俄罗斯中亚东欧市场》2009 年第 7 期。

种植面积进行了调整,这一问题在2002年已经得到基本解决。2006年,乌兹别克斯坦不仅实现了粮食自给,而且将粮食产品大量出口到国外。[1]在粮食自足的情况下,支柱产业棉花的种植受到了重视。

苏联时期,乌兹别克共和国的棉花种植面积几乎占乌耕地面积的50%[2],大量耕地种植棉花,使得乌的粮食不能自足,要依靠进口;独立以后,为了粮食安全,乌开始了农业结构的调整,调整的方向是减少棉花的种植面积以满足谷物的生产。在此思想的指导下,乌的棉花种植面积逐年减少,由1991年的176.04万公顷减少到2005年的141.8万公顷。[3]据乌国家统计委员会数据,2010年棉花种植面积是134.3万公顷[4];到2013年,棉花种植面积只有120万—130万公顷[5]。

在乌兹别克斯坦独立以后的很长一段时间,棉花以及棉花初加工产品在国内经济中占有很大的比例,大约在国内生产总值中占比达10%[6];棉花在国家出口商品中也占有很大比例,在国际棉花市场上排到第2位。独立初期,棉花为乌国创造了高额的外汇收入。2006年以后,随着国际市场上棉花价格的上升,棉花日益受到政府的重视。尽管没有数字表明棉花在耕种面积的分配中发生了变化,但棉花产量却保持着稳定上升的趋势。根据农业结构的调整,乌兹别克斯坦不准备提高棉花的产量,乌的皮棉产量被确定在100万吨

---

[1] 〔乌兹别克〕诺西尔容·尤苏波夫:《在改革道路上的乌兹别克斯坦农业(续)》,《河北农业科技》2006年第8期。

[2] 田立文等:《乌兹别克斯坦棉花产业现状分析》,《安徽农业科学》2017年第45卷第1期。

[3] 买买提·莫明:《乌兹别克斯坦棉花生产概述》,《新疆农业科学》2006年第43期。

[4] 杨建宏:《乌兹别克斯坦优势和特色产业发展现状》,《经济视角》2012年第3期。

[5] 田立文等:《乌兹别克斯坦棉花产业现状分析》,《安徽农业科学》2017年第45卷第1期。

[6] 同上。

左右[1]；2007—2010年间，将棉花产量稳定在120万—125万吨水平上，乌政府的主要措施是提高棉花质量。为了完成这一时期的任务，政府采取了以下几方面的措施：

一、棉花种植面积得到基本保证。乌兹别克斯坦的谷物种植是以小麦为主，粮食种植面积中的大部分是种小麦。在棉花种植面积没有扩大的情况下，棉花可与小麦轮作或间作，这种方式可以保证棉花的种植面积。

二、在科研和育种环节下功夫，保证棉花亩产量的提高。2003年，乌成立了植物基因资源研究所，该所保存棉花资源5436份[2]；乌兹别克斯坦棉花种质资源中心是世界最大种质资源中心之一，保存的陆地棉品种有12315份，是世界8大棉花种质资源收集保护机构中最多的[3]。通过优选抗盐碱和抗干旱的棉种，扩大了棉花的亩产量。以上措施的实施，使乌国的棉花单产稳步提高，从1998年的每公顷6300公斤上升到2007年的7980公斤。[4]

三、保证棉花的质量，提高在国际市场上的竞争力。棉花种植主要以个体农场为单位，实行国家计划种植，规模化生产、专业化经营。一般一个农场只种一个棉花品种，保证了棉花纤维的一致性。此外，在个体农场上采用种3年苜蓿，再种3—5年棉花的模

---

[1] 《乌兹别克斯坦棉花的生产、加工和出口》，谷维译，《中亚信息》2006年第8期。

[2] 杜雄明等：《乌兹别克斯坦棉花育种和生产考察报告》，《中国棉花》2008年第33卷第5期。

[3] 徐养诚等：《乌兹别克斯坦棉花种质资源的收集与研究》，《新疆农业科学》2012年第9期。世界8大种子收集保存机构分别位于美国、法国、中国、印度、俄罗斯、乌兹别克斯坦、巴西和澳大利亚，这些国家都有种质资源库和研究保护项目，所收集的种质资源基本覆盖了世界主要棉花种质资源。

[4] 杜雄明等：《乌兹别克斯坦棉花育种和生产考察报告》，《中国棉花》2008年第33卷第5期。

式以保持土壤肥力。

2003年以后,发展水果蔬菜的种植成为乌农业结构调整的重要方面。乌兹别克斯坦全年日照时间300多天,适宜于蔬菜、水果的生产。每年生产蔬菜大约在270万—300万吨左右,主要蔬菜有西红柿、黄瓜、葱、洋白菜、胡萝卜、食用甜菜、茄子、辣椒;费尔干纳盆地、泽拉夫善绿洲以及阿姆河、锡尔河流域是水果生产基地,乌国盛产的水果有葡萄、西瓜、苹果等,其中葡萄含糖量达18%—27%,是酿酒的优质材料。

苏联时期,乌兹别克斯坦水果在国外市场上很受欢迎。独立后的1991年,乌农业用地的11%种植水果,4%种植蔬菜[1];为了保证粮食的种植,2010年,水果种植面积为36.6万公顷,大约占耕地总面积的9%。[2] 近年来,乌对水果、蔬菜种植面积进行了调整,根据《2015年本地化纲要》,政府在优化棉花种植的同时,腾出部分耕地用于果蔬、土豆和其他作物的种植。

在政府的鼓励下,一些个体农场和农户开始了以种植蔬菜水果为主的种植业。政府计划突破每年1000万吨的目标,这一目标在2010年基本实现,当年产瓜果334万吨,各种蔬菜634.64万吨。[3] 大量的果蔬以及果蔬产品用于出口,十年中(2003—2013)果蔬出口增长了20.5倍,价值从6200万美元增长到13.38亿美元;其中水果和干果的出口增长了49倍,从1700万美元增长到8.45亿美元。[4]

为了促进农业发展,2013年,政府开始实施《2013—2017年土壤改良计划》,建设和改造水利设施,政府准备用5年时间

---

[1] 张卓:《乌兹别克斯坦农业发展研究》,《中国投资》2013年第S2期。
[2] 张姣、马惠兰:《中亚五国水果生产与进口状况分析》,《俄罗斯中亚东欧市场》2013年第1期。
[3] 杨建宏:《乌兹别克斯坦优势和特色产业发展现状》,《经济视角》2012年第3期。
[4] 《乌兹别克斯坦优质水果蔬菜成为中亚名片》,新疆农业信息网2016-01-29。

(2013—2017）改良140万公顷水浇地，准备安装现代化的节水设备，实施节约用水。2014年2月21日，政府批准《2014年工程建设计划主要指标》（决议36号），布哈拉州卡拉乌尔巴扎尔区灌溉网维修和建设、吉扎克州灌溉网系统改造、纳曼干州扬吉库尔干区水渠改造、撒马尔罕州卡曼卡拉萨茨水库修建、费尔干纳州索赫区索赫河固堤工程被列入其中。

为了保证农业生产，乌政府加快了化工企业的发展。化工企业在实行私有化改革以后，其控股权通常还掌握在国家手中，化工企业按照国家的计划以生产化肥为主。化肥的产值大约占化工商品的76%，其中大约87%的氮肥和100%的磷肥满足本国农业的需求。[1] 2004年，化工产值占国家工业产值的5.6%[2]，这一比例稳定下来。此外，乌政府利用关税优惠政策引进现代化农业机械，鼓励推动本国农机生产厂与国外知名企业合作，生产先进的拖拉机、采棉机、粮食作物联合收割机等设备。

2003年以后，发展畜牧业成为乌兹别克斯坦农业结构调整的重要方面之一。截至2013年，全国共有农业用地2237万公顷，其中牧场面积1285万公顷。[3] 乌畜牧业有着悠久的历史，畜牧业的主要牲畜有牛、羊、马等，其中养羊业十分发达，羔羊皮驰名于世。2006年，政府制定了如提供优惠贷款等一系列促进畜牧业发展的措施，以增加饲养牲畜的数量，2006年羊总存栏数保持稳定，牛总存栏数有所增长；全国共有绵羊878万只，牛589万头，其中奶牛282万头，肉牛307万头。[4] 在奶类、肉类、蛋类方面，2006年也

---

1 聂书岭：《乌兹别克斯坦化学工业概况》，《中亚信息》2006年第8期。
2 同上。
3 《乌兹别克斯坦农业情况》，中国农业信息网2013-12-24。
4 王永春：《乌兹别克斯坦农业投资环境》，《俄罗斯中亚东欧市场》2008年第11期。

比2005年有所增加。[1] 2008年，卡里莫夫发布了《关于增加私人副业、农场业牲畜养殖数量和扩大动物产品产量》的总统令。

为了促进个体副业和农场经济，政府提供了一系列扶持政策。政府给贫困和多子女家庭免费提供奶牛，到2010年，国家提供贷款总额将达1580亿苏姆（1美元=1220苏姆）[2]，2013年上半年，乌投资约5000万美元用于发展畜牧业，投资约2200万美元用于家禽养殖，投资约700万美元用于渔业和蜜蜂养殖，取得良好效果。[3]

政府关注牲畜的育种。截至2012年，乌已有育种企业20家，为农户提供育种服务。乌与世界牧业先进的国家签订了协议，先后从白俄罗斯、乌克兰、波兰、德国、荷兰等国进口了优良畜种，如引进大型带角种畜23244头，已产下育种牛犊3.6万头，所产母牛每昼夜产奶20公斤；如利用世界基因库引进了育种小公牛65头，进口种液444300份。[4] 牲畜管理部门还为养畜户提供育种产品，在2006—2010年间，政府向居民销售10万头繁殖力强的牛品种。[5] 政府对进口的牛用育种材料和兽用疫苗免收关税。[6]

为了促进牧业的发展，乌政府于2005年开始实施新的进口关税税率和进口消费税税率，新税率的显著特征是上调了部分食品的进口税。其中肉类、可食用的家禽副产品、鱼大类项下的13种制

---

1 王永春：《乌兹别克斯坦农业投资环境》，《俄罗斯中亚东欧市场》2008年第11期。2005年奶类、肉类、蛋类产量分别是4554879、632600和113111吨，2006年分别是4855781、679398和164568吨。

2 〔乌兹别克〕诺西尔容·尤苏波夫：《在改革道路上的乌兹别克斯坦农业（续）》，《河北农业科技》2006年第8期。

3 《乌兹别克斯坦上半年畜牧业增长平稳》，环球网2013-07-26。

4 《乌兹别克斯坦积极发展畜牧业》，中华人民共和国商务部2012-07-06。

5 〔乌兹别克〕诺西尔容·尤苏波夫：《在改革道路上的乌兹别克斯坦农业（续）》，《河北农业科技》2006年第8期。

6 阿不都斯力木·阿不力克木：《乌兹别克斯坦对外贸易政策及其对中国的启示》，《经济问题探索》2010年第9期。

成品的进口关税从5%调高至10%；由硬质小麦制成的面粉的进口税由5%提高至10%。[1]

以上措施的实施，使乌国畜牧业产品的产量和消费量都得到了稳定增长。2010年，畜牧业产品在农业中的占比从1990年的36.6%增至40.6%[2]；截至2012年，乌各类型经济中的大型带角类牲畜总头数达到964万多头，其中母牛387万多头[3]；2014年上半年，畜牧业中饲养牛的数量突破1000万头，同比增长4.4%，肉制品产量增长6.5%，奶制品产量增长6.7%[4]。

此外，乌政府在费尔干纳盆地、泽拉夫善河流域和阿姆河下游等农村人口稠密地区建设了以农牧业产品为原料的农工综合体，一批具有先进技术的小型农工企业的兴起促进了乌植棉业、园艺业、葡萄种植业、蔬菜栽培业和畜牧业的发展，在一定程度上实现了农牧业的多样化。

第四节　与国际接轨的现代化工业特区

在农业结构调整的同时，乌兹别克斯坦工业领域内产业结构调整的任务也在有序地进行，其中将主要工业领域引向现代化和多元化方向是工业调整的主要任务，工业特区的建立是实现工业现代化的主要措施。

乌兹别克斯坦领导人高度重视工业特区的建设，将其视为工业

1　《乌对外贸易（1992—2006）》，中华人民共和国商务部2006-12-07。
2　《乌兹别克斯坦独立以来农业发展取得丰硕成果》，中华人民共和国商务部2013-06-28。
3　《乌兹别克斯坦积极发展畜牧业》，中华人民共和国商务部2012-07-06。
4　许益祥、舒鑫：《经济向好发展前景可观——乌兹别克斯坦2014年中期经济形势分析》，《中亚信息》2014年第9期。

实现现代化和经济腾飞的希望。1996年4月，乌通过了《经济自由区法》，从法律上为工业特区的建立奠定基础。经济自由区建立的宗旨是引进外国先进技术生产高科技含量的、在国际市场有竞争力的产品，以发展本国的加工业、制造业和基础设施建设。2008年12月2日，卡里莫夫总统签署了成立纳沃伊工业区的命令。

纳沃伊工业区是第一个国家级经济开发区，地处乌中西部的纳沃伊州。从欧亚地理的角度来看，经济区是联系中东欧、东南亚和西亚的交通枢纽，北上经欧E40洲际公路可与东欧和中欧市场联系，南下经M39公路可与南亚、东南亚市场联系，向西可与中东市场联系，向东与中国市场联系。

纳沃伊州始建于1982年，面积11.08万平方千米。首府纳沃伊市距离塔什干市509千米，该州有3907千米的铁路和4100千米的公路，塔什干—突厥斯坦铁路和塔什干—乌其库杜克铁路在州内穿越而过，航空运输也是该州的优势，交通便利。政府希望以工业区为依托带动乌中西部地区的发展。纳沃伊工业区初建之时，政府对该州国际机场加以利用，并于2010年建成了货运机场，2012年，乌国家航空公司开通了纳沃伊—中国天津的货运航线。

纳沃伊州的农牧业、重工业都十分发达。其中，农业中的种植业以棉花、葡萄、甜菜为主，畜牧业以举世闻名的卡拉库尔绵羊和养蚕为主，年产卡拉库尔绵羊羔皮50多万张，产量排位布哈拉州之后，名列国内第二位。农牧业的发展有利于纳沃伊工业区的农牧加工业，可以降低原材料和运输成本。纳沃伊州拥有的金等贵金属和稀有金属等丰富的矿产资源，就地取材减少了材料的运输费用，使工业区内的企业最大限度地降低生产成本。该州以金矿开采和建材生产为主的重工业产值几乎占了全国工业产值的50%。机械制造、塑料和聚合物生产、医药和电子产业，以及农产品加工也是纳沃伊工业区的重点发展企业。2009年6月，政府拟定在两年内将向纳沃伊工业区投资5亿美元，到2010年，政府已向经济区投资了6500多万美元，建设区内的基础设施及社会性服务项目。[1]

为了实现工业现代化，纳沃伊工业区积极吸引外资和外国先进技术。从2008年下半年到2009年底，工业区已经吸引合同外资9亿美元；到2010年12月，有10多个国家的企业在纳沃伊工业区签订了19个投资协议，总投资额达1.87亿美元。[2]其中韩国的投资规模居首位。中国在工业区投资的企业有中兴通讯，投资280多万美元，生产网卡等产品，项目尚在建设中，另有一家中资企业计划投资380万美元，生产手机、平板电脑、笔记本电脑和电视机等产品。[3]工业区内现有50多个在建或计划兴建项目，覆盖了电子电气、建材、家电、医疗器械等领域。

与非工业区的投资环境相比，纳沃伊工业区享受以下一些特殊优惠政策。一、在工业区内注册的经济实体在经营期限内享受海关优惠，企业为生产出口产品而引进的设备、原料、材料和成套制品，免缴海关税；为生产在乌境内销售的产品所引进的原料、材料和成套制品的关税为规定税率的50%，缴税期限可延长至180天。[4]二、在工业区内注册的企业在经营期限内可免缴土地税、财产税、利润税、公共事业和发展社会基础设施税及统一税（后者只是对小型企业征收的税种之一）；免税期限与投资额成正比——300万至1000万欧元可免7年，投资3000万欧元以上的免税15年，期满后

---

[1]《纳沃伊自由工业经济区招商引资政策》，中华人民共和国商务部2010-12-01。
[2] 同上。
[3]《乌兹别克斯坦纳沃伊和安格连工业特区发展情况》，中华人民共和国商务部2014-01-22。
[4] 阎鸿毅、李世群：《乌兹别克斯坦纳沃伊自由工业经济区投资政策研究与思考》，《俄罗斯中亚东欧市场》2011年第1期。

10年按现行税率的50%征收利润税和统一税。[1] 三、享受劳务许可政策，工业区简化了办理出入境、逗留以及劳务许可证的手续，给投资者带来极大的便利。[2] 四、享受外汇优惠政策，可以自由汇出。

2012年4月，乌政府批准在安格连市的邻近地区设立安格连工业区。安格连工业区地处塔什干州，目前是乌首都经济圈内唯一一个工业区，距塔什干市70千米，占地1634公顷。塔什干州发达的工业有机械制造、冶金、化工、食品加工；塔什干州在金融服务、国际交通、能源供应、基础设施等方面也具有优势。

2013年7月，总长123千米的安格连—帕普铁路开工建设，该线穿越卡姆奇克山的19千米的隧道由中国的中铁隧道集团承建，计划于2016年建成通车，届时塔什干州将与费尔干纳盆地的纳曼干、安集延、费尔干纳三州连成一片，将塔什干的工业基础和费尔干纳盆地的农业优势结合起来，对乌经济将起到巨大的促进作用。

落户安格连工业区的企业将享受特殊的税务和海关优惠。凡到安格连工业区经营的外国公司和企业将免缴利润税、法人财产税、社会基础设施税、小企业统一税、道路基金强制税。此外，进口乌本国不生产的产品所需的设备、配件、原材料享受关税优惠。享受上述税收优惠的时间为3年至7年；其中投资30万至300万美元者可享受3年的优惠待遇，投资301万至1000万美元者可享受5年的优惠，投资1001万美元以上者可享受7年的优惠待遇。[3]

安格连工业区成立以来，已经有铜管厂、糖厂、废气油料回收加工等22个项目开始实施。其中铜管厂由乌国内最大的矿山冶金

---

1 《纳沃伊自由工业经济区招商引资政策》，中华人民共和国商务部2010-12-01。
2 闫鸿毅、李世群：《乌兹别克斯坦纳沃伊自由工业经济区投资政策研究与思考》，《俄罗斯中亚东欧市场》2011年第1期。
3 《乌新建安格连工业经济特区，享特殊税务和海关优惠》，中国经济网2012-04-19。

企业阿尔马雷克矿山冶金联合体投资建成,生产直径自 4.5 毫米至 50 毫米的铜管;阿尔马雷克矿山冶金联合体年产值约 3 亿美元,生产白银和黄金分别占乌总产量的 90% 和 20%。[1] 中国在安格连市落户的企业有中铁隧道集团、哈尔滨国际电气工程公司(承建新安格连电站)、中煤科工集团(承建安格连煤矿改造)。

2013 年,乌政府在吉扎克州建立第三个工业区。2012 年 6 月,乌外经贸部与中国商务部签署了《建立乌中工业特区备忘录》。2013 年 1 月 18 日,乌政府通过了《关于 2012 年社会经济发展报告和 2013 年经济发展优先领域》的决议,决定在当年的第一季度完成建立工业区的准备工作;是年 3 月 18 日,总统卡里莫夫签署了《关于设立吉扎克工业特区》的命令。

吉扎克工业区地处吉扎克州,占地面积 2.12 万平方千米。1973 年 12 月 29 日,苏联中央将乌兹别克共和国的撒马尔罕州和锡尔河州的部分领土划出,成立了吉扎克州,以促进草原开发和发展农业。吉扎克州的农业是该州支柱产业,该州的谷物、棉花、果蔬等农产值占其总产值的 40% 左右;畜牧业以饲养卡拉库尔羊和奶牛为主,兼养蚕养蜂;吉扎克州的工业基础薄弱,主要是农产品加工、轻纺、化工、建材加工、机械制造,大多是中小企业;其中小企业和私营企业 7723 家,占全州经济的比重为 79.8%。[2] 交通运输靠铁路和公路,以公路为主。

吉扎克州经济发展水平在全国各州中处于落后地位。2010 年,吉扎克州地区生产总值占国内生产总值的 2.2%,在各州中排名倒数第二。[3] 吉扎克工业区的成立旨在综合利用吉扎克州和锡尔河州的

---

[1] 《乌兹别克斯坦资源和主要产业情况》,中华人民共和国商务部 2014-05-30。
[2] 《乌兹别克斯坦吉扎克州发展现状》,中华人民共和国商务部 2012-03-03。
[3] 《吉扎克州社会经济发展水平》,中华人民共和国商务部 2012-12-24。

生产和资源潜力,当地水电、天然气资源丰富,劳动力成本低廉,可大大降低生产成本。

在吉扎克工业区的企业享受税收、海关、外汇、简化劳务手续等优惠政策。例如,减免区注册公司的利润税、财产税、基础设施建设税、部分产品关税等,区内设有专属部门(海关、税收、外汇等),为了简化手续,区内可办理出入境、劳务许可、居留等服务,区内注册公司支付货物、劳务和服务费用可用外汇支付结算等。[1]

吉扎克工业区在成立一个月后,2013年4月24日,中国杭州中乌电子仪表有限公司投资的太阳能产品生产项目获批,成为入驻该区的首个企业。2013年12月28日,吉扎克工业区新建的纺纱厂开工,纱厂投资1350万美元,计划年产纱线7500吨,50%在国内销售,预计在2014—2016年,将棉花加工水平提高到68.5%,将棉纱产量提高到原来的10—12倍。[2]2014年,俄罗斯在吉扎克工业区建立两家食品加工企业,即年产700吨的速食品加工厂和年产700吨的干果加工厂,项目总投资为1180万美元。[3]

2009年9月9日,乌建成鹏盛工业园区。该园区由中国四家企业投资建设,占地面积约32公顷,总投资3000万美元。[4]鹏盛工业园区地处锡尔河州,锡尔河州以棉花种植加工、果蔬谷物种植、机械制造和食品加工业为主。现在入驻园区的有瓷砖、制革、制鞋、手机、水龙头阀门、宠物食品和肠衣制品等9家企业,主要从事皮革加工、制革、制鞋、瓷砖和纸板箱生产。其中瓷砖厂规模居中亚

---

1 钟四远:《乌兹别克斯坦工业特区发展潜力巨大》,人民网2014-05-05。
2 《乌兹别克斯坦吉扎克工业特区新建纺纱厂》,《中国纺织报》2014-02-12。
3 王凤泰:《俄罗斯企业将在乌兹别克斯坦吉扎克工业特区建设食品加工厂》,环球网2014-02-06。
4 《中国企业在乌兹别克斯坦建立首个工业园区》,中华人民共和国商务部2009-09-13。

之首。此外，中兴通讯投资的手机厂生产出乌第一部国产手机，该企业的智能手机生产线也是整个中亚地区的第一条。[1] 2013年，鹏盛工业园成为吉扎克工业特区的分区，迎来新的发展契机。鹏盛工业园进一步拓展了建材、皮革加工、小五金制品、电机电器、农用机械、轻纺及纺织品等行业。

新总统米尔济约耶夫上台以后，加大了在油气、纺织、制药等领域的招商引资工作，并决定新建第四个经济特区。以上经济特区的建设加快了乌兹别克斯坦实现工业现代化的步伐。

第五节　原料不足的油气加工业

苏联时期，乌兹别克共和国的工业体系以能源工业、冶金业、石化业、机械制造业为中心；独立以后，石油化工、机械制造、建材生产仍然是乌国民经济的重要部门，其中天然气和石油的勘探、开采和加工成为乌支柱产业，也是乌经济优先发展的方向。

目前，已探明乌天然气储量3.4万亿立方米。[2] 在独联体国家中，乌天然气的储量和开采量都占第三位[3]；但乌石油储量和开发量都不能满足本国的需求。

乌油气资源产地可划分为布哈拉-希瓦、乌斯秋尔特、苏尔汉-瓦赫什、吉萨尔西南、费尔干纳五大区域，储量最多的是布哈拉-希瓦油气区。布哈拉-希瓦油气区在乌西部，地处卡拉库姆沙漠东部边缘，这一地区是中亚的天然气主要产区，石油主要处在天

---

[1]《中兴通讯公司建立中亚地区第一条智能手机生产线》，中华人民共和国商务部2013-07-08。

[2]《乌兹别克斯坦国家概况》，中华人民共和国商务部2023-08-04。

[3]《乌兹别克斯坦石油天然气工业发展现状及前景》，聂书岭译，《中亚信息》2007年第9期。

然气矿床的边缘;乌斯秋尔特油气区在乌北部,该区以天然气资源为主;苏尔汉-瓦赫什产区在乌西南部,地处吉萨尔山支脉的山区;地处乌东部的费尔干纳油气区以石油矿床为主,是乌最老的采油区之一,该油气区分属于乌、吉、塔三国,其中大部分在乌境内。

独立初期,由于与苏联时期各加盟共和国经济关系的中断,乌天然气和石油的勘探和开采技术得不到更新,石油和天然气的开采和加工不仅未有进展,而且还处于衰退状况。1993年,乌国家石油天然气工业集团(1998年改为乌国家石油天然气控股公司)组建,公司由6个股份制公司组成,下辖几百个企业和组织,是乌唯一一家控制着油气勘探、开发、运输、加工、销售的综合性企业,企业的主要任务是继续扩大天然气和石油的勘探和开采,加强石油和天然气化工生产基地的建设。

1998年以后,乌政府组织力量开始了能源勘探、开采,以及油气管道维修的工作,到2008年底,在五大油气产区开发了211个油气田,其中108个为天然气和凝析油气田,103个为油气田、凝析油气田和油田。是年,乌开采天然气677亿立方米,大部分是乌兹别克斯坦天然气公司开采的。[1] 2009年,有41家外国公司加入了乌油气田的勘探和开发,大的外国公司有俄罗斯卢克石油公司、中国石油天然气集团公司、瑞士公司、马来西亚国家石油公司和阿拉尔国际公司。

随着开采量的增加,天然气的出口量也从2004年起开始稳定上升,达到开采量的20%—25%。[2] 2007年出口量为145亿立方米;

---

[1] 中国石油管道公司管道科技中心:《乌兹别克斯坦油气工业的现状与未来》,张延萍编译,《国际石油经济》2010年第1期。

[2] 张宁:《乌兹别克斯坦独立后的政治经济发展(1991—2011)》,上海大学出版社,2012年,第22页。

2008年增加到170亿立方米。[1] 乌不仅是天然气出口国,而且还是中亚国家乃至亚欧大陆的能源过境国,因此,乌天然气管道系统具有国际意义。

乌兹别克斯坦的输气干线总长超过1.3万千米,年输送能力为550亿,不仅能满足本国天然气的出口运输,还能确保土库曼斯坦的天然气的过境运输。[2] 其中苏联时期建成的中亚—中央输气管道和布哈拉—乌拉尔输气管道经过乌兹别克斯坦境内。布哈拉—乌拉尔输气干线由于设备陈旧而不能正常运行。尽管设计年输送能力为150亿立方米,但如今每年只能输送75亿立方米天然气,据乌兹别克斯坦提供的资料,实际上不足35亿立方米天然气。[3] 为了提高天然气管道系统的可靠性并增加输量,乌天然气公司2008年开始修建中亚—中央输气管道二线和中亚—中央输气管道四线,总投资5.354亿美元。[4]

2008年,乌与中国石油天然气集团公司成立了中乌中亚天然气管道合资公司,负责中亚—中国天然气管道。该管道西起土库曼斯坦,经乌兹别克斯坦和哈萨克斯坦南部地区进入中国新疆,全长1833千米,在乌境内地段有529千米。2011年,中亚—中国天然气管道线投入使用,不仅能给土库曼斯坦天然气的过境提供运输,还保证乌本国天然气的出口。

除了天然气出口外,乌加强了天然气的加工。乌天然气含硫量

---

1 中国石油管道公司管道科技中心:《乌兹别克斯坦油气工业的现状与未来》,张延萍编译,《国际石油经济》2010年第1期。
2 《乌兹别克斯坦石油天然气工业发展现状及前景》,聂书岭译,《中亚信息》2007年第9期。
3 同上。
4 中国石油管道公司管道科技中心:《乌兹别克斯坦油气工业的现状与未来》,张延萍编译,《国际石油经济》2010年第1期。

较高，需要在天然气加工厂进行脱硫。2001年投产的舒尔坦天然气化工厂生产工艺先进，年加工能力可达45亿立方天然气；2008年，乌天然气公司与马来西亚国家石油公司合作，计划在卡什卡达里亚的舒坦斯基天然气化工基地建一座综合性能源厂，工厂预计在2014年投产，届时该厂将加工35亿立方米天然气。[1] 2008年8月，乌对穆巴列克天然气加工厂的丙烷-丁烷混合物生产设施工程项目进行了设备及安装招标，该项目设计年生产能力为25.8万吨压缩天然气和12.5万吨凝析油，瑞士公司中标，计划于2010年一季度投入运营[2]，该项目的建成可以使其压缩天然气的产量翻番，还可以使其成为国际压缩天然气供应国之一。2008年以后，乌政府加大了天然气化工业的发展。是年，乌天然气公司与外国公司合资建设乌斯秋尔特天然气化工厂，该厂建成以后可年产40万吨聚乙烯和10万吨聚丙烯。根据《2013年国家发展规划》，乌兹别克斯坦将进一步扩大能源（石油、天然气）以及化学制品的出口。

乌原油探明储量为1.2亿吨，凝析油探明储量为9000万吨。[3] 乌兹别克斯坦石油储量仅次于哈萨克斯坦，位于中亚第二位。截至2007年，大约70%的石油和凝析油产自西部卡什卡达里亚州的科克杜马拉克石油凝析气田，该油气田的可采储量为5430万吨、凝析油6740万吨、天然气1280亿立方米。[4]

乌境内早在1885年就开始开采石油，在20世纪90年代，开

---

[1]《乌兹别克斯坦将建成世界第3大天然气加工厂》,《洁净煤技术》2011年第1期。
[2] 中国石油管道公司管道科技中心：《乌兹别克斯坦油气工业的现状与未来》，张延萍编译，《国际石油经济》2010年第1期。
[3] 同上。
[4]《乌兹别克斯坦石油天然气工业发展现状及前景》，聂书岭译，《中亚信息》2007年第9期。

采量快速增长，从 1990 年的 350 万吨增长到 1998 年的 810 万吨[1]。从 2000 年起乌石油及凝析油产量开始下降；2008 年，原油和凝析油的生产减少到 480 万吨，其中原油产量仅为 260 万吨[2]；到 2015 年，石油产量降至 297 万吨[3]。原油产量下降的主要原因是该国大部分油田经过 40 多年的开发已经接近枯竭。

寻找新油田的工作在乌兹别克斯坦十分迫切。从 2006 年起，乌国与外国石油公司合作，开始了大范围寻找油田的工作。2008 年 11 月，乌与韩国 KNOC 公司签订协议，计划对费尔干纳盆地的两个区块进行地质勘探；2009 年至 2013 年，韩国大宇国际公司将对乌斯秋尔特地区的科斯库得克和阿什布拉克区块进行地质勘探。[4] 然而，到目前为止大型油田尚未发现。

在尚未发现新的大型油田以前，政府采取了与外国石油公司合作，对老油井进行深度开发的措施。乌天然气公司与捷克 Eriell 公司合作，对科克杜马拉克油田进行了深度钻探；2005 年，乌天然气公司与中国石油天然气集团公司成立了合资公司，对布哈拉-希瓦油气区和乌斯秋尔特油气区的 23 个油田进行了深度钻探和开发；2008 年，俄罗斯海外石油开发公司对布哈拉-希瓦油气产区的油井进行强化性开采；2008 年 10 月，乌天然气公司与中国石油天然气集团公司成立合资公司，共同开发纳曼干州的明格布拉克油田。

石油开采量的下降导致了成品油加工业的减产，乌不得不从俄罗斯和哈萨克斯坦进口原油，以满足本国的石油加工业。乌原有费

1　《乌兹别克斯坦能源状况及有关建议》，中华人民共和国商务部 2011-01-29。
2　中国石油管道公司管道科技中心：《乌兹别克斯坦油气工业的现状与未来》，张延萍编译，《国际石油经济》2010 年第 1 期。
3　《2015 年乌兹别克斯坦石油储量、产量及消费量分析》，中国产业网 2016-12-08。
4　中国石油管道公司管道科技中心：《乌兹别克斯坦油气工业的现状与未来》，张延萍编译，《国际石油经济》2010 年第 1 期。

尔干纳炼油厂和阿尔特阿雷克炼油厂两家，它们的年加工能力分别是 550 万吨和 320 万吨，1995 年以前，它们加工的是来自西西伯利亚的原油，以后，则是从哈萨克斯坦进口的原油。2006 年，乌从哈进口原油大约 120 万吨，当年石油和凝析油的加工量达到 870 万吨。[1] 2008 年，乌总生产能力为 1120 万吨的几家炼油厂总共炼制了 410 万吨成品油，与 2007 年相比减少了 3.2%。如果没有大型油田的发现，乌需要扩大原油进口以满足本国炼油厂的需求。

第六节　领跑中亚的机械制造业

机械制造业是乌兹别克斯坦重点扶持的产业。乌兹别克斯坦的机械制造业主要有汽车制造、飞机制造，以及农机制造和家用电器制造，等等。乌机械制造业始于二战时期，随着苏联中部地区机械制造厂迁往中亚，乌机械制造业开始兴起。当时，这些机械厂主要迁入塔什干、撒马尔罕和安集延等大城市。独立初期，乌有机械制造企业 300 多家，从业人数占工业就业总人数的 25% 左右，大型企业能够生产飞机，大中型马力拖拉机，棉花种植、采收、加工机械，以及电力设备和电子机械等。乌生产的机械制品不仅满足本国需求，还出口到周边国家，中亚三分之二的机械产品产自乌兹别克斯坦。[2]

在机械制造业中，汽车制造在乌工业中占有突出地位。苏联时期，乌兹别克共和国没有汽车制造厂；独立以后，乌政府成立了乌兹别克斯坦汽车协会，大力发展汽车制造业。独立后的第二年，即

1　《乌兹别克斯坦石油天然气工业发展现状及前景》，聂书岭译，《中亚信息》2007 年第 9 期。

2　欧宗：《乌兹别克斯坦制造业简况》，《俄罗斯中亚东欧市场》2008 年第 6 期。

1992年，乌总统卡里莫夫访问韩国，考察了大宇汽车厂。1993年，乌韩合资企业——乌韩大宇汽车公司成立；1996年，在乌安集延州的阿萨卡市建成了由乌韩两国合资的乌兹别克斯坦大宇汽车厂；2005年，韩国大宇公司倒闭，乌收购了韩国大宇在乌大宇汽车厂中50%的股份，成为大宇汽车公司的全资控股公司。乌大宇汽车厂是乌兹别克斯坦现代化产业的象征。

2005年以前，乌大宇汽车厂每年从韩国进口大量汽车配件，组装和生产整车以后再出口世界各国。在实施进口替代产品的计划中，乌大宇牌汽车的国产化率在2005年底时已经达到60%；该厂计划2006—2010年间再陆续建成40多个零配件制造企业，到2010年时力争实现整车百分之百国产化目标。[1]

乌大宇汽车厂设计生产能力为年产20万辆汽车，能够生产5种型号的汽车。大宇厂生产的汽车除了满足国内市场需求外，还向包括俄罗斯在内的周边国家出口。

为了支持汽车制造业，政府在乌大宇汽车厂的小汽车原材料进口、生产和销售、技术服务、税收、金融财政等方面都给予支持，如进口生产用设备和汽车组件免交海关税，以及取消汽车出口关税，等等。在乌政府保护小轿车市场的政策下，乌大宇牌汽车获得了独占国内市场的局面。

除大宇汽车厂外，通用乌兹别克斯坦公司也是乌国汽车制造的大产业。该公司建于2004年，是乌汽车工业有限公司与美国通用公司合资企业，乌方控股75%，通用公司控股25%。为了更新技术，2011年，乌美合资在乌首都塔什干建成中亚第一家汽车发动机生产厂。该企业生产的发动机最小排量为1升，最大排量为1.5升；

---

[1] 王维然：《中亚区域经济一体化研究》，知识产权出版社，2014年，第79页。

预计2011年生产2000台，2012年生产12.5万台，到2015年超过28万台。[1]

在汽车制造业中，还有组装公共汽车的撒马尔罕汽车厂。该厂是乌与日本的合资企业。2008年，日本伊藤忠商事株式会社成为该厂股东后，向该厂提供整套零部件，主要组装"五十铃"品牌的公共汽车和载重汽车。按双方签订的合同，伊藤忠商事株式会社要向乌转让公共汽车全部（强调了不是部分的）生产技术。

在政府的扶植下，凭借在产能和销售方面的优势，汽车制造业在乌经济中占有重要地位。2010年，通用乌兹别克斯坦公司的汽车销售量大约为14.3万辆[2]；2013年共出口9.1万辆汽车及配件至俄罗斯、哈萨克、乌克兰和土库曼斯坦等国[3]。2006年，汽车产值在乌GDP总值中已经占到9.2%[4]，几乎与棉花持平。目前，乌兹别克斯坦已经进入了世界28个汽车生产国行列，在中亚地区汽车制造业中处于领先地位。

苏联时期，乌兹别克共和国拥有中亚地区唯一的一个飞机制造厂。二战初期（1941），莫斯科郊外希姆基的航空制造厂迁往塔什干，在此组建了塔什干契卡洛夫飞机制造厂，此后，该厂成为苏联军用大型运输机的组装基地，能够组装伊尔-76型飞机。独立以后，乌政府组建了契卡洛夫国营飞机制造联合企业。然而，由于专家流失，资金不足，生产停滞，飞机制造业的形势严峻。到21世纪初，飞机制造业在国家的扶持下开始向好的方向发展。飞机制造联合企业集中力量开发在环境、噪音和节能方面达到国际要求的

---

1 李喆:《乌兹别克斯坦领跑中亚汽车制造业》，国际在线 2011-07-28。
2 《乌国领跑中亚汽车制造业》，《新疆经济报》2011-08-09。
3 《乌兹别克斯坦汽车制造业 2013 年同比增长 21.8%》，中华人民共和国商务部 2014-02-14。
4 《乌兹别克斯坦汽车制造业发展迅速》，杨建梅译，《中亚信息》2007 年第 4 期。

飞机。2005年，联合公司生产的伊尔-76型飞机和在俄罗斯伊柳辛航空研究所支持下开发的伊尔-114型飞机都获得了很多的订单；2006—2007年，企业仍然继续获得各种伊尔-76型飞机和伊尔-114改进型飞机的订单。[1]该厂鼎盛时期拥有上万名员工，但2010年9月该厂宣布破产，2012年终止飞机生产，2015年5月1日兼并塔什干机械厂后开始转型为民用电器生产厂。

乌政府对飞机制造企业的扶持政策包括两方面：一、企业可以延期缴纳预算内和预算外的各种应付款项；二、企业在税收上获得优惠待遇，使出售产品的进款用于支付工资，如对联合企业进口的零部件免收进口税，这一政策执行到2010年1月1日。

乌飞机制造业的合作伙伴主要是俄罗斯。飞机制造联合企业根据俄罗斯航空制造公司的订单进行生产，配件绝大多数由俄罗斯提供。2007年，俄罗斯曾试图将塔什干的飞机企业与俄航空工业整合，然而，由于双方对企业控股意见不同而未果。2008年，俄罗斯联合航空制造集团组建，当年底，塔什干契卡洛夫飞机制造厂为了提高吸引外资的能力而并入其中。

独立以后，民用航空业在乌发展起来。1996年，乌国家航空公司开始与波音公司合作。2005年，乌生产出第一批波音-757型飞机的配件样品。2016年秋，波音公司无偿投资50万美元在乌建立了飞机复合部件维修中心，该中心的建立将保证波音机型维修工作在乌境内完成。乌航空公司与波音公司的联合项目表明，乌民用航空正逐渐朝着世界最先进的工艺迈进。

在国家对制造业的支持下，生产大中型马力拖拉机、棉花种植、采收和加工机械、果蔬加工设备的农机制造业发展起来。20世

---

[1]《乌兹别克斯坦的飞机制造业》，谷维译，《中亚信息》2006年第8期。

纪90年代初，乌政府重新组建了乌农机控股公司、乌耕种机器公司等大型机器制造企业；此后，乌政府制定了《种植业和畜牧业的机器和工艺保障系统》，批准建立2001—2010年农产品生产全盘机械化的机器和工艺保障系统。

21世纪初，乌棉花的采摘、加工和运输，以及生产设备的维修都有长足的发展，如棉花采摘机代表了乌农机制造的发展情况。独立以后，乌研制出了高效立式主轴采棉机和二次采摘成熟棉花的工艺。立式主轴采棉机在棉花达到60%—75%成熟程度时进行第一次采摘时，只要将其作业缝隙调整为42—44毫米，就可以保证机器采摘的只是成熟和干燥棉花；在棉花累积成熟度达到90%—95%之时的第二次采摘中，将机械的作业缝隙调整为38—40毫米，可以保证采收90%以上的成熟棉花。在产棉区进行的为期5年的采棉试验结果表明，立式主轴采棉机采摘的棉花纤维质量好，棉纤维的产出率增加了0.5%—1%；采摘的籽棉加工出的皮棉质量也好，皮棉产出率要高出2%。[1]

乌重视农业机械制造业，几乎每年都要举行农业机械展览会，不仅本国企业积极参与，而且还吸引着来自世界各国的企业。

除农机企业外，乌机械制造还大量生产家用或工业用机电产品。独立初期，乌机电产品大多数依靠进口，进口额约20亿美元，占进口总额的60%以上。[2] 21世纪初，乌大多数家用电器已经是本国生产，其中2000年生产电视机2.93万台，到2006年达到6.39万台，生产电冰箱从2000年的700台上升到2006年的4491台，生产的洗衣机在2000年达到2123台。[3] 截至2016年，乌兹别克斯

---

[1] 《乌兹别克斯坦采棉机制造业发展现状》，李鸿林译，《中亚信息》2008年第4期。
[2] 欧宗：《乌兹别克斯坦制造业简况》，《俄罗斯中亚东欧市场》2008年第6期。
[3] 同上。

坦仍然是中亚制造业最发达的国家。

第七节　立足长远的基础设施建设

面对世界经济低迷不振、复苏乏力的不利环境，乌兹别克斯坦采取"增强内功、积极应对"之策，加强了基础设施的建设。2008年以后，乌政府开始投资更新和改造发电站，修建公路、铁路，为经济的长期发展注入动力，其中发展燃料动力工业成为优先方向。

2001年，总统卡里莫夫发布《深化电力行业改革》的总统令，政府将部分电力管理机构与包括发电站和热力中心、输配电网、电力设备制造企业、煤炭生产企业在内的能源企业重组，成立了国家电力集团（在私有化过程中改造为国家电力股份公司）。

乌兹别克斯坦电力部门的首要任务是改造电站设施。乌大部分电站建于苏联时期的50年代至60年代，到90年代初，这些设备已经超过了使用期，急需更新和改造。截至2009年，乌兹别克斯坦共有42座电站，总发电能力为560亿—570亿千瓦时，其中11个为火电站；火电站燃料以天然气为主，天然气占90.2%，重油4.6%，煤仅占5%左右。[1] 采用天然气和重油发电的大型电站主要有锡尔热电站（3000兆瓦）和塔什干热电站（1860兆瓦）；煤炭发电的大型电站主要有新安格连电站（2100兆瓦）和纳沃伊热电站（1250兆瓦）。鉴于天然气在国际市场上的价格高涨，政府计划削减天然气，将电站改为燃煤。2010年，国家投资12亿美元改造电力设施，其中2亿美元用于设备的更新，6亿美元用于引进先进技术对纳沃伊、穆巴拉克和塔什干主电站的蒸汽和燃气涡轮装置进行

---

[1] 驻乌兹别克斯坦使馆经商参处：《乌兹别克斯坦电力基础设施简况及中乌电力合作建议》，《国际工程与劳务》2009年第7期。

改造，4 亿美元对线路进行改造。[1]

2011 年，国家电力股份公司利用沙尔贡和拜松煤矿的煤，计划在苏尔汉河州建设 300 兆瓦火电站，生产的电力向阿富汗出口；此外，该公司还计划投资 2.5 亿美元，对塔什干州的安格连火力发电站进行改造，增加第二套煤电机组（150 兆瓦），计划投资 3.27 亿美元，对新安格连火力发电站 8 号机组进行常年燃煤改造（2400 兆瓦）。[2]2015 年，乌政府批准了总投资额接近 25 亿美元的一批新项目，其中包括纳曼干州的新建热电厂和撒马尔罕州的太阳能发电站。[3]此外，国家电力股份公司计划投资 2.5 亿美元，拟在纳沃伊、布哈拉州和卡拉卡尔帕克斯坦自治共和国（这些地区的风速高于 3 米/秒）境内建设 100 兆瓦的风能发电场，计划发电 1.7 亿千瓦时，可节省 5500 万立方米天然气。[4]

乌兹别克斯坦水力蕴藏量有 7445 兆瓦，但水资源的开发程度仅占 23%，水电总装机容量仅有 1710 兆瓦。水电站大部分建在锡尔河及其支流上，较大的是恰尔瓦克水电站（620 兆瓦）和霍吉肯特水电站（165 兆瓦）。国家计划建造 15 个小型水电站，使其总装机容量达到 42 万千瓦，年平均发电量达到 13 亿千瓦时。[5]

电力的输送是国家电力集团要解决的问题之一。乌兹别克斯坦大部分电力产自锡尔河与塔什干两州，分别占乌电力总产量的 31%

---

[1] 驻乌兹别克斯坦使馆经商参处：《乌兹别克斯坦电力基础设施简况及中乌电力合作建议》，《国际工程与劳务》2009 年第 7 期。

[2] 《乌兹别克斯坦电力市场》，中华人民共和国商务部 2011-11-27。

[3] 汪玺锋：《乌兹别克斯坦多举措让外国投资者青睐》，《大陆桥视野》2015 年第 1 期。

[4] 《乌兹别克斯坦电力市场》，中华人民共和国商务部 2011-11-27。

[5] 驻乌兹别克斯坦使馆经商参处：《乌兹别克斯坦电力基础设施简况及中乌电力合作建议》，《国际工程与劳务》2009 年第 7 期。

和41%，国内电力输送是政府要解决的一个问题；此外，乌在中亚电网中具有枢纽作用，土、塔、吉等中亚国家以及阿富汗等周边国家的电力往往需要借助乌电网输入。然而，乌输电系统的大部分是苏联时期建设的，电网设施严重老化，迫切需要更新和改造。

2008年，乌电力公司投资1.16亿美元对部分电站和线路进行了改造，建成输变电线路约465.3千米，完成500千伏高压线路164.9千米；2009年，国家电力公司计划投资342万美元更换380千米长的线路和近300个6—10千伏的变压器；2009年，建设从卡什卡达利亚州的塔里马尔占热电站到撒马尔罕州的索格底亚那变电站、全长218千米的500千伏电网，旨在提高南部四州（撒马尔罕、卡什卡达里亚、纳沃伊、布哈拉）的电力供应能力。2011年，国家电力集团制定了2011—2015年计划，拟定投资1249亿苏姆（约6800万美元）改造国内的低压电网，另投入2.65亿美元建设和改造东部费尔干纳盆地的电网系统。2011年至2012年间，在东部电网中建设76千米高压线路、改造90千米高压线路；2013年至2015年间的任务是在纳曼干建设一座500千瓦变电站，以及建设通往安格连的500千伏输变电线路、建设两条220千伏输电线路。电网建设的最终目标是建成环形电网，保证国内各地之间的电力调配和供应。

截至2015年，乌兹别克斯坦共有45座电站，电力总装机容量超过12400兆瓦，其中包括13座热电厂，其装机容量10600兆瓦，占总容量的88.2%；32座水电厂，总装机容量1800兆瓦，占总容量的11.8%。电力线路总长为238000千米；其中110—500千伏的线路长度为8000千米，0.4—110千伏的线路长度为220000千米，电缆线路为10000千米。乌兹别克斯坦通过500千伏和220千伏的高压电线与邻国相连。[1]

在基础设施建设方面,以公路和铁路为主的交通基础设施建设是乌经济发展的重要任务。独立之初的1992年7月,乌颁布了公路法[2];1993年,直接归内阁领导的汽车运输股份公司成立。2008年,在经历了全球金融和经济危机以后,乌政府加强了交通基础设施建设。2009年,乌政府通过了《2009—2014年国家公路发展纲要》,2010年,总统签署了《关于2011—2015年加快发展交通运输基础设施建设的决议》。

乌兹别克斯坦的交通运输体系由公路、铁路、水运、航空,以及车站、港口、机场等基础设施组成。乌兹别克斯坦公路总长184896千米,其中包括3626千米国际公路、16909千米国道及21995千米州级和地方公路。[3]

2009年以后,政府加强了对国际公路的维修和改造。经过乌境内的国际公路有36条,通过它们乌国与周边国家相连。从1993年到2002年间,乌政府参与了欧盟资助的"欧洲—高加索—亚洲运输走廊",它是亚洲国家经里海、高加索和黑海通往欧洲的一条运输走廊。其中,乌参与了从乌通往中国和巴基斯坦的安集延—奥什—伊尔克什坦—喀什公路的建设和从乌通往印度洋的帖尔穆兹—卡拉奇公路的建设。

2009年以来,乌政府对M37号公路和M39号公路的部分地段进行了维修和改造。M37号公路以乌境内第二大城市撒马尔罕为中心,向西经纳沃伊至布哈拉,从布哈拉往西可抵达土库曼斯坦的

---

[1] 乔刚等:《中亚5国电力发展概况及合作机遇探析》,《电力电容器与无功补偿》2015年第3期。

[2] 依马木阿吉·艾比布拉、王维然:《乌兹别克斯坦交通运输业分析》,《俄罗斯中亚东欧市场》2010年第5期。

[3] 《乌兹别克概况:交通运输基础设施》,中华人民共和国商务部2009-06-14。

马雷；从撒马尔罕到纳沃伊后北上抵达努库斯，在此出境后与欧洲 E40 号公路相接；从撒马尔罕东行可抵达塔吉克斯坦边境城市彭吉肯特。政府对 M37 号公路的改造集中在纳沃伊—努库斯路段 91 千米路段，这一工程已于 2013 年底完工。

M39 号公路也是乌较长的一条国际公路，以撒马尔罕为中心东南贯通：从撒马尔罕出发东北行抵吉扎克，从吉扎克北上到塔什干，再向北出境后抵达哈萨克斯坦奇姆肯特；2013 年对此路段最北端，即从边境进入奇姆肯特的 62 千米路段进行了维修。M39 号公路从塔什干南下，抵达浩罕后，向东可至纳曼干和安集延，由此进入吉尔吉斯斯坦南部边境城市奥什；2013 年，对纳曼干—布干路段进行了翻修。从撒马尔罕出发沿 M39 号公路西南行可至卡尔施，再向南至乌阿边境的帖尔穆兹，由此进入阿富汗；该公路在苏尔汗河州境内的 100 千米路段改造计划在 2014 年完工。[1] 从撒马尔罕城出发，沿 M39 号公路向东可达塔吉克斯坦北部城市苦盏。

与此同时，国家级公路的修建也受到了乌政府的重视，2013 年，政府共投资 5.7 亿美元用于公路建设和维护，完成公路建设和维修 530 千米。已经完成了塔什干—奥什公路卡姆奇克山口 18 千米长路段的建设；完成了从安集延市到哈萨克斯坦别伊涅乌公路（吉扎尔—布哈拉—努库斯—别伊涅乌）141 千米长的双向四车道水泥混凝土的公路建设。[2] 2015 年，乌公路股份公司投入大约 2.15 亿美元对 328.7 千米的公路进行修建[3]，继续改造吉扎尔—布哈拉—

---

[1] 《乌兹别克斯坦 2014 年将完成塔什干—铁尔梅兹公路 100 公里路段改造》，环球网 2014-02-06。

[2] 《乌兹别克斯坦 2013 年投资 5.7 亿美元用于公路建设和维护》，中华人民共和国商务部 2014-03-03。

[3] 《乌兹别克斯坦今年将建设并改造 513 公里公路》，中华人民共和国商务部 2016-03-24。

努库斯—别伊涅乌路段。

沙俄时期，为了征服土库曼斯坦，沙俄政府于1881年开始在土库曼人居地上修建铁路。1886年，从土库曼斯坦至撒马尔罕的铁路完工，1895年此线从撒马尔罕通往塔什干，1899年此线延伸到安集延，1900—1906年，从塔什干至奥伦堡的线路完工通车，中亚最早的这条铁路以后被称为中亚铁路。苏联时期，乌兹别克共和国修建了与苏联各地相连的多条铁路；其中，孔古拉特—贝瑙干线的修建使乌国经哈萨克与苏联中部和南北部地区相连；霍瓦斯—阿雷斯干线的修建使乌国经哈与苏联西伯利亚和远东地区相连；塔什干—土库曼巴希干线的修建使乌与土库曼斯坦的铁路相接。苏联时期建成的中亚铁路运输网络对乌经济建设和发展起到了十分重要的作用。

独立以后，乌于1994年成立了乌兹别克斯坦铁路股份公司。铁路股份公司参与了从土耳其至中国北京（伊斯坦布尔—塔什干—阿拉木图—北京）的亚洲运输干线的建设，乌铁路工程队参与了塔吉克斯坦境内塔剑—撒哈勒赫斯133千米路段的建设；1996年，塔剑—撒哈勒赫斯路段已竣工交付使用。1996—2001年间，乌修筑了全长342千米的纳沃伊—努库斯铁路，该铁路使乌通过哈萨克斯坦与东欧和东南欧相连。截至2014年，乌国铁路总长6479.65千米。[1]除铁路建设外，乌政府实施了铁路电气化。电气化工程实施以后，塔撒卡（卡尔施）的高速铁路将缩短往返时间，如从塔什干到撒马尔罕城由原来的8小时缩短为3小时。

2009年以来，乌修建的最重要的铁路线是将塔什干与费尔干纳盆地连接起来的安格连—帕普线。在该线路开通以前，费尔干纳

---

1 《中亚矿业投资指南——乌兹别克共和国》，中国矿业网2014-04-11。

盆地与首都塔什干没有直通铁路，两地的交通主要靠公路运输，公路运输不仅受气候影响，而且运输成本也很高。早在国家独立之初，乌政府就将该铁路的修建列入日程，但由于技术制约等问题，直到2013年才开始启动安格连—帕普线路的修建。

安格连—帕普始于塔什干州安格连市，通往纳曼干州的帕普斯基区，是一条电气化铁路线，全长169千米。其中穿越库拉米山区的卡姆奇克隧道是全线控制性工程，卡姆奇克主隧道长度19.2千米，平行于主隧道设安全隧道，长度19.286千米。中铁隧道集团通过竞标最终获得了隧道的建筑权。2016年7月，安格连—帕普电气化铁路全线贯通，运行线路为塔什干—安格连—奥尔茹—帕普—卡干特—马尔吉兰—安集延。该线路的通车使乌首都与乌东部各州市连接起来。

独立以后，航空工业的发展在乌经历了曲折的过程。1992年，在苏联时期航空工业的基础上，乌政府将民用航空处、民用航空修理厂和航空专用装配维修企业整合，成立了乌兹别克斯坦航空公司，该公司在塔什干、撒马尔罕、安集延、布哈拉、纳沃伊、纳曼干、努库斯、帖尔穆兹、乌尔根奇、费尔干纳、卡尔施和浩罕等12个城市建设了现代化的机场。其中，塔什干、撒马尔罕和帖尔穆兹机场达到了世界水平。[1]

在乌交通领域起作用的水上运输主要指阿姆河上的水运。阿姆河是乌兹别克斯坦与土库曼斯坦和阿富汗的水上通道，在乌境内水运里程大约有500千米。20世纪初，阿姆河流域开始启动客运和货运；20世纪80年代，乌兹别克共和国的水运里程达到2800千米，

---

[1] 依马木阿吉·艾比布拉、王维然：《乌兹别克斯坦交通运输业分析》，《俄罗斯中亚东欧市场》2010年第5期。

水路货运量每年为1420吨。[1]

独立以后，乌政府对河运基础设施进行维修和改造，其中修建了帖尔穆兹港口，以及霍哲利、贝鲁尼、图尔特库尔和沙尔拉乌克码头，以上港口和码头年过货能力大约为150万吨，船队年运输能力为120万吨。[2]

在中亚国家中，乌兹别克斯坦在基础设施、汽车工业、服务业均呈现出快速发展态势，成为经济多元化程度最高的国家。[3]

第八节　快速发展的信息业、旅游业和保险业

据乌统计局提供的数据，2003年以来，在乌第三产业中增长最快的是信息业。2003年，信息通信的业务收入达到1.57亿美元左右，比2002年增长了27.5%。[4] 按国际通用的"网络就绪状态"[5]，乌信息通信技术的发展情况如下。

首先，从网络接入状态来看，乌占有地利优势。欧亚光纤通信干线（中国上海—德国法兰克福）穿过乌国，光纤电缆在乌境总长1700千米；乌境内有162个数据传输汇接局，其中电话线路总长度达1100万话路千米；城市间电话交换局网的数字化水平为86.2%，

1　依马木阿吉·艾比布拉、王维然：《乌兹别克斯坦交通运输业分析》，《俄罗斯中亚东欧市场》2010年第5期。

2　同上。

3　《多方高度评价乌兹别克斯坦独立后发展成就》，中国经济网2015-08-31。

4　中国商务部欧洲司综合处：《乌兹别克斯坦信息通信产业的发展现状及前景》，《俄罗斯中亚东欧市场》2006年第12期。

5　"网络就绪状态"是国际上评价信息通信技术的一个常用的概念，它包括一系列指标（5组19个）评估一个地区的通信技术发展水平。其中主要的是网络接入、网络学习、网络社会、网络经济和网络政策。

国际电话线路的数字化水平为 83%。[1]

其次，从网络社会和网络经济来看，据乌计算机化和发展信息通信技术协调委员会公布的统计数据，截至 2004 年 7 月 1 日，乌网民数为 56.8 万人，上网人数率为 2.3%。同一时期，乌电子政务与电子商务率先发展起来，已联网的国家机关和经济实体分别为 468 家和 8621 家；在乌登记注册的网站总数为 8148 家，87.3% 的国家机关、81% 的经济实体和 100% 的银行拥有自己的网站。[2]

2015 年 2 月 4 日，总统卡里莫夫签署命令，决定在信息通信和电信技术国家委员会的基础上成立乌信息技术和通信发展部，目的是加快引进现代化信息和通信技术，以及加快对电信基础设施和数据交换网的现代化建设。

独立初期，乌兹别克斯坦的旅游业就发展起来，先后出台了《旅游法》和《保险法》，为旅游业的发展奠定了良好的法律基础；2006 年，乌政府出台了《关于在 2006—2010 年进一步发展旅游业、提高旅游服务质量及水平》的文件。1993 年，乌国家旅游公司加入了联合国世界旅游组织；2004 年，联合国世界旅游组织在乌设立了丝绸之路旅游业办公室，这是继日本之后该组织设立的第二个这类机构。有评价说：这项合作成果不仅反映了乌在地区旅游领域中的地位，而且还反映出国际社会对乌旅游业的充分认可。[3]

2003 年以来，乌政府在旅游业经济上加强了三方面的工作：一、加强宣传。乌政府采取多项措施宣传乌旅游业，让世界更多地了解乌国丰富的旅游资源。1995 年，乌在首都塔什干举办名为"丝

---

[1] 中国商务部欧洲司综合处：《乌兹别克斯坦信息通信产业的发展现状及前景》，《俄罗斯中亚东欧市场》2006 年第 12 期。

[2] 同上。

[3] 《乌兹别克斯坦旅游业蓬勃发展，每年吸引游客逾 200 万》，中国经济网 2016-08-26。

绸之路旅游"的国际旅游交易会，此后交易会成为中亚地区旅游论坛，几乎每年举行一次；目前，交易会已经成为业界人士共商行业前景和寻求合作机遇的平台，每年吸引来自世界100多个国家的几百家公司。此外，乌旅游业积极参与国外举办的旅游展会，加强与外国合作和迅速掌握国际市场的发展趋势。

二、加速机构建设和人才的培养。为促进旅游业的发展，乌加速了旅游机构的建设。2007年，乌有400多家旅游公司，其中私营旅游公司在国内旅游业中占有优势，创造的产值占全国旅游产值的90%[1]；2016年，乌大约有1200家旅游机构，其中包括600余家旅行公司和近600所酒店[2]。随着旅游需求的不断增加，旅游专业人才也在加紧培养。乌总统就培养高素质旅游专业人才发布了总统令；乌政府就支持乌旅游业出台了内阁法令，以法律的形式保证旅游人才的培养。目前，乌不仅在多所高等院校开设旅游业专业，而且还创办了专门培养旅游人才的各种学校和培训班。

三、在开发传统旅游基础上，采取旅游产品多元化措施。乌政府着力开发地质游、医疗游、登山漂流游和美食游等项目；其中，最具特色的是利用自然保护区、国家公园等资源开发生态旅游。乌科学研究学会的植物生态研究开发中心与埃科桑-图尔国际生态旅游中心联合签署了开发乌生态旅游业的协议。[3] 此后，乌政府对生态旅游进行了宣传，并在大专院校、旅游公司加紧培训旅游人才，还与外国公司举办研讨会等方式促进生态旅游的发展。2007年6月，在塔什干举办了"旅游及其在文化生活中的作用"研讨会，与会者

---

1 《2006年乌兹别克斯坦旅游业发展状况》，刘琰译，《中亚信息》2007年第1期。
2 《乌兹别克斯坦旅游业蓬勃发展，每年吸引游客逾200万》，中国经济网 2016-08-26。
3 《乌兹别克斯坦将发展生态旅游业》，刘凤霞译，《中亚信息》2003年第3期。

就乌历史文化遗产和自然景区生态保护等问题进行了研讨，组建了一系列生态旅游开发组织。

乌旅游业的发展带动了通往旅游景点的交通建设。随着铁路和公路设施的完善和通往世界各地航线的开通，旅客在乌各地的旅行更便利了。据统计，来自世界各地的游客每年超过了 200 万。

乌旅游业的发展带动了如酒店、餐饮等相关服务行业的发展，形成旅游产业链。根据旅游业发展纲要，2014 年在花剌子模州、塔什干州和卡什卡达里亚州新建和改造了一批饭店、餐厅及其他旅游设施。

乌旅游业的发展带动了本国国民经济的增长。从 2009 年至 2017 年的乌国旅游业收入在 GDP 中的占比呈现稳步上升的趋势，2014 年，旅游业在 GDP 的占比已经超过 2.0%。[1]2016 年乌旅游收入在国内生产总值中的占比达到 3.1%，为 14 万人提供了就业岗位，占就业总人口的 0.8%。[2]

乌兹别克斯坦的保险业有了较大的发展。在苏联解体前不久，由国家垄断的保险业开始取消。国家保险公司是在乌兹别克共和国时期成立的，并且在保险业上独占优势，1990 年的保险费收入总额为 52830 万卢布，其中强制保险占 45.6%，自愿人身保险占 42.2%。[3] 独立初期，随着经济体制向市场经济的过渡，1991—1992 年保险领域开始了私有化，私营保险公司、保险股份公司在乌相继成立。其中，1991 年非国营成分的保险人收取保险费为 4380 万卢布；1992 年增长到 34210 万卢布，占保险费总额的 14.2%。[4]

---

[1] 〔乌兹别克〕Bababekova Khalima：《乌兹别克斯坦共和国的旅游发展》，《农村经济与科技》2017 年第 14 期。

[2] 宋志芹：《乌兹别克斯坦旅游业发展评析》，《西伯利亚研究》2019 年第 6 期。

[3] 边立铭：《乌兹别克斯坦保险市场初探》，《世界经济与政治》1997 年第 6 期。

[4] 同上。

1994年4月13日,《保障乌兹别克斯坦共和国境内保险投资的措施》的决议在乌部长会议上通过,根据这一决议,外资可以在乌建立保险公司。1996年,乌政府与美国最大的保险集团——美洲国际集团合资建立了西乌兹别克保险公司,该公司法定资本1亿美元,其中80%属乌方。[1]

国家保险公司和西乌兹别克保险公司是两家国营保险公司,除此之外,乌非国有保险公司陆续建立起来,并成立了一些对专业行业进行保险的合资公司,其中包括注意发展医疗保险的东方阿斯克公司、为进出口业务服务的国外运输股份保险公司、为铁路运输者提供保险的中亚铁路保险公司、注重人身保险的阿尔克保险集团。这些公司已经在乌国站稳了脚跟。2011年,乌保险业投资总额约2.14亿美元(按官方全年平均汇率),同比增长23%,增幅创5年来的新高。[2]

尽管如此,与国内其他行业相比,乌保险业的非国有化程度仍然很低,国家保险仍在保险市场保持控制地位,76.1%的保险市场由国家保险公司控制[3];保险市场尚未形成,这种形势影响了乌保险公司,特别是小公司的活动。另一个制约乌保险市场发展的是专门人才的缺乏;尽管塔什干财政学院于1993年就开设了"保险专业班",但高技能人才的培训几乎都是在外国进行,如许多公司的领导和专业人员在英国、瑞士、德国和俄罗斯接受培训。

独立以来,乌兹别克斯坦第三产业的经济规模已经扩大。1991年,乌兹别克斯坦第一、第二、第三产业之占比分别是36.98%、

---

[1] 边立铭:《乌兹别克斯坦保险市场初探》,《世界经济与政治》1997年第6期。
[2] 《2011年乌兹别克斯坦保险业投资增幅创五年来新高》,中华人民共和国商务部2012-02-08。
[3] 边立铭:《乌兹别克斯坦保险市场初探》,《世界经济与政治》1997年第6期。

36.57%、26.46%；到 2009 年，这一占比分别是 20.91%、32.02%、47.07%。[1] 可以说，到 2009 年，乌兹别克斯坦的产业结构已经发生了较大的变化。

第九节　平稳增长的对外经济

独立初期，乌兹别克斯坦制定了对外开放的发展战略，对外开放的目标是发展对外贸易，积极引进外资和先进技术，提高本国产品的质量和科技含量，增强本国产品的竞争力。2003 年以后，乌兹别克斯坦继续实行对外开放政策，在对外贸易和引进外资两方面都取得了长足的进展。

乌兹别克斯坦对外贸易呈现增长趋势。2002—2008 年的年均对外贸易额为 103.927 亿美元，年均增长率为 8.77%，在独联体国家中属中等水平。[2] 2008 年，在中亚其他国家经历国际市场冲击的形势下，乌出口贸易受国际市场价格波动的影响不大，其中，主要出口商品天然气的价格从 2008 年上半年的每立方米 130 美元上涨到下半年的每立方米 160 美元，由于增加了出口量，2008 年乌对外贸易获得了 21.4% 的大幅增长。[3]

---

[1] 文亚妮：《中国新疆与中亚五国产业结构高级化比较》，《俄罗斯中亚东欧市场》2011 年第 11 期。

[2] 阿不都斯力木·阿不力克木：《乌兹别克斯坦对外贸易政策及其对中国的启示》，《经济问题探索》2010 年第 9 期。

[3] 〔乌兹别克〕乌拜杜拉耶夫·努利金：《村镇发展——乌兹别克斯坦政府的特别关注》，《世界农业》2009 年第 6 期。

表 1 2002—2008 年乌兹别克斯坦进出口贸易额（单位：亿美元）[1]

年份	2002	2003	2004	2005	2006	2007	2008
进口额	27.12	29	39.16	40.91	43.96	52.35	57.01
出口额	29.88	37	48.53	54.1	63.85	89.92	115.71

2008 年，乌兹别克斯坦制订了《2009—2012 年反危机计划》，该计划确定提升地区经济和出口企业的竞争力。2011—2013 年间，乌外贸总额呈上升趋势，2011 年 255.37 亿美元（同比增长 15%，创历史新高）[2]，2012 年达到 262.87 亿美元（同比增长 0.9%）[3]，2013 年 288.9 亿美元（同比增长 10.4%）[4]。2014 年以后，外贸的增长开始下降，2014 年和 2015 年，乌对外贸易额分别是 280.54 亿美元（同比下降 3%）和 252.83 亿美元（同比下降 10%）。[5]

2003 年以后，乌对外贸易呈现出以下特征：

一、鼓励出口。为了鼓励出口和限制某些商品的进口，乌政府采取了关税措施。2005 年 9 月 19 日，乌总统签发了《关于规范进出口业务的补充措施》的行政命令。确定自 2005 年 11 月 1 日起实行新的进口关税和消费税，新政策有以下特点：（一）上调了部分食品和娱乐性商品的进口关税和消费税，新增娱乐性商品的消费税为 30%；（二）对部分食品和日用消费品规定了"从量最低限价"[6]；（三）对海关编码 61 类项下的 46 种针织品和 62 类项下的 76 种服装，

---

[1] 数据来自乌兹别克斯坦国家统计委员会，http://www.askci.com。
[2] 《2011 年乌兹别克斯坦对外贸易简况》，中华人民共和国商务部 2012-05-04。
[3] 李垂发：《乌兹别克公布去年外贸数据》，中国经济网，《经济日报》2013-02-22。
[4] 《乌兹别克斯坦 2013 年外贸总额 288.9 亿美元》，中华人民共和国商务部 2014-08-26。
[5] 《2015 年乌兹别克斯坦外贸额 252.83 亿美元》，中华人民共和国商务部 2016-04-01。
[6] "从量最低限价"指按单位（体积、重量、件数）计算，每一单位不得低于规定的金额。如，进口矿泉水每公升不能低于 1 美元。

除了继续保持原有的 30% 的关税以外，又增加了每单位（件、双、公斤）0.3—4.35 美元不等的"从量最低限价"。[1] 2010 年 12 月 24 日，总统发布第 1449 号命令《关于 2011 年国家预算主要宏观经济指标和数据预测》，总统令规定，降低出口自产商品企业应缴纳的利润税、财产税和统一税税率：如出口成分在 15%—30% 之间，所确定的利润税、财产税和统一税税率降低 30%；如出口成分大于等于 30%，则上述税率降低 50%。2011 年，乌对《税法典》第 208 条第 12 款进行修改，取消贵金属出口免税政策，决定自 2011 年 4 月 1 日起对贵金属出口征收 20% 增值税，此举在于为乌国的采矿企业技术改造增加资金来源。[2] 根据总统发布的《关于进一步完善进口消费品海关关税管理措施》的命令，乌兹别克斯坦对十多种进口的干鲜水果征收消费税，税率为海关价值的 25%，但不低于 0.15 美元/公斤；另对进口小麦面粉征收海关价值 15% 的消费税。[3] 随着进口替代和出口导向战略的实施，大多数年份的进口额小于出口额，呈现贸易顺差。

2008 年以后，在大多数年份中，乌国出口额仍然大于进口额。2010 年乌对外贸易额中出口增加了 10.8%，进口下降了 6.8%[4]；在 2012 年的乌兹别克斯坦对外贸易中，出口额为 142.59 亿美元，进口额为 120.28 亿美元[5]；2013 年乌兹别克斯坦外贸出口总额 150.9 亿美元，进口总额 138 亿美元[6]；2014 年乌外贸中出口额 140.84 亿

---

1 竹效民：《乌兹别克斯坦贸易环境和市场需求分析》，《俄罗斯中亚东欧市场》2008 年第 9 期。

2 《2011 年乌外贸政策调整》，中华人民共和国商务部 2011-03-30。

3 《自 4 月 1 日起乌对进口水果和面粉征收消费税》，中华人民共和国商务部 2011-03-29。

4 《2010 年乌兹别克对外贸易增长 3%》，中华人民共和国商务部 2011-01-27。

5 李垂发：《乌兹别克公布去年外贸数据》，中国经济网 2013-02-22。

6 《乌兹别克斯坦 2013 年外贸总额 288.9 亿美元》，中华人民共和国商务部 2014-08-26。

美元，进口额139.7亿美元；2015年，乌兹别克斯坦外贸出口额128.68亿美元，进口额124.15亿美元[1]。

二、乌对外贸易的商品结构正在朝着乌政府产业结构调整的方向变化。2007年以后外贸结构发生了一些积极变化，在出口商品中出现了原材料比重下降、成品份额增加的趋势。2008年，非原料商品占出口总量的71%以上，其中棉花出口份额从2003年的20%下降至2008年的12%。[2]

从棉花和纺织品的出口来看，从2009年起棉花的出口量除2012年外，一直呈现出下降趋势：390万吨（2009）、225万吨（2010）、220万吨（2011）、260万吨（2012）、215万吨（2013）、100万吨（2014）、50.3万吨（2015）、41万吨（2016）、27.8万吨（2017）。棉花出口量的减少反映了国内纺织加工业的发展。[3]

从机械设备的进口来看，机械设备在2008年占进口总额的49.8%、2010年占44.4%、2012年占45.4%、2013年占44.1%。不难看出，2008年以后，由于许多大中型项目的实施而增加了机械设备的进口。与此同时，食品和消费品进口比重在不断下降，在进口额中的占比都在10%以下，反映了乌食品加工业的发展。

从贸易国来看，乌改变了独立初期依靠独联体国家的状况，与非独联体国家的贸易额已经占乌贸易总额的60%。其中与欧洲的贸易额占60%—65%，特别是与欧盟的贸易；与亚洲的贸易占30%左右；与美洲（主要是北美）的贸易大约占5%；与大洋洲和非洲

---

[1]《2015年乌兹别克斯坦外贸额252.83亿美元》，中华人民共和国商务部2016-04-01。

[2]〔乌兹别克〕乌拜杜拉耶夫·努利金：《村镇发展——乌兹别克斯坦政府的特别关注》，《世界农业》2009年第6期。

[3] 王华：《"一带一路"倡议下中国与中亚国家纺织产能合作研究》，中国纺织出版社，2020年，第9页图1-2。

的贸易占不足 1%。[1]

世界银行发布的《2015 年营商环境报告》显示,在全球 189 个经济体中,乌兹别克斯坦营商环境便利度排名第 141 位。从排名来看,乌国与国际接轨的程度仍然不高。在发展外向型经济中,乌兹别克斯坦将加入世界贸易组织(WTO)作为本国经济融入世界经济体系的重要步骤。1994 年 7 月,乌政府向 WTO 提出正式申请。虽然进展不快,但乌一直在积极做准备工作。乌根据世贸组织的原则和规范调整了国内法律法规;建立了跨部门工作组,协调了与世贸组织秘书处的各项入世谈判进程;成立了对口世贸组织秘书处的委员会。2013 年以后,乌政府采取多项措施加快这一进程,争取早日成为该组织成员,更好地融入世界经济体系。

乌兹别克斯坦在对外贸易方面经历了艰难的发展过程,目前在地区贸易,甚至国际贸易中都成为一个有影响力的国家。

在独立初期的经济建设中,引进外国资金缓解了乌兹别克斯坦资本不足的压力;2003 年以后,引进外资仍然是乌经济建设的一项重要举措。为此,2003 年以后乌政府出台了关于国内各地区建立外商投资企业的专项规划,根据这一规划,到 2005 年,各个经济领域设立的外商投资企业有 292 家。[2] 2005 年,受"安集延事件"的影响,欧美国家在乌的投资一度有所萎缩;2008 年以后,这一形势开始扭转。总的来看,2000 年以来,外国投资在乌总投资中的占比保持了平稳增长的趋势,从 2000 年的 23.2% 增长到了 2011 年 31.4%。[3]

---

[1] 阿不都斯力木·阿不力克木:《乌兹别克斯坦对外贸易政策及其对中国的启示》,《经济问题探索》2010 年第 9 期。

[2] 《乌兹别克斯坦的引资情况》,袁政译,《中亚信息》2004 年第 4 期。

[3] 依马木阿吉·艾比布拉、姑哈尔泥沙·热合曼:《乌兹别克斯坦引进外资及其政策》,《欧亚经济》2014 年第 6 期。

在引进外资中,直接投资呈现增长趋势。在2010—2012年,乌引进外国直接投资分别为16.28亿美元、14.67亿美元和10.94亿美元。[1] 2012年4月10日,乌颁布《关于鼓励国外直接投资的补充措施》的总统令,对在乌投资企业给予更多的保证和优惠。2015年,乌兹别克吸引的外国资本超过45亿美元[2];2016年到2020年,乌吸引外国直接投资,从20亿美元增加到67亿美元,吸引外资额翻了三倍。[3] 据主管外资的投资和外贸部说,对外国投资优惠政策有:投资额达30万到300万,可以享受三年的税收优惠;300万到1000万,税收优惠是五年;超过1000万,则能享受七年的税收优惠。[4]

除吸引外国直接投资外,合作办企业也是乌兹别克斯坦对外开放经济的主要方面。2003年,乌共有106家企业的股份出售给了外国投资者,比2002年多50%。[5] 2006年,政府对生产发动机油的乌-美合资公司,以及乌-美泽拉夫尚-纽蒙特金矿开采公司和乌-英金矿开采公司等企业给予享受免缴设备进口税的特惠,当年外国资本在乌的投资超过200亿美元,与2000年比翻了一番。[6] 在乌的俄罗斯大公司有天然气工业公司、卢克石油公司、利米捷德东方油气联盟公司,截至2006年5月,俄罗斯在乌兹别克斯坦能源领域的投资已突破25亿美元。[7]

为了执行产业结构调整,促进工艺和技术更新,2003年以后,

---

[1] 依马木阿吉·艾比布拉、姑哈尔泥沙·热合曼:《乌兹别克斯坦引进外资及其政策》,《欧亚经济》2014年第6期。
[2] 《乌兹别克斯坦的投资吸引力和乌中合作的前景》,环球网2017-01-16。
[3] 何诗霏:《乌兹别克斯坦:投资潜力巨大》,中国商务新闻网2021-08-16。
[4] 同上。
[5] 杨建梅:《乌兹别克斯坦2003年私有化概况》,《中亚信息》2004年第3期。
[6] 刘洋:《乌兹别克斯坦的油气综合体》,《国土资源情报》2008年第2期。
[7] 赵会荣:《论影响乌兹别克斯坦外交决策的因素》,《俄罗斯中亚东欧研究》2007年第1期。

投资对象的针对性和资金利用的有效性成为乌国引进外资和合资企业的方向。为了鼓励纺织企业，政府于2005年初通过了有关纺织工业吸引投资的38号决议，为纺织业的发展创造了好的投资环境。[1] 2007年，对在苏联解体之后一直停工停产的奇尔奇克市化工厂进行招标，西班牙"马哈姆"化学公司在招标中胜出，几年中总共投资了大约7500万美元[2]，主要生产化肥。2014年，乌新增外资企业433家，其中工业领域219家，贸易与餐饮领域100家，建筑领域18家，农业16家，交通与通信11家，其他生产领域46家，卫生体育领域19家。[3] 截至2015年1月1日，乌兹别克斯坦外资企业共注册有4883家[4]，侧重于高技术终端产品的部门出现迅速发展，158个大型制造设施开始运作。

在吸引外资工作中，乌政府今后的计划是继续对经济结构进行多样化改革，首先要加快对重要经济领域技术工艺的现代化改造，确立一些符合国家质量标准要求，在国内国际市场有竞争力产品。合理的经济结构在短期内不可能实现，因此，要使本国产品立足中亚、走向世界，乌政府还要经过漫长而曲折的道路。

1　郝杰：《乌兹别克斯坦：增加投资大力发展纺织业》，《纺织服装周刊》2007年第21期。

2　汪玺锋：《乌兹别克斯坦多举措让外国投资者青睐》，《大陆桥视野》2015年第1期。

3　《乌兹别克斯坦2014年新增433家外资企业》，中华人民共和国商务部2015-01-26。

4　同上。

第十四章
社会改革与社会保障

独立初期,乌兹别克斯坦在改革计划经济体制之时,确立了国家改革的五大原则,其中重要的一项就是实施强有力的社会政策:除实行市场经济之外,必须采取有效措施,为民众,特别是低收入家庭、大家庭以及领取养恤金者提供可靠的社会保障。[1] 乌兹别克斯坦社会保障制度的立足点是:为国民提供养老、就业、住房、卫生、教育保障;经过二十多年的努力,乌兹别克斯坦初步形成了具有本国特色的社会保障制度。

第一节 保障体系的初步形成

苏联时期,乌兹别克共和国执行苏联统一的社会保障制度,尽管当时的社会保障也存在着不公平的现象,但大多数人能够享受到国家法定的一些基本保障。由于乌兹别克共和国与苏联其他共和国经济发展水平的差异,在靠本国之力难以保证社会保障所需资金的情况下,不足部分由苏联中央补贴。[2] 因此,覆盖全民的社会保障制度能够在乌兹别克共和国一直实施到苏联解体。

苏联解体以后,为了维护社会稳定,乌兹别克斯坦在一段时间

---

[1] 《乌兹别克斯坦向联大展示独立后社会经济发展结果》,《东方早报》2016-07-07。
[2] 常庆:《中亚五国社会变化与社会发展模式》,《东欧中亚研究》2001年第1期。

内仍然继续执行由国家预算拨款的全民社会保障制度。1991—1995年间,乌兹别克斯坦遭遇经济危机,国内生产总值下降了18.4%[1],即使在这种情况下,乌政府在社会保障领域的拨款仍在不断增加,每年近一半的预算支出用于社会领域的各项开支,相当于国内生产总值的20%[2];其中,很大一部分用于对居民生活必需品提供价格补贴。在经济不景气时期,乌政府实施了对基本消费品进行限价和对一些生活必需品进行补贴的政策,如当时乌以高价进口面粉,而面包的价格却稳定,低收入家庭也能接受。[3]然而,随着贫困人群的扩大,虽然财政补贴不断增加,但财政开支仍不能满足社会领域所需资金,社会领域的拨款成为国家财政的重负,原有的社会保障制度难以为继,改革势在必行。

独立初期,乌政府对全民提供的社会保障措施是以政策的形式出现,法制化的社会保障制度在独立初期没有确立。1996年以后,乌通过立法逐步建立起符合本国国情的社会保障制度。新的社会保障制度改变了以往社会保障完全依赖国家预算和国家管理的做法,采取了由国家、企业和个人共同承担社会保险金的办法。

在新的社会保障制度中,国家从财政预算中拨出专项资金设立社会保险基金,这一部分在社会保险基金中占比很大,大约占国家财政收入的45%,这一比例在中亚国家中是比较高的。随着经济形势的好转,国家拨款还在不断提高,如乌政府在2010年用于社会领域和居民社会保障的国家预算由2009年的56.5%增加到59%;这一比例几乎一直保持下来,2014年至2015年,在政府的财政支

---

1 赵常庆:《十年巨变:中亚和外高加索卷》,第192页。根据书中表9-1计算而得。
2 孙壮志:《乌兹别克斯坦寻找有本国特色的发展模式》,《瞭望》1997年第9期。
3 同上。

出中，社会保障领域和福利的支出分别占 58.8% 和 58.7%。[1]

除了国家财政的预算开支外，新的社会保障制度规定了企业、机关和个人分别承担部分的社会保险基金。乌兹别克斯坦确立了养老保险、医疗保险、工伤保险、生育保险等社会保险。1996 年 4 月 1 日，乌颁布的《乌兹别克斯坦共和国劳动法》规定：雇主需为员工缴纳工资额 40% 的社会保险基金。

除了设立社会保险基金外，新的保障制度改变了社会领域由国家统管的做法，允许多种所有制成分参加社会领域的经营和管理。苏联时期，文教、卫生和科学等社会事业全部由国家统管；改革以后，允许私人经济或集体经济参与投资和经营，于是出现了私人医院、私立教育机构、私人研究机构。各种经济成分的参与，部分解决了上学难和看病难的问题。此外，乌政府倡导建立社会慈善机构，吸引劳动集体和基金会等社会资金，拓宽了乌社会保障资金的来源。

乌兹别克斯坦改革后的社会保障制度改变了苏联时期"全覆盖"的平均主义倾向。总统卡里莫夫在社会发展战略中指出：社会政策必须体现社会公正，要对最需要的居民阶层如退休人员、残疾人、孤儿、多子女家庭、青年学生等提供社会保护机制，他认为，乌兹别克斯坦必须制定和实施有针对性的居民保护机制。所有补助金和物质帮助只发放到家庭。收入少的家庭、老年人和儿童成为补助金和物质帮助的主要获取者。[2] 自 2003 年 5 月 1 日起，乌政府预算拨款部门的工作人员的工资、养老金和社会补助金、助学金增加了 20%。[3]

---

1 雷婕等：《中亚地区财政经济形势分析》，《欧亚经济》2016 年第 4 期。
2 〔乌兹别克〕伊·卡里莫夫：《临近 21 世纪的乌兹别克斯坦：安全的威胁、进步的条件和保障》，王英杰等译，第 169 页。
3 王峰：《乌兹别克斯坦近期的社会经济改革措施》，《中亚信息》2003 年第 7 期。

此外，新的社会保障制度确立了向农村倾斜的方向。国家实施了发展农村基础设施、住房建筑补贴的规划，将相当一部分政府预算拨款用于改善农村居民生产和生活条件。到 2000 年，用上自来水的农村居民比例从 55% 提高到 64%；全国煤气普及率从 44.6% 提高到 67.1%，而农村则从 19.3% 提高到 53.6%，大多数农村家庭使用了天然气。[1]2009 年，《农村发展与建设年纲要》出台，纲要旨在根本改变农村面貌，使农村人口生活水平向城市靠拢；当年，政府投资 17.76 亿美元用于农村建设，此后的 2010 年至 2012 年，政府每年用于农村地区建设投资均超过 17.76 亿美元。[2]

在乌兹别克斯坦的社会保障体系中，包括养老保险、医疗保险、工伤保险、生育保险等方面的社会保险占有重要地位；除此之外，在乌社会保障体系中还有社会补贴制度（又称社会救济或社会救助）和社会抚恤制度。对于那些无工龄的老年人和无劳动能力的公民，以及低收入者、母亲和儿童的保障，乌政府启用社会补贴制度；对于军残人员和一般残疾人，乌政府启用社会优抚制度和拟定一些针对性的帮扶计划。如对孤儿的抚恤规定：失去双亲的孤儿在国家抚恤金援助期间按照最低工资标准足额发放，丧父或者丧母的儿童在国家抚恤金援助期间按照最低工资标准减半发放，等等。

虽然乌兹别克斯坦在社会领域采取了明显的市场化倾向，但在社会改革深入发展之时，无论是社会保险制度，还是社会补贴制度和社会优抚制度都未完成走向市场化，社会保障仍以国家财政支持为主，市场的作用被限定在很小的范围内。这一点从在社会保障中

---

[1] 赵海燕：《转轨时期乌兹别克斯坦的社会经济发展情况》，《东欧中亚市场研究》2000 年第 1 期。

[2] 《乌兹别克斯坦独立以来农业发展取得丰硕成果》，中华人民共和国商务部 2013-03-06。

占据重要地位的住房改革中可以了解到。

苏联时期，乌兹别克共和国实行公有住房分配制度，在这种制度下，住房所有权属于国家，政府象征性地收一点住房租金，房租从1928年确定后几十年来没有改变，一直到苏联解体前夕，房租平均每月每平方米为13.2戈比，居民用于住房的开支不超过家庭收入的3%。苏联经济不景气后，国家建设的住房面积逐渐减少，从1989—1991年，乌兹别克共和国的住房建设的投资比重在23.3%—24.1%之间。[1]

独立初期，乌兹别克斯坦在从计划经济向市场经济的改革中，住房改革是当务之急。在住房实行私有化的改革中，国家基本上把原有公房无偿转让给居民，或者以极低价格出售，如在作为住房改革试点的首都塔什干市，98%的国有住房转给了居民个人所有，其中有1/2是无偿转让，1/2是低价售出。[2] 到2001年，大约有100万公民成为原国家住房的所有者。[3]

除了法律的制定外，乌政府还采取了一些促进社会保障的措施，如将1998年定为"家庭年"，1999年定为"妇女年"，2000年定为"健康一代年"，2001年定为"母婴年"，2002年定为"保护老年人利益年"，2003年定为"居民社区年"，等等。卡里莫夫在总结乌兹别克斯坦发展经验时指出："社会改造进行得越深入、越复杂、规模越大，社会成员之间的稳定、和平与和谐就越巩固。"[4]

---

[1] 乔木森：《东欧中亚国家的住房制度改革》，《东欧中亚研究》1995年第6期。

[2] 王大成：《浅析中亚各国国有资产非国有化与私有化的现状和特点》，《东欧中亚研究》1994年第3期。

[3] 〔乌兹别克〕Ц.埃尔加舍夫：《乌兹别克斯坦共和国独立十周年》，李永庆译，《东欧中亚研究》2001年第6期。

[4] 万春生：《乌兹别克斯坦：政治经济改革的理论与实践》，《东欧中亚研究》1996年第6期。

乌兹别克斯坦的社会保障体系还存在诸多问题，社会保险制度也处于不断完善的过程中，但可以肯定的是，公民的社会保障将继续是乌政府的重要任务之一。

第二节 覆盖全民的养老保障制度

养老保障是乌兹别克斯坦社会保障体系中的重要组成部分。苏联时期，乌兹别克共和国实行国家担保型养老保障制度，养老由苏联中央政府统筹，养老保险费全部来自政府税收，个人无须缴费，退休以后可享受退休金；退休金实行统一的待遇水平，待遇的主要因素是工龄。[1]这种养老保障模式的优点是简单易行，通过收入再分配的方式对老年人提供最基本的生活保障。它的不足之处是覆盖面小，只有在职劳动者及国家工作人员才能享受。

1992年，乌兹别克斯坦颁布的第一部宪法规定：每个人有权在年老、丧失劳动能力以及失去供养人和法律规定的其他情况下获得社会保障。退休金、补助金以及其他各种社会救济不能低于官方规定的最低生活线。不难看出，新独立的乌兹别克斯坦希望将养老保障覆盖到全社会。1993年9月3日，乌颁布了《乌兹别克斯坦国家养老保险法》(以下简称《养老保险法》)，此后，乌先后出台了《养老金管理条例》、《退休金调整标准目录》、《加强对孤寡老人、退休者和需要照顾残疾人社会保护法》等一系列配套法律。这些法律法规的制定逐渐完善了乌养老保障制度。

1993年的《养老保险法》对养老金领取年龄、金额的计算方法、工龄计算，以及残疾人养老金、失去赡养者养老金、养老金的

---

[1] 阎坤：《国际养老保障模式及其对我国的启示》，《财政研究》1998年第7期。

用途、养老金的核算以及养老金支付等做出了详尽规定。

《养老保险法》规定：乌兹别克斯坦男女法定退休年龄分别为60岁和55岁，养老金金额主要取决于退休前5年的平均工资及工作年限。一般退休人员养老金为退休前平均工资的55%，如果工龄超过法定退休年龄，每增加一年增发1%的工资。根据乌国的劳动法，退休金既不能低于最低工资，也不能超过平均工资的75%。截至2013年，享受退休金的人员大概有190万人，按乌劳动社会保障部门的相关统计，乌退休金的支出占养老保险总支出的70%。对于无工龄的老年人和身体有缺陷并丧失劳动能力的人只要符合有关条件都可以享受政府提供的养老保险；目前弱势群体养老保险占养老保险总支出的20%，领取弱势群体养老保险金的人约60万人。[1]从以上规定来看，养老保障基本上覆盖了全社会，只不过采取的保障方式和养老的待遇各有差别。

1993年的《养老保险法》基本沿袭了以往主要靠财政承担养老金的办法。随着人口快速老龄化的到来和国内通货膨胀等因素的影响，这种养老保障制度导致了企业税收加重和政府财政赤字加重的结果。据乌统计局的相关资料，乌政府养老保障的开支占国民生产总值的40%左右。[2]政府拿不出巨额资金为社会提供养老保障，原有的养老制度不能可持续发展，乌对养老保障制度进行了改革。

2004年，乌议会通过《乌兹别克斯坦国民储蓄性养老保险规定》。按《养老保险规定》，养老金不再全部依赖国家，而是由以下三部分组成：一是国家提供的基本养老金，主要来自政府财政拨款、政府转移支付和公共基金三个方面组成；二是雇主和在职人员

---

[1] 阿里木江·阿不来提：《中亚社会保障问题研究》，企业管理出版社，2013年，第84—85页。

[2] 同上书，第82页。

缴纳的国家强制性储蓄制度或个人账户制度,其中企业应缴的养老保险金占总工资的24.2%,个人应缴养老保险金占工资的2.5%,此外企业还要把销售收入的0.7%交给政府,用来支付职工的养老金;三是有劳动能力的乌公民有权在自愿的基础上参加储蓄性养老保险,按储蓄性养老保险法的规定,公民每个月以个人收入的1%存入个人账户建立储蓄性养老金,也可根据自己的收入及实际承受能力多缴,所收资金及利息免收个人所得税。法律还规定个人账户养老金利率应高于通货膨胀率,公民达到法定退休年龄时个人账户全部资金连带本息还给本人或根据个人意愿按月计发。若参保人死亡,其所交资金连带利息还给参保人的法定继承人。

目前,乌所实施的储蓄性养老保险制度还处于探索阶段,养老保险制度在实施中出现了一些问题。首先,在"企业和个人应缴养老保险金"这一部分中,企业与个人缴纳的比例不合理,企业缴费比例太高,大概是雇员缴费的10倍以上;其次,乌实施的养老保险仍属于现收现付型养老保险模式,在这种模式下,雇主和雇员的缴费全部纳入社会统筹基金,不设个人账户,由社会统筹基金统一支付养老金,不足部分由财政直接拨付。[1]因此个人及企业缴费的积极性不高。

另一个问题出现在自愿储蓄部分。在储蓄性养老保险制度实施过程中,为了保证资金安全,国家规定由国营乌兹别克斯坦人民银行负责运作,人民银行在保证资金安全的条件下可选择适当的投资渠道实现养老金的保值增值。但人民银行的利息远远低于普通的商业银行,居民更倾向于把自己的资金存放在商业银行,这影响了自愿养老金的储蓄;此外,乌通货膨胀的上升趋势也影响了居民对储

---

[1] 阿里木江·阿不来提:《中亚社会保障问题研究》,第86—87页。

蓄性养老保险的积极性。目前，乌只有30%的职工参加这种储蓄性养老保险。

随着时间的推移，养老保障制度的完善对乌国的社会安定来说日趋重要。目前，乌兹别克斯坦的人口老龄化问题不太严重，但乌人口老龄化趋势明显，人口快速老龄化即将来临。据联合国人口司的预测，到2020年乌进入老龄社会；到2050年，老年人口将会超过20%。有关学者认为，2020年以后乌兹别克斯坦养老保险制度将会面临严重的支付危机，制度的可持续性将会受到严重的挑战。

第三节 不断完善的就业和劳动保障

就业和劳动保障是影响人们生活和关系国家稳定的问题，乌兹别克斯坦政府对此十分重视。苏联时期，就业由国家统筹安排，乌兹别克共和国不存在就业难的现象；苏联解体前后，乌劳动力增长过快，出现了就业难的情况。在1990年至1996年期间，乌人口平均年龄24岁[1]，每年有20多万年轻人达到就业年龄。[2]加之，独立初期的经济转型和企业不景气，就业成了乌兹别克斯坦迫切需要解决的社会问题。

乌兹别克斯坦对就业提供一系列保障。1992年宪法第37条规定：每个人拥有劳动、自由选择工作、获得公平劳动条件、通过法律规定的程序获得失业保护的权利。尽管政府高度重视，但在改革计划经济的过程中，就业也开始按市场化需求运行，由国家包管就

---

1 孙壮志：《寻找稳定与发展之路——乌总统卡里莫夫新作〈临近21世纪的乌兹别克斯坦〉评介》，《东欧中亚研究》1998年第1期。

2 孙壮志：《中亚五国经济转轨中的失业与就业问题》，《东欧中亚研究》1997年第3期。

业的做法已行不通了。大批无业劳动者涌入劳动力市场，保障就业和创造就业机会成为乌政府社会改革的首要任务。

乌政府在组织上对就业提供保障。独立初期，乌政府成立了解决劳动、就业、社会救助和社会保障的中央机关——劳动与社会保障部；该部归属于总理办公室管辖，各地均有其分支机构。劳动与社会保障部的职责是开展与就业有关的社会调查和制定相关的法律，以及开展促进就业的有关活动，如举办劳动力交易会等。同时，政府在劳动与社会保障部下组建了国家就业基金会，基金由企业、机构、单位的上缴款构成，每位雇主必须按法律规定的数额和程序向该基金缴款；国家就业基金会的款项主要用于向地区劳动、就业管理部门拨款或提供贷款，以及向失业者提供物质保障；国家就业基金拨付的专项款不得挪作他用。

在制定法律法规和设立解决就业机构的同时，乌政府还出台了一系列具体的就业纲要。在社会发展战略中，乌总统卡里莫夫强调：应该推进建立劳动市场和实施积极的就业政策；在国家劳动力剩余地区，鼓励优先发展中小企业，以创造新的就业机会。

2013年11月23日，乌议会批准了《创造就业岗位和保障居民就业纲要》，为了落实该纲要，乌政府在当年就拟定提供97.27万个就业岗位，其中，在28个偏远欠发达地区建立12.6万个就业岗位；为残疾人等社会弱势群体建立不少于10万个就业岗位；乌商业银行为小型和私营经济发展提供约25.98亿美元贷款，并为偏远、就业压力高的地区创造就业岗位项目提供优惠贷款。[1] 在该纲要的框架下，2014年共新增工作岗位93.05万个，比预期指标提高

---

1 《乌兹别克斯坦2013年将创造近100万个就业岗位》，中华人民共和国商务部2012-11-27。

1.7%；其中，34.16万个岗位由小微企业提供。[1]

建立失业救济金制度也是促进就业的重要辅助性措施。苏联时期实行计划经济体制，就业由政府统一分配，公开失业不存在，也没有建立失业救济制度。独立初期，大批失业人员的出现，失业救济的问题便提上日程。失业救济金的来源有以下几部分：政府的财政专项拨款；雇主或企业依法按每个职工每月工资的比例交纳的保险；劳动者按每月工资的一定比例交纳的保险费。按有关规定，如果失业登记者三次拒绝由乌政府提供的工作，他们将不再享有失业救济金。

随着经济的发展，乌兹别克斯坦的就业保障体系还在不断完善之中。目前，乌兹别克斯坦就业保障中还存在着以下问题。一、就业培训工作滞后。1996年，乌政府确定了全国培训计划。按计划，培训由就业机构安排年轻人在企业进行培训，企业提供的培训质量不高，受到培训的年轻人在本企业的工作大多数不到一年就离开；二、妇女就业问题严重。客观因素是雇主在招聘、报酬、晋升等过程对妇女的歧视；主观原因是由于乌传统社会因素和经济因素，乌国女孩子在基础教育之外很少获得学习技术的训练，使之不能在劳动力市场上胜出，这种状况也强化了雇主的性别歧视。

关于劳动保障，乌兹别克斯坦先后出台了一些法律法规和战略规划。1995年12月21日，《乌兹别克斯坦共和国劳动法》（以下简称《劳动法》）颁布实施，1999年6月1日对该法做了修改和补充。《劳动法》的颁布奠定了劳动权利和就业的法律基础。《劳动法》规定了就业程序，劳动关系由集体协议及个人劳动合同确定，劳动合

---

[1] 《乌兹别克斯坦2014年1—11月新增就业岗位93.05万个》，中华人民共和国商务部2014-12-13。

同以书面形式签订，劳动合同应该明确具体期限，也可以一定量的工作为期限；劳动合同可签订试用期，试用期不能超过3个月；在试用期结束前任何一方有权无条件终止合同；雇主应在劳动合同有效期满前一周向雇员发出解除合同通知；否则，该合同被视为无限延期；在雇员首先违反劳动纪律并对他行使了至少3次纪律处罚的情况下再行解雇。

《劳动法》对劳动者的待遇进行了规定：企业向工人支付最低工资不能低于乌政府规定的额度，以国家法定货币——苏姆支付；如果工人没有劳动证，雇主应在接收该工人上班之日起5日内为其办理；雇主需为员工缴纳工资额40%的社保基金费。

据《劳动法》第188条规定：雇主有责任为员工提供比较安全和健康的工作环境，凡是在工作过程中或因维护公共利益受伤者享受一定的工伤待遇；如果因安全、环境因素导致雇员受伤或患职业病，雇主承担一定的赔偿责任；若雇员有一定过错，则承担相应的责任。如雇员在工作中身亡，其子女享有标准为社会平均工资30%的抚恤金，寡妇享受相当于最低工资两倍的月抚恤金。

法律还规定了工伤和康复期间的待遇。工伤和职业病的鉴定由医疗专家小组确认，受伤情况分三级；其中一、二级雇员的赔偿金额按社会平均工资的55%与工龄的乘积，三级伤残赔偿金额按社会平均工资的30%发放[1]；按医疗保险法的规定，职工在住院期间得到相应的工资待遇，如果工龄达到五年可以享受60%的工资。[2]

此外，乌兹别克斯坦对劳动者的劳动时间和应享受的休假做出了规定。按1992年宪法第38条规定：雇佣劳动者拥有带薪休假

1　阿里木江·阿不来提：《中亚社会保障问题研究》，第111页。
2　同上书，第113页。

权。工作时间和带薪劳动假期的长度由法律规定。《劳动法》规定：工人的正常不间断工作时间不能超过 40 小时/周；如果加班必须征得工人同意，两天内连续加班时间不应超过 4 小时，且 1 年不超过 120 小时，对加班工时的支付不得低于正常工时的两倍；每年带薪休假时间为 15 个工作日，个别工人（在职退休人员、残疾人）每年带薪休假可延长至 30 个工作日；妇女在产前有 70 个日历日的孕、产假，产后有 56 个日历日的产假（个别情况下可达 70 天）；孕、产假期间按月劳动工资确定的比率额支付，并通过扣减国家社保基金缴款的形式向雇主返还。

第四节　有待改进的医疗保障

苏联时期，乌兹别克共和国医疗卫生事业统一由中央政府组织和管理，对全民实行免费的医疗保障制度，并且对退伍军人、精神病人、残疾人等特定的困难群体实行了一定的医疗救助。独立以后，乌政府将医疗卫生视为社会保障的重要领域。在 1992 年颁布的宪法第 40 条中规定：每个人有权获得高水平的医疗服务。此后，作为医疗保障的法律《乌兹别克斯坦医疗卫生法》出台；在以上法律的基础上，乌设立了直属于政府内阁的公共卫生部，管理乌国的医疗卫生领域。

乌政府在医疗卫生领域的投入很大，1994 年的医疗经费在社会领域支出中的占比为 4.1%，到 2000 年这一数字增加到 6.5%—7%。[1]尽管如此，乌政府实施的全民免费医疗服务仍然不能满足公民看病的需求，而且医疗服务的质量也得不到保证，看病难和药品缺乏的

1　赵常庆主编：《十年巨变：中亚和外高加索卷》，第 300 页。

问题十分突出。随着乌兹别克斯坦经济的衰退,乌财政负担逐渐加重,全民免费医疗的保障制度不可能持续下去。

为缓解财政压力和改善医疗服务能力,2007年,乌兹别克斯坦实行了医疗保障改革。2007年9月19日和10月2日,乌总统分别签发了《关于进一步深化改革和实施国家卫生事业发展规划的基本方针》和《关于改进共和国医疗机构医疗工作的措施》两项命令,乌开始了从政府提供卫生服务转向具有市场特点的医疗保险制度。

医疗保险制度包括政府补贴、强制性医疗保险和自愿性医疗保险三部分。其中政府补贴的医疗经费来源于政府的财政拨款和外国援助,其项目包括紧急医疗救助。据乌卫生法的规定,乌兹别克斯坦公民不受地域、收入的限制一律享受医疗救助,所需费用由中央财政承担;医疗救助遵循满足公民基本医疗需求的原则,向困难群体和一些急性病倾斜,政府将残疾儿童、寡妇、一类和二类残疾人、一战残疾退伍军人、退休人员、切尔诺贝利核事故受害者、对外战争参加者、低保家庭等特殊群体纳入重点医疗救助的范围,据有关部门的统计,每年约600万人享受政府提供的免费医疗救助[1];此外,乌政府对一些疾病,如精神病、肿瘤、泌尿系统疾病、职业病的患者,以及吸毒者,也提供免费的医疗服务。

乌实施的医疗保险覆盖除军人以外的所有公民,医疗保险费由雇主和个人共同承担;军人和弱势人群的医疗保险由政府提供。在医疗保险制度中,生育保险是重要的组成部分。乌政府实施鼓励生育的政策,孕妇享受基本的预防保健服务,在小孩出生以后的两年内享受不低于最低工资20%的生活补贴,职业女性在孩子满三岁之前享受停薪留职待遇。

---

1 阿里木江·阿不来提:《中亚社会保障问题研究》,第112页。

除强制性医疗保险外,还有自愿性医疗保险制度,由于参保人数不多,实施效果不好。

在乌实施的医疗保障中,加入了个人付费制度。乌兹别克斯坦的医疗经费主要来源于政府的财政拨款、国际机构的援助和个人付费。个人付费最初只对药费和门诊费实行完全个人付费,以后逐步扩大了个人付费的范围,即门诊看病、药店买药、三级医疗的服务等费用由个人承担。

与此同时,乌兹别克斯坦对原有的医疗卫生机构进行了改革,建立了从农村卫生服务站到城市中心医院的较完善的卫生服务体系。2007年颁布的医疗卫生领域的两个文件确定了基层卫生保健部门是医疗卫生事业的优先发展方向,按乌兹别克斯坦社会保障法的规定,各州根据财政收入和实际承受能力,要为基层医院提供一定的财政支持。基层医疗保健部门采取按人头拨款的方式,即按医生看病人数拨款,医生必须为病人提供合同所规定的一切医疗服务,不得向病人额外收费。

基层保健医疗机构的任务除了对公民提供医疗救助外,主要着重于疾病的预防,如对计划结婚的夫妇进行婚前医学检查,对孕妇进行围产期早期超声波检查,这些预防措施有助于防止有先天性缺陷和遗传性疾病的儿童的出生,并降低儿童残疾及儿童死亡率。截至2008年,在乌境内,配备有现代化诊疗设备的农村医务工作站已经有3100多个。[1] 在新的医疗卫生保障体系中,乌政府强调了提高农村地区初级保健服务。这些措施提高了农村地区初级保健服务的质量。

乌政府在医疗卫生保障方面的投入逐年增加。一般而言,医疗

---

[1] 杨建梅:《乌兹别克斯坦重视居民的卫生保健工作》,《中亚信息》2007年第10期。

卫生方面的支出在国内生产总值中的占比为5%。[1]据报道，2013年，乌政府共投入17亿美元发展医疗领域，对140家医院进行了彻底改造。[2]为了解决看病难的问题，乌政府允许和提倡集体或个人经营社会事业，在医疗卫生领域出现了如私人诊所之类的私人医疗服务机构。私人医疗机构提供的服务不仅解决了部分就医难的问题，而且国家也从这些私营企业中得到了用于社会保障的资金。除资金的投入外，乌公共卫生部从1995年开始举办国际医疗医药展，到2016年已经举办了21届，如今这一展览已经成为中亚地区的医疗医药市场，促进了乌医疗医药保健行业的发展。乌在独立的当年只有一家制药厂，所需药品大多数从其他国家进口；而独立后，乌有制药厂18家，可以生产常用药品约300种，虽然还不能满足国内市场的需求（国内需求的常用药约800多种）[3]，但改变了医药完全依赖进口的现象。

总的来说，乌兹别克斯坦的医疗卫生事业取得了一些成就，医疗保障体系也在逐步完善之中。不过，乌兹别克斯坦在医疗保障体系方面还未形成一套行之有效、可持续的医疗保障政策。目前，乌的医疗保障仍然存在着以下问题：一、穷人看病难。随着医疗保障改革的深入，个人付费制度的建立减轻了乌政府的财政负担，在一定程度上解决了医疗保险经费不足问题，然而，个人付费制度的实施未能对贫困人群起到医疗保障，看不起病的现象仍然存在。二、地区差异大。经济实力及医疗保障投入的不同，各地区医疗设备、医疗条件差距日益扩大，如首都塔什干市的人均医疗支出普遍高于

---

1 韦潇等：《中亚五国的卫生体制及其改革政策》，《中国卫生经济》2010年第8期。
2 《乌兹别克斯坦高度重视医疗领域发展》，中华人民共和国商务部2014-02-12。
3 《乌兹别克斯坦国和哈萨克斯坦国的药品市场》，中华人民共和国商务部2005-07-22。

全国平均水平，而锡尔河州等地的医疗条件较差，农村偏远地区连供水问题都未能得到解决。三、从医疗保障结构来看，全国较好的医疗主要集中在二级和三级医疗机构，而二级和三级医疗服务机构主要在地区行政中心，基层卫生院尤其是乡村医疗服务中心的医生人数少、学历不高、医疗技术差，影响了基层医疗事业的发展。

独立二十多年来，乌兹别克斯坦采取了合理的医疗政策，医疗服务网络覆盖面大，但该国医疗硬件配套水平低于发达国家，医疗技术与医疗设备匮乏，药品研发、生产能力十分有限，一直处于保护自产药品以及利用国外药品弥补市场需求的状态。为解决这些问题，乌政府举办健康领域投资论坛，邀请中国、德国、土耳其、法国以及印度共同探讨乌兹别克斯坦医疗、健康领域和制药行业的发展与投资，乌政府将继续加大医疗领域的投入，以提高本国医疗技术、完善医疗设备，利用国外先进的医疗科技为本国公民提供健康保障。

第五节　确保基础教育的教育保障

独立初期，乌兹别克斯坦在1992年宪法的第41条中规定：每个人拥有受教育权；国家保障获得免费的普通教育。在宪法颁布的当年，《乌兹别克斯坦共和国教育法》（以下简称《教育法》）出台，拉开了乌国教育领域改革的序幕。

1992年的《教育法》改变了苏联时期教育事业完全由国家统管的做法，《教育法》明确规定：允许存在各种所有制形式的教育机构，而且权利平等。该法鼓励集体或私人办学，经费可通过各种渠道筹集，允许本国教育机构与国外学校和科研组织建立直接联系，允许与外国创办合资学校。《教育法》规定：乌兹别克斯坦公民不仅可以在公立教育机构接受教育,也可以在私立学校接受教育。

然而,集体和私立学校并没有迅速建立起来以分担政府对教育的投入。由于经济的衰退,国家在1992年以后拨出的教育经费逐年减少,从1992年占国内生产总值的10.2%,到1993—1996年分别占国内生产总值的9.5%、8.3%、7.4%和7.7%。[1]

教育投入的减少以及九年制义务教育对乌产生了一些不良后果。1992年颁布的《教育法》沿用了苏联时期的九年制义务教育和两年自愿的普通中等的教育体制,在完成普通中等教育之后,通过考试,成绩优秀的学生才能进入大学本科学习。这一教育体制的贯彻产生了一些不良后果。从中等教育来看,由于国家教育领域的预算不断缩减,九年制义务教育的质量得不到保证,九年制义务教育以后,15—16岁的年轻人未能继续深造就步入了劳动力市场,他们所学的知识不能胜任专业性强的工作。从高等教育来看,接受高等院校教育的学生在减少,1991年,乌有高等院校46所,在校大学生有33.74万人;1997年有高等院校60所,在校大学生有15.82万人,平均每万名居民中的大学生人数由1991年的159人减少到1999年的68人。[2]

鉴于以上的情况,乌政府决定对学制进行改革。1997年,乌制订和颁布了《国家人才培养计划》;同年8月对1992年的《教育法》进行了修订。《国家人才培养计划》以法律的形式确定了从学前教育一直到研究生教育的教育形式。学制分学前教育、初中等义务教育(分为小学4年、基础中等教育5年、中等教育2—3年)、

---

[1] 孟凡丽、邢云:《乌兹别克斯坦高等教育及政策分析》,《俄罗斯中亚东欧市场》2012年第5期。

[2] 独联体跨国统计委员会编:《1999年独联体国家统计年鉴》(俄文版),莫斯科,2000年,第302页,转引自赵常庆主编:《十年巨变:中亚和外高加索卷》,第296页。

高等教育和研究生教育。其中强调了三点：一、在九年制义务教育之后，还要接受为期2—3年的中等专业或职业教育，中专或职业教育也将实施义务教育；二、扩大高校招生名额，高校开始实行自费生的招生制度，自费生可以与学校签订合同进行付费学习，自费合同生的比例很大；三、改变了苏联时期五年制高等教育的学制，实行本科四年制和硕士两年制的学制。

1997年教育改革以后，教育事务的管理分别由公共教育部、中等职业和高等教育部管理，两部皆直接归乌政府管辖。公共教育部负责学前教育、基础教育，以及课外机构和教师培训；中等职业和高等教育部由中等职业教育中心、中等职业和高等教育发展部组成，负责职业培训和高等教育。为保证"国家人才培养计划"的实施，政府的教育支出逐年提高，2005年教育支出在GDP中的占比为10.8%，超过国际合作发展组织平均水平的1倍，到2010年这一数字达到18.3%。[1]

"国家人才培养计划"在学制上的改革延长了年轻人免费受教育的时间，大多数16岁以上的年轻人还可以继续学习。目前，乌兹别克斯坦小学、普通中学、专业和职业教育体制已基本完善。教育经费向基础教育（九年制义务教育）和中等专业教育和职业教育（2—3年）倾斜，乌政府扩大对这些阶段的教育支出，超过70%的教育经费用于基础教育和中等职业教育。[2] 为了提高九年制义务教育和2—3年的中等专业或职业教育的教学质量，2006年，政府出台了《2004—2009年国家（中、小）学校教育发展纲要》，强调了要新建、改建、扩建一批学校，提升学校的现代化教学设备；此外，

---

[1] 马静：《乌兹别克斯坦高等教育研究》，兰州大学硕士学位论文，2012年，第14页。

[2] 同上。

强调了增加中小学教师工资,建立了中学教师劳动激励制度,如政府设立了"大师"基金以提高教师技能水平。

以上阶段所存在的问题是低收入家庭难以负担12年之久的教育,有一部分年轻人在接受了九年教育之后,为生计所迫不能继续学习。在16—17岁的年轻人中,大约有20%的人没有继续学习,他们大多数是因家庭贫困而被迫辍学去工作。

在确保基础教育的情况下,高等教育和学前教育改进不大。高等教育的情况仍在逐步改善中。由于引入了合同制自费生,解决了国家教育经费短缺的问题,增加了年轻人接受高等教育的机会,技术学校和专科中等教育学校的毕业生与完成了普通中学教育的学生一样可以通过考试进入高校学习。

尽管如此,高等教育不能给所有年轻人提供平等的教育权,中学和中专(或职校)的毕业生要进入高校学习仍受到以下方面的限制:一、与高校录取合同制自费生的招生名额相比,公费生的招生名额有限。2012年以后,乌高校招生人数一直未见增加,高校录取率从2012年的13%降到了2016年的9%[1],反映了高等教育不能满足需求的态势;二、自费合同生学费较高,一年学费相当于400—800美元[2],对中低收入的家庭或多子女家庭来说,承担学费是困难的;三、高等教育男女比重不均衡。普查结果显示,乌国女孩子和她们的父母对女孩子接受高等教育都持认同态度,然而由于传统文化和经济因素,乌国女孩子在完成基础教育之后,往往结婚生子,失去了接受高等教育的机会;加之,大学学习科目的确定,适合女

---

[1] 李丹:《欧盟援助中亚国家高等教育的动因及路径——以乌兹别克斯坦为例》,《科教导刊》2017年第20期。
[2] 伊力米热·伊力亚斯:《乌兹别克斯坦高等教育》,《佳木斯教育学院学报》2013年第12期。

性的比男性的少,在接受调查者中,大多数人认为女孩子应该学习医疗卫生、烹调、缝纫、幼儿教育等对家庭生活有用的专业,而设置这些专业的高等院校不多,因此,女性接受高等教育的机会也不多;四、在教育体系中,未能设置对残疾学生的政策,使大多数残疾学生完成基础教育有困难;五、私立高校的空缺,截至2013年,乌国内还无一所私立大学,致使高校缺乏竞争机制,不仅限制了学生入校或择校的范围,同时也影响了教育质量的提高。

在教育体系中,问题最严重的应该是学前教育阶段。独立以后,乌国立学前教育机构(托儿所、幼托所和幼儿园)的数量不断减少,2007—2010年学前教育机构的儿童人数下降的比例达到5.5%,从2011年开始,学前教育机构的儿童人数开始呈上涨趋势,这与乌兹别克斯坦推行全民教育计划政策息息相关。截至2016年,乌兹别克斯坦仍无法保证学前阶段的教育,学前教育大多数在家中进行。2017年,在塔什干召开的"学前教育制度问题"讨论会上,总统米尔济约耶夫提出,在未来3—4年内,将让5—6岁的学龄儿童全面接受学前教育。

2015年6月12日,联合国秘书长潘基文在访乌时发表讲话指出:"近年来,乌稳步推进以人为本的社会和经济改革,在实现联合国千年发展目标方面取得了扎实的进步,特别是在减少贫困、降低孕产妇死亡率、普及初等教育以及消除中小学教育中的两性差距等领域。"[1]

---

1 《潘基文秘书长中亚之行:没有人权就没有和平与发展》,联合国新闻2015-06-12。

第十五章

外交与国际关系

乌兹别克斯坦与中亚其他四国(哈萨克斯坦、吉尔吉斯斯坦、塔吉克斯坦、土库曼斯坦)和阿富汗相邻,与之相邻的这五个国家都是内陆国,因此,乌兹别克斯坦是世界上仅有的两个双重内陆国之一。乌兹别克斯坦对外关系的发展特征:优先与中亚国家发展关系;将俄罗斯视为经济和安全领域的重要合作者;希望与以美国为首的西方国家建立盟友关系;与中国建立互利友好平稳关系;在此基础上努力提高国家形象,提高国际社会对乌兹别克斯坦的认识。

第一节 以对话为主的中亚国家关系

为保障领土完整和国家安全,乌兹别克斯坦自独立初期就积极推行全方位、多层次的外交政策,其中发展与中亚邻国的关系成为乌的优先方向。独立后的第二年(1992),乌总统卡里莫夫访问哈萨克斯坦,乌哈之间正式建立了外交关系;此后,乌与中亚其他国家也陆续建立了正式的外交关系。在建交的基础上,乌以对话方式较为妥善地解决了与中亚邻国的边界、水资源利用和出国务工等问题,保持了国家的安全与稳定。

中亚内陆国乌兹别克斯坦北与哈萨克斯坦接壤,东与吉尔吉斯斯坦相邻,东南和西南分别与塔吉克斯坦和土库曼斯坦毗邻。乌哈之间的边界线长达2351千米，两国之间的边界纠纷在苏联时期已经产生。20世纪20年代，苏联中央政府在中亚实施民族识别和划界，当时，乌兹别克共和国反对将有众多乌兹别克族人聚居的锡尔河州和七河州划归哈萨克苏维埃社会主义共和国；然而，苏联中央还是把乌兹别克人聚居的卡扎林县、阿克梅切金县、土尔克斯坦县、奇姆肯特县、阿拉木图县、塔什干县，以及米尔扎古尔县的锡尔河州大部和撒马尔罕州热扎尔县的几个乡划归了哈萨克苏维埃社会主义共和国。这一划分引起了乌兹别克人的不满，乌兹别克人要求在土尔克斯坦、奇姆肯特、阿拉木图三个县建立经济独立核算的行政区，这一要求也遭到了苏联政府的拒绝。

独立以后，乌哈两国站在和平解决领土纠纷的立场上，通过对话方式解决了领土纠纷。1995年2月10日，乌、哈、吉三国总统签署了《三国国家间首脑会议协议》，协议的第一条重申"不破坏边界现状"。[1] 尽管如此，乌哈边界还是发生了冲突。2000年1月28日，萨勒阿什县边境发生乌边防军殴打哈国牧羊人的事件。争端发生以后，哈乌两国关系趋于紧张，乌哈之间加紧了边界划分工作。

2001年11月16日，乌总统卡里莫夫前往哈萨克斯坦访问，两国总统在阿斯塔纳签署了边界条约，确定了96%的边界；2002年9月9日，两国总统在哈首都阿斯塔纳签署了《关于哈乌边界个别地段的条约》，条约确定了剩余4%（即3个地区）的边界走向，解决了该地区边界争端的归属问题。2004年5月19日，刻有哈国国徽和乌国国徽的两块界桩在距塔什干17千米处矗立。

---

[1] 转引自刘庚岑：《中亚国家的民族状况和民族政策》，《东欧中亚研究》1995年第6期。

与乌哈边界不同，乌吉边界的划定经历了长期的谈判。乌吉两国之间边境线长达 1378 千米[1]。2001 年 2 月 26 日，乌吉两国签署了以法律调解为依据的边界划定备忘录，开始了划定边界的谈判，到 2003 年，双方宣布有 654 千米边界得到了确定。为了划界，乌吉两国成立了边界划分界定委员会，然而，两国的边界划分和界定在长时期内并未达成妥协。

两国边境难以达成一致的地方是费尔干纳地区。苏联时期，费尔干纳盆地分属于乌兹别克斯坦、吉尔吉斯斯坦和塔吉克斯坦三国；独立以后，三国在此的国土划分成了中亚最复杂的边界问题。乌兹别克斯坦嵌入吉尔吉斯斯坦的飞地有 4 块，其中，面积最大的两块索赫和沙希马尔丹成为谈判的障碍。索赫和沙希马尔丹的面积分别为 325 平方千米和 90 平方千米，两块飞地与吉巴特肯州相邻，索赫距离该州首府巴特肯只有 24 千米。风景秀丽的沙希马尔丹地区曾是吉尔吉斯加盟共和国的领地，苏联时期，乌吉两个共和国通过协商，将沙希马尔丹划给乌做疗养地；除上述两地外，乌在索赫北部还有小飞地卡拉恰、在沙希马尔丹西北部的小飞地迪赞加尔（Dzhangail），这两块飞地的面积都不到 1 平方千米。独立以后，乌政府曾向吉建议以对等交换的原则，将飞地与本土直接相连，然而，由于索赫和沙希马尔丹具有重要的经济价值，此事一直未能得到满意的解决。

乌吉两国对飞地的谈判一直没有中断过。2016 年至 2017 年，乌兹别克斯坦新任总统米尔济约耶夫上台以后，将与中亚邻国的关系放在了重要的战略位置，乌吉边境的划界工作也取得了进展。从 2016 年底起，乌吉两国政府代表每月都会举行讨论边境划分问题的

---

[1] 另说是 1374 千米。

会议。是年，8月5日至13日，乌吉两国在乌纳曼干市举行的会议取得了突破性进展，虽然双方均未透露会议的具体内容，据了解，只有230千米处于待定状态。2017年3月10日至19日，乌吉两国政府工作组进行了第17次联合边界勘察，双方巡视了最为复杂的乌属安集延州、纳曼干州、费尔干纳州和吉属巴特肯州、贾拉拉巴德州、奥什州之间存在的争议地段或未完成划界的12处区块；此后，政府工作组在吉贾拉拉巴德市和奥什市进行了4次磋商，签署了成果性纪要文件[1]，双方明确了两国接壤地区80%的争议地段的归属，并且开始准备相应的法律性文件。[2]2017年8月16日，吉总理索隆拜·热恩别科夫在乌吉边境定界政府间会议结束后举行的记者招待会上说："从2016年8月开始，吉乌共举行了15次会谈。今天起草了关于总长度为1170.53千米边界的方案描述，双方同意写入关于吉乌边界的过渡条约。"[3] 可以预见，乌吉之间余下的边界纠纷不久将在和平对话的环境中得到妥善解决。

乌兹别克斯坦与塔吉克斯坦之间的边界线长1304.88千米。独立以后，乌塔两国也开始了边界划分工作。2002年10月5日，乌塔两国签署协议，对1102.20千米的边界线达成一致；此后，双方又确定了106.86千米的边界。[4]

两国争议的地区集中在费尔干纳盆地，争议最大的地段是法尔哈兹水电站所在地。苏联时期，法尔哈兹水电站所在地属塔吉克苏维埃社会主义共和国，1933年，乌兹别克共和国向塔租用法尔哈

---

1 《乌吉两国加快联合边界勘察进程》，中华人民共和国商务部 2017-03-26。

2 《乌吉两国边境争议区划分工作进展顺利》，哈萨克国际通讯社 2017-09-01。

3 《吉尔吉斯与乌兹别克斯坦准备签订关于1170.53公里边界的过渡条约》，卡巴尔国家通讯社 2017-08-16。

4 李琪：《"冷战"与困境：乌兹别克斯坦与塔吉克斯坦关系走向》，《俄罗斯东欧中亚研究》2014年第1期。

兹水电站所在地,租期 40 年。法尔哈兹水利枢纽于 1947 年建成以后,乌水电站大坝受其控制,于是,乌请求苏联政府将枢纽所在地段划归乌,然而,在 1960—1961 年通过的决议表明,法尔哈兹水利枢纽所在地仍属于塔吉克苏维埃社会主义共和国。截至 2017 年,乌塔之间还有 200 多千米的边界未勘定。

独立以后,乌土两国开始了划界工作,2017 年,双方边界线已基本划定。是年 3 月上旬,乌总统米尔济约耶夫访土,双方总统达成共识,启动了解决边界争议地区的勘界进程,并且成立了双方联合勘界划界工作委员会;3 月 27—30 日,委员会专家组在土纳巴特市举行工作磋商,就委员会首次工作会议有关筹备工作交换意见,并决定于 5 月 1 日至 6 日,在乌首都塔什干市举行委员会第一次工作会议,讨论两国边界争议地区勘界划界谈判工作规划,以及 2017 年度联合实地勘察计划,以达成原则性共识,签署会议纪要。[1]

2017 年 11 月 10 日,乌、土、哈三国外交部长在乌撒马尔罕市签署了三国边界交界协议。三国边界交界协议的签署是乌、土、哈边界划分的重要性成果,是中亚地区历史性的一刻,是加强三国领土完整、互相尊重和主权平等的主要支柱。

在与中亚国家的关系中,乌迫切需要处理的还有水资源分配和利用问题。中亚两条大河——锡尔河和阿姆河分别流经乌东部和西部地区,两条河流的上游分别被吉塔两国占据,锡尔河 94% 和阿姆河 78% 的水资源由上游国家控制。[2] 处在两河下游的乌、哈、土三国水资源相对缺乏。苏联时期,水资源的分配是中央政府计划的,尽管存在着不合理的现象,中亚国家之间也未发生冲突,水资源的

---

[1]《乌土两国启动边界争议地区勘界划界谈判进程》,中华人民共和国商务部 2017-05-11。

[2] 张宁:《中亚国家的水资源合作》,《俄罗斯中亚东欧市场》2005 年第 10 期。

利用是以资源优势互补的模式调整,苏联政府统一协调发电、灌溉和生活用水、航运和防洪等关系。根据苏联政府的规划,在春夏两季,上游国家放水发电,既解决了本国的能源问题,又为下游国家提供了灌溉用水,在冬季蓄水之时,下游国家向上游国家提供能源和其他工农业产品作为补偿。苏联解体后,调控机制丧失,下游国家不再向上游国家提供补偿,原来的水资源分配和利用模式难以为继。

苏联时期,中亚国家关于水资源分配的问题由中央政府调节。据1987年的分配方案,哈、吉、塔、乌四国从吉水库托克托库尔中的年取水量集资是4.21、0.22、1.02、5.75立方千米,各国的占比分别为37.6%、1.96%、9.1%、51.3%,显然,乌哈占据比例多,独立以后两国仍坚持继续维持原来的用水制度。独立以后出现了对用水付费问题的争议。苏联时期(1986—1991),乌哈两国为补偿吉对托克托库尔水库的维修,曾为吉提供了超过1100万吨的煤、360万吨重油及970万立方米天然气。[1] 独立以后,乌认为水是大自然的恩赐,不应该付费。

为了处理以上问题,1992年,中亚五国在哈首都阿拉木图召开会议,会议决定在新配额未出台之前依然沿袭旧配额;1996年,乌、哈、吉三国领导人在吉首都比什凯克召开会议,会上讨论和制定了新的水资源分配方案,并开始以经济方法解决水资源和电力资源的利用问题;1997年,乌、哈、吉、塔四国举行会议,决定乌哈两国按用水量向吉支付水费,吉将所得资金用于维护和兴建水利设施。[2] 1998年,乌、哈、吉三国签署框架协议。据此协议,在冬

---

[1] 焦一强、刘一凡:《中亚水资源问题:症结、影响与前景》,《新疆社会科学》2013年第1期。

[2] 《中亚上合组织成员国同俄罗斯及中国的经济合作态势》,聂书岭译,《中亚信息》2007年第4期。

季蓄水时,乌哈向吉提供热电所需的煤和天然气等燃料以保证吉的电力供应;吉在春夏两季泄水发电时,乌哈两国每年须在 6 个月内按每度 1.1 美分的电价购买吉尔吉斯斯坦的 22 亿度电。然而,乌哈两国经常违约不愿从吉购电(即便吉的电价比本国水电价低了一半),这样,续约的事被搁置下来,从 2004 年起,乌方拒绝续签协议。此后,2008 年在吉首都比什凯克举行的中亚五国元首峰会上,对下游国家向上游国家进行补偿的问题达成了共识;在 2009 年会议上,五国达成临时协议,下游国家保障对上游国家的电力和天然气供应,上游国家则保障下游国家的用水。[1]

有偿用水的问题基本解决了,目前,有关水资源利用问题仍在影响乌吉、乌塔和乌土之间的关系,如乌坚决反对吉塔两国正在建设的水电站。吉正在建设的卡姆巴拉金水电站是建在跨界河流锡尔河上游的纳伦河上,塔正在建设的罗贡水电站和桑格图德水电站是建在跨界河流阿姆河的第二大支流瓦赫什河上;这些水电站的建成将截流蓄水发电,影响到乌境内的农业灌溉和生活用水。其中,罗贡水电站的建设将影响乌出口产品棉花的灌溉用水;而卡姆巴拉金水电站的兴建将令乌境内的灌溉沟渠无水可用,咸海进一步干涸,导致乌对 43 个国家出口的蔬菜、水果产量下降;而果蔬在乌出口份额中的占比是 10%。[2] 乌总统认为中亚的水电资源问题在未来可能日益尖锐,不仅会引发严重对立,甚至可能导致战争。乌一再坚持:修建类似罗贡之类的大型水电站必须经国际经济技术论证和环境评估。他向联合国呼吁:"对中亚国家兴建或是与某些大国签署兴建水电站协议之前,必须进行全面的国际专家评估。"[3] 吉塔两国

---

1 齐云鸿:《金融危机——中亚国家摒弃前嫌求合作》,中评网 2009-07-25。
2 《乌总统警告中亚或爆发水资源争夺战》,新华网 2015-10-14。
3 同上。

为解决能源短缺而加强水电发展的趋势，将成为上下游国家冲突的导火线，水资源引发的冲突将有可能演变为国际冲突。

乌与土库曼斯坦的水资源纠纷主要集中在阿姆河中游引水过度的问题。阿姆河由喷赤河和瓦赫什河两大支流汇合而成；其中喷赤河发源于帕米尔山脉，在塔吉克斯坦汇集许多支流后流入乌兹别克斯坦，然后从乌流入土库曼斯坦，在入咸海之前流经乌属地花剌子模绿洲。苏联时期，20世纪60年代开始在土库曼苏维埃社会主义共和国建筑一条从阿姆河中游引水至波斯高原北麓的运河，即卡拉库姆运河。经过30多年的建设，卡拉库姆运河建成，阿姆河之水不仅源源不断地流入了相对干旱的波斯高原北麓地区，而且在卡拉库姆运河沿线居民也开始大规模土地开垦和灌溉。卡拉库姆运河将阿姆河的水引走，注入阿姆河三角洲和咸海的水自然减少，因此不仅导致咸海的水量减少，水位迅速萎缩，而且损害了乌兹别克斯坦的利益，因为地处阿姆河三角洲的卡拉卡尔帕克斯坦自治共和国归属于乌。目前，生活在阿姆河三角洲的卡拉卡尔帕克人因咸海生态的破坏而不能继续传统的渔业和农业。

由于乌也在阿姆河沿岸兴修水利工程，扩大阿姆河沿线的农业区，所以，咸海及下游缺水的形势也不能完全归过于卡拉库姆运河。但由于水资源的争夺日益激烈，即使乌兹别克人自己愿意放水给咸海，水也要经过土库曼斯坦，也不可能保证阿姆河水不被大量引走，因此，阿姆河下游和咸海缺水的现象短时间内无法妥善解决。

总之，乌与吉塔两国在边境和水资源问题上的矛盾和冲突，影响了乌与吉塔两国的政治和经济关系，给乌的政治、经济、社会的发展带来不利影响，使地区和平与稳定受到威胁。在改善乌与吉塔两国的关系中，乌兹别克斯坦可能需要与吉塔两国达成一定程度的妥协。

非法移民也是影响中亚国家关系的一个问题,对输出国和接纳国来说,非法移民都是一股不稳定的力量,在一定程度上影响了中亚地区的稳定。中亚国家中,乌、塔、吉三国人口增长过快、失业问题严重,前往哈萨克斯坦打工的人很多,其中没有办理正当入境手续者被哈视为非法移民。2004 年,乌人口已增至 2580 万,部分地区每平方千米人口的密度已经达到 470 人;哈每平方千米人口的密度还不到 6 人。[1] 2005 年"安集延事件"以后,乌遭到西方国家的经济制裁,大批非法移民进入哈萨克斯坦。[2] 对此,中亚五国一方面在独联体和上合组织的框架内寻求解决方案;另一方面通过双边协商予以解决。2008 年,哈在外国劳务准入方面开始采取新标准,即增加了受教育水平、工作经验等要求。这些措施在一定程度上限制了非法移民,使中亚国家之间劳务输出规范化。

近年来,乌兹别克斯坦对与塔吉两国的纠纷采取了积极态度。2017 年,乌总统米尔济约耶夫在联大第 72 届会议中表示:"中亚地区是乌兹别克斯坦外交政策的首要优先方向……作为地处中亚中心的国家,中亚地区的稳定、睦邻和可持续发展与乌直接相关……乌兹别克斯坦将坚定地通过对话、建设性的互利合作和加强睦邻友好来发展与地区其他国家间的关系,乌准备采取合理妥协的方式与中亚国家解决所有地区问题。"[3]

1　海力古丽·尼牙孜:《哈萨克斯坦与乌兹别克斯坦当前关系浅析》,《俄罗斯研究》2007 年第 2 期。
2　徐晓天、陈杰军:《2005 年的中亚形势》,《国际资料信息》2006 年第 2 期。
3　《米尔济约耶夫在 72 届联大上阐述乌外交理念》,中华人民共和国商务部 2017-09-21。

第二节　与中亚邻国的经济关系

独立以后，乌兹别克斯坦与中亚邻国加强了经济合作。独立初期，乌兹别克斯坦与哈萨克斯坦一起致力于中亚经济一体化。1991年1月，中亚五国首脑在塔什干会晤，通过了经济合作的决定，同年8月，中亚五国元首又在塔什干开会，拟成立"中亚五国经济联盟"。此后两年间，中亚五国签署了《经济、科技与文化合作协议》、《关于组建中亚国家和哈萨克斯坦跨国协商委员会的协议》等文件。1992年4月和1993年1月，中亚五国首脑分别在比什凯克和塔什干会晤，讨论在中亚五国中建立共同市场的设想。1993年7月，乌哈两国总统在阿拉木图签署了两国1994—2000年经济一体化协议；1994年1月10日，乌哈两国签署了《建立统一经济空间》条约，同年7月，乌、哈、吉三国总统在哈萨克斯坦阿拉木图市制定了《1995—2000年哈萨克斯坦共和国、吉尔吉斯共和国和乌兹别克斯坦共和国之间经济一体化纲要》，纲要规定共同开发燃料动力、冶金、化学、机器制造等9个方面最优先的部门。[1] 1998年3月26日，乌、哈、吉、塔中亚四国首脑在塔什干开会，讨论了自由贸易区、关税同盟、支付和货币同盟、劳务商品和资本市场合作等问题。[2]

以上活动是乌兹别克斯坦为地区经济一体化进程做出的尝试。然而，这些尝试未能达到预期的目标，2005年10月6日，中亚国家的一体化迈入了以俄罗斯为核心的独联体经济一体化的轨道。此后，乌兹别克斯坦与中亚其他国家的经济合作以双边合作的形式进行。

---

[1]〔吉尔吉斯〕伊马纳利耶夫：《中亚：区域合作与外部世界》，刘清鉴译，《东欧中亚研究》1996年第2期。

[2] 赵常庆主编：《十年巨变：中亚和外高加索卷》，第349页。

在中亚国家中，乌兹别克斯坦与哈萨克斯坦的经济交往是中亚国家关系的重要组成部分。2007年，哈在乌对外贸易额中的占比大约是5%—6%[1]，哈成为乌第三大贸易伙伴。除了对外贸易，哈在乌投资办企业，2011年，在乌的哈企业有166家，其中135家是合资企业；乌在哈境内有118家企业。[2] 应哈总统的邀请，2017年乌新上任总统米尔济约耶夫对哈进行国事访问，两国首脑就双边关系和各领域务实合作交换了意见，并规划了哈乌经济合作的前景。

乌兹别克斯坦与吉尔吉斯斯坦的经济关系仅次于哈萨克斯坦。其中，乌在吉对外贸易中排在俄罗斯、哈萨克斯坦之后，处于第三位；据乌国家统计署数据，2012年，乌吉贸易额占乌外贸总额的0.6%，为1.6亿美元。[3] 从合资企业的情况看，截至2003年7月1日，乌在吉登记注册合资、独资企业247家，只有42家在运作。[4] 乌吉在经济上的合作集中在工农业生产、交通运输，并共同修建与中国相连的公路和铁路方面。

在中亚国家中，乌塔经济关系比较密切。在塔对外贸易中，乌排在首位，以1998年为例，在塔吉克斯坦对独联体的进出口贸易中，塔与乌的进出口额分别占塔进出口额的55.5%和61%。[5] 2016年，乌总统开始新的对塔政策，米尔济约耶夫不但不反对塔建水电站，而且还表示将为塔提供必要的支持。2017年，塔总统拉赫蒙访乌，两国就乌方帮助塔方修建另外两座水电站达成协议，乌对塔建

---

[1] 海力古丽·尼牙孜：《哈萨克斯坦与乌兹别克斯坦当前关系浅析》，《俄罗斯研究》2007年第2期。

[2] 《哈萨克斯坦与乌兹别克斯坦经贸合作成果显著》，中华人民共和国商务部2013-02-03。

[3] 《2012年乌兹别克斯坦与吉尔吉斯斯坦贸易额1.6亿美元》，中华人民共和国商务部2013-09-24。

[4] 刘庚岑、徐小云编著：《吉尔吉斯斯坦》，第275页。

[5] 刘启芸编著：《塔吉克斯坦》，第134—135页。

水电站的松动，有利于两国经济关系的进一步发展。乌塔双方恢复了两国首都之间已停止运营25年的直飞航线；2017年2月，乌塔两国对重新开放边境口岸达成共识。

乌与土库曼斯坦经济合作是多方面的。在贸易方面，2011年，乌土双边贸易额为5亿美元；2012年，乌总统卡里莫夫访土，双方签署了《2013—2014年经济合作条约及政府间商品互供协议》，卡里莫夫指出，两国完全能够将贸易额提高一倍。[1]2017年，乌土双边贸易额大约为1.77亿美元，双方同意在2020年以前将双边贸易额提升至5亿美元。[2]

乌土两国经济合作还集中在交通、石油和天然气的开采和运输等方面。截至2017年，在乌经营的土资企业有11家，主要涉及贸易服务、纺织和家具生产等领域；2018年，土总统别尔德穆罕默多夫访乌期间，两国实业界代表签署了总值约2.5亿美元的合同和备忘录。[3]

总的来说，乌兹别克斯坦与中亚邻国保持着友好合作关系。2016年底，乌新总统米尔济约耶夫就职以后，新总统采取了更加务实和积极的态度。2017年，首都塔什干市召开了主题为"中亚——乌兹别克斯坦外交政策主要优先方向"国际研讨会，会上，乌总统米尔济约耶夫把中亚确定为乌外交政策主要优先方向，乌真诚希望能与中亚各国建立睦邻友好、互惠互利的兄弟关系，营造一种全新的地区政治氛围，愿就争议问题举行建设性的对话，找到合

---

[1]《乌兹别克斯坦扩大与土库曼斯坦双边贸易额》，中华人民共和国商务部2012-10-18。

[2]《乌土经贸关系快速发展》，《经济日报》2018-05-05。

[3] 同上。

理的解决方案，化解分歧。[1]

第三节　忽冷忽热的乌俄关系

苏联解体之前，乌兹别克共和国是苏联经营中亚四国（除哈萨克苏维埃社会主义共和国外）的大本营，乌首都塔什干成为中亚地区的政治和文化中心。独立以后，乌坚持独立的愿望十分强烈，而且强调了摆脱依赖俄罗斯的多元外交政策，因此，在与俄罗斯保持正常外交的同时，乌始终与俄保持一定距离。尽管如此，由于与俄罗斯在经济、政治、军事和安全等方面的历史联系，乌兹别克斯坦仍然将乌俄关系确立为外交政策的重点。

独立后不久，乌总统卡里莫夫于1992年3月前往莫斯科，开始了对俄罗斯的正式访问，在此期间，双方签署了《乌俄国家关系基础、友好、合作条约》（有效期10年）；此条约的签订可以视为乌俄正式外交关系的建立。1994年，乌总统再次访俄，两国签署了《发展与深化俄罗斯与乌兹别克斯坦全面合作宣言》《俄罗斯与乌兹别克斯坦领事协定》等重要文件。这些文件为两国从昔日加盟共和国的关系转向独立国家之间的外交关系奠定了法律基础。与此同时，乌俄两国之间的政治关系开始了一波三折的曲折过程。

1994年，美国及其盟友开始在中亚挤压俄罗斯的势力，特别是北约启动的"和平伙伴关系"计划，在此形势下，1995年下半年，俄罗斯出台了旨在恢复俄罗斯在中亚地区的传统影响的《俄罗斯联邦对独联体国家战略方针》，这一战略对俄罗斯具有巨大的地

---

[1] 《"中亚——乌兹别克斯坦外交政策主要优先方向"国际研讨会在乌首都塔什干市举行》，中华人民共和国商务部 2017-08-19。

缘政治意义,以期实现军事、经济、政治、人文等一体化的目标。这让对独立主权倍加珍惜的乌兹别克斯坦产生了一些想法,乌俄关系开始疏远,以致在1999年加入了旨在对抗俄罗斯的"古阿姆"集团。[1]

"古阿姆"集团是格鲁吉亚、乌克兰、阿塞拜疆和摩尔多瓦四国总统于1997年10月在法国斯特拉斯堡的一次会上成立的一个非正式组织,1998年乌兹别克斯坦加入。2001年6月7日,"古阿姆"五国总统又在乌克兰的雅尔塔签署了《雅尔塔宪章》。《雅尔塔宪章》的出台标志着"古阿姆"由非正式组织转变为正式组织。"古阿姆"集团带有明显的限制俄罗斯影响的目的,在对外政策上,"古阿姆"五国主张积极发展与北约的关系;在经济领域内,极力促进跨高加索运输走廊的建设,该运输线路将使乌不通过俄罗斯,就可以将石油和天然气运往欧洲。

2001年,普京在第一次当选总统之后,将乌兹别克斯坦作为他正式出访的第一个国家。普京的出访扭转了日渐疏远的乌俄关系,但并未促使乌俄关系发生根本性变化。乌俄关系根本性转变发生在2003年。美在阿富汗战争结束以后,打算在乌长期保持军事存在,并在乌"推广民主",这些活动威胁着乌当局政权的稳定,致使乌政府提出美撤军的要求。与此同时,乌俄政治关系从根本上向好的方向转化。2004年4月15—16日,乌总统应普京总统邀请访俄,双方签署了"战略伙伴关系条约",提高了两国关系的水平。

2005年5月,乌发生"安集延事件",俄总统普京不顾西方国家和国际组织对乌的强烈指责,邀请乌总统卡里莫夫访俄,两国关

---

[1] "古阿姆"(GUAM)集团得名于格鲁吉亚、乌克兰、阿塞拜疆和摩尔多瓦四国英文名的第一个字母。

系迅速升温，10月中旬，双方签署了《乌俄两国联盟关系条约》，这是俄与中亚国家签署的首个联盟关系条约[1]；该条约表明，乌从美国在中亚的战略支柱转变为俄罗斯的战略盟友。同年12月，乌发表声明退出"古阿姆"集团；2006年，乌加入由俄、白俄罗斯、哈、吉、塔五国于2000年成立的欧亚经济共同体；该年12月，乌议会上院批准了乌重返已经由"独联体集体安全条约"更名为"独联体集体安全条约组织"的法律草案。

然而，乌俄关系的蜜月期没有持续多久，2008年，乌的对外政策发生了很大变化，两国关系又开始朝着反方向发展。是年，乌退出了俄罗斯主导的欧亚经济共同体；2009年6月，乌没有参与由集安组织成员国元首签署的《建立集体快速反应部队协议》；2009年乌反对俄在吉奥什州建军事基地，认为基地的建设将危及本国安全；2011年8月至9月，乌总统卡里莫夫未出席集安组织非正式峰会和独联体20周年纪念会[2]；2012年6月28日，乌向集安组织秘书处提出暂停参与该组织活动的请求。

2012年6月4日，俄总统普京访乌，两国总统在塔什干举行会谈，双方签署了深化战略伙伴关系宣言。普京在会谈中说，乌是俄罗斯在中亚地区优先发展伙伴关系的国家之一。2013年4月，卡里莫夫访俄，与俄总统普京讨论了国际安全援助部队撤离阿富汗之后的中亚形势，双方表示，加强协调行动援助阿富汗，共同打击恐怖主义和极端主义，以及贩毒活动。[3]

1　潘广云：《"古阿姆"集团的演变及其对独联体的影响》，《国际问题研究》2007年第1期。

2　宋志芹：《论俄罗斯与乌兹别克斯坦关系的演变及其影响因素》，《俄罗斯学刊》2014年第3期。

3　《乌兹别克斯坦总统卡里莫夫与俄罗斯总统普京会晤》，中华人民共和国商务部 2013-04-22。

不难看出，无论乌俄政治关系如何变化，俄罗斯仍然是中亚地区安全的重要因素，也是乌俄若即若离关系变化的因变量。虽然自1992年，乌俄两国就发表了"全面合作"宣言，而实际上促进双方合作的重要因素最初只是为了维护国家和地区的安全，因此，军事领域的合作是双方合作的主要方面。

苏联时期，乌兹别克共和国没有自己的军队，境内的安全由苏联军队负责；独立后不久（1992.1.14），乌兹别克斯坦接收了原苏军的武器装备和设施，在此基础上组建了本国军队。初建的这支军队无法保障国家的独立和安全。当时，刚刚独立的乌兹别克斯坦面临着伊斯兰极端主义和恐怖主义的侵袭，乌南面局势危机四伏；邻国阿富汗局势恶化，邻国塔吉克斯坦爆发内战。出于对本国安全的深切忧虑，乌政府认识到，在必要时有能力给乌提供军事支持的只有俄罗斯，于是，俄罗斯成为乌安全的主要依靠。

从苏联解体中诞生的俄罗斯也是因为安全需要而与乌兹别克斯坦加强联系。俄罗斯认识到乌兹别克斯坦地缘战略的重要地位。对俄罗斯来说，与阿富汗比邻的乌兹别克斯坦是中亚地区稳定的前沿，如果这一前沿阵地落入宗教极端分子和恐怖主义者之手，势必影响整个中亚地区和危及有2000多万穆斯林人口的俄罗斯[1]；此外，俄罗斯存在的车臣问题也与中亚地区有联系。因此，俄罗斯加强与乌合作的重要原因也是出自本国的安全考虑。

俄罗斯提出了在独联体框架内讨论军事安全的建议；这一提议立即得到了乌的支持，乌对此表现出极大兴趣。在乌俄两国的倡议下，1992年5月15日，俄罗斯与包括乌在内的中亚国家首脑在乌

---

[1] 张国风：《乌兹别克斯坦与俄罗斯的关系及其对中亚地区发展走势的影响》，《东欧中亚研究》2000年第3期。

首都塔什干会晤，讨论了建立独联体集体安全体系的有关问题，会上签署了独联体集体安全条约，独联体集体安全条约的签署标志着乌俄之间结成了军事合作伙伴。

1994年，乌俄两国之间的军事合作具体化，双方签署了《俄罗斯与乌兹别克斯坦军事合作条约》、《俄罗斯与乌兹别克斯坦武装力量间相互提供技术和物质保障的原则协议》。在保障乌边境安全方面，两国加强了合作。在对待塔吉克内战上，乌俄两国协调行动，对塔政府军提供军事援助；俄通过乌向阿富汗北方联盟输送武器，以保持苏联时期营造的阿富汗与中亚地区安全缓冲地带。[1]

1996年秋，阿富汗塔利班取得政权，1997—1998年间，塔利班曾几次逼近阿乌边境，在形势危急之际，乌向俄寻求安全庇护。1998年10月，俄总统叶利钦访乌，乌塔两国与俄建立了军事安全同盟，与此同时，乌俄之间还签署了为期10年的经济合作条约。1998年底，乌与塔利班展开对话，解除了塔利班对乌的安全威胁，乌对与俄的安全合作不再感兴趣了。1999年初，乌没有续签独联体集体安全条约，是年，乌加入了与俄罗斯有对抗倾向的"古阿姆"集团，此事导致乌俄关系的进一步恶化。

应该指出的是，尽管乌俄政治关系开始恶化，但乌与俄在军事技术上的合作还未中断。2001年普京访乌期间，两国签署了《俄乌进一步深化军事和军事技术领域的全面合作条约》；据此条约，乌获得了种类更多的俄制军用产品，俄向乌提供的武器有自动步枪、狙击枪、机枪。2004年，乌首都塔什干发生恐怖事件，此后，乌俄之间军事合作进一步升级。2004年6月，俄总统普京访乌，双方签

---

[1] 宋志芹：《论俄罗斯与乌兹别克斯坦关系的演变及其影响因素》，《俄罗斯学刊》2014年第3期。

署了《乌俄战略伙伴关系条约》；据《条约》，在一方安全遭到威胁时，将启动相应的协商机制，以协调实际行动[1]，俄获得了在必要情况下使用乌境内军事设施的权利，以及两国为保卫领空安全联合使用防空部队和空军力量的协议；条约规定了俄对乌的军事设备进行现代化改造，向乌出售俄武器装备和为乌培训军官等内容。2005年，乌俄两国签署《乌俄两国联盟关系条约》，条约规定：如果两国中的一方遭到第三国侵略，另一方必须为其提供必要的帮助，包括军事援助，两国有权使用对方的军事基地和军用设施。乌俄之间正式结为军事政治同盟。2005年9月，乌俄在乌吉扎克州的法里什发射场举行了两国之间首次联合战术演习；2006年，俄开始使用乌境内的汉纳巴德军事基地，并向乌提供武器、装备和培训军事人员；从2008年起，乌俄防空军每年在俄阿斯特拉罕州的阿舒卢克训练场举行联合训练。[2]

除了军事方面的合作外，乌俄之间还存在着经济方面的联系。1996年，乌经济形势好转，此后能源和粮食实现了自给。2003年以后，乌俄两国经济合作加强。2004年10月，在乌的倡议下，俄加入了中亚合作组织。

在贸易方面，俄是乌最大的贸易伙伴，每年的双边贸易额可达数亿美元。2003年以来，两国的贸易规模和贸易结构均发生了较大变化。1999年，乌俄贸易占乌对外贸易的13%，而2003年占17%；1994年乌对俄出口设备占11%，棉花占64%，而2003年乌对俄出口设备占23%，棉花占7%。[3]

---

1 宋志芹：《论俄罗斯与乌兹别克斯坦关系的演变及其影响因素》，《俄罗斯学刊》2014年第3期。

2 同上。

3《乌兹别克斯坦与俄罗斯、美国和欧盟的经贸合作最新发展情况》，中华人民共和国商务部2004-12-13。

2003年以后,乌俄贸易逐年上升,其中2004—2006年双方贸易额分别是16亿、20亿、30亿美元;2007年,乌俄贸易额达42亿美元,是两国开展合作以来实现的最大贸易额。[1] 2011年,乌俄贸易额达到66.8842亿美元[2];2013年,乌俄贸易总额超过70亿[3]。2015年,在卡里莫夫访俄期间,两国就扩大乌果蔬及其加工品对俄出口规模和增加出口品种达成一致,以替代土耳其对俄的果蔬出口。

乌俄贸易中,天然气是乌向俄出口的重要商品。其中,2004年的出口量达到70亿立方米。[4] 随着2008年金融危机欧洲对天然气的需求减少,乌天然气的出口也随之减少,2013年俄从乌进口了40亿立方米天然气。在独联体国家中,2012年以来,乌是俄的第四大贸易伙伴,俄是乌第一大贸易伙伴;2015年以后,俄与乌的贸易仅次于中国,成为乌的第二大贸易伙伴。

在经济合作方面,独立初期,乌制造业依靠俄罗斯的支持得以维持下来。其中,飞机制造业的合作伙伴主要是俄罗斯,企业的生产是根据俄罗斯航空公司的订单,而大约90%的配件也是来自俄罗斯;乌生产的汽车主要出口俄罗斯。在乌能源企业中,有卢克石油公司、天然气工业公司、利米捷德东方油气联盟等俄罗斯的大公司,苏联时期在乌建设的费尔干纳炼油厂和阿尔特阿雷克炼油厂,在1995年以前,它们加工的是来自俄罗斯西西伯利亚的原油。独立初期,乌获取新技术的主要来源也是俄罗斯。当时,制约乌经济发展的还有专门人才的缺乏,高技能人才几乎都是在国外机构培

---

1 王智辉:《俄罗斯成为乌兹别克斯坦最大的经济合作伙伴》,《中亚信息》2008年第2期。

2 《俄罗斯对乌兹别克斯坦经贸合作》,中华人民共和国商务部2012-12-21。

3 孙壮志等编著:《乌兹别克斯坦》,第244页。

4 赵华胜:《俄罗斯与中亚国家的双边关系》,《和平与发展》2008年第2期。

训,其中主要在俄罗斯培训。

2001年,乌俄开始能源方面的合作,重点是天然气开发。俄卢克石油公司和俄罗斯天然气工业公司分别于2001年和2002年获准在乌开采天然气,前者于2004年与乌石油天然气公司签约开发布哈拉州的天然气,俄方占该公司90%的股份,产品按五五分成;后者于2006年与乌石油天然气公司达成协约,共同开发卡拉卡尔帕克斯坦的乌斯秋尔特天然气田,俄方计划投资12亿—15亿美元,使该气田年产量达到80亿—90亿立方米。[1]

除开采权外,2003年,俄天然气工业公司获得了乌境内天然气管道的经营权;"俄天然气工业公司还计划将中亚天然气管道的输送能力从现在的年500亿立方米提高到700亿立方米。"[2]

近年来,乌俄两国投资合作有序发展。俄罗斯是乌第一大投资伙伴,2008—2012年,俄对乌投资近60亿美元,仅2012年俄对乌投资就达10亿美元;在能源领域,俄天然气工业公司完成了为期5年的乌斯秋尔特地区地质勘探,总计投资近4亿美元。[3]2015年,在乌境内大约有900家乌俄合资企业、85家俄企代表处,俄在乌的投资超过60亿美元,2015年来自俄罗斯的投资同比增长40%。[4]

除经济联系外,乌俄两国文化交流也是两国关系的重要内容之一。2015年,两国就扩大文化、科技、教育、体育和旅游等方面的合作交换了意见。两国相关部门签署了在文化、外交、高等教育、体育及其他领域合作的文件。

---

[1] 赵华胜:《俄罗斯与中亚国家的双边关系》,《和平与发展》2008年第2期。

[2] 同上。

[3] 《2012年回顾:俄罗斯与乌兹别克斯坦全面加强协作》,中华人民共和国商务部 2012-12-29。

[4] 《乌兹别克斯坦国家通讯社称:乌兹别克斯坦与俄罗斯——新阶段的战略伙伴》,中华人民共和国商务部 2016-04-28。

乌俄关系一波三折，系由多种因素所致，其中，每当乌兹别克斯坦的安全受到威胁之时，乌向俄靠拢；而当外部压力缓解之后，乌又疏远俄罗斯，寻求美的帮助以摆脱对俄的依赖。乌俄关系曲折的主要原因是乌兹别克斯坦追求主权独立，不希望俄罗斯主宰中亚国家事务，因此，对俄主导的区域一体化持反对，甚至抵制态度[1]，这一点是乌俄关系不能稳定发展的重要因素。

第四节　实用主义的乌美关系

1991年12月25日，美国承认了包括乌兹别克斯坦在内的独联体国家的独立；1992年2月，美国务卿詹姆斯·贝克访问了包括乌兹别克斯坦在内的独联体国家，并与它们建立了外交关系，3月15日以前在这些国家建立了大使馆。

独立初期，乌兹别克斯坦在国家安全领域主要依靠俄罗斯，但乌领导人也希望通过与美发展关系，在捍卫独立和国家安全上实现多元化，这是乌美关系迅速建立的原因之一；乌美关系迅速建立的另一个原因是乌兹别克斯坦希望成为美国盟友以提升本国在中亚的地位。乌兹别克斯坦在中亚不仅算得上一个大国，而且从经济上看也是比较发达的，因此，在独立初期曾有过称霸中亚的外交目标。

苏联解体以后，美对中亚战略的基本取向是支持中亚国家维护独立，在中亚国家中积极推销"西方民主"；不断拓展与中亚国家的合作以弱化俄在中亚的影响。对美而言，乌是确保中亚地区繁荣、稳定和安全的主要因素。美对乌的兴趣更多的是出于这一战略考虑。因此，乌美关系是以军事合作开始的。

1　张国风：《乌兹别克斯坦与俄罗斯的关系及其对中亚地区发展走势的影响》，《俄罗斯东欧中亚研究》2000年第3期。

在乌兹别克斯坦独立之初,美国与之进行了军事安全合作,美乌之间的军事合作主要在北约"和平伙伴关系计划"的框架下进行。第二次世界大战结束以后,为了遏制苏联,美国联合欧美11个国家于1949年4月4日签署了《华盛顿条约》;20世纪50年代初,《华盛顿条约》发展为常设机构"北大西洋公约组织"(简称"北约")。1992年3月,乌派代表团参加了在布鲁塞尔召开的北大西洋合作委员会特别会议,双方建立了合作关系。

乌与北约的合作关系最初以军事合作为重点。1992年10月,美国提出了建立北约外围合作组织"和平伙伴关系计划"的构想,乌于1994年7月13日加入了"和平伙伴关系计划",1999年2月在北约总部布鲁塞尔设立代表处。1995年,北约帮助乌、哈、吉中亚三国组建了联合部队"中亚维和营",1996年,维和营参加了北约在美国北卡罗来纳州举行的联合军事演习;1997—1998年,北约在"和平伙伴关系计划"框架内在乌领土上举行了多国联合军事演习。

1997年以后,美政府将乌兹别克斯坦作为外交重点——从地缘政治和商业的角度来说,乌对美国来说是非常重要的国家。同年,两国建立了双边委员会,该委员会于1998年2月召开了第一次会议;1999年5月7日,以美为首的北约对南斯拉夫联盟进行轰炸,包括俄罗斯在内的国际社会对此进行了谴责,乌却表态支持北约的轰炸行动;作为回报,美开始对乌提供军事援助,2000年2月,"美向乌提供了16辆军事运输车以加强其与北约部队的协调能力,这是美国首次向中亚国家大规模提供军事装备"。[1]

"9·11"事件以后,反恐斗争成为北约一切工作的重心。2001

---

[1] 郑羽:《苏联解体以来美国对中亚政策的演变(1991—2006)》,《俄罗斯中亚东欧研究》2007年第4期。

年10月,美租用乌汉纳巴德机场,美在该机场部署了1500多名军人和30架战机,设置了一个特种部队指挥中心。[1] 乌对美提供的军事援助获得了丰厚的回报,2001年,乌从美对外军援款项中得到了2500万美元,从反恐等项目中得到了1800万美元,从支持自由法案基金中得到了4050万美元。[2]

反恐战争结束以后,美军继续驻留在乌境内,据美军事人员说,他们正在设法改善在乌兹别克斯坦和巴基斯坦驻扎基地内的跑道、灯光、通信及储藏和营房条件。这些活动表明,美打算长期保持在该地区的军事存在。[3] 2002年1月,美中央司令部司令弗兰克斯将军访乌,乌美两国签署了协定,规定双方将在联合训练、举办联合研讨班、发展两军伙伴关系方面进行合作。2002年3月12日,双方签署了关于两国之间建立战略伙伴关系的声明。在战略伙伴关系中,美确认在乌安全受到外部威胁之时,乌美将磋商做出反应行动,采取包括提供武器装备在内的双边军事合作。乌将美国及其西方盟友在乌的军事存在视为本国免于外部和地区内部伊斯兰极端主义侵袭的安全保障;美将乌兹别克斯坦视为中亚地区最重要的盟友。

美助理国务卿帮办帕斯科于2002年6月27日在题为《美国在中亚的作用》的发言中对乌政治改革的进步大加赞扬,认为乌兹别克斯坦现在是乌美强化接触政策的最引人注目的试验案例。在中亚军事上的胜利,使之有了在中亚国家进一步"推广民主"的想法,而乌兹别克斯坦即将成为其推进新中亚战略的重点国家。

2003年,美参议院通过了关于中亚国家政治制度的决议,决

---

[1] 郑羽:《苏联解体以来美国对中亚政策的演变(1991—2006)》,《俄罗斯中亚东欧研究》2007年第4期。

[2] 潘光:《"9·11"事件前后美国与中亚的关系:变化与挑战》,《复旦学报》2005年第6期。

[3] 杨磊:《美国要在中亚待下去》,《环球军事》2002年第3期。

议要求美当局敦促中亚各国领导人加速"民主"进程,并且把美对这些国家提供的"经援"和"军援"与"民主"进程挂钩;同年11月6日,布什总统在"关于推进中东民主战略"的讲话中谈道,"9·11"事件以后,美政府在乌塔两国用于"推广民主"项目的经费增加4倍。[1]

然而,美在乌的军事存在,以及美在中亚"推广民主"的行为引起了乌的不安。2004年3月末,塔什干发生一系列恐怖袭击事件;2005年5月,乌发生"安集延事件"。事实证明,美在乌的驻军非但不能阻止恐怖主义和极端主义者在乌的活动,而且还面临在西方鼓动的"颜色革命"中导致政权丧失,沦为美国的牺牲品的危险。"安集延事件"发生后,美加快了对乌推行"民主改造"的步伐。美国务卿赖斯提出,乌必须加快政治变革,只有政治变革才是维持稳定的最有效手段。[2] 在此国际形势下,乌迅速采取了向俄罗斯靠拢的外交政策。

在2005—2007年间,乌采取了一系列对美关系不利的举措。2005年7月29日,乌外交部照会美驻乌大使馆,正式要求美军在180天内撤离汉纳巴德空军基地;11月21日,最后一批驻乌美军撤离乌汉纳巴德空军基地。[3] 乌美关系的迅速恶化迫使美国调整了对中亚的政策,放缓了"民主改造"的节奏,通过访问和对话减轻中亚领导人对"推广民主"和鼓动"颜色革命"的担忧,修复了与包括乌兹别克斯坦在内的中亚国家的关系。

乌美军事合作在2008年开始恢复。2008年1月下旬,美军负

---

[1] 邵育群:《美国中亚政策的矛盾与困局》,《国际问题研究》2005年第6期。

[2] 徐晓天、陈杰军:《2005年的中亚形势》,《国际资料信息》2006年第2期。

[3] 郑羽:《苏联解体以来美国对中亚政策的演变(1991—2006)》,《俄罗斯中亚东欧研究》2007年第4期。

责中亚地区事务的中央司令部司令法伦上将访乌，乌允许进出阿富汗的美军在乌阿边界的帖尔穆兹空军基地做短暂停留，以进行后勤补给，北约对此决定表示欢迎。[1] 2010 年 1 月 27 日，卡里莫夫总统签署《2010 年乌美加强双边合作的行动计划》，这一计划扩大了乌美合作的范围。安全领域的合作仍是双方关系的重点，美不仅向乌供应武器，而且安排乌军官到美军事院校培训和进修。美国务卿助理罗伯特·布莱克说："在国际社会努力打击阿富汗好战的极端分子的斗争中，乌兹别克斯坦已经扮演了至关重要的角色，乌兹别克斯坦向阿富汗提供了必需的电力，落实基础设施项目，如马扎里—沙里夫铁道建设，并且协助经过北方供给线的非军事物资的运输。"[2]

2011 年 6 月 22 日，美宣布开始从阿富汗撤军；9 月，乌外交部代表团访美，双方就地区安全问题交换了意见；2012 年，为了拓宽与美合作的空间，乌又一次退出了集安组织。对此，塔国学者认为：至少通过向北约提供撤军通道，乌就能捞到不少好处，其中包括北约部队决定留在中亚国家的一些武器装备。而乌国学者指出："提供军事装备只是美军抛出的诱饵，在乌寻求军事基地才是其真正目的。而作为对乌退出集安组织的交换，乌在北约撤出阿富汗后，将得到来自美国的重大安全保证。2014 年，美从阿富汗撤军结束，美决定将部分武器装备无偿赠送给乌。"[3] 2014 年 3 月 26 日，乌美在塔什干召开会议，讨论如何进一步加强合作应对核走私，以及美帮助乌提高拦截大规模杀伤性武器的能力；为了加强和协调北约与中亚国家的联络，北约于 2014 年 5 月在乌塔什干设立了"中亚

---

1 《美军重返乌兹别克斯坦新基地距中国边境 600 千米》，新华网 2008-03-12。
2 《美国拟在乌兹别克斯坦等中亚国家扩大军事存在》，中国网 2010-07-12。
3 宋志芹：《论俄罗斯与乌兹别克斯坦关系的演变及其影响因素》，《俄罗斯学刊》2014 年第 3 期。

地区代表处"。乌美关系朝着战略同盟的方向发展，乌将成为美在中亚地区的盟友，而美将保证乌政权的稳固。

除军事合作外，经济合作也是乌美关系中的主要内容。1993年11月5日，美乌两国签署了《双边贸易协定》；1996年6月，乌总统卡里莫夫首次访美，两国元首举行了会晤，乌美经济关系得到加强。每年乌美双边贸易额约3亿美元[1]，贸易合作的步伐是缓慢的，到2009年，在乌对外贸易额中，俄占21%，居首位，而美国仅占1.7%。[2] 美在乌外贸的占比不大，到2013年，乌美贸易额为3.83亿美元，占乌对外贸易总额的1.33%。[3]

除贸易外，乌美合资企业是经济合作的重要内容。1997年，美在乌的合资企业有229个，有30多个美国公司在乌首都塔什干开设了代办处。[4] 2012—2014年间，美哈尼威尔公司计划向乌投资1900多万美元，其中1200万美元用于与乌国家石油天然气公司在纳沃伊自由工业经济区实施机械制造和石油化工领域的合作项目。2009年，美在乌建设了5个以果树种植为主的示范园，2010年，美国际开发署在乌实施农业发展计划，计划将以上示范园扩建成26个，美援主要用于培训农民、地方科研和为农业综合企业提供技术援助，以改善从农场到出口的生产、加工、营销。[5]

乌美经济合作还反映在美对乌的投资。1993年，美乌商会致

---

1 《乌兹别克斯坦与俄罗斯、美国和欧盟的经贸合作最新发展情况》，中华人民共和国商务部 2004-12-13。

2 杨建宏：《近年来乌兹别克斯坦与美国关系略论》，《西伯利亚研究》2012年第2期。

3 马勇等：《美国与中亚国家的合作与矛盾》，《国际研究参考》2014年第12期。

4 宋志芹：《论俄罗斯与乌兹别克斯坦关系的演变及其影响因素》，《俄罗斯学刊》2014年第3期。

5 杨建宏：《近年来乌兹别克斯坦与美国关系略论》，《西伯利亚研究》2012年第2期。

力于发展美乌之间的经贸和投资活动。1996年6月,乌总统卡里莫夫访美,乌美两国签署了6项合同,美国向乌提供2亿美元的投资和4亿美元的贷款。[1] 乌美合资公司所开采的黄金为乌主要外汇来源之一。此外,双方还兴建了天然气地下储藏库,合资建设舒尔坦天然气联合体,合资生产食用油。

2011年,美提出"新丝绸之路计划",宣称奥巴马政府将在打造地区性能源市场、促进贸易和交通、优化海关和边界手续、推动商业和人员往来四方面推进这一计划。2011年,美国通用汽车集团在乌合资建成中亚第一家汽车发动机生产厂,设计年生产能力为22.5万台发动机,总投资5.22亿美元,美国通用汽车公司持股52%,乌兹别克斯坦汽车工业公司持股48%[2];卡里莫夫总统称之为国家工业现代化和技术革新规划中最重要的项目之一。

2015年10月底至11月初,美国国务卿克里访问中亚五国,旨在加大对中亚国家的外交力度,此次中亚五国之行,商讨了美与中亚五国建立"C5+1"的机制,推进了与中亚国家的全方位合作;2016年8月,美邀请中亚五国外长访美,正式启动了"C5+1"外长级会晤机制。"C5+1联合声明称,美将与中亚国家加强在经贸、环境、气候变化等领域及阿富汗问题上的合作,共同应对恐怖主义、大规模杀伤性武器扩散、毒品和人口走私等威胁,增进人员、教育、文化及商业方面的交流。"[3]

2009年以后,乌美之间文化科学领域的合作展开。2010年12月2日,美国国务卿希拉里·克林顿访乌,重申美国政府将继续遵循相互尊重的原则发展美乌关系。同日,双方签署了有关加强两国

---

[1] 张屹峰、潘光:《美国的中亚经济战略及其影响》,《和平与发展》2009年第1期。
[2] 《乌建成中亚第一家汽车发动机生产合资企业》,中国机械网2011-11-30。
[3] 贾春阳:《美国中亚政策正式进入后阿富汗时代》,《世界知识》2015年第23期。

科技合作的政府间协议。

　　独立以来,乌兹别克斯坦一直希望成为美国的盟友,达到摆脱对俄罗斯的依赖;但在"安集延事件"以后,乌当局认识到美的政治企图和对政权的危害,在乌美关系中持谨慎态度。乌美关系的目的主要是利用与美的关系来稳定地区安全和发展经济。

第五节　不温不火的乌欧关系

　　苏联解体以后,欧洲联盟(简称"欧盟")国家很快承认了乌兹别克斯坦的独立,为了扩大国际影响,欧盟积极发展与包括乌在内的中亚新兴国家的关系。

　　乌兹别克斯坦与欧盟关系(简称"乌欧关系")最初只是在欧盟所实施的一些援助项目的框架下开展的经济合作。在欧共体时期,苏联政府曾与欧共体签署了《1989年贸易和合作协定》;1991年苏联解体,欧共体依据《1989年贸易和合作协定》继续与中亚国家发展关系,并将合作协定改名为"对独联体国家的技术援助计划"(即"塔西斯计划")[1]。独立初期,乌兹别克斯坦参与了塔西斯计划;乌在塔西斯计划框架下接受欧盟的援助最多,从1991年至2006年,乌在此项目下接受援助16895万欧元。[2]2006年,塔西斯计划期满停止,2007年起,欧盟通过"发展合作工具"与乌发展关系,2007—2013年,欧盟在此框架下对乌提供了7060万欧元[3]的援

　　1　塔西斯计划(TACIS,即Technical Assistance for the CIS)的援助对象为前苏联地区12个国家,包括中亚五国、外高加索三国,以及俄罗斯、白俄罗斯、乌克兰和摩尔多瓦。

　　2　刘继业:《欧盟对中亚援助概况》,《国际资料信息》2009年第5期。

　　3　陈柯旭、石婧:《中美欧援助塔吉克斯坦比较研究——关于援助资金、领域分配和效果评估》,《新疆师范大学学报》2014年第3期。

助,以促进乌经济社会的可持续发展。

欧盟形成之初就提出了"欧亚运输走廊计划"[1],1995年,欧盟在阿拉木图召开会议,会上成立了贸易支持、公路运输、铁路运输、海洋运输4个工作组,规定了各工作组的职能。乌兹别克斯坦的铁路改造等项目被纳入欧亚运输走廊计划。2002年4月24—25日,欧亚运输走廊计划成员国政府间委员会第二次会议在乌首都塔什干召开,会议讨论了简化欧亚运输走廊过境签证手续,启动统一签证制度。欧盟和一些国际金融机构对此计划给予了资金和技术援助,其中,欧盟每年向欧亚运输走廊计划项目参与国提供1000万至1500万欧元建设经费。[2]

20世纪90年代中叶,欧盟开始在中亚国家中实施人道主义援助计划、食品安全计划、缩减贫困战略文件、灾难预防计划。2003年,欧盟提供300万欧元用于中亚国家预防自然灾害,其中一部分提供给乌兹别克斯坦;2004年,欧盟在环境保护上对中亚国家提供援助,实施了如水资源治理、大气环保、生物保护、卫生保健等项目;其中援助了乌、哈、吉三国在天山西部组建跨界自然公园的计划,欧盟已拨款近90万欧元来帮助实施该项目[3],乌兹别克斯坦自然保护委员会是该方案的代理执行机构。

除了接受援助外,乌兹别克斯坦还与欧盟进行贸易。欧盟是乌除独联体外最主要的贸易伙伴(乌40%的棉花出口欧盟国家,大

---

1 "欧亚运输走廊计划"的主要内容是:改造和修建中国—哈萨克斯坦—吉尔吉斯斯坦—乌兹别克斯坦—土库曼斯坦—阿塞拜疆—格鲁吉亚—黑海—欧洲的铁路和公路;改造里海的阿克套、巴库、土库曼巴什和黑海的波季、巴统等港口;修建支线道路基础设施;培训高水平的国际运输业人才;制定统一的关税和税率规则,促使项目参与国加入有关国际公约和协定。有32个国家参与了该计划,成员国包括欧盟国家、高加索和中亚国家。

2 柳丰华:《新"丝绸之路"与当代中亚的地缘政治》,《国际论坛》2007年第6期。

3 《哈、吉、乌欲建跨界自然保护区》,周晓玲译,《中亚信息》2004年第3期。

部分机械设备也从欧盟国家进口）。2005年，乌与欧盟的贸易额为15.94亿美元，占乌外贸总额的29.3%[1]，主要商品有机械设备、高新技术等。乌欧贸易中的主要贸易伙伴有英国、德国、意大利、比利时、法国、荷兰。近年来，乌欧贸易发展迅速，双方贸易总额从2010年的2亿欧元，增至2014年的3亿欧元，其中进口增加1.8%，出口增加10.5%[2]，到2011年，欧盟成为乌第二大外贸伙伴。

欧盟国家对乌投资比较踊跃，截至2004年，在乌注册有500家欧盟国家的企业，其中115家为独资企业，知名的企业有：乌英合资黄金开采公司、乌英烟草合资公司、乌德合资电缆公司、乌意合资玻璃生产公司等。[3]到2011年，乌境内共有841家有欧洲投资的企业，有266家欧盟主要国家公司代表处。[4]2012年，乌欧合作委员会在塔什干召开第十次会议，会上签署了包括《金融和技术合作项目备忘录》、《能源领域合作备忘录》等一系列双边文件。2013年，乌境内总计875家有欧洲投资的企业，其中623家合资企业。[5]在欧盟于2007年制定的《新战略》中，欧盟鼓励乌融入世界经贸体系，支持乌加入世界贸易组织。

与经济关系平稳发展不同，乌欧之间的政治关系发展经历了曲折过程。独立初期，1996年6月21日，乌总统卡里莫夫在意大利佛罗伦萨参加了欧盟成员国元首和政府首脑会晤，与欧盟正式签署

---

1 《乌对外贸易（1992—2006）》，中华人民共和国商务部2006-12-07。
2 根据欧盟统计局网（Eurostat）数据库"2010—2014年欧盟与中亚五国进出口额与增幅"计算。
3 《乌兹别克斯坦与俄罗斯、美国和欧盟的经贸合作最新发展情况》，中华人民共和国商务部2004-12-13。
4 《乌兹别克斯坦与欧盟经贸合作情况》，中华人民共和国商务部2012-09-26。
5 杨进：《乌兹别克斯坦》，载孙力、吴宏伟主编：《中亚国家发展报告（2014）》，第345页。

了《乌兹别克斯坦共和国与欧洲联盟及其成员国伙伴合作协议》，1999年7月1日，该合作协定正式生效。与此同时，乌欧成立了负责合作事宜的专门机构"乌兹别克斯坦-欧盟合作委员会"，委员会每年召开一次例会，讨论地区形势、乌经济改革进程和提供经济、文化、教育及科技援助等问题。

1999年中亚地区的安全形势恶化，一些恐怖组织和宗教极端组织在乌制造事端，于是，维护中亚地区的安全成为欧盟中亚政策的优先目标。"9·11"事件以后，欧盟支持并参加了美国的反恐联盟，欧盟成员国德国和法国分别获得了在乌国的帖尔穆兹驻军的权利；截至2006年中期，德国在帖尔穆兹驻军大约300人。[1]

2001年12月10日，欧盟部长理事会决定进一步强化欧盟与中亚国家的关系。2002年10月30日，欧盟出台了第一份有关中亚的战略文件——《欧盟与中亚：2002—2006年战略文件暨2002—2004年指导计划》，两个文件以中亚五国作为一个单独的地缘板块进行规划。欧盟认为，中亚国家当局政治集权压制反对派，限制言论自由，损害了以促进民主、人权和基本自由为目标的改革，导致了社会紧张；因此，欧盟在中亚的战略目标应该是：促进中亚国家的稳定与安全，支持中亚国家实现经济稳定发展，以及削减贫困。[2] 2003年5月21日，第四次"乌兹别克斯坦-欧盟议会间合作委员会"会议在塔什干召开，会议就打击恐怖主义、打击有组织犯罪、打击毒品走私及阿富汗人道主义救援等问题进行了讨论。

2004年以后，随着格鲁吉亚和乌克兰的"颜色革命"，欧盟对中亚国家的援助计划开始带有政治色彩。欧盟借助非政府组织和欧

---

[1] 《乌兹别克要求欧洲国家撤基地，但给德国留了窗口》，新华网2005-11-25。
[2] 张英姣、孙启军：《中亚：俄美欧博弈与中国的对策》，《学术探索》2010年第6期。

盟的援助项目开始对乌政权施压，促使乌政权推行西方"民主化"。2005年5月12日，乌发生了"安集延事件"。在事件发生的第二天，欧盟国家宣称：乌总统伊·卡里莫夫政府对"安集延事件"进行了血腥镇压，严重侵犯了人权。欧盟各国外长指责乌安全机构"过度地、不恰当地、不加区别地"动用了武力，欧盟轮值主席国卢森堡副外交大臣施密特于当年6月8日在欧洲议会上表示，欧盟要求派遣独立调查团前往调查"安集延事件"。在遭到拒绝之后，欧盟外长会议于10月3日做出决议，欧盟25个成员国禁止对乌出口武器、禁止向在"安集延事件"中对使用武力负有直接责任的乌官方人士发放签证，削减对乌的经济援助，乌欧政治关系破裂。

欧盟成员国推行西方民主制的做法不仅没有收到应有的效果，反而将包括乌在内的中亚国家推向了俄罗斯，在此背景下，欧盟改变了积极推行西方民主制度的外交政策，使破裂的乌欧关系逐渐恢复。2006年，德国担任欧盟主席国，欧盟对乌的制裁开始松动，曾被欧盟拒签的12名乌官员中有4人被解禁。2007年4月下旬，欧盟通过了《2007—2013年欧盟援助中亚战略文件》和《2007—2010年中亚指导计划》，战略计划体现出欧盟要求中亚国家稳定的现实需求超过了对民主人权的追求；同年6月，由德国起草的《欧盟与中亚：新伙伴关系战略》（简称《新战略》）在欧盟理事会上获得通过。

《新战略》不再将民主、人权与发展援助直接挂钩，强调推进中亚民主进程要以平等对话、透明及注重结果作为指导原则。[1]《新战略》提到，欧盟将推动公民社会之间加强交流，支持中亚社会多元化的发展。为了加强与中亚的政治联系，欧盟在中亚五国派驻代

---

[1] 赵青海：《欧盟新中亚战略评析》，《国际问题研究》2007年第5期。

表团，并向乌、吉、塔三国增派外交人员；包括乌兹别克斯坦在内的中亚国家也任命了欧盟战略协调员，继续与欧盟进行人权对话。2009年，欧盟解除了对乌的所有制裁，2011年，欧盟在乌首都塔什干设立代表团。

《新战略》明确了中亚地区安全是欧盟在中亚优先考虑的问题。欧盟将与中亚共同应对非传统安全的威胁，共同打击有组织犯罪、贩毒和武器走私。2007年以后，乌欧之间的伙伴关系已经不再以项目的形式实现，双方之间建立了双边协作机制，其中有合作理事会、合作委员会、议会合作委员会、贸易和投资分委会、司法内务分委会。2012年7月，第十次乌欧合作委员会在塔什干举行，会上签署了《关于在乌成立欧盟代表团协议》。

除政治经济外，乌欧在人文领域也加强了合作。欧盟援助乌兹别克斯坦高等教育领域项目之"坦普斯计划"（Tempus），于1990年发起，乌于1994年加入。1994—2013年20年间，该计划在乌兹别克斯坦高等教育援助项目达到81项，位居欧盟援助中亚五国项目数量首位，总共投入资金3400万欧元，遍及乌兹别克斯坦所有州的55所高校。[1]

乌欧高等教育领域合作的另一项目是"欧盟的教育、培训、青年和体育计划（2014—2020）"（爱拉斯谟+计划），欧盟希望通过该计划推动国际合作及第三国高等教育事业的发展，促进跨文化交流与理解。乌兹别克斯坦有27所高校和欧盟42所高校合作成功申请12个项目，占中亚国家申报成功总数的52%；2015年乌178人赴欧洲、欧洲69人赴乌短期交流、培训与学习，援助金额总计

---

[1] 李丹：《欧盟援助中亚国家高等教育的动因及路径——以乌兹别克斯坦为例》，《科教导刊》2017年第20期。

95.2万欧元。[1] 应该指出，以上欧盟对外援助计划提升了欧洲高等教育的影响力，最终将实现包括乌兹别克斯坦在内的中亚国家的教育体系和教学目标向欧洲国家转型。

2016年，欧盟驻乌兹别克斯坦大使尤里-施杰尔克在庆祝"欧洲日"时表示，欧盟将与乌兹别克斯坦扩大在政治、经济、安全、人权、法制、司法和内政领域的对话，在坦诚、互信的基础上进一步推动欧盟与乌关系向前发展。[2]

尽管对欧盟的所谓人权和民主采取抵制态度，但总的来看，乌兹别克斯坦重视与欧盟国家的合作，希望得到欧盟的经济援助和安全领域的帮助。

1　欧盟驻乌兹别克斯坦代表团：《2015年欧盟与乌兹别克斯坦年度报告》，转引自李丹：《欧盟援助中亚国家高等教育的动因及路径——以乌兹别克斯坦为例》，《科教导刊》2017年第20期。

2　《欧盟驻乌兹别克斯坦大使称欧盟将继续扩大与乌合作》，中华人民共和国商务部2016-05-20。

第十六章
国际组织与国际地位

独立以来,乌兹别克斯坦积极加入到国际或区域性组织之中,以获得国际社会的承认和扩大本国在国际上的影响。乌兹别克斯坦加入了联合国、欧洲安全与合作组织、独立国家联合体、上海合作组织等国际或区域性组织,并在其中发挥了一定的作用。

第一节 积极配合联合国和欧安会的活动

1992年3月2日,联合国接纳乌兹别克斯坦为正式成员国,从此,乌兹别克斯坦获得了国际主体地位;8月,联合国总部在乌兹别克斯坦首都塔什干设立代表处;10月,乌率代表团第一次出席了联合国大会(第47届)。此后,乌代表团出席了历次联合国大会,配合联合国的工作和支持联合国的决议。成为联合国正式会员国以后,乌兹别克斯坦自觉地履行联合国的各项决议,主动承担联合国的各项义务,对中亚地区安全、生态环境、毒品走私等问题的解决做出了贡献。

在联合国的支持下,乌兹别克斯坦对中亚无核区的建立做出了贡献。1993年9月28日,乌总统卡里莫夫在第48届联合国大会上发言时强调中亚地区的安全与稳定对国际社会的意义,建议在联合国下设立常设的中亚安全、稳定与合作论坛,并率先提出建立中亚无核武器区的构想。1995年6月8日，乌参加了联合国在日内瓦召开的裁军会议；1997年3月，乌出席了在哈阿拉木图召开的中亚五国会议，并且签署了建立中亚无核区的决议，这一决议在当年12月召开的联合国第52届大会上获得通过。2006年9月8日，乌与其他中亚四国在哈东部城市谢米巴拉金斯克签署了《中亚无核武器区条约》。2011年，乌与中国、俄罗斯等国共同向联合国第66届大会提交了"信息安全国际行为准则"的提案。

在地区安全方面，乌兹别克斯坦参与了联合国的反恐行动，支持安理会反恐委员会的工作。1997年，包括乌总统卡里莫夫在内的中亚五国元首通过了有关处理阿富汗内战的《阿拉木图宣言》，1999年，联合国安理会呼吁阿富汗各派势力停火；根据乌的倡议，联合国于1999年7月19—20日在乌首都塔什干召开了阿富汗问题"6+2"[1]副外长级会议。会上讨论了阿富汗局势和推动阿富汗和平进程的问题，7月19日，会议发表了《关于和平解决阿富汗冲突基本原则的宣言》（又称为《塔什干宣言》），"宣言重申了军事手段解决不了阿富汗冲突，呼吁阿富汗各派尽快结束内战，实现民族和解"。[2] 与会成员同意不向阿富汗任何一方提供军事支持，并防止本国领土被用来提供这种支持。2000年9月，卡里莫夫在联合国"千年首脑会议"上就反对国际恐怖主义和毒品贸易，加强地区安全发表讲话，2002年10月，联合国秘书长安南访乌，对乌在保障地区和平与稳定方面所做的努力给予了高度评价。2018年6月，联合国大会通过了以乌总统米尔济约耶夫为首倡议的题为"加强地区和国际合作保障中亚地区和平、稳定和可持续发展"的决议，2018年7

---

[1] 六国指与阿富汗接壤国——中国、伊朗、巴基斯坦、塔吉克斯坦、土库曼斯坦和乌兹别克斯坦，两国指美国和俄罗斯。

[2] 《阿富汗概况》，中国网2001-09-24。

月 13 日，乌在塔什干举办圆桌会议，讨论以上问题。[1]

自加入联合国以来，乌兹别克斯坦先后提出建立中亚无核武器区构想，创建中亚地区反非法流通麻醉品、兴奋剂及制毒原料信息中心，举行拯救咸海国际会议，积极响应联合国"维护国际和平与安全"的宗旨。联合国也对乌的提议给予大力支持，2017 年 11 月 10 日至 11 日，联合国中亚地区安全与可持续发展问题高级别国际会议在乌撒马尔罕城举行。联合国秘书长政治事务助理延恰出席了本次会议。

在社会经济方面，乌兹别克斯坦支持联合国于 2000 年 9 月提出的消除贫穷、饥饿、疾病、文盲、环境恶化和对妇女歧视等问题的"千年发展目标"。为实现千年发展目标，联合国经济和社会委员理事会下属的亚太经济和社会委员会拟定了"中亚经济专门计划"。

在联合国的千年发展目标中，联合国对全球生态问题，特别是对曾经的世界第四大湖咸海十分关注，濒临咸海南岸的乌兹别克斯坦也深受咸海干涸的影响。20 世纪中叶以来，"由于气候变化和人类引水灌溉等因素的影响，咸海水量已经减少了 74%"[2]；咸海干涸已造成严重生态危机，使中亚地区 3500 万人受到危害[3]，包括乌兹别克斯坦在内的中亚国家支持和协助联合国处理咸海问题。1993 年 3 月，中亚五国首脑在哈克孜勒奥尔达举行会议，成立了咸海流域问题跨国委员会，建立了拯救咸海国际基金会。1995 年 9 月，在联合国的倡议下，中亚国家与有关咸海可持续发展问题的国际组织在乌城市努库斯签署了著名的《努库斯宣言》(又称为《咸海宣言》)，

---

1 《乌兹别克斯坦举办圆桌会讨论中亚互利合作前景》，中国经济网 2018-07-13。
2 《世界水日：咸海已从"海"变成"池塘"，到 2020 年或将完全消失》，文汇网 2018-03-22。
3 《乌兹别克斯坦年鉴材料 2005/2006 年》，中华人民共和国驻乌使馆 2007-01-30。

中亚国家领导人就治理咸海达成协议,乌、哈、土三国每年交本国预算的 3%,吉塔两国应交本国预算的 1% 作为经费;然而,多数国家长期未交。[1] 1997 年 2 月,中亚五国首脑在哈阿拉木图召开会议,联合国、世界银行及其他国际组织派代表参加了这次会议。会议决定,将"咸海流域问题跨国委员会"和"拯救咸海国际基金会"合并成立"拯救咸海国际基金会",由乌总统担任基金会主席;会议还决定制定咸海流域可持续发展公约。[2]

2009 年 4 月 28 日,中亚五国首脑在哈阿拉木图城召开了《拯救咸海国际基金会创始国首脑会议》,此次会议的联合声明强调,将落实联合国千年发展目标,不断改善咸海地区社会经济和生态状况,不断完善拯救咸海国际基金会的国际组织机制,加强同联合国等国际组织的合作,在互谅和互利的原则基础上合理利用和保护中亚地区水资源。[3] 由于中亚国家依靠自身的力量无力完成咸海这一庞大水域的治理,中亚国家倡议在联合国环境规划署的领导下建立咸海问题委员会。

2015 年 6 月 12 日,联合国秘书长潘基文访乌,并发表讲话说:"乌兹别克斯坦在维护中亚地区安全稳定,以及阿富汗问题等事务中发挥了重要作用,在实现联合国千年发展目标和法治、保护人权、保护妇女儿童以及提高教育质量等领域进步显著。相信联合国与乌兹别克斯坦之间的合作将进一步提高。"[4]

20 世纪 70 年代初,为了处理欧洲安全事务和欧洲国家在经济、科学、技术和环境方面的合作,欧洲 25 国于 1972 年在芬兰首都赫

---

[1] 赵常庆:《中亚国家关系现状探析》,《国际观察》2002 年第 4 期。
[2] 杨恕、田宝:《中亚地区生态环境问题述评》,《东欧中亚研究》2002 年第 5 期。
[3] 《中亚五国共谋咸海可持续发展》,《人民日报》2009-04-30。
[4] 《潘基文:联合国愿与乌兹别克斯坦在和平发展道路上加强合作》,新华网 2015-06-13。

尔辛基召开大使级会议，会议草拟了《赫尔辛基最后建议蓝皮书》；1975年8月，以上国家签署了《赫尔辛基最后文件》，该文件的签署标志着欧安会正式成立。1991年苏联解体，乌兹别克斯坦独立；1992年1月30日，乌兹别克斯坦在捷克共和国首都布拉格举行的欧安会部长理事会上，被吸收为欧安会正式成员国。

1994年12月，欧安会在匈牙利首都布达佩斯举行政府首脑会议，会上决定从1995年1月1日起，欧安会更名为"欧洲安全与合作组织"（简称"欧安组织"）。此后，乌兹别克斯坦领导人多次出席欧安组织的高峰会议，欧安组织领导人和代表也多次访问乌兹别克斯坦等中亚国家。

1993年4月，欧安会主席、瑞士外长伍格拉斯率代表团访乌，乌对欧安会为独联体国家进行的和平努力表示支持；1994年12月5日，乌总统卡里莫夫出席了在布达佩斯召开的欧安会会议；1996年12月，乌领导人出席了欧安组织在里斯本高层会晤，会议声明指出，欧安组织的作用应该加强中亚地区的稳定性和阻止这一地区冲突的发生；1998年4月14—20日，欧安组织轮值主席国波兰外长盖莱梅克率欧安组织代表团访乌，与乌领导人讨论了欧安组织与乌之间的关系和地区安全等问题；1999年6月，欧安组织前总秘书长维姆·汉克访问中亚五个国家。

1995年7月1日，欧安组织在乌塔什干设立了联络处，作为欧安组织在中亚四国（乌、吉、塔、土）的观察站。此后，塔什干联络处与欧安组织解决了中亚存在的水资源冲突问题。1996年10月30日和1998年9月17日，欧安组织在塔什干召开了"咸海地区环境可持续发展讨论会"和"解决环境问题讨论会"。通过这些会议，欧安组织在促进中亚各国合理利用水资源、缓解水资源危机和调解中亚国家有关水资源矛盾等问题上起到了积极作用。1999年初，欧安组织为中亚地区量身定做了1999—2001年技术援助项目。

除水资源问题外，打击毒品和犯罪也是塔什干联络处与欧安组织合作的领域。欧安组织、联合国控制毒品和预防犯罪署于2000年10月在塔什干联合召开了乌兹别克斯坦"加强中亚安全与稳定及联合反对贩毒活动、团伙犯罪、恐怖主义"会议；同年12月14日，"塔什干联络处"更名为"欧安组织中心"。此后，乌兹别克斯坦与欧安组织的活动围绕塔什干中心展开。

塔什干中心的工作重点之一是保证乌及地区安全，主要任务是反走私、控制小型武器和轻型武器的非法交易。为此，欧安组织协助乌建立了一个国家级水平的反走私机构；此外，在乌执法部门的协助下，欧安组织在帖尔穆兹、费尔干纳、撒马尔罕、布哈拉和努库斯对乌边防卫兵和海关官员进行了专业培训。

塔什干中心的另一个工作是监督人权和促进乌的民主化进程。中心有关协调部门加强了与政治反对派的联系、协助民间社团的发展、接受个人上诉、对乌司法审判进行监督。保护自由媒体，敦促乌按照国际准则和标准制定相关法律，促进司法改革也是塔什干中心的一项工作。此外，为妇女争夺权益，为妇女在政治和社会领域争取平等权益也是中心的工作。

经济领域的工作之一是实施欧安组织的经济和环境战略，促进和帮助执行乌兹别克斯坦政府的相关活动，进行提高民众环境意识的教育，支持环境新闻工作者和专家关于环境问题的讨论，并将有关环境的出版物发往整个中亚地区。

第二节 怀有戒心的独联体关系

独立国家联合体（简称"独联体"）是乌兹别克斯坦最早参与

创建的区域性组织。独联体是苏联解体前夕国际关系体系分化的结果，由原苏联12个加盟共和国组成。1991年12月8日，俄罗斯、乌克兰和白俄罗斯三国总统在白俄罗斯首都明斯克签署了成立"独立国家联合体"的协议；12月13日，中亚五国领导人在土库曼斯坦首都阿什哈巴德开会，一致同意以创始国身份加入独联体；12月21日，包括中亚五国在内的原苏联11个加盟共和国在哈首都阿拉木图签署了《阿拉木图宣言》，宣告独立国家联合体成立。

俄罗斯在独联体中起到了轴心的作用。俄罗斯首先提出了在独联体中构建军事一体化的设想，1992年5月15日，在乌首都塔什干召开的独联体第5次元首峰会上，与会各方就集体安全、共同利用领空等问题达成协议，乌、哈、塔三国签署了集体安全条约；条约的主要内容是："任何一个缔约国一旦面临侵略，其他几国要根据联合国宪章第51条的规定行使集体防御的权利，向受侵略国提供包括军事援助在内的必要援助，并用各种手段援助受难国。"[1]集体安全条约是一个拥有统一军事力量的防御联盟。文件制定了成员国军事领域的合作目标：第一阶段组建和巩固各国的军队；第二阶段建立战略联合的军队集团；第三阶段完成集体安全体系，必要时可以组织联合武装力量。条约从1994年4月20日起生效，有效期五年。集体安全条约的签订标志着独联体军事一体化的开始。

最初，乌兹别克斯坦对集体安全条约的签订持积极态度，不仅签署了集体安全条约，并且还在白俄罗斯召开的独联体七国领导人会议上签署了《关于建立维持和平部队》的议定书（1992.8.14）；然而，在5年之后的1999年2月4日，乌政府决定退出集体安全条约，原因是该组织未能很好地履行集体安全职能，不符合时代

---

[1] 潘德礼主编：《俄罗斯》，社会科学文献出版社，2005年，第540页。

的要求；实际上是乌对俄进一步推进独联体国家一体化抱有疑虑。1999年下半年，国际恐怖主义、宗教极端势力和民族分裂主义三股势力波及了独联体的许多国家，在自身力量难以应对的情况下，退出集体安全条约的乌兹别克斯坦恢复了与集体安全条约成员国的合作。

尽管乌兹别克斯坦与独联体的关系是曲折发展的，但乌仍然参与了独联体框架下的大部分活动。特别是在独联体集体安全条约框架下的军事演习。乌兹别克斯坦参与的军事活动有：1997年9月15日在哈南部地区举行的独联体国家与北约的联合军事演习；1998年1月1日在独联体国家联合防空体系范围内实行联合战斗值勤；1999年10月26日至11月2日在吉首都比什凯克举行军事协调指挥作战演习；1999年10月27—28日独联体防空部队举行代号为"首长司令部"的联合军事演习；1999年10月29日至11月2日在乌境内举行的"99独联体南部盾牌"的军事演习；2000年3月10日至13日加入独联体联合空防系统；2000年3月28日至4月3日在塔吉克斯坦举行的代号为"独联体南部盾牌-2000"的演习；2000年7月，参加了独联体国家的防空联合战斗值勤；8月21日至26日，参加了独联体国家在俄阿斯特拉罕举行的"战斗协作-2000"的大规模防空作战演习。

乌兹别克斯坦参与的独联体框架下的政治领域的合作有：1992年3月27日独联体7国议会首脑在哈阿拉木图召开会议，并在《成立独联体国家跨国议会大会的协定》上签字；同年9月15日至16日参加了在吉首都比什凯克举行的独联体跨国议会第一次会议，大会决定建立独联体各国议会的合作机制，还成立了法制等专门委员会；1993年1月22日出席了独联体10国元首和政府首脑在明斯克的会晤，并在《独联体章程》上签字；1999年10月8日出席了在乌克兰雅尔塔举行的独联体国家外长理事会会议，针对极端主义和恐怖主义活动，主张尽快制定打击使用核武器的恐怖活动的公约；2000年1月25日出席了在莫斯科举行的独联体国家首脑会议，会议讨论了打击国际恐怖主义、分裂主义等有关问题，会上根据乌总统卡里莫夫和哈总统纳扎尔巴耶夫的提议，12国元首在小范围会晤中通过了打击国际恐怖主义和分裂主义的专项纲要；2000年4月7日至9日派代表参加了在塔首都杜尚别举行的独联体集体安全条约国安全委员会秘书工作会议，讨论了加强打击国际恐怖主义的问题，审议了独联体各国安全委员会加强协作的具体措施；2000年4月21日在塔什干召集了哈、吉、塔三国总统的会晤，签署了四国打击恐怖主义和宗教极端主义等威胁中亚地区稳定和安全行为的条约；2000年10月25日出席了在基辅举行的独联体国家边防部队司令理事会会议，讨论了各国边防部门在打击非法移民、倒卖武器和贩毒领域开展合作的问题和协调独联体各国边防政策等问题，会议还讨论了独联体国家2003年前反国际恐怖主义和其他极端主义计划的实施方案；2001年2月12日出席了独联体10国外交部代表在哈举行的磋商会，就移民问题的法律调解、防止外国人非法入境和居留的措施以及打击贩毒等问题交换了意见，会议认为，有必要经常举行类似磋商以便落实所达成的协议，并及时解决由非法移民带来的一系列问题；2001年3月16日出席了在乌克兰哈尔科夫举行的独联体国家内务部代表团会议，协调打击有组织犯罪行动，签署了在反洗钱、贩毒、贪污受贿、非法武器交易和贩卖人口的斗争中进行积极协作的声明，以及加强信息通报、科研经验交流和专业人才培训方面的合作。

除参加独联体的军事和政治活动外，乌兹别克斯坦在小范围内参加了经济合作。1992年10月9日乌元首参加了在吉首都比什凯克举行的独联体国家第 7 次首脑会议，签署了关于协调货币政策的协定以及关于成立国家间结算银行的决定，乌兹别克斯坦决定留在卢布区内；1993 年 1 月 4 日乌与中亚国家首脑在塔什干会晤，讨论中亚五国在政治和经济方面进行合作以及建立统一的中亚市场等问题；1993 年 5 月 14—15 日乌元首出席了在莫斯科举行的独联体 10 国首脑会议，签署了建立独联体经济联盟的宣言；8 月 20 日乌与俄罗斯、亚美尼亚、哈萨克斯坦签署了成立新型卢布区协议，决定在俄卢布的基础上逐步实行统一币制；9 月 24 日乌出席了在莫斯科举行的独联体 11 国首脑会议，签署了独联体经济联盟条约；1995 年 7 月 19 日乌与哈、吉签署了关税同盟议定书，据此议定书，乌、哈、吉中亚三国之间将不再对彼此过往货物征收关税；1995 年 11 月 3 日，乌出席了独联体政府首脑理事会会议，乌政府首脑签署了一份呼吁书，呼吁独联体各国在经济联盟的范围内促进经济一体化的发展；1996 年 1 月 19 日乌出席在莫斯科召开的独联体国家首脑会议，会议的中心议题是独联体国家的经济合作，会议通过了关于进一步扩大关税联盟和建立支付联盟的决定。

关于独联体经济一体化的重要决议有：《经济联盟条约》、《关于建立自由贸易区的决定》、《关于建立支付联盟的协定》；除了法律文件外，在独联体内成立了跨国经济委员会、货币委员会，以及多达 64 个的执行机构。从形式上看，这些决议和机构似乎可以保证独联体经济一体化的实施，然而，与军事一体化不同，经济一体化处于停滞状态，很多决议得不到有效执行。因此，更多的是独联体成员国之间的双边或多边合作，于是，在独联体国家中形成了若干区域性经济组织，它们是中亚经济共同体、欧亚经济共同体、"古阿姆"集团和"四国统一经济空间"。乌兹别克斯坦参加的是"古阿姆"集团。

由于包括乌兹别克斯坦在内的中亚国家害怕俄罗斯利用独联体一体化恢复苏联时期的体制，导致新兴国家丧失独立，因此，对独联体国家的政治一体化基本上持反对态度，可以说，独联体国家的政治一体化是不成功的。在自身防卫能力不足的情况下，乌兹别克斯坦参与了独联体国家的军事一体化，并视其为对外军事合作的优先方向，但对政治一体化不感兴趣。

2003年11月开始，一场被称为"颜色革命"的浪潮在独联体一些国家兴起，发生"颜色革命"的格鲁吉亚、乌克兰和摩尔多瓦三国开始向西方政治和安全体系靠拢，美国和西方国家的势力进入独联体地区。在此压力下，独联体"集体安全条约"开始强化。"颜色革命"爆发前夕，2002年5月14日，俄总统普京提议，将"集体安全条约"改为"集体安全条约组织"（简称"集安组织"），这一提议获得通过并于2003年4月28日正式成立。集安组织定期开会协调有关军事、政治问题的立场。

随着"颜色革命"的蔓延，2003年，独联体组建了一支集体快速反应部队。2005年，吉尔吉斯斯坦发生"3·24"事件。中亚国家领导人意识到自身政权的脆弱性，对独联体军事一体化表示认同，对在独联体框架内建立军事合作的愿望强烈起来。乌政府开始采取了"疏美近俄"的外交政策，于2005年5月5日宣布退出美支持的"古阿姆"集团。"安集延事件"以后，面对美国和西方的指责和制裁，乌兹别克斯坦加快了回归独联体的步伐，2006年8月16日，乌正式加入集安组织。

2004年9月16日，独联体国家首脑理事会在哈首都阿斯塔纳举行，乌总统卡里莫夫出席了会议。会议选举俄总统普京担任独联体国家元首理事会主席。会议讨论了加强成员国之间的反恐合作和促进本地区经济发展问题。与会者共同发表了关于打击国际恐怖主义的联合声明,以及预防非法移民合作方案、2005—2007年采取共同措施打击犯罪计划、2005—2007年打击非法贩卖毒品的合作计划、加强独联体国家护法机关合作。[1] 随着形势的发展,集安组织开始酝酿对相关的组织文件进行修改,以使其有权对成员国内部冲突进行干涉,特别是对推翻合法政府企图的干涉。这是符合乌兹别克斯坦要求的。

可以说,独联体在"颜色革命"前后的活动和凝聚力有所加强。尽管如此,2005年以后,独联体国家中出现了一些问题,一度使独联体陷入危机。其中主要问题是"俄格战争"的爆发。为了争夺南奥塞梯的控制权,俄罗斯与格鲁吉亚于2008年8月8日爆发了战争。在多方调停下,双方在停火协议上签字,俄军于8月18日开始撤离格鲁吉亚。战争结束以后,格鲁吉亚于2009年8月18日正式退出了独联体。2009年10月,乌、哈、吉、塔中亚四国总统没有出席在摩尔多瓦首都基希讷乌举行的元首峰会;拒绝参加峰会的原因一方面是向俄施压,另一方面也表明中亚国家在对外关系上实施多方位选择。

苏联解体后,在独联体框架内建立的协调机制对成员国之间的政治、经济、安全方面的传统联系起到了纽带作用;对中亚五个加盟共和国向独立国家的平稳过渡、经济恢复和发展发挥了重要作用。然而,随着独联体各国政治、经济独立性的加强,成员国之间相互依存的关系在逐渐减弱。独联体面临危机,独联体国家开始考虑集安组织功能的问题。

早在2003年,在雅尔塔独联体元首峰会上,独联体改革的问题就已经提了出来;在2004年的独联体峰会上,改革成为重要议

---

[1] 陈杰军、徐晓天:《2004年的中亚形势》,《国际资料信息》2005年第2期。

题；2005年，在喀山峰会上，独联体国家签署了《关于完善和改革独联体机构的决议》，与会者对深化军事和经济合作达成共识；2006年，在白俄罗斯首都明斯克举行的独联体国家元首理事会上，委托外长理事会制订改革构想以便下届峰会讨论。2011年，集安组织秘书长博尔久扎指出："北约是为了特定的目的成立的，但它的用途却越来越广，集安组织也应该成为这样的组织。"

尽管集安组织出现了危机，但由于面对恐怖主义等安全威胁，包括乌兹别克斯坦在内的中亚国家仍然看重由俄主导的独联体集安组织和独联体中最大的经济一体化组织"欧亚经济共同体"，2011年10月18日，独联体8个国家签署了自由贸易区条约，2013年11月29日，乌议会下院通过了乌加入自由贸易区条约的法律，12月，乌正式加入了独联体自贸区条约。可以说，只要独联体继续存在，乌兹别克斯坦就不可能游离于其外，并将在其中发挥一定的作用。

第三节　积极参与上合组织的活动

苏联解体以后，为了解决苏联时期遗留的边境争端、边境军事对峙等冲突，1996年4月26日，哈、吉、塔中亚三国与中俄两国（即"上海五国"会晤机制）首脑在中国上海签署了《关于在边境地区加强军事领域信任的协定》；1997年4月24日，"上海五国"首脑在莫斯科签署了《关于在边境地区相互裁减军事力量的协定》，协定具体规定了边界武力规模、活动方式等。此后，"上海五国"首脑年度会晤的形式被固定下来。

2000年7月5日，"上海五国"首脑在塔首都杜尚别召开会议，就五国首脑会晤机制发展成五国多层次、多方面的合作机制进行了磋商，会后发表了《杜尚别声明》。乌总统卡里莫夫首次以主席国客人身份参加了杜尚别会议。2001年1月乌兹别克斯坦提出作为区域成员加入"上海五国"。

2001年6月15日,哈、乌、吉、塔中亚四国与中俄两国元首在上海会晤,六国首脑签署了《上海合作组织成立宣言》,上海合作组织(简称"上合组织")正式成立。2002年6月,在上合组织的俄圣彼得堡第二次峰会上,乌总统在《上海合作组织宪章》上签字。宪章规定了上合组织的原则:相互尊重国家主权、独立、领土完整及国家边界不可破坏,互不侵犯,不干涉内政,在国际关系中不使用武力或以武力相威胁,不谋求在毗邻地区的单方面军事优势;所有成员国一律平等,在相互理解及尊重每一个成员国意见的基础上寻求共识,在利益一致的领域逐步采取联合行动,和平解决成员国间分歧,等等。[1] 以上原则被称为"上海精神"。

2003年5月29日,上合组织成员国元首在莫斯科举行第三次峰会,乌总统在《上海合作组织成员国元首宣言》上签字。该宣言决定上合组织元首会议每年举行一次,通常由成员国按国名俄文字母顺序轮流举办,举行会议的国家为本组织主席国;决定在上合组织建设两个常设机构,即上海合作组织秘书处和地区反恐怖机构。

上合组织在防范"颜色革命"中发挥了重要作用,乌兹别克斯坦参加了上合组织国家的政治合作。乌政府在打击"乌伊运"恐怖组织的活动中,得到了上合组织成员国的支持,2005年5月"安集延事件"发生以后,上合组织成员国于7月5日在哈召开会议,会后发表的《元首宣言》指出:"反恐联盟有关各方有必要确定临时使用上海合作组织成员国上述基础设施及在这些国家驻军的最后期

---

[1] 李钢主编:《上海合作组织加速推进的区域经济合作》,中国海关出版社,2004年,附录《上海合作组织宪章》,第262页。

限。"[1] 在 2006 年 6 月 15 日召开的上合组织峰会上，成员国首脑公开表达了反对美国策动"颜色革命"的立场：必须尊重和保持世界文明及发展道路的多样性。历史形成的文化传统、政治社会体制、价值观和发展道路的差异不应被用于干涉他国内政的借口。社会发展的具体模式不能成为"输出品"。[2] 由于上合组织在遏制美国肆意扩张方面的重要作用，美国最终从乌兹别克斯坦撤军。

乌兹别克斯坦积极参与上合组织维护地区安全和稳定的活动。2001 年，在上合组织成立之时，乌总统签署了《打击恐怖主义、分裂主义和极端主义上海公约》，该公约不仅为联合打击"三股势力"奠定了法律基础，而且提出了成员国合作的方向和形式。在 2003 年举行的第三次元首峰会上，会议决定将地区反恐怖机构从吉首都比什凯克迁到乌首都塔什干，机构下设理事会和执行委员会，理事会是地区反恐怖机构的协商决策机关；执行委员会是常设执行机关，它已成为一个打击激进主义、暴力极端主义、分裂主义和有组织犯罪的有效平台。在反恐怖机构中还设立了资料库，为联合反恐提供建议和意见，以及协调上合组织成员国与国际组织之间的关系。

乌兹别克斯坦参加了上合组织框架下的联合反恐演习。2006 年 3 月初，乌主办了上合组织首次执法安全部门的反恐演习；2008 年 9 月，乌出席了在俄举行的"伏尔加格勒反恐-2008"联合反恐演习。

上合组织成立之初，成员国之间的经济合作也提了出来。在 2001 年的成立宣言中就已经指出，上合组织六国将在经贸领域，利

---

[1]《上海合作组织成员国元首宣言》，中华人民共和国外交部 2005-07-06。
[2]《上海合作组织五周年宣言》，中华人民共和国外交部 2006-06-15。

用各成员国的巨大潜力开展区域经济合作，启动贸易投资便利化进程。此后，乌兹别克斯坦参与构建了上合组织经贸部长、交通部长会议机制（2002），出席了2002年5月28日至29日在上海举行的经贸部长第一次会议，会上签署了《上海合作组织成员国政府间关于区域经济合作的基本目标和方向及启动贸易和投资便利化进程的备忘录》的议定书，议定书规定了区域经贸合作的目标、重点领域和实施机制。

2003年，在上合组织第三次首脑会议上，中国国家主席胡锦涛认为：经济合作是上海合作组织的重要基础和优先方向，要以明确坚定的政治意愿、切实可行的政策思路和锲而不舍的实干精神，不断推动这项工作。[1]乌总理出席了2003年9月23日在北京举行的政府首脑（总理）理事会会议，通过了《上海合作组织成员国多边经贸合作纲要》等文件，这些文件明确了经济合作的优先领域，以及当前阶段的任务和长远发展的目标，标志着上合组织区域经济合作开始步入机制化轨道。

在上合组织国家经济合作中，2007年11月2日在乌首都塔什干举行的政府总理第六次会晤是比较重要的会议，会上签署了《上海合作组织成员国政府海关合作和互助协定》等文件，对下一阶段成员国之间的经济和人文合作做了规划和部署。

在上合组织框架内，成员国之间彼此经济的依存度提高，成员国之间的贸易额逐年上升。据统计，2001年，上合组织成员国外贸总额占世界贸易总额的8%，这一比例在2011年增加到13%[2]，2015年上合组织成员国贸易总额超6万亿美元，占世界贸易总额的

---

[1] 许涛：《第三次上海合作组织元首会议的成果》，《国际资料信息》2003年第6期。

[2] 《上海合作组织11年发展回眸》，新华网2012-06-05。

18.3%[1]。

2005年11月16日，在莫斯科召开的上合组织会议上，正式成立了"上合组织银行联合体"（简称"银联体"）。银联体取代了以往上合组织国家间的财政和捐赠等融资方式，将为上合组织成员国的经济合作项目提供资金支持。[2]截至2007年7月，中国国家开发银行在银联体框架下已经发放贷款8291万美元，涉及通信、农业、电力等多个领域。[3]

除了政治和经济合作外，文化合作也在上合组织成员国中展开。乌参与的活动有2002年4月12日在北京召开的上合组织文化部长第一次会议，会上通过的联合声明规定：成员国之间在举办音乐节和互办文化节、组织文艺团体巡回演出，以及在文物保护、博物馆和图书馆、电影、电视、广播、出版和体育运动等方面进行合作。2006年4月，在塔什干召开了上合组织成员国第三次文化部长会议，会上确定了2007—2008年多边文化合作计划。[4]

在上合组织框架下，成员国之间开始了教育领域的合作。2006年6月在上海峰会上签署《上合组织成员国政府关于教育合作的协议》，乌承办了2006年上合组织成员国第三次文化部长会议，会上确定了2007—2008年多边文化合作计划[5]；2008年，上合组织提出了组建上合组织大学的构想，上合组织网络大学已于2010年启动，

---

[1]《哈萨克斯坦专家：上合组织15年发展成就巨大前景广阔》，国际在线2016-11-02。

[2]张宁：《中亚一体化合作机制及其对上海合作组织的影响》，《俄罗斯中亚东欧研究》2006年第6期。

[3]刘华芹：《上海合作组织区域贸易发展现状评估与展望》，《国际贸易》2008年第9期。

[4]〔塔吉克〕P. 阿利莫夫：《塔吉克斯坦与中国的文化合作——起因、现状和前景》，农梅译，《俄罗斯中亚东欧研究》2008年第4期。

[5]同上。

成员国的60多所顶尖高校加入其中。[1]

作为上海合作组织创始国,乌兹别克斯坦在提高上合组织的表现和国际威望方面发挥了积极作用,特别体现在促进上合组织的开放性和排除了与其他国家或国家集团对抗性方面。

2003—2004年,乌兹别克斯坦首次担任上合组织轮值主席国,联合国、欧盟、欧安组织、独联体等国际组织派代表出席了2004年1月15日举行的上合组织秘书处正式成立大会和6月17日在塔什干举行的"地区反恐怖机构"成立大会;成员国签署了一系列重要文件,确立了"上合组织观察员国"的规则,以及"上合组织与观察员国互动的程序"。此后,蒙古国、印度、巴基斯坦和伊朗分别于2004年和2005年获得了上合组织观察员国地位,扩大了上合组织的影响力。

2009—2010年,乌第二次担任上合组织轮值主席国,联合国、独联体和其他国际机构代表列席了2010年4月5日在塔什干召开的上合组织第九次元首峰会,联合国秘书长潘基文出席了《关于联合国秘书处与上海合作组织秘书处间合作的联合声明》的签字仪式,潘基文在签字仪式后做了发言,高度评价上合组织在地区和国际舞台上发挥的重要作用,展望两组织在国际舞台上携手合作的广阔前景。乌总统卡里莫夫在峰会发言中指出,应深入思考并采取针对性措施,提高上合组织在国际舞台上的威望,与其他国际组织建立伙伴关系。上合组织与联合国的合作不仅为共同解决全人类所面临的问题开辟了广阔前景,而且奠定了上合组织与其他国际组织合作的基础。此后,联合国亚洲及太平洋经济社会委员会、联合国毒品和犯罪问题办公室等机构都与上合组织开展了富有成效的合作。

---

[1] 《上海合作组织11年发展回眸》,新华网2012-06-05。

2016年6月23日至24日，上合组织成员国元首理事会会议在乌首都塔什干召开，这是乌第三次担任上合组织轮值主席国。由于乌的积极努力，在会议前夕乌在扩大上合组织影响力的工作上已经取得了一些成果，如与印度和巴基斯坦成为成员国的谈判在进行之中，2015年9月，给予柬埔寨对话伙伴地位的备忘录得以签署，亚美尼亚、阿塞拜疆和尼泊尔也将与上合组织签署类似文件。本次会议对接收印度和巴基斯坦加入上合组织的问题上进行磋商（2017年印巴两国被吸收为正式成员国），上合组织的扩员加强了上合组织应对新威胁和挑战的能力。在前两次成功的基础上，乌将进一步为上合组织国际关系的扩展而努力，继续提高上合组织在世界舞台上的威信。

参考书目

中文书目

《汉书》，中华书局，1962年。
《隋书》，中华书局，1973年。
《新唐书》，中华书局，1975年。
新疆社会科学院民族研究所编著：《新疆简史》，新疆人民出版社，1980年。
周连宽：《大唐西域记史地研究丛稿》，中华书局，1984年。
中国大百科全书总编辑委员会《民族》编辑委员会、中国大百科全书出版社编辑部：《中国大百科全书·民族》，中国大百科全书出版社，1986年。
中国社会科学院苏联东欧研究所、国家民族事务委员会政策研究室编译：《苏联民族问题文献选编》，社会科学文献出版社，1987年。
林幹编：《突厥与回纥历史论文选集》（下），中华书局，1987年。
辛华编译：《苏共第二十七次代表大会主要文件汇编》，人民出版社，1987年。
黄宏、纪玉祥主编：《原苏联七年"改革"纪实》，红旗出版社，1992年。
邢广程：《崛起的中亚》，三联书店（香港）有限公司，1993年。
王沛主编：《中亚五国概况》，新疆人民出版社，1997年。
赵常庆主编：《中亚五国概论》，经济日报出版社，1999年。
潘志平主编：《民族自决还是民族分裂》，新疆人民出版社，1999年。
许序雅：《中亚萨曼王朝史研究》，贵州教育出版社，2000年。
王建平等编：《当代中亚伊斯兰教及其与外界的联系》，中国社会科学院世界宗教研究所编印，2000年。
李景阳：《基本经济制度转变中的社会冲突——对俄罗斯的实证分析》，东方出版社，2002年。
赵常庆主编：《十年巨变：中亚和外高加索卷》，东方出版社，2003年。
吴云贵：《当代伊斯兰教法》，中国社会科学出版社，2003年。

许新主编:《转型经济的产权改革:俄罗斯东欧中亚国家的私有化》,社会科学文献出版社,2003年。
孙壮志等编著:《乌兹别克斯坦》,社会科学文献出版社,2004年。
马大正、冯锡时主编:《中亚五国史纲》,新疆人民出版社,2005年。
冯绍雷、相蓝欣主编:《俄罗斯经济转型》,上海人民出版社,2005年。
潘志平:《浩罕国与西域政治》,新疆人民出版社,2006年。
胡振华主编:《中亚五国志》,中央民族大学出版社,2006年。
丁笃本:《中亚通史》(现代卷),新疆人民出版社,2007年。
潘志平等:《"东突"的历史与现状》,民族出版社,2008年。
《中国少数民族》修订编辑委员会编:《中国少数民族》,民族出版社,2009年。
张志刚等:《当代宗教冲突与对话研究》,经济科学出版社,2011年。
杨进:《贫困与国家转型:基于中亚五国的实证研究》,社会科学文献出版社,2012年。
阿里木江·阿不来提:《中亚社会保障问题研究》,企业管理出版社,2013年。

译著

《苏联国民经济建设计划文件汇编》(第三、四、五个五年计划),人民出版社,1957年。
〔西班牙〕罗·哥泽来滋·克拉维约:《克拉维约东使记》,杨兆钧译,商务印书馆,1957年。
〔古希腊〕希罗多德:《历史》,王以铸译,商务印书馆,1959年。
〔美〕迈可尔·刘金:《俄国在中亚》,陈尧光译,商务印书馆,1965年。
〔古希腊〕阿里安:《亚历山大远征记》,李活译,商务印书馆,1979年。
苏联科学院经济研究所编:《苏联社会主义经济史》第1卷,复旦大学经济系和外文系俄语教研组部分教员译,生活·读书·新知三联书店,1979年。
〔俄〕M. A. 捷连季耶夫:《征服中亚史》第1卷,武汉大学外文系译,商务印书馆,1980年。
〔俄〕M. A. 捷连季耶夫:《征服中亚史》第2卷,新疆大学外语系译,商务印书馆,1983年。
〔波斯〕拉施特主编:《史集》第1卷第2分册,余大钧、周建奇译,商务印书馆，1983年。

〔苏联〕帕·彼·伊凡诺夫：《中亚史纲》，董兴森、吴筑星译，《中亚史丛刊》1983年第1期。

〔摩洛哥〕伊本·白图泰：《伊本·白图泰游记》，马金鹏译，宁夏人民出版社，1985年。

〔苏联〕Б. Г. 加富罗夫：《中亚塔吉克史》，肖之兴译，中国社会科学出版社，1985年。

优素甫·哈斯·哈吉甫：《福乐智慧》，郝关中等译，民族出版社，1986年。

〔俄〕M. A. 捷连季耶夫：《征服中亚史》第3卷，西北师范学院外语系译，商务印书馆，1986年。

〔苏联〕哈尔芬：《中亚归并于俄国》，吴筑星、董兴森译，《中亚史丛刊》1988年第4期。

〔美〕罗伯特·康奎斯特主编：《最后的帝国——民族问题与苏联的前途》，刘靖兆等译，华东师范大学出版社，1993年。

〔乌兹别克〕伊·卡里莫夫：《乌兹别克斯坦沿着深化经济改革的道路前进》，陈世忠、邱冰译，国际文化出版公司，1996年。

〔乌兹别克〕伊·卡里莫夫：《临近21世纪的乌兹别克斯坦：安全的威胁、进步的条件和保障》，王英杰等译，国际文化出版公司，1997年。

苏联科学院历史研究所编：《苏联民族-国家建设史》（下），徐桂芬等译，商务印书馆，1997年。

〔巴基斯坦〕A. H. 丹尼、〔俄〕V. M. 马松主编：《中亚文明史》第1卷，芮传明译，中国对外翻译出版公司，2002年。

〔匈〕雅诺什·哈尔马塔主编：《中亚文明史》第2卷，徐文堪、芮传明译，中国对外翻译出版公司，2002年。

麻赫默德·喀什噶里编著：《突厥语大词典》，校仲彝等译，民族出版社，2002年。

〔乌兹别克〕艾哈迈多夫：《16—18世纪中亚历史地理文献》，陈远光译，云南人民出版社，2002年。

〔伊朗〕志费尼：《世界征服者史》（上），何高济译，商务印书馆，2004年。

〔美〕马丁·N. 麦格：《族群社会学》，祖力亚提·司马义译，华夏出版社，2007年。

〔伊朗〕恰赫里亚尔·阿德尔主编：《中亚文明史》第6卷，吴强、许勤华译，中国对外翻译出版公司，2013年。

外文书目

Sir Henry Howorth, *History of the Mongols, from the 9th to the 19th Centuries*, Longmans, Green, and Co., 1927.

D. A. Garrod and D. M. Bate, *The Stone Age of Mount Carmel*, Vol. 1, Clarendon Press, 1939.

K. A. Wittfogel and Feng Chia-sheng, *History of Chinese Society: Liao(907-1125)*, The American Philosophical Association, 1949.

C. S. Coon, *Cave Exploration in Iran, 1949*, University Museum, University of Pennsylvania, 1951.

Muhammad Narshakhī, *The History of Bukhara*, ed. and tr. by Richard N. Frye, Medieval Academy of America, 1954.

V. V. Barthold, *Four Studies on the History of Central Asia*, Vol. I-II, tr. by V. and T. Minorsky, Brill, 1956-1958.

Geoffrey Wheeler, *The Peoples of Soviet Central Asia*, The Bodley Head, 1966.

Geoffrey Wheeler, *The Modern History of Soviet Central Asia*, Greenwood Press, 1975.

Mohammed Ayoob, ed., *The Politics of Islamic Reassertion*, St. Martin's Press, 1981.

Beatrice Forbes Manz, *The Rise and Rule of Tamerlane*, Cambridge University Press, 1989.

Denis Sinor, *The Cambridge History of Early Inner Asia*, Cambridge University Press, 1990.

Robert A. Lewis, ed., *Geographic Perspectives on Soviet Central Asia*, Routledge, 1992.

Edward Allworth, ed., *Central Asia: 130 Years of Russian Dominance, A Historical Overview*, third edition, Duke University Press, 1994.

Annette Bohr, *Uzbekistan: Politics and Foreign Policy*, Royal Institute of International Affairs, 1998.

M. S. Asimov and C. E. Bosworth, eds., *History of Civilizations of Central Asia*, Vol. 4(I), UNESCO Publishing, 1998.

Daniel Linottc, *Poverty in Central Asia*, Helsinki Monitor, 2002.

Chabryar Adle, Irfan Habib, eds., *History of Civilizations of Central Asia*, Vol. 5, UNESCO Publishing, 2003.

Kathleen Collins, *Clan Politics and Regime Transition in Central Asia*, Cambridge University Press, 2006.

Procopius, *History of the Wars*, tr. by H. B. Dewing, Harvard University Press, 2006.

Robert L. Canfield and Gabriele Rasuly-Paleczek, eds., *Ethnicity, Authority, and Power in Central Asia: New Games Great and Small*, Routledge, 2011.

后 记

继六卷本《中亚史》之后，五卷本《中亚五国史研究》的付梓，标志着本人历时四十多年的中亚史研究完成了。如果将储备各种知识的二十多年的学习阶段也算在内的话，那么本人一生只做了梳理中亚地区历史这一件事。在完成《中亚史》和《中亚五国史研究》的撰写之后，作者理应对它们的价值做一点反思。

关于这两套书针对的读者人群和写作初衷有以下几点：

一是让初学中亚史的读者能够在较短时间内对中亚历史有一个提纲挈领的了解。为达到这一目标，两套书必须具有系统性，应该做到结构合理完整、内容详略得当、表达措辞准确。我认为《中亚史》这一目的已经达到了。网上有人评价说，这是一套非常好的中亚入门史书，整体看下来就可以了解中亚史的框架。

对于初学者，还应该了解这两套书的以下情况。第一，关于中亚人名。书中出现的人名，几乎无一例外地采用了中国古籍的记载，以及以往著作使用的、人们所熟悉的人名，而没有按外文的发音规律新造人名，如库泰拔、俾路支、阿布杜拉等等。这样做的目的是避免给本已觉得中亚历史难读的初学者制造新的障碍。第二，关于中亚地名。书中出现的地名，基本上也是采用中国古籍的记载和约定俗成的地名，即采用了当时著作所赋予的名字，而不是如今的称谓，如元朝时期的报达（今巴格达）、不花剌（今布哈拉）、忽毡（今苦盏）等等。有的地名在第一次出现时标出或加注了今地名，在总体阅读中可能会给初学者带来一些不便。尽管如此，采用各时代文献所记地名既是一部历史著作展现历史感所需要的，也是初学者积累历史地理知识所必需的。

二是让已经进入中亚史领域的读者，对中亚历史有一个全面的了解。因此两套通史性著作讲究面面俱到，让这部分读者或丰富自己的中亚知识，或将已有的散乱知识系统化，对中亚形成一个全貌的认识。我认为《中亚史》的这一目的也基本达到了。有人评价说，这套书的好处有三：条理清晰，体系完整；史料涉及浩如烟海；文笔通俗，浅显易懂。

三是给中亚史研究的学者提供一些可能性。两套书是通史性著作，不可能对每一个问题都信马由缰地铺开来论述或深入探讨，因此存在着许多再研究的空间，如阿姆河和锡尔河对中亚历史、对中亚民族关系的影响，如联合国十分重视的咸海问题，如独联体、上合组织的系统研究以及中亚国家在其中所发挥的作用等等。我认为《中亚史》的这一目的也部分达到了，它的出版激起许多研究者探讨中亚朝代和中亚文化的热潮。

如果将两套书分别比作一幢建筑的话，那么它是一幢中式建筑而不是西式建筑；它的外观和内部结构都是作者按中国著书立说的方式独立设计和执行的。如果你从不同角度观察这一建筑，会发现它与其他建筑存在着不一样的地方。因此，以上三类读者在宏观的视野下都会产生一种崭新的、与其他著作不一样的感觉。但是，如果你将建筑物推倒，你看到的只是人们所熟悉的、没什么新意的、令人大失所望的砖头。不可否认的是，这幢建筑的材料来自人们所熟悉的，有些甚至是被广泛使用的中外著作。作者从各类中英文文献中搬来了这些"砖头"，经过主观的甄选、细致的整理、认真的辨识，最终用来构建了自己的"建筑"。读者将在这一"建筑"中了解系统和全面的中亚历史知识。

对于《中亚五国史研究》，以下情况需要向读者交代：

一是研究资料方面的缺憾。在《中亚五国史研究》的上篇中，由于资料的缺乏，研究尚处于起步阶段，还存在一些不足。如丝绸之路的研究很多，但它在中亚五国境内的走向却未见研究；如中亚民族形成的研究也不少，但除塔吉克族外的中亚四个民族是如何从欧罗巴人种演变成蒙古利亚人种突厥族群的，以及地域、政权在中亚五国的民族形成过程中的作用如何，哪些部落对民族的形成起着关键的作用等等问题，除了介绍苏联时期的考古资料外，国内的研究很少；再如中亚五国今天的国土是如何形成的，作者见到的大多数研究只是笼统地说苏联划界，几乎没有见到追根溯源的、系统的研究。以上是一部通史性著作不能回避的问题，作者做了一些尝试。尽管作者对它们的考察和研究着力不少，但仍然不太满意，这些问题的研究还有待完善。

在《中亚五国史研究》的中篇和下篇中，有关独立国家政权的构建、国家意识形态的构建，独立以后的宗教和民族问题的处理等问题，由于中亚五国独立建国时间不长，学界对它们的研究还未能做到深入剖析和宏观概括，因此，《中亚五国史研究》对各国政体的变化、宗教和民族政策的变化，主要依据各国历年来颁布的宪法和宪法修正案的条款，以及各国不同时期颁布的政令来推导和论述，推论中不免带有主观性，只能起到抛砖引玉的作用。

二是最新研究成果的使用情况。《中亚五国史研究》的撰写始于2010年，2018年交稿。习近平主席于2013年提出的建设"丝绸之路经济带"的倡议掀起了中亚研究的热潮，学界在经过一段时间的研究之后陆续发表了一些研究成果。但本书只采用了2017年以前的研究成果，在日新月异的研究面前，这部通史性著作难免挂一漏万，会出现成果使用不全面，甚至所用数据说明问题的力度不够的情况。

三是中亚形势的新变化。2016年以后，中亚形势发生了一些新变化，主要是一些国家的新老领导人进行了权力交接。2016年乌兹别克斯坦总统卡里莫夫突然病逝，2019年哈萨克斯坦总统纳扎尔巴耶夫宣布辞去总统职务。两位中亚强国总统的变动引起研究者对前任统治者的执政理念、政府的方针政策的重新审视，2019年以后的研究可能有更加细致入微的分析，可能会对权力的运作有更加准确的观察，因此评价也可能会更加客观。

《中亚五国史研究》的出版，要感谢关心和帮助我的很多人。特别是浙江大学博士王凤梅，在大半年的时间里，几乎每天晚上都在帮助本书完善和核对注释。还要感谢以商务印书馆编辑程景楠女士为首的编辑团队，他们勤奋敬业的工作态度和认真负责的精神让我钦佩。

两套书的出版，如果一石激起千层浪，好评、差评如潮都是好事，说明它们激发了读者对中亚的兴趣，是有价值的；如果石沉大海、无人问津，那才是作品和作者最大的悲哀。欢迎读者批评指正。

蓝琪
2024年3月1日